古典文獻研究輯刊

十七編

潘美月・杜潔祥 主編

第 17 冊

趙翼研究資料彙編（上）

趙興勤、蔣宸、趙韡 編

國家圖書館出版品預行編目資料

趙翼研究資料彙編（上）／趙興勤、蔣宸、趙韡　編—初版
— 新北市：花木蘭文化出版社，2013〔民 102〕
目 46+240 面；19×26 公分
（古典文獻研究輯刊 十七編；第 17 冊）
ISBN：978-986-322-442-6（精裝）
1.（清）趙翼　2.學術思想
011.08　　　　　　　　　　　　　　　　102014879

ISBN-978-986-322-442-6

9 789863 224426

古典文獻研究輯刊
十七編　第十七冊　　　　　　　ISBN：978-986-322-442-6

趙翼研究資料彙編（上）

作　　　者　趙興勤、蔣宸、趙韡
主　　　編　潘美月　杜潔祥
總 編 輯　杜潔祥
企劃出版　北京大學文化資源研究中心
出　　　版　花木蘭文化出版社
發 行 所　花木蘭文化出版社
發 行 人　高小娟
聯絡地址　235 新北市中和區中安街七十二號十三樓
　　　　　　電話：02-2923-1455／傳眞：02-2923-1452
網　　　址　http://www.huamulan.tw 信箱 sut81518@gmail.com
印　　　刷　普羅文化出版廣告事業
初　　　版　2013 年 9 月
定　　　價　十七編 20 冊（精裝）新台幣 31,000 元

全國高等院校古籍整理研究工作委員會
直接資助專案《趙翼年譜長編》階段性成果

（批准編號：0945）

趙翼研究資料彙編(上)

趙興勤、蔣宸、趙韡　編

作者簡介

趙興勤

　　1949 年 7 月生，江蘇沛縣人，江蘇師範大學文學院教授，中國古代文學、戲劇戲曲學研究生導師。兼任中國元好問學會理事、中國《金瓶梅》研究會（籌）理事，江蘇省明清小說研究會副會長、《西遊記》研究分會常務理事、常州市趙翼研究會副會長等職。已出版的學術著作有《古代小說與倫理》、《明清小說論稿》、《趙翼評傳》（南京大學版）、《中國古典戲曲小說考論》、《古代小說與傳統倫理》、《趙翼評傳》（江蘇人民版）、《理學思潮與世情小說》、《元遺山研究》、《話說〈封神演義〉》、《趙翼年譜長編》等 18 種，主編、參編《中國風俗大辭典》、《中國古代戲曲名著鑒賞辭典》等 30 餘種，在海峽兩岸發表論文 160 餘篇。

蔣 宸

　　1982 年 1 月生，江蘇南京人，現為南京大學文學院在讀博士。中國《金瓶梅》研究會（籌）會員，江蘇省明清小說研究會會員。主要研究方向為清代戲曲與文學。本科時獲校科研課題立項資助、校「個人成就獎‧學術創新獎」、校本科生優秀畢業論文等。攻讀碩士、博士學位期間，先後主持江蘇省普通高校研究生科研創新項目兩項、徐州師範大學研究生科研創新重點項目及一般項目各一項，獲徐州師範大學 2010 年度優秀研究生、2011 屆優秀畢業研究生、南京大學文學院「黃侃獎學金」等多項榮譽。近年來，已在海峽兩岸發表論文十餘篇。

趙 韡

　　1981 年 4 月生，江蘇徐州人。大學二年級開始發表論文，作品散見於《民族文學研究》、《戲曲研究》、《晉陽學刊》、《東南大學學報》、《中華詩詞》、《博覽群書》、《古典文學知識》、《社會科學論壇》、《長城》、《作品與爭鳴》、《語文月刊》、《中國文化報》、《中國社會科學報》、臺灣《歷史月刊》、臺灣《書目季刊》、臺灣《戲曲研究通訊》、澳門《澳門文獻信息學刊》等兩岸三地刊物，參編（撰）《元曲鑒賞辭典》、《徐州文化博覽》等著作七種。

提　　要

　　趙翼為乾嘉詩壇名家，與同時期袁枚、蔣士銓相頡頏，有「三家」之稱。其在文學、史學、哲學、詩歌批評諸方面均卓有成就，值得深入探究。本書輯錄了自清乾隆朝以至上個世紀三四十年代約二百年間，有關清人趙翼的主要文獻資料，以供學術界研究時參考。該書搜求資料範圍廣闊，內容宏富，囊括族譜、年譜、實錄、方志、叢書、別集、詩話、筆記、雜箚、碑傳、題跋以及近代學人論著、域外文集等，其中不少文獻，特別是集外文的一些篇目，為首次發現，對於全面研究趙翼的創作與思想，具有重要的參考價值。全書按內容釐為十一卷，這些專題板塊，俾讀者既能宏觀瞭解有關甌北研究資料的全貌，又有助於追索與該研究相關的細節問題，還為清中葉的文人交遊群體之研究提供了史實依據，有相當的文獻資料價值。

目次

秋闈雜詠十五首同壽丈賦（附原作）

庚寅歲居京師，摘汪鈍翁句爲爽秋書楹帖云「丹穴乳泉皆異境，黃甘陸吉是幽人」，然不解下句之義，以問愛師、子培，亦未憭也。頃閱《避暑錄話》，乃知宋人所爲《綠吉黃甘傳》，指柑橘言，蓋仿《毛穎》而作。時愛師已下世，愴然久之，作詩寄爽秋、子培

牡丹八首併序

疊入闈韻呈四星使（其四）

賦得掃晴娘

附　圖

趙翼行書手卷

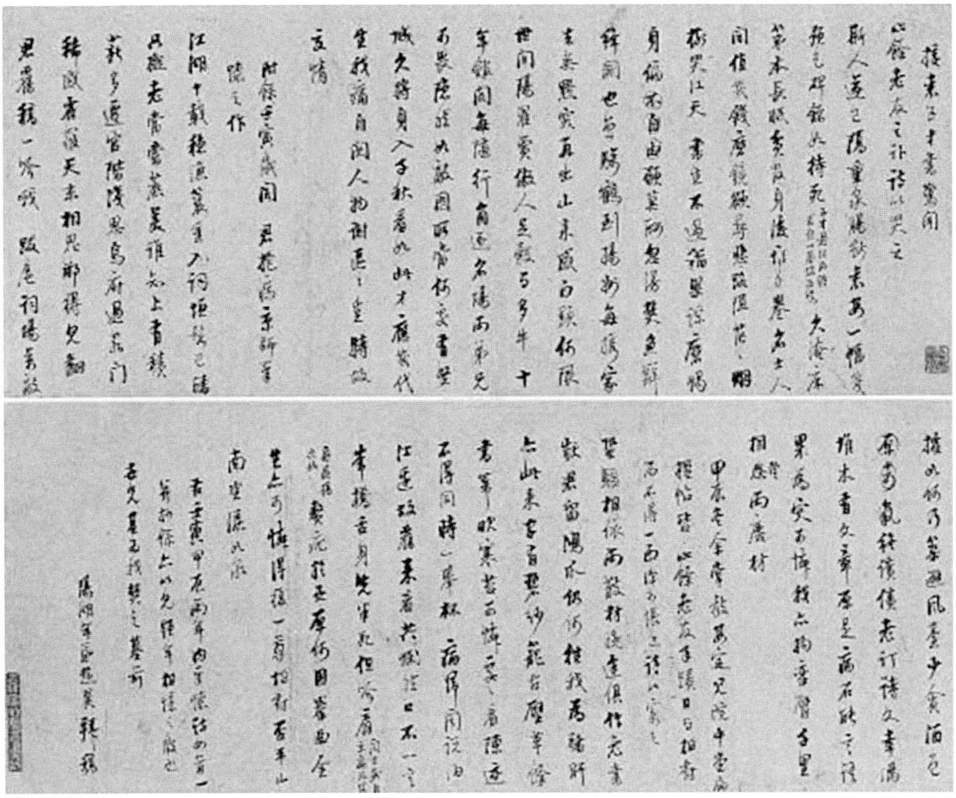

趙翼《庭園坐談圖》

文政十年丁亥東都書林新鐫本《甌北詩選》

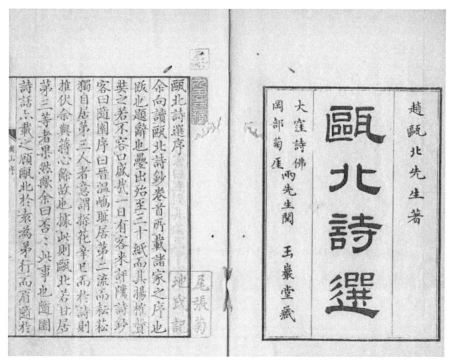

紅杏山房刻本《甌北詩鈔》

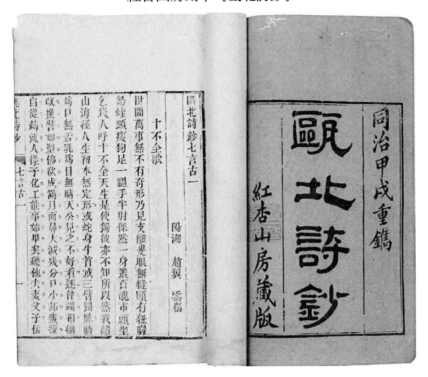

湛貽堂刻本《陔餘叢考》

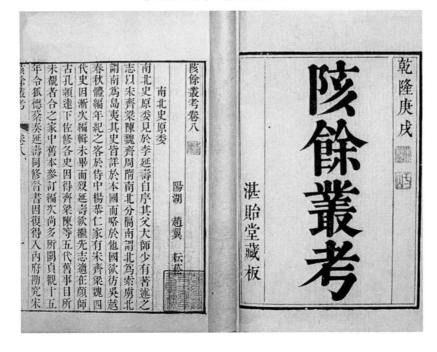

—圖 3—

湛貽堂刻本《甌北集》

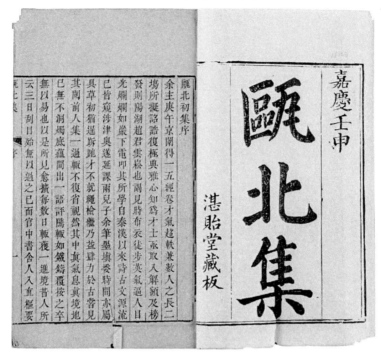

湛貽堂刻本《甌北詩話》

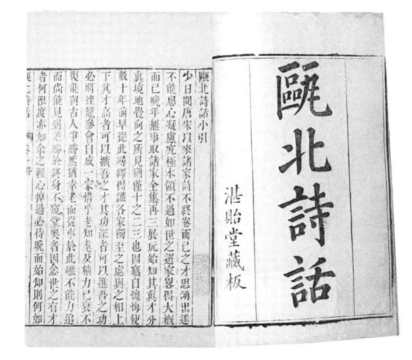

—圖4—

壽考堂刻本《皇朝武功紀盛》

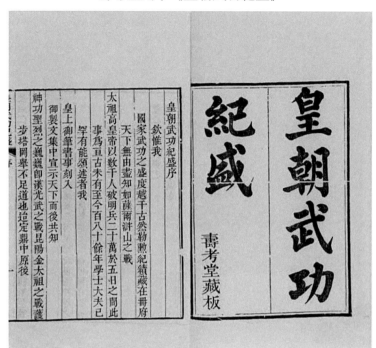

廣雅書局刻本《廿二史劄記》

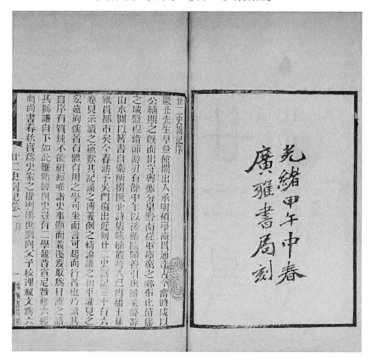

—圖 5—

趙翼書法扇面（一）

趙翼書法扇面（二）

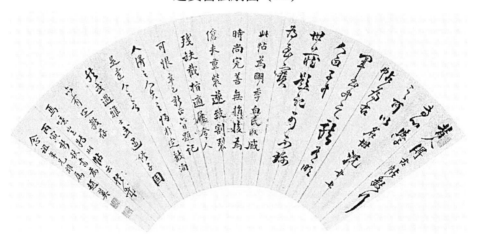

趙翼書法扇面（三）

趙翼書法扇面（四）

趙翼書法對聯（一）

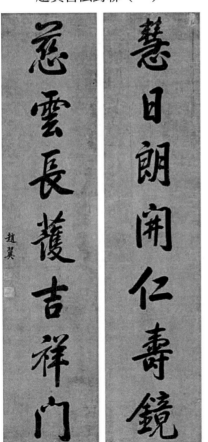

趙翼書法對聯（二）

—圖 7—

趙翼書法對聯（三）　　趙翼書法對聯（四）　　趙翼書法對聯（五）

趙翼行書軸（一）　　　　　　趙翼行書軸（二）

趙翼行書軸（三）

趙翼行書軸（三）

趙翼行書軸（四）

趙翼行書軸（四）

趙翼致王昶手箚局部（一）

趙翼致王昶手箚局部（一）

趙翼致王昶手箚局部（二）

趙翼致王昶手箚局部（二）

—圖9—

前　言

　　趙翼作爲有清一代文史兼擅的大家，著述甚豐，然前些年較爲流行者，卻不過《廿二史劄記》、《陔餘叢考》、《簷曝雜記》幾種。關於他的研究，也主要集中在史學方面，對其作全面研究的論著，卻屈指可數。上個世紀九十年代中葉，筆者在接受南京大學中國思想家研究中心《趙翼評傳》的撰寫任務時，也深爲研究資料難以搜尋而困擾，後幾經周折，才借得清嘉慶間湛貽堂刊本《甌北全集》。然而，有關他本人之史實的探究，又深感資料蒐訪之不易，爲案頭乏《趙翼研究資料彙編》而歎唱。而今，經過一二十年的不懈努力，用心搜求，有關他的研究資料，總算有了些眉目，這自然令我十分欣慰。

　　筆者在搜集、揀選、編排這類資料的同時，也不斷回思其價值所在。不妨在此約略言之：

　　一是對甌北行跡的瞭解更爲清晰。如，乾隆二十八年冬，甌北曾寫有《歲暮移寓裘家街，次桐嶼見贈原韻》（《甌北集》卷一〇）一詩。據此，僅知其於本年移居裘家街，然未敘及具體地點。此事，《甌北先生年譜》未曾敘及。然查儲重光（號桐嶼）原作，則題作《趙雲崧同年移寓裘家街，即海昌陳文勤公邸第也，三年前予曾寓此。賦贈》（潘衍桐纂《兩浙輶軒續錄》卷三一）。又據韋謙恒《趙甌北編修新居即海寧陳文勤故第也，次諸桐嶼編修詩韻二首》之二「獨佔中央爲地主」句下自注：「文勤第甚廣，南北皆屬他人，甌北所居則中央也。」（《傳經堂詩鈔》卷五）陳文勤，即陳世倌（1680～1758），字秉之，號蓮宇，康熙進士，授編修。乾隆間官至工部尚書、文淵閣大學士。卒諡文勤。此前，甌北與之有過交往，曾寫有《奉賀大學士海昌陳公移居賜第》（《甌北集》卷四）一詩。藉此，知甌北所居乃陳世倌故第，且方位甚佳。儲

－1－

重光亦曾居於此。

二是甌北熱心扶植詩壇新秀，爲多名詩家之詩集做過修訂、點定工作。祝德麟爲詩，時而請益甌北，「路經指點迷方悟」（《蒲遊吳門，邂逅甌北先生於胥江舟次，遂陪遊元妙觀、獅子林諸勝二首》，《悅親樓詩集》卷一〇）。曾「以庚子以來近稿寄質，並請先生點定後付夢樓評閱」（《悅親樓詩集》卷一五）。李寶泰所爲詩，亦「爲趙雲松觀察點定」（《簡松草堂詩文集》詩集卷二〇）。對張雲璈、張友棠多所鼓勵，稱其爲「二張」。還曾爲汪爲善（字保乾，一字心揆，號葉淵）的《蘭芬室詩鈔》、青陽庠生陳芳（字鬱庭）的《華溪草堂詩文集》作序。（參看《（光緒）崑新兩縣續修合志》卷二四、《（光緒）重修安徽通志》卷二二七）「周石書立矩，南川佛坡弟也，乾隆丙午舉人，就職通判。詩集經張船山、趙甌北兩先生評定」（王培荀《聽雨樓隨筆》卷二）。上述諸事，不僅《甌北先生年譜》未載，在《甌北集》中也較難尋覓蹤蹟。此外，趙翼對蔣于野兄弟、蔡湘、黃燮鼎、沈在秀、王曇、舒位等人詩歌創作，亦時有點撥。而且，嘉慶間吳江徐達源山民校刻本《誠齋詩集》，還收有趙翼所作《誠齋詩集序》。

三是與蔣士銓論詩主張的不同。歷來，人們儘管以「袁、蔣、趙」並稱，三人亦時而唱和，過從較多。但他們之間的關係也很微妙。袁、趙曾相互調侃、嘲誚，時爲學人所述及。然而，趙、蔣之間，似乎關係更爲融洽。眷屬之間也時常走動，情同姒娣。豈不知，二人論詩主張有時卻大相徑庭。《甌北詩話》所評詩家僅十餘位，卻將查初白入選，盛讚其「才氣開展，功力純熟」，「出手即帶慷慨沉雄之氣，不落小家。入京以後，角逐名場，奔走衣食，閱歷益久，鍛練益深，氣足則調自振，意深則味有餘，得心應手，幾於無一字不穩愜，其他摹寫景物，脫口渾成，猶其餘技也。」（卷一〇）而蔣士銓論詩，卻「力詆初白」（尙鎔《三家詩話》）。周壽昌《思益堂日箚》（卷六）也曾指出此事，謂甌北十分看重初白之詩，「篇評句采，集爲《詩話》，列之放翁、遺山、梅村諸老之後」，而「蔣心餘遂將（初白）《全集》痛加詆斥，謂是山歌村唱，其亦過矣。蔣評無刻本，予有一冊，是蔣手書」。直斥初白詩爲「山歌村唱」，足見厭惡之極。且稱曾收藏並親眼目睹蔣氏對初白詩的評點本，所言當可信。此事，僅錢鍾書先生於《談藝錄》曾略有提及，對進一步探究趙、蔣二人之關係，當甚有裨益。

四是對甌北集外文的蒐輯與發現。清人所刊《甌北全集》，所收不過甌北

詩歌、歷史研究、詩話、雜著之類作品，而爲他人所作誌傳或序跋之類，卻幾乎一概不收。這大概與他爲文之主張有關。所作《後園居詩》（之五）謂：「有客忽叩門，來送潤筆需。乞我作墓誌，要我工爲諛。言政必龔黃，言學必程朱。吾聊以爲戲，如其意所須。補綴成一篇，居然君子徒。核諸其素行，十鈞無一銖。此文倘傳後，誰復知賢愚。或且引爲據，竟入史冊摹。乃知青史上，大半亦屬誣。」（《甌北集》卷一〇）因此類文字大多有意粉飾、張皇其事，與事實或相去較遠，無意保留，隨寫隨丟，故訪求不易。甌北詩文之輯佚，近年已有多位學者關注這一領域，如杜維運《趙翼傳》（臺灣時報文化出版事業有限公司 1985 年版）書後所附，就有甌北散佚詩文、手箚十來篇；卞孝萱《從〈西蓋趙氏宗譜〉看趙翼》（《家譜中的名人身影——家譜叢考》，遼海出版社 2008 年版）一文，從《西蓋趙氏宗譜》中，輯出甌北佚文二十二篇；曹光甫點校的《趙翼全集》（鳳凰出版社 2009 年版），蒐輯甌北佚文更多，有三十篇（書箚三通作三篇計）。以上諸君爲此項工作的展開，奠定了堅實的基礎。本書以上述各家之發現爲起點，又從方志、別集、雜著等文獻及趙翼書法作品中，鉤稽出若干篇，總計達到四十九篇（包括聯語等），並辨析了相關著述在輯佚過程中的疏漏之處，這爲全面瞭解甌北，提供了文獻支撐。爲擴大佚文搜集範圍，筆者還留意趙翼書法作品，共訪得對聯五幅、扇面四幅、行書軸四幅、行書手卷一幅、圖卷一幅（見本書附圖），對這些手跡中的內容盡可能細加甄別，去僞存眞。如：書法對聯「插架圖書鄴侯軸，滿庭風露趙昌花」，實爲朱彝尊聯；書法對聯「鳳凰麒麟在郊藪，珊瑚玉樹交枝柯」，實爲集句，上聯出自宋呂本中《寄李恁去言》，下聯出自唐韓愈《石鼓歌》，唯「玉樹」作「碧樹」；書法對聯「欲知潁水新居士，試問清都舊侍臣」，亦爲集句，上聯出自歐陽修《答資政邵諫議見寄二首》，下聯出自蘇軾《興龍節集英殿宴口號並致語》。如此等等，不勝枚舉。當然，限於學識，即便已收入本書佚文的書法作品，也未必完全確當，尚祈讀者指正。

　　五是甌北著述的流播。隨著中外文化交流進程的加快，不少學者已涉足漢籍在域外流播情況的研究，如張伯偉、嚴紹璗、孫遜等。這無疑有助於筆者在資料蒐訪方面視野的擴展。甌北著述，在當時就負有盛名，所謂「出入唐宋間，獨自樹旗鼓」（祝德麟《甌北先生七十壽詩三篇》，《悅親樓詩集》卷二九）、「我法我行無倚傍」、「如此雄才見亦稀」（張雲璈《舟過毗陵，喜晤趙雲松觀察，即次〈八十自壽〉八首原韻奉呈》，《簡松草堂詩文集》詩集卷二〇）、

「風塵洗盡矜新格，詩不驚人不肯題」（顧宗泰《懷師友》，《月滿樓詩別集》卷七）、「活色生香鮮荔子，別開門徑箏雲松」（朱景素《侍五伯論詩三首》，《絮雪吟》卷四）、「趙之筆趣跳蕩，殊覺開拓心胸，一讀一快」（邱煒菱《五百石洞天揮麈》卷五）；詩話被推許爲「最爲具知人之識，持千古之平」（尙鎔《三家詩話》）、「論列精當，其識遠邁竹垞、歸愚，乾嘉以來，罕有及之者」（汪端《自然好學齋詩鈔》卷一〇）；史學研究亦獲得很高評價，有謂：「在近儒評史之書，群推王、錢兩家，然惟雲崧堪與之鼎立。」（周中孚《鄭堂讀書記》卷三五）甌北生前，「著述流行之廣」，就爲世人所矚目。「《甌北集》一出，四方求購，自遠而至，刊行以來，無慮萬本」（費淳《甌北先生八十壽序》，《西蓋趙氏宗譜・藝文外編》），洛陽爲之紙貴。且流播海外。日本刊有《梅村詩鈔》，其國安積信於該書序中謂：「趙耘松《詩話》，推梅村爲大家，不取漁洋，實爲卓見。」（方濬師《蕉軒隨錄》卷一三）大窪詩佛竭力稱讚甌北詩「驅使萬卷力，下筆如飛電」（《〈甌北詩選〉題辭》，《甌北詩選》，文政十年丁亥東都書林新鐫本）唐公愷稱甌北「學富才贍」，所爲《詩話》，「一掃宋、元以來之習氣，務騁神識，不持畸僻偏見，可謂偉哉。」（《〈甌北詩話〉題辭》，早稻田大學土岐文庫藏和刻本《甌北詩話》）賴山陽謂甌北治史，「因所見聞」，「熔鑄成篇，足見筆力」（《書〈武功紀盛〉後》，《賴山陽全書》文集「書後」），可資實用。其《詩話》及史學著述等多有翻刻，詩作還以多種選本形式出現，無疑大大擴大了甌北詩在域外的影響力。

當然，趙翼研究資料的文獻價值遠不止此，這裡不過撮其要而言之。更多的內容則需要讀者諸君去細細體味，這裡不過是拋磚引玉而已。

說　明

　　本書輯錄了自清代乾隆至上個世紀三四十年代約二百年間，有關趙翼史實的主要參考資料，以供學術界同仁研究時參考。根據所涉及內容，釐爲十一卷：

　　卷一爲「家世」，輯錄了記載或述及趙翼先祖與子孫的族譜、方志、序跋、墓誌銘及相關筆記、題詩等。

　　卷二爲「行跡」，輯錄了正史、方志、實錄、宗譜、家傳乃至各家箚記、書目中關於趙翼生平、著述等方面的文獻。

　　卷三爲「唱酬」，輯錄了清代文人別集、總集中甌北交遊群體的唱和詩歌，或爲步韻、次韻作品，亦間採後人涉及趙翼的詩、詞之作。

　　卷四爲「評論」，輯錄了清代詩話、詞話、論詩詩中關於趙翼詩歌的評價文字。

　　卷五爲「序跋」，輯錄了甌北著述各種版本的序言、跋語、題記、題辭等。

　　卷六爲「尺牘」，輯錄了甌北同時代文人致趙翼的書信、手箚。

　　卷七爲「軼事」，輯錄了清代筆記中述及甌北逸聞及著述的相關內容。

　　卷八爲「雜綴」，輯錄了關涉趙翼的清人序、跋、記、傳、銘、書箚、年譜、墓誌銘、雜記以及方志、小說、題詩等。

　　卷九爲「流播」，此卷釐爲兩部分：一爲「國內」，輯錄了民國年間論及甌北的方志、詩話、箚記、日記、聯語、燈謎及學術著作等；二爲「域外」，輯錄了日本文人關於甌北著述之域外選刻、翻刻的序跋、識語、詩歌、詩話、題辭、點評等。

　　卷十爲「佚文」，輯錄了清代所刊《甌北全集》未予收錄的其本人所撰序

跋、傳贊、文、記、奏表、書啓及聯語、書軸、扇面等。

卷十一爲「年譜」，輯入北京圖書館藏清光緒三年重刻本《甌北先生年譜》。

各卷資料大致按作者生活年代先後排列，其中卷九之「域外」部分，由於作者生卒年查閱不便，按其姓名首字音序先後排列。所輯資料力求依據原書輯錄，其有近年出版點校本者，則以點校本爲底本。所依稿本、刻本，字句有漫漶者，則參校以別本，予以補入，在其後括弧中以小一號字體出案語，注明參校情況；其無參校本可據者，則以「□」表示闕文。

編　者

二〇一二年元月

卷一 家 世

趙 琬

【西蓋趙氏族譜序】趙氏之先，出於帝嚳高陽氏，自柏翳事舜，賜姓嬴，傳十三世至造父，周穆王封於趙城，因城爲氏。春秋時，趙衰與子盾世爲晉卿，盾子朔，朔子文子，文子之孫簡子，簡子之子襄子，立伯魯之孫完，是爲獻子。獻子之子籍，始以周威烈王命爲諸侯，傳十世至侯嘉而國併於秦，子孫散居燕趙間。歷漢、晉、隋、唐，代有聞人。去古浸遠，譜牒無傳，欲溯流尋源，以明宗派於千載之上，斯固難矣。惟武進趙氏，本宋藝祖之裔，藝祖之子魏王德昭有子四人，其三曰惟忠，封舒國公，生齊州防禦使從藹。從藹生武當侯世宣，世宣生東平侯令櫛，令櫛生訓武郎子平，子平生鄧州防禦使伯達，伯達生左龍驤將軍師琋，師琋生左都護將軍希㽞，希㽞生與佩，爲徽州司法。與佩生孟塈，爲高郵錄事，自江浙遷常之武進，故爲武進人。錄事公生永興主簿由彰，由彰生宜賈、宜賢，於世次爲曾祖。今圖所列子孫，皆二祖之所出也。自永興公以來，遭元之亂，趙氏遂不顯，然世爲毗陵世族。迨入皇朝，西充公以賢良舉，留守公以武弁進，德州府君以太學生釋褐，至琬忝以明經領鄉貢。易曰：積善之家，必有餘慶。惟我趙氏，歷世久而祖宗之澤不泯，子孫至今獲承餘澤。雖以琬之庸劣無似，叨被官使，而才疏學淺，遂將泯滅無聞，又安可毋使後人知夫本源所自，思以亢其宗乎？重念西充公，元末避地於吳，失其世譜，而祖宗慶係淵源不復可見。我先子清隱府君存日，嘗以爲憾，因手錄記聞，欲作爲譜，未克成編，齎志以沒。用敢竊取遺錄，從加考訂，斷自魏王而下，系序承傳，而昭穆不紊。錄事公而下，墳墓尙完

而祭祀不廢者，圖其世次傳於族人，庶幾尊尊親親，無至於忽忘。若推隱拾遺，補續全譜，以永其傳，尚有望於來者。宣德五年秋九月望日，嗣孫金鄉縣儒學教諭琬序。（《西蓋趙氏宗譜》卷首）

程景伊

【西蓋趙氏宗譜序（節錄）】吾邑西蓋趙氏，本宋藝祖後。元時有錄事君孟堹，實始卜居。自後仕宦鵲起，以文章、政事、行誼著者，代不乏人，遂為吾邑望族。迄今子姓蕃衍，分條布葉，不下千餘家。族故有譜，屢嘗修輯。自康熙五十八年續修後，至今又將六十年。吾婿雲崧觀察，適以養母家居，乃偕族之長老協力再修。工將成，郵書於余，請為其序。……趙氏之譜不修者將六十年。舊時以髫齡載入者皆已物故，僅存者通族不數人也。其未入譜而物故者，亦不知幾輩矣。脫更因循數十年，將欲再修而不能。雲崧能於閒居奉母之餘，偕族人訂成之，可謂知所先務矣。其體例之嚴，審訂之核，一循祖先成法，不敢稍有變更。此又可見其尊祖敬宗之意，趙氏子孫所當永守者也。是為序。 時乾隆歲次丁酉仲冬之吉，賜進士出身、誥授光祿大夫、經筵講官、大學士、管吏部尚書事，眷生程景伊拜撰。（《西蓋趙氏宗譜》卷首）

（同治）金鄉縣志

【職官志（節錄）】教諭：宣德 趙琬 武進舉人，遷國子監司業，以善教稱。（《（同治）金鄉縣志》卷七，清同治元年刊本）

（光緒）武進陽湖縣志

【選舉 進士（節錄）】舉人：明・永樂九年辛卯：趙琬。詹事府左諭德。……（《（光緒）武進陽湖縣志》卷十九，清光緒刻本）

【人物 宦跡（節錄）】趙琬字叔圜，永樂九年舉人，由教諭累遷國子監司業。正統間，車駕臨視，命講《書》至《泰誓》，因陳七事，皆學政當務，多見施行。忤中官王振，與祭酒李時勉同荷校國子監前。諸生上書請貸者以千數。帝聞，立釋之。在太學十七年，矩範端嚴，教人以忠孝為先。士有親老而貧者，為遺書郡縣，存恤之；婚喪疾病，輒捐俸以助；又置地都城之隅，為義塚，葬士之不能歸者。子仲壽，以父蔭，歷知河南鄭州、湖廣荊門州，有惠政。居喪哀慟，人尤稱之。（《（光緒）武進陽湖縣志》卷二十一，清光緒刻本）

孫原湘

　　【趙孟淵秀才遺集序】趙子叔才，哀其哲兄孟淵所爲詩一卷，將付諸梓，屬爲之序。夫嬰彌之木，遭折而猶奇；青嬰之珠，未圓而有耀。不能濯扶桑之赤枝，養明月之素彩，凶鳥遽下，吉光僅遺，可慨也已！猶憶花濃雪聚，雁早鶯初，每過北山，輒扣茅屋。嵐雲四壁，拂琴自鳴，水竹一房，映字皆綠。尊甫含泉翁出其宿醞，佐以時蔬，命子行觴，爲賓投轄。浣花驥子，不墜詩名；眉山小坡，時有佳語。甌北先生爲君家之宗袞，主海內之騷壇。君親承指授，益變風格。倚樓之吟，名句可摘；非熊之集，一卷足存。又多乎哉，善斯可矣。叔才懷春草之昔夢，憫荊花之早萎，淚與風飛，毫隨雪纂。南昌四洪，龜父附弟而傳；雞肋一編，謙之輯兄之作。後之覽是集者，可以生孝弟之心，增孔懷之重，又微獨詩之可永也。(《天眞閣集》卷五十二「駢體文二」，清嘉慶五年刻增修本)

吳嵩梁

　　【題昆明錢生若舟詩卷（其三）】老學庵中憶昔遊，愛才心苦共千秋。我非諛語如甌北，此筆終須讓出頭。趙甌北觀察見贈詩：「我讓出頭非諛語，世無敵手始奇才」之句，生爲觀察外孫婿，故以移贈。(《香蘇山館詩集》今體詩鈔卷八，清木犀軒刻本)

李兆洛

　　【趙君孟符墓誌銘】甌北先生之文孫曰孟符，以敦行力學，發聞交遊間。道光九年十一月二十日，捐館京邸。兆洛於君未獲奉手，而與君弟芸西友善，往慰之，兼問致疾狀。芸西曰：「吾兄迫家累，一意進取，既中副榜，藉客授試都下，屢不售，益發憤。今年主講涿州鳴澤書院，院久空席。吾兄懇懇程課，來學者無問才否，隨所造與誘進，生徒親之若父。兄舊有咯血疾，發而劇，生徒醵金，具葠餌，疾漸亟，共輿致之京師就醫藥。其歿也，咸來會奠，無不哭失聲者。侍疾者自京邸歸，述病革而囈，猶喃喃爲生徒課文字也。」言之嗚咽不能成聲。洪君齮孫之誄君也，以爲君素豪雋，論議慷慨，比歲彌自歛抑，有所稱說，依於和平。人以爲所造益粹，而不知其牢愁內煎，菁華漸竭也。君尊人海珊先生已衰老，恃二君競爽，博尺寸進以踵前武，而孰知君竟止此耶？故芸西尤摧痛，不能自堪。嗟乎！託清華之胄，負卓犖之資，與之以困心衡慮之境，以淬其志智。天於斯人，不可謂無意者，而卒中道隕

之。彼酣豢逸樂、唾手青紫、坐享壽考者，其真別有一天在耶？君諱慶齡，字孟符，生乾隆壬子年七月初九日，得年三十八。配謝氏，繼程氏，先卒。子二人：曾儉、曾勤。芸西將以某年月日迎其柩，歸葬橫林之祖塋，豫請為銘以待事。銘曰：鶴肅肅而在林，鴻嗷嗷而孤遊。既衒利之有心，又避患之無由。羌宇宙兮蕭寥，獨失志而懷憂。冀蒙榮於歲寒，遭繁霜而夏凋。閟琅琅之金聲，埋皎皎之琳球。諒此骨之不腐，何夜臺之為修！（《養一齋集》文集卷十二「墓誌銘」，清道光二十三年活字印二十四年增修本）

【候補通判趙君墓誌銘】乾隆中，吾郡以詩雄海內者，曰趙甌北先生。先生以進士賜第一甲第三人，官貴州貴西道。未老，引疾歸，優遊林泉，主持東南風雅者四十年。君，先生之叔子也，諱廷俊，字莒生，別字海珊，常州府學廩貢生，援例候補通判。溫靜恬愉，侍先生無子弟之過。先生歿，遂不出，訓諸子以義方，皆有所成就。其處鄉里，和而不流，介而不爭，於是非之際，持之毅然，不少瞻顧，人皆敬而信焉。邑有災眚，富室勸分，君必先之，而身親其勞。尤善體人意，曲當其私，以是平人忿爭，無不冰釋。加意少俊士，力培護而磨礪之於義。道光十四年卒，春秋六十有四。予齒長君二年，羈於客授，不獲時見，見則殷勤存慰，必飲啖之。意思深長，精氣充實，自顧衰羸，長相羨也。不意竟止於斯。配湯安人，前卒；繼配黃安人，君卒之五月，亦卒。子六人：慶齡、申嘉、申奎、申憲、申善、申祐。慶齡，道光五年中順天副貢生，砥學礪行，前卒；申嘉，嘉慶二十一年中江南舉人，與予善。今年三月日，申嘉將奉君葬門外竹林菴旁之新阡，蓋去君歿時已三歲，而屬予以銘。銘曰：恂恂儒生，愔愔德胄。以荷厥世，無忝於舊。以燾厥子，式鞏爾後。昀昀者原，如德之厚。千秋此藏，靡有顛僕。（《養一齋集》文集續編卷四，清道光二十三年活字印二十四年增修本）

包世臣

【趙承德墓誌銘】道光十有四年春，陽湖趙申嘉告其友包世臣曰：「申嘉不肖，不能敬承庭訓，蹭蹬無善狀以仰慰先子者。茲窆穸有期，若不得當代立言之君子為埋幽文，又將永貽憾於泉下。幸得交吾子，申嘉不敢無實以誣其先，唯吾子不能徇流俗而誣後世者，故敢以請。」又曰：「吾祖貴西公四子，先子其叔也。賦性敦篤，而穎悟好學。作詩書，每與貴西公相亂，最得歡。生不逮君母劉恭人，而事繼母程氏恭人、母蔣太安人數十年，無違色。貴西

公卒，家漸落。太安人故好施與，先子計出入雖不敷，然必不使太安人知，恐不得遂老人意。郡邑公事，無不遇饑歲勸賑倡捐，核戶口，稽散放，必盡心力。貧者獲安全，富者無怨讟。此鄉里聞見所共稱者，以屬吾子。」憶予初至常州，貴西公年已大耋，著述百卷，至家有其書。而接後進，論今古事，猶極口無舛失，可謂耄期稱道不劌者也。繼知貴西解組後，遊故州將李相國閩浙幕府，主議封還純廟命臺灣鎮臣柴大紀棄城以兵護遺黎內渡之旨，郡城得固守，以待大兵，而世人無知者。予筆紀其實，以詔方來日：書二趙事。蓋以郡城一棄，則全臺失守。鹿耳門、鹿子港、八里坌三口皆天險，難進兵。且自削平鄭氏，開海禁，漳、泉、嘉應無業民糾渡認墾，孳生以百萬數。歲三熟，產穀至夥。糖利甲天下，糖商益治大舶，指上海、天津無虛日。又全閩兵穀所取給，福、漳、泉三郡民食所專仰，與鄭氏竊據時，情勢相什伯，則國家東南之憂，殆未可以歲月計也。而貴西決策俄頃，功同曲突，終其身不以自居，是其為隱德也尤大。貴西既有大隱德，而君於諸子為最醇，謹內行修，能傳家學，是宜光大貴西之業，廼鬱而不曜。君之子，申嘉最賢，有文學。然則造物所以厚趙氏之積纍而光大之者，斯有在矣，於法宜銘。故按狀而係之日：君諱廷俊，字苕士，別字海珊。姓趙氏，系出宋宗室，居常州已十七世。父翼，以進士及第第三人，宦貴西道，學者稱為「甌北先生」。君在幼學，即補府學生，旋食餼。援例訓導，未得缺，改加府通判，例授承德郎。以侍貴西泊太安人故，卒未謁選。道光十三年七月七日，卒於家，年六十有四。配同邑湯氏，繼黃氏，皆賢淑。有稱子六人：長慶齡，順天乙酉副榜貢生，八旗官學教習，前卒；次申嘉，本省丙子舉人；次申奎，前卒；次申祐、申憲、申善。孫七人：某某。銘曰：名父有子，天所厚；當厚而薄，以篤後；刻此樂石，徵諸久。（《藝舟雙楫》卷九附錄三，清道光安吳四種本）

葉廷琯

【病少間續得八首（其四）】陽湖趙君芸酉申嘉，甌北先生文孫也。才思宏富，客遊楚督盧公暮府，為頤道先生詩弟子。辛卯與余相遇鄂城，以《秋日雜感》詩見示，記其一聯云：「恩重屢將弓韣禱，愁多頻檢鈿釵看。」今日重唫一過，又不啻逢天寶宮人矣。恩重屢將弓韣禱，愁多頻檢鈿釵看。分明舊事談天寶，惜少琵琶續續彈。（《楙花盦詩外集》，清滂喜齋叢書本）

金武祥

【粟香隨筆（節錄）】趙于岡先生名起，庚子舉人，爲甌北先生之孫，與吾家舊有戚誼。宅旁約園，有山石池臺之勝。余受業許師，即設帳約園時也。出入常見先生，承繪贈梅花摺扇，題「先向百花頭上開」句，並加跋，以志期許。庚申之亂，闔門殉節，今其孫曾，皆先在外省得存者。先生好塡詞，記其《墨牡丹》（摸魚兒）云：「似韶華，太嫌濃麗，寶奩爲卻金粉。元裳縞袂臨烟闕，璧月素輝剛近。妝淡靚，是一朵、蓬萊割取仙雲影。尊前細認，想慵倚朱欄，指痕將撚，殘醉未曾醒。　瑤池畔，拚得終朝酩酊，飛觴爲酹佳醞。妍姿不藉胭脂染，恰稱鴉鬟脩整。春晝靜，請細數、姚黃魏紫誰堪並？群芳漫逞。縱無限芬華，梁炊未熟，且住黑甜境。」（《粟香隨筆》二筆卷三，清光緒刻本）

【粟香隨筆（節錄）】從伯枚偶先生《弇山堂時文》計百篇，兄葆令旌德時刊行之。未數年，燬於兵燹。文之傳否，固有數存耶？何梓未數年，遽付浩劫也？先生資性絕穎悟，十齡即善屬文，尤好爲詩歌。趙甌北觀察，先生外王父也。奇其才，妻以女孫，而詩學遂得其指授。嘉慶甲子，應京兆試，中式第六名，闈藝膾炙人口，傳誦一時。久之，選安徽廣文，歷望江、建德兩學，擢知縣，未及赴選而卒。先生沉酣經史，能括其精義，而以眞氣行之。晚益肆力古文，尤工駢體、詩詞，才望絕高而抑然常不自足，人謂其有名士之實而不居名士之名，信然！其任建德廣文時，予外舅黃公素庵適宰是邑，見其培植士風，修葺祀典，而查卹水災，惓惓焉尤盡心力。武祥生也晚，未獲接言論丰采，而外舅數爲武祥言之，是又非如名士之託空言而鮮實用者。先生詩、古文若干卷，已蕩焉無存，其《有君子齋試帖》，猶存數十首，賦二首，刊《律賦新編》及《澄江賦約》中。今制藝得四首，則大小試獲雋之作也。若前刊行百篇者，蓋難以復獲云。（《粟香隨筆》二筆卷六，清光緒刻本）

【采石酹詩圖卷題詩】湯芷卿醨尹用中，以道光己亥舉人，就兩淮醨官。有《養不知齋詩稿》，經燹不存。嘗乞其從叔雨生都督繪《采石酹詩圖》，自題七古云：「謫仙已作騎鯨遊，青山屹立雲悠悠。江流拍天日東注，惟有明月依舊懸高樓。樓高百尺谼四面，江光嵐翠平檻收。岩花灼灼含宿雨，長松落落盤清秋。有時天風卷虛籟，髣髴尙有詩魂留。奈何行客不自量，爭來憑弔哦淫謳。吳歌噥噥雜巴唱，江神塞耳山靈羞。我因多累別鄉里，忽復過此乘

扁舟。風利咫尺不得泊，摳衣瞻拜無因由。一尊滿注對江揖，青天恍惚垂吟眸。曠懷如公不免死，苦吟亟亟將安求？杜陵賀監久寂寞，九原難起韓荊州。安期羨門亦虛誕，不如浩蕩隨鳧鷗。我願銀濤澈底化爲酒，枕磯便當眠糟邱。興來樓下捉明月，定與醉魄同沉浮。縱不能手挽長戈撝白日，足攝飛鳧凌滄洲。會當遍酌此江水，一洗萬古詩人愁。」汪蘅甫方伯本銓題云：「空江浩浩扁舟橫，天風吹送吟詩聲。錦衣僊人不可即，恍惚跋浪乘長鯨。長鯨在胯月在手，酒魄詩魂挾月走。那不臨風酹一杯，椒漿雖薄詩情厚。以詩侑酒酒酬詩，長歌當作迎神辭。詩成酩酊伸鬱慕，今夕慰我長相思。回頭忽訝青山笑，遊蹤未接神先到。明月來銷過客愁，奇詩壓得孤帆峭。蘸酒含毫作畫圖，能令過景追亡逋。題君行卷會君意，酒腸芒角詩腸蘇。君不見采石磯邊浪千尺，過江名士多於鯽。不解投醪弔古心，惡詩空疥詞壇壁。」丁誦孫學士嘉葆題云：「青山鬱嵯峨，中有太白墓。採石枕江磯，云公捉月處。湯子掛帆過，風利不得駐。一尊酹當空，魂兮倘來赴。銀雲櫛櫛搖江流，靈旗漠漠颭清秋。僊人縹渺不可即，詩魂酒魂江上樓。左揖元暉右浮邱，來往儵忽如輕鷗。錦袍高歌恣豪飲，千一百年無此遊。愛公賀知章，釋公宋若思。生平數知己，一一堪揚眉。兵閒獨識郭子儀，酒邊憙共崔宗之。奇才幸未夜郎死，醉留詩骨埋江湄。陽冰繆篆空一世，恨不伐石書豐碑。烏乎公靈豈湮沒，捉月應隨夜光發。仙魂倘住廣寒宮，我欲酹詩先酹月。」方伯有《宮閨百詠》梓行，學士嘗爲余六世祖孝子公作傳，麤尹有《翼駉稗編》說部，頗風行一時。此圖爲湯允孫大令所藏，麤尹其叔祖也。　　允孫梓其祖德卿觀察建中《筠綠山房詩草》四卷、詞一卷。觀察與余從伯曙洲廣文，同爲趙甌北先生外孫，交誼頗摯，故有《寄懷》詩云：「貧本吾儒慣，其如客裏何？問年雙鬢短，負累一身多。塵海飄蓬梗，天涯泣蓼莪。弔君還自弔，應共淚滂沱。」又《哭金曙洲》云：「薄宦頻餐苜蓿盤，卅年蹭蹬誤儒冠。死應仍去爲才鬼，生竟難留作宰官。歸骨無資須友助，嘔心有稿待人刊。如君收局猶如此，我在名場膽亦寒。」（《粟香隨筆》五筆卷七，清光緒刻本）

楊希洺

【恬莊小識·列女（節錄）】趙淑，字雲仙，武進甌北先生翼曾孫女。庠生起女。適庠生楊英沂，能書畫筆箚。（《恬莊小識》，廣陵書社 2007 年版，第 41 頁）

孫雄 輯

【道咸同光四朝詩史（節錄）】趙椿年，字春木，號劍秋，光緒戊戌進士。現官江西候補知府。甌北先生之曾孫。光緒丁未，由農工商部奏調，在參議上行走。（《道咸同光四朝詩史》甲集卷六，清宣統二年刻本）

卷二　行　跡

清史稿

【趙翼傳】趙翼，字耘松，陽湖人。生三歲，能識字，年十二爲文，一日成七篇，人奇其才。乾隆十九年，由舉人中明通榜，用內閣中書，入直軍機，大學士傅恒尤重之。二十六年，復成進士，殿試擬一甲第一，王杰第三。高宗謂陝西自國朝以來未有以一甲一名及第者，遂拔杰而移翼第三，授編修。

後出知鎮安府。粵民輸穀常社倉，用竹筐，以權代概。有司因購馬濟滇軍，別置大筐斂穀，後遂不革，民苦之。翼聽民用舊筐，自權，持羨去，民由是感激，每出行，爭肩輿過其村。先是，鎮民（農）付奉入雲南土富州爲姦，捕獲百餘人，付奉顧逸去，前守以是罷官。已而付奉死，驗其尸良是。總督李侍堯疑其爲前守道地，翼申辨，總督怒，劾之。適朝廷用兵緬甸，命翼赴軍贊畫，乃追劾疏還。傅恒既至滇，經略兵事，議以大兵渡戛鳩江，別遣偏師從普洱進。翼謂普洱距戛鳩江四千餘里，不如由江東岸近地取猛密，如其策入告。其後戛鳩兵遭瘴多疾病，而阿桂所統江東岸一軍獨完，卒以蕆事。尋調守廣州，擢貴西兵備道。以廣州讞獄舊案降級，遂乞歸，不復出。

五十二年，林爽文反臺灣，侍堯赴閩治軍，邀翼與俱。時總兵柴大紀城守半載，以易子析骸入告。帝意動，諭大紀以兵護民內渡。侍堯以詢翼。翼曰：「總兵欲內渡久矣，憚國法，故不敢。今一棄城，則鹿耳門爲賊有，全臺休矣！即大兵至，無路可入。宜封還此旨。」侍堯悟，從之，明日接追還前旨之諭，侍堯膺殊賞；而大將軍福康安續至，遂得由鹿耳門進兵破賊，皆翼計也。事平，辭歸。以著述自娛，尤邃史學，著《廿二史箚記》、《皇朝武功紀

盛》、《陔餘叢考》、《簷曝雜記》、《甌北詩集》。嘉慶十五年，重宴鹿鳴，賜三品銜。卒，年八十六（案：應為八十八）。同時袁枚、蔣士銓與翼齊名，而翼有經世之略，未盡其用。所為詩無不如人意所欲為，亦其才優也。其同里學人後於翼而知名者，有洪亮吉、孫星衍、趙懷玉、黃景仁、楊倫、呂星垣、徐書受，號為「毘陵七子」。亮吉、星衍、懷玉自有傳。（《清史稿》卷四八五《文苑二・趙翼》，《二十五史》第十二冊，上海古籍出版社、上海書店1986年版，第10325頁）

清史列傳

【趙翼傳】趙翼，字耘松，江蘇陽湖人。生三歲，日能識字數十。十二歲，為文一日成七篇；人皆奇之。以直隸商籍，舉乾隆十五年鄉試。十九年，中明通榜，用內閣中書。入直軍機處，進奉文字多出其手。每扈從出塞，戎帳中無几案，輒伏地起草，頃刻千百言，不加點。大學士傅恆、汪由敦尤重之。二十六年，以一甲三名進士，授翰林院編修，任撰文，修《通鑑輯覽》。明年，京察，記名以道、府用。二十七年，充順天鄉試主考官。二十八年，充會試同考官。三十一年，復充會試同考官。

尋授廣西鎮安府知府。府境極邊，民安訟簡，而常平倉穀有出輕入重之弊。粵民償穀以竹筐，以權代概。有司因購馬濟滇軍，別製大筐斂穀，事罷，遂以為常，民苦之。翼開府倉，聽民用舊筐，自權以納穀，於是民持羨穀以去，歡聲溢閭閻。屬城有控橫斂者，則縛其監倉奴及書吏痛懲之。鎮安民由是感激，每出行，爭肩輿過其村，謂「我公至矣！」奉酒食為恭敬，所至皆如之。先是，鎮民與安南民入雲南土富州為奸，事發，捕獲百餘人，而其魁農付奉顧逸去，前守以是解職。已而付奉死於安南，獲其子，並獲其尸，驗之良是。總督李侍堯疑其為前守道地，不之信，翼申辨，侍堯怒，劾之。值緬甸用兵，命翼赴滇贊畫，侍堯乃追劾疏還。是時將軍明瑞征緬甸，失事殉難。及大學士傅恆來滇經略兵事，議以大兵渡戛鳩江進剿，即大金沙江上流也，令提督以偏師五千從普洱進，遙為聲援。翼謂戛鳩、普洱相去四千餘里，大兵既渡戛鳩之西，則偏師宜由江東岸近地進取猛密，夾江而下，造船以通往來，庶兩軍可以互應，遂如翼言入告。其後渡戛鳩之兵觸瘴氣多疾病，而阿桂所統江東岸一軍獨完。又以此兵敗賊於蠻暮、老官屯，卒以蕆事。時三十四年也。明年調廣東廣州府。先是侍堯固欲調翼，使他守諭意。翼不可，曰：「鎮安天子所授，吾受上司恩調善地，他日何能自行其志？」至是人服其

能自立。在廣州府，決獄平。獲海盜百八人，按律皆死，翼詳讞分別，殺三十八人，餘遣戌。三十六年，擢貴西道。威寧、水程兩鉛廠，舊由糧道管轄，官吏恒視爲利藪。及侵虧事覺，巡撫以下多罹重辟，迺改令貴西道經理。翼視事，凡短發工價運費諸弊，剔除略盡。大吏方以是爲翼功，旋因廣州讞獄舊案，部議降級，奉旨送部引見，翼遂以母老乞歸，不復出。

五十二年，臺灣民林爽文作亂，李侍堯赴閩治軍事，道出常州，邀翼偕往。時兵將雲集，咸謂不日蕩平，翼獨請侍堯密調粵兵爲備。既而總兵郝壯猷敗遁，游擊鄭嵩死之，賊勢大振，而粵兵適至，人心始定。當是時，總兵柴大紀守臺城數月，以易子析骸入告。上得大紀奏，憐臺民死守，飛論大紀以兵護遺民內渡，命侍堯拆閱，仍封發。侍堯以詢翼，翼曰：「明公尚欲封發耶？柴總兵久欲內渡，畏國法，故不敢；一棄城則鹿耳門爲賊所有，全臺休矣！且以快艇追敗兵，澎湖其可守乎？大兵至，無路可入，則東南從此不可問。宜封還此旨，翼已代繕摺矣。」侍堯悟，從之，翌午接追還前旨之諭。及批摺回，李膺殊賞，而大將軍福康安續至，遂得由鹿耳門進兵破賊，皆翼策也。事平，欲奏起，翼堅辭。

晚歲以著述自娛。主講安定書院，日與朋游故舊賦詩爲樂。兩江總督費淳、漕運總督蔣兆奎，皆翼門下士，每過存，諮詢風土，言不及私，兩人益欽重之。同時袁枚、蔣士銓與翼齊名，而翼高才博物，既歷清要，通達朝章國典，尤邃於史學，家居數十年，手不釋卷。所撰《廿二史箚記》三十六卷，鉤稽同異，屬詞比事，其於前代弊政，一篇之中，三致意焉。又撰《陔餘叢考》四十二卷、《甌北詩集》五十三卷、《皇朝武功紀盛》四卷、《簷曝雜記》六卷、《唐宋十家詩話》十二卷。其詩與袁枚、蔣士銓齊名，枚稱其「忽奇忽正、忽莊忽俳，稗史方言，皆可闌入」；士銓則謂其「奇恣雄麗，不可偪視」，人以爲知言。嘉慶十五年，重宴鹿鳴，賜三品銜。十九年卒，年八十六。（《清史列傳》卷七二《文苑三·趙翼》）

西蓋趙氏宗譜

【趙翼傳】趙翼字耘松，惟寬子。乾隆十五年舉人，授內閣中書，入直軍機。二十六年一甲三名進士，授編修，出爲廣西鎮安知府，興利革弊，鎮民悅服。朝廷用兵緬甸，命翼往滇贊畫，傅文忠公倚重焉。特旨調廣州，決獄平恕。擢貴西兵備道。旋告養親歸。五十一年，臺灣林爽文滋事，總督李侍堯赴閩督

任，道過常，邀翼偕往。侍堯夙以綜覈爲政，翼常濟以寬。大事平，因遊武夷，遍歷浙東名勝而歸。翼生平涉歷館閣綸扉之地，邊疆宦遊之跡，戎行帷幄之謀，天下山水之勝，公卿交遊之盛，有他人所不能兼者，一發之於楮墨間。解組四十餘載，主講揚州安定書院五年，遊閩二年，其餘則盡家居之日。著述而外，無他嗜好，一燈熒熒，寒暑罔間。所著詳《藝文志》。其詩與同時錢塘袁枚、鉛山蔣士銓齊名。嘉慶庚午科循例重赴鹿鳴筵宴，飲賜三品銜。年至八十八，卒。子廷英、廷偉、廷俊、廷彥，俱以文學世其家。孫慶齡，道光五年副貢，負才力學，早卒。載邑志。（《西蓋趙氏宗譜·藝文外編》）

（乾隆）武進縣志

【甲榜（節錄）】（乾隆）二十六年辛巳恩科王杰榜：趙翼。中書中式，探花，今編修。（《（乾隆）武進縣志》卷七，清乾隆刻本）

【摭遺（節錄）】府基後舊有河，萬曆癸酉間，郡守施觀民濬之，因避民居，稍迤邐於東南，民間言：「大魁當出無錫」。甲戌，果孫繼皋爲狀元。後錢守成爲郡守，復濬之，次年乙未，孫慎行登一甲第三，甲辰，吳宗達亦登一甲第三。本朝乾隆辛巳，太守永會濬之，是年趙翼登一甲第三。劉綸以總憲躋大司馬，未幾，協辦大學士。諺云：「玉帶河通，出三公」，良不誣也。（《（乾隆）武進縣志》卷十四，清乾隆刻本）

（乾隆）騰越州志

【列傳（節錄）】國朝以來，邊疆無事，而緬甸之役，吳志則述張遐齡、徐明道、錢受谷、諾穆親、傳顯、富森、王紹曾、王昶、趙文哲、孫士毅、毓奇、劉秉恬、惠齡、博卿、額裕善、伊克坦、布明善、薩靈阿、陳經權、成慶、趙翼、戴望嶧、圖敏、唐辰衡共二十四人，以爲勞臣。然諸公中現多負斗山之望，未可輕爲置目。（《（乾隆）騰越州志》卷八「列傳上」，清光緒二十三年重刊本）

【記載（節錄）】趙文哲字損之，上海人，與吳省欽、張純熙、李逢春齊名。以召試官中書，從征緬。駐騰越時，幕府多知名之士：孫士毅、劉秉恬、王昶、趙翼、趙文哲。文哲後沒於金川之難，加贈廕，入昭忠祠祀。（《（乾隆）騰越州志》卷十三「記載下」，清光緒二十三年重刊本）

（道光）廈門志

【（道光）廈門志（節錄）】趙翼，字雲崧，武進人，工詩，著有《甌北集》，

乾隆二十六年辛巳進士第三名。緬甸之役，參畫軍事，擢守廣州，陞貴西道，罷歸。臺灣林爽文作亂，制府李侍堯延入幕府，居廈島之涵園，再徙玉屏書院，幾一年。暇時躡屐山岩間，流連觴詠，賦詩而歸。（《（道光）廈門志》卷十三，清道光十九年刊本）

（同治）蘇州府志

【人物十・吳縣（節錄）】張塤字商言，乾隆三十年順天舉人，官內閣中書。詩才橫厲，硬語獨盤，學於山谷、後山，沿於文長、中郎，生平與大興翁方綱、陽湖趙翼友善，故考證金石及書畫題跋，俱詳贍可喜。《湖海詩傳》。（《（同治）蘇州府志》卷八十三，清光緒九年刊本）

【人物十六・長洲縣（節錄）】陶樑字寧求，嘉慶戊辰進士，改庶吉士，授編修。出為直隸永平府知府，擢清河道，署按察使。兩次因公降調，後由湖南漢黃德道，歷官江西布政使，入為太常寺卿，再轉至禮部左侍郎。年八十餘，卒。樑少工詞翰，與董觀察國華齊名，有「陶董」之目。時東南壇坫，千里相望，王昶、孫星衍、趙翼、吳錫麒輩，各以所著傾動一時，樑與為師友，詩名播遠近。其詩始學樊川，晚似香山。其遭際昇平，克享大耋，固似香山也。（《（同治）蘇州府志》卷八十九，清光緒九年刊本）

（光緒）武進陽湖縣志

【選舉・進士（節錄）】（乾隆）二十六年辛巳：趙翼。一甲三名，貴州貴西道。（《（光緒）武進陽湖縣志》卷十九，清光緒五年刻本）

【人物・文學（節錄）】趙翼，字耘松，號甌北。父惟寬，語在「孝友」。翼乾隆十五年舉人，授內閣中書，入直軍機；二十六年，一甲三名進士，授編修。出為廣西鎮安知府，時用兵緬甸，命翼往滇贊畫，大學士傅恒倚重焉。特旨調廣東廣州府，決獄平恕，擢貴州貴西道，旋告養親歸。五十一年，臺灣林爽文作亂，總督李侍堯赴閩督任，道過常，邀翼偕往。侍堯以綜覈為政，翼常濟以寬大，卒用翼策破賊。事平，侍堯欲奏起之，固辭，歸。翼歘歷清要，宦遊邊疆，戎行帷幄之謀，天下山水之勝，公卿交遊之盛，有他人所不能兼者，一發之於楮墨間。解組四十餘年，主講揚州安定書院五年，遊閩二年，其餘則皆家居之。日著述而外，無他嗜好，其詩與同時袁枚、蔣士銓齊名。嘉慶十五年，重赴鹿鳴筵宴，欽賜三品銜。年至八十八卒。子廷英、廷偉、廷俊、廷彥，俱以文學世其家。廷俊子慶齡，道光五年副貢，負才力學，早卒。慶齡弟申嘉，

嘉慶二十一年舉人，才氣尤橫絕，知名早，而迄無所遇。廷偉次子起，語在「忠節」。(《(光緒) 武進陽湖縣志》卷二十三，清光緒五年刻本)

【人物‧文學 (節錄)】毛穎士字今吾，天資穎異，與同縣沈濬、趙翼有「三才子」之目。(《(光緒) 武進陽湖縣志》卷二十三，清光緒五年刻本)

【藝文‧史部‧雜史類 (節錄)】國朝：趙翼，《皇朝武功紀盛》四卷。存。(《(光緒) 武進陽湖縣志》卷二十八，清光緒五年刻本)

【藝文‧史部‧譜錄類 (節錄)】國朝：……趙翼，《放翁年譜》一卷。存。……趙懷玉，《趙甌北先生年譜》、《亦有生齋自述年譜》二卷。竝存。(《(光緒) 武進陽湖縣志》卷二十八，清光緒五年刻本)

【藝文‧史部‧史評類 (節錄)】國朝：……趙翼，《廿二史劄記》三十六卷。存。(《(光緒) 武進陽湖縣志》卷二十八，清光緒五年刻本)

【藝文‧子部‧小說家類 (節錄)】國朝：……趙翼，《簷曝雜記》六卷。存。(《(光緒) 武進陽湖縣志》卷二十八，清光緒五年刻本)

【藝文‧集部‧別集類 (節錄)】國朝：……趙翼，《甌北集》三十卷、《詩鈔》八卷。竝存。(《(光緒) 武進陽湖縣志》卷二十八，清光緒五年刻本)

(光緒) 鎮安府志

【職官表 (節錄)】三十二年，趙翼，江蘇陽湖人，進士，知府，有傳。(《(光緒) 鎮安府志》卷四《職官表》，清光緒十八年刊本)

【宦績志‧循良 (節錄)】趙翼，字耘松，號甌北，江蘇陽湖人。乾隆十五年舉順天鄉試，三十六年 (案：應作二十六年) 進士，以第三人及第，壬午分校順天鄉試，癸未丙戌分校會試，皆得士，尋授鎮安知府。地處極邊，訟庭清簡，而倉穀出入，吏緣爲奸。翼痛革其弊，鎮民悅服。每出巡，村民舁入其村，曰：「我公至矣。」進酒食如家人父子，所至皆如之。初鎮民與安南民入雲南土富州爲奸，事發，捕獲百餘人，而其魁農付奉顧逸去，前守坐是罷官。既而付奉死，安南獲其子並其屍，驗之信。總督李侍堯疑其爲前守地也，斥之，翼申辯，李怒而劾之，適官軍進勦緬甸，詔翼赴滇贊畫軍事，乃追劾疏還。明年返鎮，會李調兩廣，乃示意監司，欲翼稍折節而移之守廣州以自助，翼不可，遂以他屬。適奉特旨調廣州，監司乃服其有守。辛卯擢貴州道，尋以乞養歸。嘉慶庚午重赴鹿鳴宴，得旨賞三品服。又四年，卒。年八十有八。《先正事略》。(《(光緒) 鎮安府志》卷二二《宦績志‧循良》，清光緒十八年刊本)

【宦績志‧循良（節錄）】汪爲霖，字春田，江蘇如皋人，貢生。家故饒，性耽風雅，贈袁隨園詩有「先生宗白我推袁，萬古心香共此源」句，頗以詩高自期許。作部郎時，曾隨駕射箭，連中二枝。高廟喜，賜以花翎。出守廣西思恩府，以廉靜稱。五十六年，調任鎮安府。前此守鎮安者爲會稽商盤、陽湖趙翼，皆以詩負海內盛名。霖曰：「吾縱不能頡頏二君，而振文教、育人才，尤邊徼之急務也。」（《（光緒）鎮安府志》卷二二《宦績志‧循良》，清光緒十八年刊本）

（光緒）廣州府志

【職官表（節錄）】趙翼，江蘇陽湖人，進士，三十五年任。（《（光緒）廣州府志》卷二三《職官表七》，清光緒五年刊本）

【宦績（節錄）】趙翼，號甌北，江蘇陽湖人。乾隆庚午舉人，辛巳以第三人及第，授編修，尋授廣西鎮安府知府。以事忤總督李侍堯，李欲其稍折節，而調翼廣州以自助，翼不往。卒奉特旨調廣州，人始服其有守。在廣州獲海盜百有八人，按律當死，翼詳讞，辟三十八人，餘遣戍。擢貴西道，緣事內召，遂告養歸。嘉慶庚午重赴鹿鳴，賜三品服。又四年，卒。年八十有八。據《國朝先正事畧》修。（《（光緒）廣州府志》卷一〇八《官績五》，清光緒五年刊本）

【雜錄（節錄）】光孝寺藏貫休畫羅漢，朱竹垞同陳元孝所賦，僅《寫經》一軸。張藥房所賦，則《寫經》、《伏虎》、《面壁》、《渡海》四軸，云李南澗摹寫北歸者。後復有《咒鉢羅漢歌序》云：「本光孝寺中物，寺僧不能守，流傳俗間則又不止四軸矣。」考趙甌北翼有《光孝寺貫休羅漢歌》，吳巢松慈鶴有《光孝寺貫休羅漢贊》，均止《寫經》一軸。惟許周生宗彥《光孝寺貫休羅漢歌》自注云：「是日並觀《藥房》、《水墨》二幀，蓋贗筆也。」許與藥房時代相後先，而其言如此，必有所據而云然。《採訪冊》。（《（光緒）廣州府志》卷一六三《雜錄四》，清光緒五年刊本）

（光緒）重修天津府志

【選舉二（節錄）】……趙翼，天津榜，姓顧。案：此下僅見《選舉錄》……（《（光緒）重修天津府志》卷十七「選舉二」，清光緒二十五年刻本）

（光緒）松江府續志

【寓賢傳（節錄）】祝德麟，字止堂，海寧人，乾隆三十八年進士。官監

察御史，以言事改官歸。嘉慶初，主講雲間書院，教士有法，後卒於書院。德麟工詩，法其鄉先輩查愼行及房師趙翼，以性靈爲主。著有《悅親樓詩鈔》。（《(光緒)松江府續志》卷二十七，清光緒九年刻本）

清實錄

【清高宗純皇帝實錄（節錄）】乾隆二十六年辛巳，四月，……甲午，上御太和殿，傳臚，賜一甲王杰、胡高望、趙翼三人進士及第，二甲蔣雍植等六十六人進士出身，三甲沈琳等一百四十八人同進士出身。（《清高宗純皇帝實錄》卷之六百三十五，鈔本）

【清高宗純皇帝實錄（節錄）】乾隆二十六年辛巳，五月，……癸丑，授一甲一名進士王杰爲翰林院修撰，一甲二名胡高望、一甲三名趙翼爲翰林院編修。（《清高宗純皇帝實錄》卷之六百三十六，鈔本）

【清高宗純皇帝實錄（節錄）】乾隆二十六年辛巳，五月，……丙辰，內閣翰林院帶領新科進士引見，得旨：「新科進士一甲三名王杰、胡高望、趙翼，已經授職。蔣雍植、顧震、秦承恩、汪爲善、謝啓昆、曹仁虎、金雲槐、黃騰達、馬人龍、嵇承謙、陳步瀛、胡翹元、儲秘書、沈士駿、張應曾、汪上林、官志涵、丁榮祚、吳玉綸、馬曾魯、葛正華、劉焯、毛業溥、卜祚光、嵩貴、郭潔、邵庚曾、田均豫、李松齡、余廷燦、劉校之、馮昌紳、陳於疇、楊中選、鄧大林，俱著改爲庶吉士。項淳、吳壇、陳嵩年、裴直、方松齡、沈琳、孫嘉樂、銀文昭，俱著分部學習。徐紹鑒、王宓、孫景燧、張元泰、顧駉、姚棻、許法震、徐珏，俱著以知縣即用。王兆麟、白凌雲、歐陽欽，俱著以教職即用。餘著歸班銓選。」（《清高宗純皇帝實錄》卷之六百三十七，鈔本）

【清高宗純皇帝實錄（節錄）】乾隆二十七年壬午，閏五月，……乙丑，吏部帶領京察保送一等之吏科掌印給事中佟琳等三十八員引見，得旨：「……沈業富、紀昀、秦鐄、謝墉、趙翼……，俱准其一等加一級。」（《清高宗純皇帝實錄》卷之六百六十二，鈔本）

【清高宗純皇帝實錄（節錄）】乾隆二十八年癸未，五月。……己未，……內閣翰林院帶領辛巳恩科散館修撰、編修、庶吉士引見，得旨：「修撰王杰，編修胡高望、趙翼，已經授職。其清書庶吉士秦承恩、郭潔、沈士駿、汪上林、葛正華，俱授爲編修，邵庚曾授爲檢討。漢書庶吉士彭元瑞、曹仁虎、蔣雍植、卜祚光、唐淮、嵩貴、李孔陽、劉焯、彭紹觀、毛業溥，俱授爲編

修，金雲槐、陳於疇、李松齡、劉校之、吳玉綸、田均豫、張廷桂，俱授爲檢討。」(《清高宗純皇帝實錄》卷之六百八十六，鈔本)

【清高宗純皇帝實錄(節錄)】乾隆三十年乙酉，五月，……辛卯，……吏部帶領京察保送一等之吏科掌印給事中陳作梅等三十七員引見，得旨：「宋弼，准其一等。……畢沅、李汪度、趙翼、彭元瑞、韋謙恒、褚廷璋……，俱准其一等加一級。(《清高宗純皇帝實錄》卷之七百三十七，鈔本)

【清高宗純皇帝實錄(節錄)】乾隆三十年乙酉，冬十月，……乙卯，……以翰林院侍讀張曾敞爲順天武鄉試正考官，編修趙翼爲副考官。(《清高宗純皇帝實錄》卷之七百四十六，鈔本)

【清高宗純皇帝實錄(節錄)】乾隆三十三年戊子，三月，……庚子，……諭：「據阿里袞等奏，『滇省辦理軍務，一切督率差委各員，現在不敷分派，請於鄰近之廣東、廣西、四川、湖南、貴州等五省，現任道、府、丞、倅、牧、令，及佐雜等官內，每省酌派赴滇』等語，著照所請派道員觀音保、李天培、法明等三員，知府祿成、博明、趙翼、王洸、蘇勒通、阿賡音等六員，即由本任就近赴滇，並著各該督撫於所屬同知、通判、知州、知縣內，每省選派四五員，佐雜內，每省選派五六員，前往雲南聽候差遣。所有各該員本任，均著酌量委員署理，不必開缺。」〇諭軍機大臣等：「據阿里袞等奏，滇省辦理軍務，所有道府以下人員不敷調委，請於鄰近各省內選派前往。現已降旨於各該省道員內派出觀音保、李天培、法明三員，知府內派出祿成、博明、趙翼、王洸、蘇勒通、阿賡音六員，令即赴滇委用。但現在各該省均有應辦差務，必需幹員經理。其道府內原係衝要繁劇之任，朕俱未經派往，即派出各員，或本省現有承辦緊要事務，一時驟難得人更替者，該督撫亦不妨酌量，另擇妥員更換，仍一面奏聞。其丞倅州縣及佐雜各員，該督撫即遵旨詳慎簡選，一併奏明發往。」(《清高宗純皇帝實錄》卷之八百六，鈔本)

【清高宗純皇帝實錄(節錄)】乾隆三十五年庚寅，二月，……丁丑，……諭軍機大臣等：「李侍堯前請『調補廣州府知府之吳九齡，已陞糧驛道，所有廣州府缺，現無可調之員，請即以屠士相署理』等語，廣州府知府員缺，前於該督請調吳九齡時，業經降旨，將廣西鎮安府知府趙翼調補，看其才具，似尚能辦事，但於省會首郡，是否相宜，朕亦難於懸定。該員現任粵西知府，亦係該督所屬，平日知之必深。其能否堪勝劇任之處，著李侍堯即行據實覆奏。」尋奏：「趙翼才識兼優，堪勝首郡。前因現任苗疆要缺，故未奏請報聞。」

（《清高宗純皇帝實錄》卷之八百五十三，鈔本）

【清仁宗睿皇帝實錄（節錄）】嘉慶十五年庚午，秋七月，……乙丑，……准江蘇前任道員趙翼、安徽前任郎中姚鼐重赴鹿鳴宴，並賞趙翼三品頂帶、姚鼐四品頂帶。（《清仁宗睿皇帝實錄》卷之二百三十二，鈔本）

王昶 輯

【湖海詩傳（節錄）】趙翼字雲松，號甌北，陽湖人。乾隆二十六年殿試第三人及第，官至貴西道。有《甌北集》。《蒲褐山房詩話》：雲松性情倜儻，才調縱橫，而機警過人。所遇名公卿，無不折節下之。初受知於汪文端公，及入中書，直軍機處，傳文忠公尤愛其才。旋以及第改翰林，數年，簡放知府，出守廣西鎮遠（案：應爲鎮安）。時緬甸用兵，詔選鄰省幹才助蒐軍實，君住永昌半載，會文忠將督兵深入，遣之還粵。又爲李制府所賞，調廣州，并登薦剡，擢貴西道。尋以母老留養，遂不復出，迄今幾三十年。同時與袁子才、蔣心餘友善，才名亦相等，故心餘序其詩謂：「興酣落筆，百怪奔集，奇恣雄麗，不可逼視。」子才謂其「忽正忽奇，忽莊忽俳，稗史方言，皆可闌入」，洵知言也。乾隆辛亥夏，余與慶樹齋尚書奉使讞事高郵，君時主揚州書院，挐舟見訪，銜杯促膝，竟日而返。蓋其篤舊交嗜譚藝如此。（《湖海詩傳》卷二十四，清嘉慶刻本）

【湖海詩傳（節錄）】張塤字商言，吳縣人。乾隆三十年舉人，官內閣中書。有《西征》、《熱河》、《南歸》諸集。《蒲褐山房詩話》：商言才情橫厲，硬語獨盤，後乃學於山谷、後山，沿於文長、中郎。打油釘絞之習，時露行墨間。然如《新豐》云：「百家雞犬英雄宅，萬歲枌榆故舊情」，《夜宴》云：「花露半晴題卻扇，人扶殘醉唱迴波」，亦殊工麗。而生平與翁覃溪、趙雲松、孔葒谷諸君友善，故考證金石及書畫題跋，頗爲詳贍可喜。（《湖海詩傳》卷二十九，清嘉慶刻本）

湯大奎

【炙硯瑣談（節錄）】趙甌北觀察梓全集見示，余謂曰：「爲杜紫微則不能，爲楊誠齋則過之無不及矣。」趙傲然曰：「吾自爲趙詩，烏論唐宋？」（《炙硯瑣談》卷中，清乾隆五十七年趙懷玉亦有生齋刻本）

錢大昕

【錢辛楣先生年譜（節錄）】五十五年庚戌，年六十三歲……案：公集《群書拾補序》、《杜詩雙聲疊韻譜序》、《甌北集序》、《跋翰苑群書》、《荊宜施道陳公墓誌銘》，作於是年。（《錢辛楣先生年譜》，清咸豐刻本）

姚鼐

【貴西兵備道趙先生翼家傳】先生姓趙氏，諱翼，字耘松，號甌北，常州府陽湖人也。生三歲，日能識字數十。十二歲，學爲文，一日成七藝，人皆奇之。乾隆庚午，舉順天鄉試。已而選授內閣中書，入直軍機。大學士傅文忠公、汪文端公咸倚重焉。辛巳成進士，殿試進呈一甲第一，而陝西王文端公杰居第三。純皇帝謂，自國朝以來，陝西未有以第一人舉者，遂易文端爲第一。而先生之才，則固已心識之矣。

丙戌，由翰林編修授廣西鎮安知府。鎮居廣西極邊，民淳訟簡，而倉穀出入，吏緣爲奸，先生痛革其弊，鎮民悅服。每巡行，村民輒舁入其邸，謂我公至矣，奉酒食爲恭敬。所治皆如之。先是，鎮民與安南民入雲南土富州爲奸，事發，捕獲百餘人，而其魁農付奉顧逸去，前守以是罷官。已而付奉死於安南，獲其子並獲其屍，驗之良是。總督李公侍堯疑其爲前守道地，不之信，先生申辨，李怒劾之。適朝廷用兵緬甸，命先生赴滇贊畫，乃追劾疏還。明年返鎮，李公乃示意監司，欲先生稍折節而移之守廣州自助，先生不肯，遂以他屬，而適奉特旨調先生廣州，監司乃服先生之有守也。

在廣州，決獄平，獲海盜一百八人，按律皆當死。先生詳讞分別，殺三十八人，餘遣戍。辛卯，擢貴西兵備道，而以廣州他讞事降級調用，先生遂乞養親而歸。丁未，臺灣民林爽文作亂，李公赴閩辦軍事，道過常，邀先生偕往。時兵將雲集，咸謂不日蕩平。先生詢察情形，亟請李公密調粵兵爲備。既而總兵郝壯猷敗遁、游擊鄭嵩被殺，賊勢大振，而粵兵適至，人心始安。已乃籌海運、增雇值、給衣裝，奏輒報可。李公夙以綜覈爲政，先生每事濟以寬大。迄事平，先生之力居多。始先生贊畫滇軍，傅文忠公爲經略進征緬甸，議大兵由戛鳩江進，而命提督五福由普洱進。先生曰：「戛鳩、普洱，按圖相距不過三寸，而實是四千里而遙。兩軍既進，聲息不相聞，進退維谷，此危道也。大兵欲渡戛鳩，則偏師宜由蠻暮老官屯進，夾江而下，庶兩軍可互爲聲援。」文忠從之。先生之善籌軍事多類此。

臺灣既定，李公欲奏起，先生固辭之。因遊武夷，遍歷浙東，山水之勝，一發之於詩。先生固善詩，自少游京邸、歷館閣，與諸賢士大夫相酬唱；歸田後，朋遊故舊，杯酒相過從，日賦詩爲笑樂。其詩與同時袁簡齋、蔣心餘齊名，世所傳《甌北集》也。其他著述凡十餘種，而《陔餘叢考》、《廿二史箚記》尤爲人所稱道云。

先生與鼐俱以乾隆庚午得舉，越六十年而爲嘉慶庚午，先生八十有四，而鼐亦年八十，循例重赴鹿鳴，賜三品銜，而鼐亦得四品銜，乃相與會於鍾山。屈指知交，零落殆盡，先生喟然曰：「某少孤，貧不自振，謬以非才，入侍館閣，分校多士。中年淊登繁劇，奔走軍旅，未垂白而養拙丘園，上獲終養慈母，下獲撫字孫曾。今又叨蒙上賜爵秩逾等，生人之遇，可謂榮幸，皆兩朝聖人高厚之恩也。」相與泫然者久之。今歲四月，先生卒於家。其子以狀訃，乃按其事而傳之。

子：廷英、廷偉、廷俊、廷彥。孫十人、曾孫四人。（錢儀吉纂：《碑傳集》卷八六《乾隆朝監司下之下》，中華書局 1993 年版，第 2488～2490 頁）

趙懷玉

【收庵居士自敘年譜略（節錄）】乾隆二十六年辛巳，十五歲。塾師爲毛今吾先生穎士，先生制藝之外，攻詩古文，與家雲松觀察翼、沈琢琦大令潯齊名。（《收庵居士自敘年譜略》卷上，清道光《亦有生齋集》本）

李斗

【揚州畫舫錄（節錄）】劉重選建梅花書院，親爲校士，而無掌院。迨劉公後，歸之有司，皆屬官課。朱公修復，乃與安定同例，均歸鹽務延師掌院矣。安定書院自王步青始，梅花書院自姚鼐始。安定掌院二十有三人：……趙翼，字雲松，號甌北，乾隆辛巳進士。（《揚州畫舫錄》卷三，中華書局 1960 年版，第 64～65 頁）

法式善

【清秘述聞（節錄）】乾隆二十七年壬午科順天鄉試，……編修趙翼，字雲松，江南陽湖人，辛巳進士。……乾隆二十八年癸未科會試，……編修趙翼，字雲松，江南陽湖人，辛巳進士。……乾隆三十一年丙戌科會試，……編修趙翼，字雲松，江南陽湖人，辛巳進士。（《清秘述聞》卷十六，清嘉慶四年刻本）

孫星衍

【趙甌北府君墓誌銘】嘉慶廿年秋九月，趙氏廷英昆仲等來金陵，乞撰其尊甫甌北先生墓誌。先生與予同里，有姻聯，又爲詞館前輩，生平遊處甚

熟，知其學行尤悉，不可以不敏辭。

按狀，先生姓趙氏，諱翼，字耘松，號甌北，常州府陽湖縣人。其先有名孟堙者，爲宋宗室，元末官高郵州錄事，因家常州。五傳至敬，明景泰甲戌進士，歷山西、山東按察使。七傳生州，爲先生曾祖。生福臻，又名斗煌，贈儒林郎，爲先生祖。先惟寬，贈中憲大夫，爲先生父。配丁太恭人，生先生及弟汝明、汝霖。趙氏遷常久，家中落，父中憲公以授徒爲生計。

先生生有異稟，三歲識字。十二歲爲科舉文，一日輒成七篇。時令甲未以詩試士，特好爲之，兼爲古文。十九歲入縣學。游學都門，才名動輦下。劉文正公時爲總憲，延至家，纂修《宮史》。以直隸商籍入學，中乾隆十五年庚午科北榜舉人，補官學教習。十九年會試，中明通榜，用內閣中書。明年補官，又明年入直軍機。尹文端公、傅文忠公皆倚重先生。扈從行在，或伏地草奏，下筆千言，文不加點。一切應奉文字，非先生不辦。二十六年，中辛巳科進士，殿試呈卷第一。高宗純皇帝以國朝已來陝西未有狀元，遂以第三卷互易，即王文端也。授翰林院編修。明年京察一等，記名在翰林。時任撰文，修《通鑑輯覽》。壬午科分校順天鄉試，乙酉科爲順天武闈鄉試主考官。癸未、丙戌科俱充會試同考官，得士尤盛。

三十一年多，授廣西鎮安府知府。府境極邊，民淳訟簡，而常社倉穀有出輕入重之弊。粵民償穀以竹筐，以權代概。有司因購馬濟滇軍，別製大筐斂穀，事罷遂以爲常，民苦之。先生開府倉，聽民用舊筐自權以納穀。於是民皆持羨穀以去，飲食醉飽，歡聲溢闤闠。屬城有控橫斂者，則縛其監倉奴及書吏，痛懲之。鎮安民由是感激。每出行，爭肩輿先生過其邨，送歷他邨，亦如之。老弱饋餉雞豚酒醴，先生辭之不得，無煩縣令供頓矣。其後有爲先生立生祠者。會以辦案不合總督李公侍堯意，幾被劾，適有特旨，令先生赴滇參軍事。

是時明參軍瑞征緬甸失事殉難，緬酋遣使求和，副將軍大學士阿公里衰奏其事，上不許。時阿文成公桂以總督來將軍，大兵停征，奉命以偏師剿南坎、頓拐等處。兩將軍出行，令先生守大營護將印，一切緩急應援，皆得便宜行事。及大學士傅文忠公來滇經略兵事，議以大兵渡戛鳩江進剿，即大金江上流也。令提督以偏師五千從普洱進，遙爲聲援。先生謂戛鳩、普洱相去四千餘里，大兵既渡戛鳩之西，則偏師宜由江東岸近地進取猛密，夾江而下，造船以通往來，庶兩軍可以互應。遂如先生言入告。其後渡戛鳩之兵遭瘴氣，

多疾病，而阿文成公所統江東岸一軍獨完。又以此兵敗賊於蠻暮、老官屯，卒以蕆事。時三十四年也。

明年調守廣東廣州府。先是，總督李公固欲調先生，使他守諭意。先生不可，曰：「鎮安天子所授，吾受上司恩調善地，他日何能自行其志？」至是人服其能自立云。海盜拒官兵而竄，盡獲之得一百八人，按律皆當死；先生念諸盜無殺人案，乃條別其輕重，戮其魁，餘多遣戍者。其他平情折獄類此。

明年擢貴州貴西兵備道。威寧、水程兩鉛廠，舊由糧道管轄，大小官吏漁利。虧空案發，巡撫、司、道以下多罹重辟，因改令貴西道經理。先生以立法方始，凡短發工價運費諸弊，盡別除之。又催在途未運銅斤速抵蜀省。上司方以是為先生功，旋以廣州讞獄舊案，奉部議降級，奉旨送部引見。當路欲奏留先生，先生以母老，力辭歸里侍養者五年，暨終制，遂不復出。

五十二年，閩督李公侍堯征臺灣，過常州，邀先生贊畫軍事，偕至泉州。李公故精嚴，事少寬假。先生閱歷兵事久，謂惜費則成功遲而費轉多，不惜費則成功速而費轉少。凡軍裝、口糧，一切擘畫從寬濟軍。為李公繕摺，奏請得旨，軍皆挾纊。時賊初起，提督等率兵過海。前督常公青來將軍督師，咸謂不日蕩平，先生難之。告李公宜以實情上達，並函書廣督調兵待用。及大兵不利，總兵為賊所陷、游擊被戕，果賴粵兵以濟。李公以是服先生預策之善。事平，欲奏起，先生堅辭，乃止。

先生年過六十，歸後以著述自娛。主講安定書院，往還平江一帶，所至名流傾倒，傳寫詩什，江左紙貴。同時袁大令枚、蔣太史士銓與先生齊名，如唐之李、杜、元、白。而先生高才博物，既歷清要，通達朝章國典，尤邃於史學。家居數十年，手不釋卷。所撰《廿二史劄記》，鉤稽同異，屬詞比事，其於前代弊政，一篇之中，三致意焉。所為詩，無不如人意所欲出，不拘唐、宋格律，自成一家。凡撰《陔餘叢考》四十三卷、《廿二史劄記》三十六卷、《甌北詩集》五十三卷、《皇朝武功紀盛》四卷、《簷曝雜記》六卷、《唐宋十家詩話》十二卷。論世者以為國家中葉極盛之世，文章耆壽必有應運而興，為一代冠冕，先生其人矣。方先生七十時，兩江總督費公淳、漕督蔣公兆奎皆出先生門，每過存先生，諮詢風土，言不及私，兩公益重先生。嘉慶十五年庚午科鄉試，先生八十有四，重赴鹿鳴筵宴，奉旨賜三品冠服。

先生素和易，生平無疾言遽色，服食節儉。家稍豐裕，凡少賤時有德於先生者，皆厚酬之。曰：「財債當償，心債尤不可負也。」里中偏災，則捐千

金為搢紳倡。至十九年四月十七日，以疾終於里第，春秋八十有八。

配劉恭人、繼配程恭人，皆溫恭淑愼，治家勤儉，族黨無間言，先後卒在先生前。側室蔣氏。子廷英，候選同知；廷偉，縣學生，先卒；廷俊，縣學生，候選通判；廷彥，府學生，候選鹽運司經歷。女長嫁國子監生沈景蒼，次嫁邑庠生金裕恩，次嫁候選州同湯詒憲，次嫁江西試用縣丞高德葆，次嫁國子監生盧慶錄，次嫁直隸試用從九品蔣純健。長孫公桂，直隸候補縣丞；次忠弼，次慶齡，次申嘉，次鳴盛，次公樾，次景謨，次覽，次鴻文，次僧善。曾孫長增慶，次增榮，次增祿，次增祥。廷英等以二十年十一月五日葬先生於馬跡山丁太恭人之昭穴，祔以程恭人。先葬劉恭人於下程橋，已四十餘年，以遺命，不復遷祔。銘曰：

> 出奇無窮公之文，乃以筆陳籌三軍；決勝帷幄辭書勳，翩然歸里折
> 角巾。桐鄉樂社俎豆陳，辦香不墜韓、杜親；安樂壽考完其眞，松
> 邪柏邪五湖濱，死而不朽元氣存。

賜進士及第，誥授通政大夫、山東督糧道孫星衍撰文。(《甌北集》下冊「附錄二・墓誌銘」，上海古籍出版社 1997 年版，第 1432～1435 頁)

錢泳

【鼎甲】乾隆辛巳殿試時，兆將軍惠方奏凱歸。高宗隆其遇，亦派入閱卷。兆自陳不習漢文，上諭以諸臣各有圈點，圈多者即佳也。將軍撿得趙翼卷獨九圈，遂以進呈。先是，歷科進呈卷皆彌封，俟上欽定甲乙，然後拆封。是科因御史奏，改先拆封，傳集引見。上是日閱卷逾時，見第一卷係趙翼，江南人；第二卷胡高望，浙江人，且皆中書。而第三卷王杰，則陝西人也。因特招讀卷大臣，問：「本朝陝西曾有狀元否？」對曰：「未有。」上即以三卷互易，趙為第三人及第。傳臚之日，三人者例出班跪，而趙獨帶數珠。上陞殿遙見，以問傅恒，恒以軍機中書對，且言：「昔汪由敦應奉文字，皆其所擬也。」上心識之。到明日，諭諸臣，謂：「趙翼文自佳，然江浙多狀元，無足異。陝西則本朝尚未有，即與一狀元，亦不為過耳。」於是趙翼之名益著。

(《履園叢話》卷十三，中華書局 1979 年版，第 346 頁)

【耘松觀察】陽湖趙耘松觀察名翼，幼聰穎，年十二學為文，一日成七藝，莫不異之。以直隸商籍入學。乾隆庚午中順天舉人，辛巳成進士，以第三人及第。由編修出守廣西，民淳訟簡，人民悅服。適緬甸用兵，奉命赴滇，

贊畫軍事。調廣州監司（案：應爲知府）。未幾，擢貴州貴西兵備道，而以廣州讞事鐫級，遂乞養，歸田十年。母既終，不復出。五十二年，臺灣林爽文作亂，李公侍堯奉命赴閩，過常時邀先生爲參贊。事既平，李公欲入奏起用，先生固辭之。遂由建寧分道，遊武彝九曲，過常玉山，遍歷浙東山水之勝，與當世賢士大夫相唱酬以爲樂。年八十八而卒。所著有《廿二史劄記》三十六卷、《陔餘叢考》四十三卷、《簷曝雜記》六卷、《皇朝武功紀略》四卷、《甌北詩抄》、《甌北詩話》、《甌北集》共若干卷。學者稱「甌北先生」。（《履園叢話》卷六，中華書局 1979 年版，第 152～153 頁）

錢林

【文獻徵存錄（節錄）】趙翼字耘菘，號甌北，陽湖人。乾隆二十六年進士及第第三人，官貴西道。有《甌北集》。天才亮特，機警過人。初官中書，直樞要，進奏文字多出其手。每扈從出塞，戎帳中無几案，率伏地起草，頃刻千百言，不加點。傅文忠尤愛之。既第進士，改翰林，出守廣西鎮遠。時緬甸方用兵，詔遴鄰省幹才助蒐軍實，住滇半載，洎督兵深入，遣還粵。又調廣州，尋擢貴西道。以母老乞養歸，不復出，家食幾三十年。與袁簡齋、蔣心餘友善，才名亦相垺。所撰《廿二史劄記》，考證精審。又《陔餘叢考》一書，雖不及顧氏《日知錄》、錢氏《養新錄》之精博，然於文字之同異，究其源流；事物之差殊，正其譌誤，抑多聞解惑之一助也。其《皇朝武功紀盛》一書，以連篇累幅未能備述者，而簡括出之，足徵史才。惟《簷曝雜記》體例稍雜，未爲善本。然國家掌故，及滇黔各省土風、物產，觀覽畧備，益足增長見聞，通知時事。較之侈談考據，於日用事物之間毫無裨補者，勝之。晚歲取唐宋以來各家全集，展玩而尋繹之，沿波溯源，開得其心力獨至之處，故所撰《甌北詩話》，抉摘精微，語多切當，要非局方隅之見、橫使議論也。其論列近代諸家，梅村後獨舉初白。蓋查詩空靈變化，甌北性與之近也。然如王漁洋之高秀、朱竹垞之深厚，衡之初白，實所未逮。惟當兩家並峙之時，獨能陶冶性靈，自開門徑，此初白所以爲不可及。則甌北之論詩，亦可云獨具隻眼矣。甌北五言中《論古》諸作，發抒太盡，於一倡三歎、渾厚含蓄之古法，幾不復存，然探喉而出，每如吾意之所欲發。如所云「乃知曠達言，大抵十九寓。一朝見可欲，鮮不失故步。徒以言取人，動爲古人誤」；又所云「荊公變祖法，欲剗富彊治。及至法必行，流毒不可制。乃知功名心，亦足

禍人世」。誦至愜心處，淋漓痛快，似倩麻姑癢處搔也。七言古詩，時見剽滑；
五七律多工巧奇警之句，如「曉星明似月，古堠立疑人」，「月華涼在水，山
影澹於雲」，「一軍皆甲晨聽令，萬馬無聲夜踏邊」，「久客不歸無異死，故人
入夢尙如生」，可稱能品，卻非詩家第一義。其《人參》詩有云：「但許活富
人，貧者莫可冀。」豈知黃耆、黨參，療極重之病，醫家輒云「非人參不治」，
亦思世間病人，力能服參者有幾哉。（《文獻徵存錄》卷六，清咸豐八年有嘉樹軒刻
本）

吳修 編

【續疑年錄（節錄）】趙耘菘八十八翼，雍正五年丁未生，嘉慶十九年甲戌
卒。（《續疑年錄》卷四，清嘉慶刻本）

周中孚

【鄭堂讀書記（節錄）】《皇朝武功紀盛》四卷湛貽堂刊本，國朝趙翼撰。翼
字雲菘，號甌北，陽湖人。乾隆辛巳賜進士第三，官至貴西道。是編皆據《方略》諸
書，並就所見聞纂輯而成。第一卷爲《平定三逆述略》、《平定朔漠述略》；第
二卷爲《平定準噶爾前編述略》、《正編述略》；第三卷爲《平定緬甸述略》；
第四卷爲《平定兩金川述略》、《平定臺灣述略》、《平定廓爾喀述略》。蓋自聖
祖之平定三逆，以暨高宗廓爾喀之役，凡夫歲年、月、日，以及山川道里，
與夫在事諸臣之功過，得所徵信，一一皆有據依。其事則詳，其文則約，其
顛末曲折，無不朗若列眉，使人一見而驚歎神謨廟算，爲黃帝以來所未有也。
前有《自序》及盧抱經文弨序。《藝海珠塵》、《讀畫齋叢書》俱收入之。（《鄭
堂讀書記》卷十八「史部四」，民國吳興叢書本）

【鄭堂讀書記（節錄）】《陸放翁先生年譜》一卷孱守齋所編年譜本，國朝錢
大昕撰。南宋《陸放翁詩文存》有一百三十七卷，其生平出處，大略具見於
斯。其詩文爲南渡大家第一，與北宋之東坡並稱「蘇陸」。顧東坡有譜而放翁
獨無，殊爲闕與！竹汀因就其全集，採其事蹟，爲是譜，固當與王伯言《東
坡年譜》並垂不朽矣。同時趙雲崧亦著有《放翁年譜》，敘述較詳，恐不及此
編之簡要云。（《鄭堂讀書記》卷二十二「史部八」，民國吳興叢書本）

【鄭堂讀書記（節錄）】《二十二史箚記》三十六卷湛貽堂刊本，國朝趙翼撰。
翼字雲崧，號甌北，陽湖人。乾隆辛巳賜進士第三，官至貴州貴西道。雲崧以稗乘胜說，
閒與正史歧互者，本史官棄而不採，今或據以駁正史，恐爲有識所譏，因作

此編，多就正史紀、傳、表、志中參互勘校，其有牴牾處自見，至古今風會之遞變，政事之屢更，有關於治亂興衰之故者，亦隨所見附著之。凡《史記漢書》三卷、《後漢書》二卷、《三國志》一卷、《三國志晉書》一卷、《晉書》一卷、《宋齊梁陳書》一卷、《宋齊梁陳》並《南史》三卷、《魏齊周隋書》並《北史》三卷、新舊《唐書》五卷、《五代史》二卷、《宋遼金史》一卷、《宋史》三卷、《遼史金史》一卷、《金史》一卷、《元史》二卷、《明史》六卷。其持論，不蹈襲前人，亦不有心立異於諸史；審訂曲直，不揜其失，而亦樂道其長。視鄭漁仲、胡致堂專以詬罵炫世者，心地且遠過之。其不援雜書以駁史文之訛，亦屬特識，顏師古以後，未有能見及此者矣。在近儒評史之書，群推王、錢兩家，然惟雲崧堪與之鼎立。爾前有自撰小引及錢大昕、李保泰二序。又按雲崧《陔餘叢考》有考證正史十卷，已得其大略，正可取以互相證佐云。（《鄭堂讀書記》卷三十五「史部二十一」，民國吳興叢書本）

【鄭堂讀書記（節錄）】《陔餘叢考》四十三卷湛貽堂刊本，國朝趙翼撰。雲崧自貴西道乞養歸，日夕惟手一編，有所得輒箚記別紙，積久成帙，名曰《陔餘叢考》，以其爲循陔時所輯也。書中不分門目，而編次先後，則略以類從。大抵前四卷皆論經義，五卷至十五卷皆論史學，十六卷至二十一卷雜論故事，二十二卷至二十四卷皆論藝文，二十五卷論年號，二十六卷、二十七卷皆論官制，二十八卷、二十九卷皆論科舉，三十卷、三十一卷雜論名義，三十二卷論喪禮，三十三卷論器物，三十四卷論術數及仙佛，三十五卷論諸神，三十六卷至三十八卷皆論稱謂，三十九卷至四十三卷爲雜考證。按雲崧本詞賦家，於經從無所得，故考論經義，率皆門外之談。惟史學頗稱熟悉，曾著有《廿二史箚記》，此間十一卷，已得其大略，蓋作於《箚記》之前者。而雜論故事數卷，尚多可取，餘所考證，其細已甚，不足以當大方之一噱也。前有乾隆庚戌自序，明年吳穀人錫麒又爲之序。（《鄭堂讀書記》卷五十五「子部十之四」，民國吳興叢書本）

陸繼輅

【及見老輩】先君中表，繼輅及見莊仲雅熊芝、莊方耕存與兩先生，同年及見儲梅夫麟趾、袁子才枚、盧紹弓文弨三先生，僚婿及見蔣用安先生和寧，中圭及見錢文敏公維城金夫人。若梁元穎先生同書，則先君年家子，趙雲松先生翼，先母高夫人姪婿，皆非同輩矣。梅夫、用安兩先生尤愛繼輅。八九歲時，

嘗命作《文王贊》、《齊桓晉文譎正論》，大被賞譽，今日思之，殆如隔世。（《合肥學舍箚記》卷一，清光緒四年興國州署刻本）

吳榮光

【重赴鹿鳴讌】〔會典〕乾隆甲午科：原任同知孟琇；癸卯科：原任知縣康定遇；己酉科：原任知縣賽璵、原任學正紀昉；壬子科：原任大學士蔡新、原任知縣陳材、原任知縣邱德理、原任御史萬年茂、原任知縣譚昌明、原任知縣石鵬翥；嘉慶丙辰科：原任御史馮浩、原任編修陳中龍、原任知州沈德馨、原任知縣孫似célebre；戊午科：原任郎中舒希忠、原任知府王衍緒；丁卯科：原任宗人府府丞徐績，加給二品頂戴；原任鴻臚寺卿翁方綱，加給三品頂戴；原任侍講梁同書，加給侍講學士；原任鴻臚寺少卿羅典；庚午科：原任貴西道趙翼，加給三品頂戴；原任刑部郎中姚鼐，加給四品頂戴；原任知縣周春，加給六品頂戴；原任檢討鄭岱鍾，加給國子監司業；原任知縣林培由，加給六品頂戴；原任知府施奕學，加給三品頂戴；原任知縣周鳴岐，加給六品頂戴。（《吾學錄初編》卷五「貢舉門」，清道光十二年吳氏筠清館刻本）

梁章鉅、朱智

【漢軍機章京】趙翼，字雲崧，江蘇陽湖人。乾隆二十一年□月，由內閣中書入直，復中辛巳探花。官至池北道。（《樞垣記略》卷十八，清光緒元年刊本）

【趙雲崧官中書舍人】趙生雲崧，官中書舍人，入直樞要。詔命奏箚，援筆立就，無不中窾會，余深倚其伙助。然生不自以為能，退直之暇，益沉思旁訊，以古作者自期。《松泉文集》（《樞垣記略》卷二十八，清光緒元年刊本）

【辛巳殿試】辛巳殿試，閱卷大臣劉文正公、劉文定公，皆軍機大臣也。是科會試前，有軍機處行走之御史眭朝棟上一封事，請復試迴避卷，上意其子弟中有會試者，慮已入分校，即應迴避，故預為此奏。乃特點朝棟為同考官，而令於入闈時，各自書應迴避之親族，列單進呈。則眭別無子弟，而總裁劉文正、于文襄，應迴避者甚多。時上方南巡，啓蹕時曾密諭劉、于二公留京主會試，疑語泄而眭為二公地也，遂下刑部治罪。部引結交近侍例，坐以大辟。於是軍機大臣及司員，為一時所指摘，且隔歲庚辰狀元畢秋帆、榜眼諸桐嶼，皆軍機中書，故蜚語上聞，有「歷科鼎甲皆為軍機所佔」之說。及會試榜發，而余又以軍機中書得雋。傅文忠為余危之，語余不必更望大魁，而余以生平所志在此，私心終不能已。適兩劉公又作閱卷大臣，慮其以避嫌擯也，乃變易書法，作歐陽率更體。兩劉公初不知，已列之高等，及將定進

呈十卷，文定公慮余卷入一甲，又或啓形跡之疑，乃遍檢諸卷，意必得余卷，置十名外，彼此俱可無累。及檢，一卷獨九圈，當以第一進呈。文定公細檢，疑是余。文正公覆閱，笑曰：「趙雲崧字跡，雖燒灰亦可認。此必非也。」文定又謂，遍閱二百七卷，無趙雲崧書，則必變體矣。文正又覆閱，謂：「雲崧文素跅弛不羈，亦不能如此謹嚴。」而文定終以爲疑，恐又成軍機結交之局。兆將軍惠，時方奏凱歸，亦派入閱卷，自陳不習漢文。上諭以諸臣各有圈點爲記，但圈多者即佳。兆公果用數圈法，而惟余卷九圈，餘或八或五，遂以第一進呈。上是日閱十卷，幾二十刻，見拙卷，係江南人，第二胡高望，浙江人，且皆內閣中書，而第三卷王杰，則陝西籍，因問：「本朝陝西曾有狀元否？」皆對云：「未有。」遂以王卷與翼互易焉。傳臚之日，一甲三人例出班跪，余獨掛數珠，上陞坐遙見之。後以問傅文忠，文忠以軍機中書例帶數珠對，且言：「昔汪由敦應奉文字，皆其所擬。」上心識之，明日諭諸大臣曰：「趙翼文自佳，然江浙多狀元，無足異。陝西則本朝尚未有。今當西師大凱之後，王杰卷已至第三，即與一狀元亦不爲過也。」《簷曝雜記》。（《樞垣記略》卷二十八，清光緒元年刊本）

張維屏

【國朝詩人徵略（節錄）】趙翼，字雲菘，號甌北，江南陽湖人。乾隆二十六年賜進士第三人，官貴西道，有《甌北集》。雲松性倜儻，才調縱橫，而機警過人，所遇名公卿，無不折節下之。初受知於汪文端，及入中書，直軍機處，傅文忠尤愛其才。旋以及第改翰林，數年，簡放知府，出守廣西鎮遠。時緬甸用兵，詔選鄰省幹才助蒐軍實，君住永昌半載，會文忠將督兵深入，遣之還粵。又爲李制府所賞，調廣州，並登薦剡，擢貴西道。尋以母老不復出，迄今幾三十年。同時與袁子才、蔣心餘友善，才名亦相等。《湖海詩傳》。君官中書舍人，入直樞要，進奏文字，多出君手。每扈從出塞，戎帳中無几案，君伏地起草，頃刻千百言，不加點。《忠雅堂文集》。先生撰《廿二史箚記》，攷證精審，持論明通。又撰《陔餘叢考》一書，雖未及顧氏之《日知錄》、錢氏之《養新錄》，然於文字事物之間，或究其源流，或正其譌誤，不特多聞之有助，亦爲解惑所取資。又撰《皇朝武功紀盛》一編，以連篇累牘所未能備述者，而簡括出之，亦足徵史才也。惟《簷曝雜記》體例稍雜，然國家掌故及滇黔各省土風物產，皆略可藉以攷見。蓋凡先生所撰著，使人增益見聞，

通知時事。較之斷斷考據於無用之地者，似爲勝之。《聽松廬文鈔》。甌北先生
晚歲退閒，取唐宋諸家全集，再三展玩尋繹，得識各家獨至之處，故所撰《甌
北詩話》，抉摘精微，指陳得失，語多切當，非僅見方隅、橫生議論者可比也。
其論列詩家，梅村之後，獨舉初白。蓋初白之詩，空靈變化，有廣大教主之
風，先生詩與之相近，故不覺爲鍼芥之投。然合觀全體，漁洋之高秀、竹垞
之厚重，初白亦有所未逮，惟初白生當王、朱並峙之時，獨能陶冶性靈，自
成面目，此所以爲不可及。而先生捨王、朱而特舉之，亦可云獨具隻眼者矣。
同上。甌北五古中，論古論事論理諸作，雖虛字太多，發論太盡，於古人渾厚
含蓄、一唱三歎之旨，幾不復存。然胸中有識，腕底有力，眉開目爽，自成
爲有韻之文。且其所言，每如吾意中所欲出，讀至愜心處，似倩麻姑癢處搔
也。《聽松廬詩話》。七古才氣奔騰，時見剗滑。五七律多工巧、奇警之句，然
力求工巧，可稱能品，卻非詩家第一義也。同上。「人參一兩直千金」，此康熙
五十年後事也。至乾隆十五年，白金一兩六錢易參一錢，二十八年，價至三
十二換。嘉慶初年，白金三百兩易參一兩，今則價愈昂而佳者愈不可得。誠
如甌北《人參》詩所云「但許活富人，貧者莫可冀」矣。然貧者無力服參，
豈遂坐視其殆？余嘗用黃耆、黨參療極重之病，多則一兩，少則數錢，連服
數劑，屢屢見效。時醫遇重病輒云「非人參不治」，亦思世間病人力能服參者
有幾哉？《松軒隨筆》。(《國朝詩人徵略》卷三十八，清道光十年刻本)

【國朝詩人徵略(節錄)】近人詠梅花多著相，即如趙甌北「單身立雪程
門弟，素面朝天貌國姨」，幾墮惡道。香亭先生句云，「梅花清極本無詩」，七
字爲梅花掃多少荊棘。《聽松廬詩話》。(《國朝詩人徵略》卷三十八「吳玉綸」條，清
道光十年刻本)

【國朝詩人徵略(節錄)】芷塘詩以性靈爲主，亦能驅遣故實，蓋欲力追
其鄉先輩查初白及其房師趙甌北兩先生。《聽松廬詩話》。(《國朝詩人徵略》卷四十
「祝德麟」條，清道光十年刻本)

【國朝詩人徵略二編(節錄)】趙翼字耘菘，號甌北，江蘇陽湖人。乾隆
二十六年賜進士第三人，官貴西道。有《甌北集》。(《國朝詩人徵略二編》卷三十
三「趙翼」 條，清道光二十二年刻本)

【國朝詩人徵略二編(節錄)】趙耘菘曰：「王西莊謂：『專用銀錢爲幣，
至明中葉始定』，見《十七史商榷》。此說不然。」　　又曰：「顧亭林謂：『金哀
宗正大中，民間以銀市易，爲上下用銀之始』，見《日知錄》。亦非也。」　　又

日：「唐後五代，民間已用銀，但錢糧專征銀，實起於明隆慶中。」見《陔餘叢考》。（《國朝詩人徵略二編》卷三十三「趙翼」條，清道光二十二年刻本）

【國朝詩人徵略二編（節錄）】我朝乾嘉之際，人才特盛。海內稱詩者，自蔣心餘、袁簡齋、趙甌北，以至黃仲則、張船山諸公，皆才氣發越，縱橫不可當。獨山陰吳蓉塘先生所著《虛白齋詩》，雍容爾雅，清虛靜遠，無當時習氣。意其為人亦必和平坦夷，藹然可親，乃久居翰苑，以不附權貴，淡志仕進，則又何耿介不可屈也！其從孫潮生茂才亦能詩，隸籍吾邑，以此集見示。讀之，想見老成典型，不可多得。《虛白齋存稿書後》，陳孝廉璞撰。（《國朝詩人徵略二編》卷三十五「吳壽昌」條，清道光二十二年刻本）

王培荀

【聽雨樓隨筆（節錄）】毘陵劉慕陔，以進士牧綿州。白蓮賊偷渡嘉陵江，劉為守禦，計捐米五百石、錢千緡，為士民倡，民皆樂輸，得銀六萬兩，修築城垣。士民扶老攜幼入城，俱得倚庇，無一被戕者。將軍魁公，亦領兵萬餘，駐綿之金山驛，相距僅三十里。恐有匪徒混入難民內，城下有船數十艘，不許撥往濟渡。慕陔目擊阽危，不忍以非己部民遂恝視，請於將軍，不得，繼以涕泣跪求，願供具軍令狀，如有不測，惟州牧是問。於是萬餘人咸得生路。其自舊綿赴新任也，迎者送者，父老旌幢，兒童旗傘，幾於錦天繡地。在籍李翰林調元曾有句云：「百堞能容千戶住，一航先救萬人生」。今競稱「劉使君城」，蓋自古官民之相愛，未有盛於此時者，僉曰：「生我者父母，活我者劉使君也。」刺史名印銓，趙雲松之甥。（《聽雨樓隨筆》卷二，清道光二十五年刻本）

【鄉園憶舊錄（節錄）】諸城劉文正公，一代名臣，勳業在國史。薨時無病，上朝，坐化輿中，玉箸下垂。上聞，震悼，親臨賜奠，入門即哭，回蹕，輦中猶聞哭聲，至東華門始止。自古君臣相契之深，生前魚水，歿後傷悼，未有過於斯者。先世貴顯，至公官愈尊而貧如故，第宅不修，車馬不飾，貴後老僕猶呼「十二叔」。有教以呼「大人」者，公聞大怒，如東坡教壞司馬公家人也。汪文端公有《詠杖》詩，公為改末句云：「入手先思放手時」，何等見地！趙雲松素遊公門，記其一節，足徵除弊安良之心。河決陽橋，公奉命往塞。柴薪皆數百里外百姓車載而來，某縣丞掌收料，留難百端。公微行河干，見薪車千百輛，私問，得其故，大怒，請巡撫奉王命旗牌至，縛縣丞，欲先斬，然後入奏。巡撫及司道為之長跪良久，始釋。數千萬料物一日盡收。

即此細事，宰天下可想矣。(《鄉園憶舊錄》卷二，清道光二十五年刻本)

【鄉園憶舊錄（節錄）】劉石菴相國奉旨往壽繼母太夫人於江南。太夫人年屆九十，公亦八十二矣。太夫人塚孫文恭公沁芳，以少宰督學政，即石菴先生前爲學使之地。母子白首，伯姪繼任，家國盛事，爲古今希有。趙耘菘觀察，少年在文正公門下，與石菴先生同學。是時家居，隨同叩賀，作詩以紀，甚爲雅切。有云：「絳驂不遠三千里，皓首親捧九十觴」，「接武兩朝賢宰相，疏封一品太夫人」，「韋平有傳難專美，絳灌無文敢媲功」。又「剩誇年少依劉日，伴食曾陪兩相公」，自註云：「昔客公家，文正師方爲總憲，公亦爲孝廉。每日皆三人共飯，不另設饌也。」及《送石菴歸》云：「來爲稱觴增燕喜，去歌遵渚羨鴻飛」。此吾鄉一故實，紀之爲後世佳話。(《鄉園憶舊錄》卷二，清道光二十五年刻本)

【鄉園憶舊錄（節錄）】吳江陸公朗夫燿，貌清癯，廉潔自屬。王倫之變，公在濟寧，嚴守禦，賊不敢犯。官布政，以巡撫貪暴，不相能，告歸。後爲湖南巡撫，以勞卒。其友徐貞生，入視含歛，室中別無長物，歎曰：「貧至此，即不死亦難度日矣！」子文駟，落魄無依。趙耘菘感而賦詩云：「廉吏可爲兒作客，故人已死鬼成神。」湖南人皆以公爲湖南省都城隍，故云。按陸公爲山東布政時，巡撫名國泰，爲御史參劾伏法。惜公在官，不得展其志。公十三歲，賦《牡丹詩》得名。紀其《偶感》一首，足見生平：「喜無側媚干時術，不作婬婀諛墓文。知己未妨當代少，浮名惟恐後人聞。硯池餘墨臨窗試，初地清香灌手薰。決計疏狂竊微祿，閉門寂寂似揚雲。」(《鄉園憶舊錄》卷三，清道光二十五年刻本)

【鄉園憶舊錄（節錄）】漁洋門下士不勝數，乾隆中，彫零幾盡。惟北平黃崑圃叔琳，巍然猶存，康熙辛未會試所取士也。嘗視學山左，謁先生於里第，以《漁洋詩話》授之，使爲序。崑圃後秉臬來東，年猶壯盛。及袁、趙、蔣諸人起，崑圃老矣。心餘上詩云：「玉筍爭傳少日身，新城門下獨嶙峋。舊家標格眞龍鳳，弱冠文章老鑿輪。極美科名周甲子，斯文壽考應星辰。漁洋弟子今存幾？霜雪垂肩第一人。」按漁洋以順治辛卯鄉舉，至康熙辛卯，冀與新郎君會，老少同年，是時年七十八矣。五月，薨於里第，未遂其志。崑圃重赴鹿鳴，爲一時盛事。其初本非黃姓，太翁遭家難，爲黃嗣，未忍復姓，亦古義也。聞崑圃子亦官山左，未詳。(《鄉園憶舊錄》卷六，清道光二十五年刻本)

尙鎔

【三家別傳（袁枚）（節錄）】始長洲沈德潛，專以唐詩爲教，天下多宗之。及枚與蔣士銓、趙翼齊名繼起，力反其所爲，各開生面，德潛之說遂掩。（《持雅堂文鈔》卷二，清道光刻本）

【三家別傳（趙翼）】趙翼，字雲松，陽湖人。少爲諸生，不得意，棄之，遊京師，北闈領解，爲大學士劉統勳、尙書汪由敦上客。俄官中書、軍機處行走。乾隆辛巳會試中式，比廷對，大臣皆擬列第一，高宗以江蘇多狀元，陝西未有，乃以韓城王杰易之，而置翼爲第三人，授編修。數年，出知鎮安府，調廣州，皆稱職，擢貴西兵備道。其爲府、道，皆出特旨，將駸駸用矣，忽告終養而歸。後服闋入都，至半途病返，竟不復出。其守鎮安也，曾從征緬甸，經畧傅恒用其計，有功。及李侍堯征臺灣賊，邀之入幕，事平，餽金數千。翼本機警，善治生，由此家大起。日以哦詩爲事，初交蔣士銓於京師，極重其詩；里居後與袁枚交最密，遂自稱爲「袁蔣趙三家」，枚喜而和之，於是「三家」之名震天下。翼爲詩好富麗，袁、蔣既沒，主盟騷壇十餘年，獨雄一時。嘉慶庚午，與桐城姚鼐重赴鹿鳴，在籍進官。尋卒，年八十七。（《持雅堂文鈔》卷二，清道光刻本）

李西月 編

【趙鷗白】達士趙鷗白先生翼，一號甌北，字雲松，陽湖人也。乾隆二十六年探花及第，官貴西道，以母老乞養，遂不復出。鷗白休官既早，遊屐亦寬，嘗遊天台、雁蕩、武夷諸峰，灑然有挾仙遨遊之想。過貴州福泉山，徘徊於禮斗亭中，錄《打坐歌》去。晚年飯後行逍遙法，遂得年登大耋，管領林塘者凡數十年。（《張三豐先生全集》卷二，清道光刻本）

【趙翼】字雲松，號甌北，一號鷗白，陽湖人。乾隆二十六年殿試第三人及第，官至貴西道。（《張三豐先生全集》卷八，清道光刻本）

吳孝銘 輯

【漢軍機章京題名（節錄）】……趙翼，江南陽湖人，乾隆二十一年□月。由內閣中書充補……（《樞垣題名》不分卷，清道光十八年七峰別墅刻增修本）

李元度 輯

【趙甌北先生事略】趙先生翼，字耘松，號甌北，江蘇陽湖人。生三歲，

日能識字數十。十二歲學爲文，一日成七藝，人皆奇之。

乾隆十五年舉順天鄉試，才名動輦下。劉文正延至家纂修《宮史》，以明通榜授內閣中書，入直軍機處。傅文忠、汪文端咸倚重焉。每扈從行在，或伏地草奏，下筆千言，應奉文非先生莫辦。二十六年成進士，進呈一甲第一。而韓城王文端杰居第三。純皇帝謂，自國朝以來，陝西未有以第一人舉者。遂與文端互易，而先生之才固已心識之矣。先是庚辰科大魁爲畢君沅，次諸君重光，皆軍機中書也，忌者因爲蜚語上聞。比先生應廷試，劉文正、文定兩公又以軍機大臣充讀卷官。先生慮其以嫌擯也，乃變易書法，作歐陽率更體。既首選，文定微疑之，以語文正。文正笑曰：「趙君書吾能辨之，此必非也。」既揭曉，乃歎曰：「能者固不可測耶！」遂以編修任撰文，修《通鑑輯覽》，壬午分校順天試，癸未、丙戌分校會試，皆得士。

尋授鎮安知府，地居廣西極邊，民醇訟簡。而倉穀出入，吏緣爲奸。先生痛革其弊，鎮民悅服。每出巡，村民輒舁入其村，謂「我公至矣」！進酒食如家人父子，所至皆如之。初，鎮民與安南民入雲南土富州爲奸。事發，捕獲百餘人。而其魁首農付奉顧逸去，前守坐罷官。已而付奉死於安南，獲其子並其屍，驗之信。總督李侍堯疑其爲前守地也，斥之。先生申辯，李怒而劾之。適官軍進剿緬甸，詔先生赴滇贊畫軍事，乃追劾疏還。明年返鎮，會李調兩廣，乃示意監司，欲先生稍折節，而移之守廣州自助，先生不可，遂以他屬。而適奉特旨調廣州，監司乃服先生之有守也。在廣州，獲海盜百有八人，按律皆當死。先生詳讞，辟三十八人，餘遣戍。辛卯，擢貴西道，坐他獄降級用，遂乞養歸。

丁未，臺灣林爽文作亂，李公赴閩治軍事，道過常州，邀先生偕往。時兵將雲集，謂不日且蕩平。先生請李公密調粵兵爲備。既而總兵郝壯猷敗遁，游擊鄭嵩戰死，賊勢大振。而粵兵四千適至，人心始安。已乃籌海運，增雇直，給衣裝，奏輒報可。李公夙以綜覈爲政，先生濟以寬大，事平，先生力居多。始先生贊畫滇軍，傅文忠爲經略，擬大軍由戛鳩江進征緬甸，而命提督五福由普洱進。先生曰：「戛鳩、普洱，按圖相距不過三寸，實則四千里而遙，兩軍聲息不相聞，進退維谷，此危道也。去歲明將軍不返，由不得猛密路消息耳。」文忠瞿然，問計安出。先生曰：「大兵欲渡戛鳩江，則偏師宜由蠻暮、老官屯夾江下，造舟通往來，庶兩軍可以互應。」從之。其後，渡戛鳩之兵遭瘴多病，而阿文成所統江東岸一軍獨完，遂具舟迎文忠於孟養，渡

江而歸。又敗賊於蠻暮、老官屯，得藏事焉。臺灣之役，鎮臣柴大紀守城半年，以易子析骸入告，而督臣尚未渡臺。上得鎮臣奏，憐臺民死守而大兵不時至，飛諭鎮臣，以兵護遺民內渡，命督臣拆閱，仍封發。李公以示先生。先生曰：「某目昏，願於帳外就明視之。」遂失所在。閱二時始至，李公怒。先生曰：「明公尚欲封發耶？柴總兵久欲內渡，畏國法，故不敢。一棄城則鹿耳門為賊所有，全臺休矣。且以快艇追敗兵，澎湖其可守乎？大兵至，無路可入，則東南從此不可問。宜封還此旨。某已代繕折矣。」李公悟，從之。冀午，接追還前旨之諭。及批折回，李公膺殊賞，而大將軍福康安續至，遂得由鹿耳門進兵破賊，皆先生策也。

臺灣既定，李公欲奏起。先生時年六十一矣，固辭。因遊武夷，遍歷浙東山水，一發之於詩。先生固善詩，自少游館閣，與諸名流相酬唱。歸田後主安定書院，日與朋遊故舊賦詩為笑樂。於詩與袁簡齋、蔣心餘齊名。江督費公淳、漕督蔣公兆奎，皆門下士也。每過存先生，諮詢風土，言不及私，兩公益欽重之。嘉慶庚午重赴鹿鳴宴，得旨賞三品服。又四年卒，年八十有八。先生家居數十年，手不釋卷。著《廿二史箚記》三十六卷、《皇朝武功紀盛》四卷、《陔餘叢考》四十三卷、《甌北詩集》五十三卷、《簷曝雜記》六卷、《十家詩話》十二卷。（《國朝先正事略》卷四十三「文苑」，清同治刻本）

鄭福照

【姚惜抱先生年譜（節錄）】（嘉慶）十五年庚午，先生年八十歲。秋，鄉試，與陽湖趙甌北兵備翼重赴鹿鳴宴，詔加四品銜。先生神明如五六十時，行不撰杖，兵備年亦八十二，觀者以為盛。見行狀。長子景衡，持衡改名。署儀徵縣知縣，見與周希甫尺牘。冬十二月十八日，作《程綿莊文集序》其略曰：「孔子之道，一而已。孔子沒，而門弟子各以性之所近為師傳之真，有舛異交爭者矣。況後世不及孔子之門，而求遺言以自奮於聖緒墜絕之後者，與其互相是非，固亦其理，然而天下之風，必有所宗。論繼孔孟之統，後世君子，必歸於程朱者，非謂朝廷之功令，不敢違也。以程朱生平行己立身，固無愧於聖門，而其論說所闡發，上當於聖人之旨，下合乎天下之公心者為大。且多使後賢果能篤信，遵而守之，為無病也。若其他欲與程朱立異者，縱於學者有所得焉，而亦不免賢智者之過，其下則肆焉為邪說以自飾其不肖者而已。今觀綿莊之立言，可謂好學深思博聞強識者矣。而顧惜其好非議程朱，蓋其

始厭惡科舉之學，而疑世之尊程朱者，皆束於功令，未必果當於道，及其久，意見益偏，不復能深思熟玩於程朱之言，而其辭遂流於蔽陷之過而不自知。近世如休寧戴東原，其才本超越乎流俗，而及其爲論之僻則過，有甚於流俗者。綿莊所見，大抵有似東原。後有得綿莊書而觀之，必有能取其所當取者。見《後集》。（《姚惜抱先生年譜》，清同治七年桐城姚濬昌刻本）

朱克敬

【儒林瑣記（節錄）】趙翼，字耘菘，江蘇陽湖人，乾隆二十六年進士第三人及第。富於文學，歷代史書旁及諸子小說，無不流覽考訂。詩學蘇軾，而恃才驅駕，奔肆無餘，亦不甚循古法。其時天下方務考據，學者震其雄博，往往宗之。當時與袁枚、蔣士銓齊名。後數十年，讀其詩者寡矣。（《儒林瑣記》，《筆記小說大觀》四編第九冊，臺灣新興書局有限公司 1988 年版，第 5732～5733 頁）

錢保塘

【歷代名人生卒錄（節錄）】趙翼，陽湖人，嘉慶十九年卒，年八十八。（《歷代名人生卒錄》卷八，民國海寧錢氏清風室刊本）

張之洞

【書目答問（節錄）】《廿二史劄記》三十六卷，趙翼。原刻本。（《書目答問》史部「正史第一」，清光緒刻本）

【書目答問（節錄）】《陔餘叢考》四十三卷，趙翼。原刻本。（《書目答問》子部「儒家第二」，清光緒刻本）

【書目答問（節錄）】國朝一人自著叢書目：……《甌北全集》，趙翼……（《書目答問》集部「一人自著叢書目」，清光緒刻本）

【書目答問（節錄）】史學家：諸家皆考辨纂述者，其文章議論者不及，……趙翼：甌北、陽湖。……（《書目答問》集部「史學家」，清光緒刻本）

張聯桂

【鎮安府志序（節錄）】昔趙甌北以碩學鴻儒，來守斯郡，政聲洋溢。是時，郡志甫經修訂，甌北未與其事。今辛楣，亦號績學能爲，乃毅然成此巨帙，宜其所作，援據精審，至於訓詞爾雅，裁制有法，亦未始非近人所難也。（《（光緒）鎮安府志》，清光緒十八年刊本）

英匯

【重赴鹿鳴宴】嘉慶十五年，奉上諭：「廣厚奏『本年庚午科鄉試，據藩司詳稱，江蘇省原任貴州貴西道趙翼，現年八十四歲；安徽省原任刑部郎中姚鼐，現年八十歲，均係乾隆庚午科舉人，循例懇請重赴鹿鳴筵宴』等語。趙翼、姚鼐早年科第，耄齒康強，賓興際周甲之期，壽考叶吉庚之歲。允宜加賜恩施，以光盛典。趙翼著賞給三品頂戴，姚鼐著賞給四品頂戴，准其重赴鹿鳴筵宴，以示朕嘉惠耆儒至意。欽此。」（《科場條例》卷四十五「筵宴」附錄，清咸豐刻本）

震鈞 輯

【國朝書人輯略（節錄）】張塤字商言，號瘦銅，江蘇吳縣人。乾隆乙酉舉人，官內閣中書。與翁覃溪、趙雲菘、孔葒谷諸君友善，故考證金石及書畫題跋，頗為詳贍可喜。《湖海詩傳》。（《國朝書人輯略》卷六，清光緒三十四年刻本）

劉錦藻

【清朝續文獻通考（節錄）】《廿二史劄記》三十六卷，趙翼撰。翼字雲松，號甌北，江蘇陽湖人。乾隆辛巳探花，官至貴州貴西兵備道。（《清朝續文獻通考》卷二百六十一《經籍考五》，民國影印十通本）

【清朝續文獻通考（節錄）】《皇朝武功紀盛》四卷，趙翼撰。翼見上正史類。臣謹案：是書總敘我朝武功之盛，其內容曰：《平定三逆述略》、《平定朔漠述略》、《平定準噶爾前編述略》、《平定準噶爾正編述略》、《平定緬甸述略》、《平定兩金川述略》、《平定臺灣述略》、《平定廓爾喀述略》。嗚呼！神謨武烈，照耀簡編。讀之者當如何發揚而蹈厲矣。（《清朝續文獻通考》卷二百六十四《經籍考八》，民國影印十通本）

【清朝續文獻通考（節錄）】《陔餘叢考》四十二卷，趙翼撰。翼見史部正史類。（《清朝續文獻通考》卷二百六十九《經籍考十三》，民國影印十通本）

【清朝續文獻通考（節錄）】《簷曝雜記》六卷，趙翼撰。翼見史部正史類。（《清朝續文獻通考》卷二百七十四《經籍考十八》，民國影印十通本）

【清朝續文獻通考（節錄）】《成語》一卷，趙翼撰。翼見史部正史類。（《清朝續文獻通考》卷二百七十四《經籍考十八》，民國影印十通本）

【清朝續文獻通考（節錄）】《甌北集》五十三卷，趙翼撰。翼見史部正史類。臣謹案：翼故善詩，少遊館閣，與諸名流相酬唱。歸田後，徧歷浙東山水，一發之於詩，其名與袁枚相伯仲云。（《清朝續文獻通考》卷二百七十九《經籍考二十三》，民國

影印十通本）

　　【清朝續文獻通考（節錄）】《甌北詩話》十二卷，趙翼撰。翼見史部正史類。（《清朝續文獻通考》卷二百八十二《經籍考二十六》，民國影印十通本）

　　【清朝續文獻通考（節錄）】《函海》四十函，八百五十卷，李調元編。調元見經部易類。……第二十七函：四家選集：一，小倉，八卷；二，夢樓，四卷；三，甌北，四卷；四，童山，十二卷。張懷溎輯……（《清朝續文獻通考》卷二百七十《經籍考十四》，民國影印十通本）

徐珂

　　【趙甌北著廿二史箚記】趙翼撰《廿二史箚記》之初，自言不能研究經學，惟歷代史書事顯而義淺，便於流覽，於是取爲日課，有所得，輒記於別紙，有稗乘脞說與正史歧誤者，不敢遽記爲得間之奇。修史時此等記載，無不蒐入，史局棄而不取，必有難以徵信之處，今反據以駁正史，不免爲有識者所譏。錢大昕聞而贊之。（《清稗類鈔》，中華書局 1986 年版，第 3744 頁）

　　【袁趙蔣詩之齊名】袁子才大令、趙雲松觀察、蔣苕生太史三人之詩齊名於一時，桐鄉程春廬同文心儀之，蔣以未見而沒，因繪《拜袁揖趙哭蔣圖》，以誌景仰。昭文孫子瀟太史原湘則專推袁、蔣，其詩云：「平生服膺只有兩，江左袁公江右蔣。廬山瀑布鍾山雲，一日胸中百來往。」錢唐張仲雅大令雲璈又瓣香袁、趙，顏所居曰「簡松草堂」，後即以名其詩集。蓋性情之地，各有沆瀣也。（《清稗類鈔》，中華書局 1986 年版，第 3927 頁）

丁仁

　　【八千卷樓書目（節錄）】《陔餘叢考》四十三卷，國朝趙翼撰，「雲松七種」本。（《八千卷樓書目》卷十二「子部」，民國鉛印本）

　　【八千卷樓書目（節錄）】《簷曝雜記》六卷，國朝趙翼撰，「雲松七種」本。（《八千卷樓書目》卷十四「子部」，民國鉛印本）

卷三　唱　酬

錢載

【趙編修翼出守鎮安，屬題其所謂《鷗北耘菘圖》，即以送別】春畦鉏菜者，金馬久翱翔。蒙恩秩二千，舊業逾不忘。人情貴思本，厥德恢無疆。今宵飲君酒，照壁此燭光。國家重廉吏，實望氓庶康。山川自緜亙，庭戶非阻長。我慳明珠佩，又乏寶劍裝。裒徊沙鳥心，何以贈子行？（《蘀石齋詩集》卷二十八，清乾隆刻本）

錢琦

【賦贈趙甌北】（其一）忽墮文星下斗臺，聲華籍籍冠蓬萊。探花春看長安遍，投筆身從絕域回。風雅名誰爭後世？乾坤我欲妒斯才。登壇老將推衰久，不道重逢大敵來。（其二）問是儂身是佛身，荊州一識竟無因。漫論館閣叨前輩，合讓風騷作主人。李杜光芒新日月，歐蘇丰骨絕埃塵。幾回未敢輕開卷，先釀薔薇玉露春。（其三）只隔吳江一片雲，蒹葭瑟瑟雁群群。誰憐白髮猶留我，昨夢青燈似訪君。八斗才分曹子建，三生詩寫杜司勳。何緣乞與新排纂，書破榴花十幅裙。（其四）我傍西湖小結廬，何期君亦賦歸與。驚看慧業先成佛，恨不前生多讀書。一日三秋空悵望，百年萬事坐麤疏。只餘結習難除盡，垂老臨淵尚羨魚。（《甌北集》卷三二《錢璵沙方伯爲余十科前輩，余入詞館，方伯已敭歷於外，未及一謁也。今致政家居，不知從何處見拙集，謬加激賞，輒成四詩，從子才處轉寄，通懷宏獎，令人想見前輩風流，而八十老翁，才思橫溢，尤所未見也。敬次原韻奉覆》後附，原詩無題，題目係編者所擬。《隨園詩話》卷一四曾引述第一首）

倪承寬

【庚辰重陽前一日過玲瓏山作】星龜巖西達陰東，山勢蜿蜒如翔龍。巨靈瑰瑋逞奇思，大荒幻出玲瓏峰。割取方蓬最勝概，要使片石尺壁無雷同。我來初識塞山面，窮形盡態一一羅心胸。雄峻窈窕具變相，鴻濛苦費鐫鑱功。征塗題品頗嚴覈，得此萬象歸牢籠。維時重陽採菊候，天宇爽豁飄金風。騷壇名俊戹從侶，翩翩裘馬何雍容。謂張莒生、趙甌北兩舍人。乍看駭顧覯異境，頓瞥諦視心神融。三峰鼎峙列屏案，上聳翠嶂開千重。插霄凌漢護元氣，峻絕不受雲霞封。刪削巒岫闢僞嶠，橫梁剞劂排天墉。造化超忽啓橐籥，迴鑿一竅崑崙中。微茫圓景小眞絳，透漏兩曜光瞳矓。有時罡風自虛吸，銀潢碧海精靈通。鵬鶋棲息扇雲翼，芝英石乳霏青紅。巖際倒樹百丈松，下界仰睇紛蒙茸。我知月升露靄象，緯逼遊戲笑舞黃肩翁。左右參差湧翠巘，莊嚴靜好如珠宮。石骨嶙峋植萬筃，俯視喬嶽同凡庸。陰崖冰雪襲毛髮，陽巘樺槲交攢叢。何當飛鞚履絕頂，投鞭躃景騎丹虹。迴環八面看不足，摹寫何處邀天工。此山移置牛女域，點綴岡隴驚吳儂。瑤臺瓊室引碧檻，綺戶藻井依朱櫳。割裂指數眾蹟妙，那更龍沙寂歷搖霜楓。嘉名肇錫傳萬古，玲瓏萬古終玲瓏。詩成山靈莞爾笑，攬勝奚弗來支笻。（阮元輯《兩浙輶軒錄》卷二十二，清嘉慶刻本）

陳鳳翬

【賦贈趙甌北】（其一）春明回首隔風煙，縹緲僊班玉笋聯。自落苔岑分廿載，羞將蘭譜說當年。蓬山路迴雲霄侶，萍水情深翰墨筵。卻笑邯鄲重學步，吟鞭早自讓君先。（其二）晨光日暖晚霞新，客舍追從履舄塵。誼重雞壇應我輩，望隆鷥掖更何人。文章老去知無敵，宦達歸來好在貧。只恐襜帷催命駕，未容高躅釣江濱。（《甌北集》卷二五《晤陳蘭江同年賦贈》附，原詩無題，題目係編者所擬）

【贈趙甌北】江雲蒼莽各西東，風範時親卷帙中。不獨十年先長我，要無一事得如公。天邊勳略留滇粵，海內文章仰華嵩。才福雖殊情自合，敢將衰劣報詩筒。（《甌北集》卷五〇《次韻寄答陳蘭江同年、金華教授》附，原詩無題，題目係編者所擬）

袁枚

【題慶雨林詩冊並序】甲戌春，在清江，爲雨林公子書詩一冊。隔年，公子隨宮保渡江，余病起入見，見甌北趙君題墨矜寵，不覺變慚顏爲欣矚，重

書長句呈公子，並呈趙君。　　　愧舞氍毹甘蔗梢，趙題有「前番猶是蔗梢頭」之句。久焚筆硯學君苗。自無官後詩才好，但有春來病即消。海內芝蘭憐臭味，鈞天絲竹奏簫韶。何時同作蕭郎客？君奪黃標我紫標。（《小倉山房集》詩集卷十一，清乾隆刻增修本）

【謝趙耘菘觀察見訪湖上，兼題其所著《甌北集》】（其一）乍投名紙已心驚，再讀新詩字字清。願見已經過半世，深談爭不到三更！花開錦塢登樓宴，竹滿雲棲借馬行。待到此間才抗手，西湖天爲兩人生。（其二）集如金海自雕搜，滿紙風聲筆未休。生面果然開一代，古人原不占千秋。交非同調情難密，官到殘棋局可收。我倘渡江雙槳便，定來甌北捉閒鷗。（《小倉山房集》詩集卷二十六，清乾隆刻增修本）（《甌北集》卷二五《西湖晤袁子才喜贈》附）

【仿元遺山論詩（其十九）】雲松自負第三人，除卻隨園服蔣君。絕似延平兩龍劍，化爲雙管鬭風雲。蔣苕生、趙雲松。（《小倉山房集》詩集卷二十七，清乾隆刻增修本）

【諸公挽章不至，口號四首催之】（其一）久住人間去已遲，行期將近自家知。老夫不肯空歸去，處處敲門索挽詩。（其二）挽詩最好是生存，讀罷猶能飲一尊。莫學當年癡宋玉，九天九地亂招魂。（其三）休怪斯人萬念空，一言我且問諸公。韓蘇李杜從頭數，誰是人間七十翁？（其四）臘盡春歸又見梅，三才萬象總輪迴。人人有死何須諱？都是當初死過來。　　〔附：趙翼和詩〕（其一）薤露如何可預支？渡江來似別交知。故人惟恐君眞去，不肯輕爲執紼詞。（其二）君果飄然去返眞，讓儂無佛易稱尊。只愁老境誰同調，獨立蒼茫也斷魂。（其三）生平花月最相關，此去應將結習刪。若見麻姑休背癢，恐防又謫到人間。（其四）修短終須聽太空，莫將殘錦乞諸公。還防老學庵燈火，絆住人間陸放翁。〔姚鼐和詩〕（其一）龍飛四歲一詞臣，嘯詠江山五十春。莫怪尊前爲了語，當時同輩久無人。（其二）一代文章作滿家，爭求珠玉散天涯。替人未得公須住，天上寧集蔡少霞。（其三）宮闕前朝跡惘然，隨園花竹獨清妍。滄桑憑弔雖難免，且願從遊更數年。（其四）起行抛杖坐吟詩，豈是膏肓不可治。自此但留貞疾在，也堪談笑卻熊羆。（其五）氣聚升成五色霓，倏將散與太虛齊。海山兜率猶粘著，那更投生向玉溪。（《小倉山房集》詩集卷三十二，清乾隆刻增修本）（《甌北集》卷三三《子才到揚州預索挽詩，戲和其韻，意有未盡，又增二首》附）

程晉芳

【趙甌北前輩移寓裘家街，諸桐嶼前輩以詩致賀，即次元韻一首】十四

年前殢酒因，望衡仍接草堂鄰。幽懷聽雨猶堪寫，往跡飄風已倦陳。紅蠟近窗刪舊史，翠禽當戶報先春。甜泉細酌燒香母，不礙清狂號散人。（《勉行堂詩集》卷十五，清嘉慶二十三年鄧廷楨等刻本）

【哭董東亭四首（其二）】三載東華拭履簪，紅薇省對闉風岑。簫雲汗漫憑虛想，拈管跼蹐選勝心。揚子何從授經傳？東亭丙子鄉薦，座主為方耕閣學，癸未會試，出甌北前輩之門，皆當代名宿。蕭郎空遣慕山林。先靈暴野遺孤弱，夜夜哀猿助愴吟。（《勉行堂詩集》卷十六，清嘉慶二十三年鄧廷楨等刻本）

【觀醃菜三十韻同趙甌北前輩作】擾擾家人事，迎寒蓄旨菹。翠畦方起銍，黃葉動盈車。候驗飄風急，時占凍雪初。論錢過小市，接擔入深閭。安肅名應爾，元修種並諸。偃條含露重，敷甲迸霜疏。本大剛縈抱，堆高漸沒除。嫩猶供細擇，粗必藉親攄。廚媼形拳跼，山童手拮据。捉刀談瑣屑，繞指見根茹。兩縛疑施縭，中纏訝綴裾。亂抽青薀若，斜覆綠巴且。鹵瀉緣安石，瓶開異漉蛆。紅鹽審輕重，香豉費爬梳。用法參生熟，為饕備空虛。圓磁雙珥置，冷玉數行臚。粥沸擎甌緩，躬敧下箸徐。苦心憐宛轉，冰齒免齟齬。澹弗調醢醬，珍偏近脯腒。頻添耽酒夕，連啜罷餐餘。彈壓羶腥膳，兼包上下蔬。嘗仍依北竈，嚼豈羨西屠。漫拾柴煨芋，休彈鋏憶魚。酸還經醁釀，曝可代庖葅。南人入夏曬多菜，謂之「菜乾」。舊圃窺曾徧，頹顏笑每舒。窗糊教謹貯，炭築會相於。燕越俗非異，葵荇品詎如？有司奚迫促，見《月令》。無地不儲胥。梁柳宜過我，王昇莫污渠。官園徵故實，知味屬中書。《唐書》：「中書園蔬，日給眾官，崔祐甫嘗詬主事曰：『門下侍郎安得理中書之蔬？』以其白常袞減蔬數也。」又：奚陟為中書舍人，躬親庶務，下至園蔬，悉自點閱。（《勉行堂詩集》卷十六，清嘉慶二十三年鄧廷楨等刻本）

【十月十一日趙甌北前輩招集寓齋，次韻二首】（其一）隱几噓天羨子綦，清言每悔到來遲。種松經歲恒招客，搏黍迎年又改時。《荊楚歲時記》：「是日以黍糜相餉，謂之『歲首』。」引古未妨爭執說，賞奇須示近編詩。名山事業歸吾黨，誰道匡居好勿為？（其二）木落霜清度浹旬，知君多感對蕭晨。疏狂易縱騰瀾口，刻苦仍餘肖鶴身。往復煮茶論酒會，兩三無事愛閒人。消寒底用拘常格？乘興相過勿計巡。（《勉行堂詩集》卷十八，清嘉慶二十三年鄧廷楨等刻本）

【題趙甌北前輩甌北雲松小影】晴沙抱洲尾，繡葉明籬角。野色稱郇居，稻熟棗初剝。天然入圖畫，澹弗假雕琢。掃石坐中間，擁書同抱璞。且飲且晏眠，亦撰亦潛學。清虛日日來，體瘦神嶽嶽。溪南鷗引隊，竈北花圍幄。

停雲甫飄蕩，倏爾去綿邈。荼霜青可割，松露翠疑濯。何從得斯境？或恐費商榷。人間世流閱，有觸斯大覺。歸田蓄茲志，丹繪偶從朔。豈遂能荷鋤？獨醒掃群濁。聊從粉本看，所願誠卓犖。如聞蛙鼓吹，儼奏鳥音樂。白篷船可泛，紫玉笛堪搦。恒持無住心，隨地有含握。還君圖起歎，余亦思種藥。（《勉行堂詩集》卷十八，清嘉慶二十三年鄧廷楨等刻本）

【送趙甌北前輩之任鎮安】消寒會未展初九，君去粵西為郡守。煮茶燒筍話匆匆，聚散難知姑飲酒。鎮安近事吾差記，曾涖茲邦咸我友。稱詩絕代寶意翁，日坐煙林對晴阜。儉堂查丈適鄰郡，儉堂三丈曾知太平府。徐子鄰哉相左右。鄰哉前輩昔為太平同知。傳鼓人求大字書，摩崖碑享千金帚。詩筒郵遞今闃寂，又得名流繼斯後。念君登籍未三十，東觀西清□（案：原文漫漶，不可辨）佩玖。運筆能令豐幹葉，選辭酷愛除窠臼。邇來閱世浮薄榮，弟欲編摩垂不朽。自鈔詩集綴雜文，精進心猶窺秘酉。天公妒閒瞋愛好，特遣紆金印懸肘。不然要令狀山川，觸眼奇觀煩妙手。扶蘇山接古梅山，地軸天關相錯偶。鳥飛不到下雷州，瀉玉鵝泉掛魚罶。萬家老屋縛藤竹，四節繁華繞窗牖。舉似邕州暨麗江，土風一色無妍醜。翠裙花䫌聚猺獞，筊動蘿溪交窟藪。董之以正煦用恩，苗亦娭娭喻仁厚。黃茅青草瘴霧深，將息宜專慎毋苟。南連交趾控滇蠻，修爾戎兵嚴扦掫。三年例得遷大郡，且勿懷歸問田畝。此行密雪灑貂裘，卷地北風隨馬首。繪圖休繪贈行圖，使我低徊沉歎久。識君面目十七年，君謂片長宜可取。零露飄霜數往來，草堂蘭杜開尊卣。拂牆碎墨經我題，沿砌小松非子有。先生於寓齋種松十數本，今宅歸家辛田少宰。懸知獻歲抵江鄉，堂上起居詢阿母。南民拍手笑相迎，太守由來一詩叟。政閒覽景定懷人，京國朋儕餘某某。梅花驛使附數行，故人眠食平安否？書來萬里余最珍，記取臨歧歌折柳。（《勉行堂詩集》卷十八，清嘉慶二十三年鄧廷楨等刻本）

金兆燕

【趙甌北驚見白鬚作詩屬和】面緣白而妍，鬚以黑為美。黔晳愛憎何定評？吳宮更有大帝紫髯堪稱佛。白亦靈緣坡之竹，安得長青青？由衰得白白得老，髭聖亦須隨化過此生。請君莫漫嗟衰朽，曾向杏花呈面首。即今園綺老商顏，那有群姬唾面走？我無側室堪媚茲，繞涿不愛黑山圍。君不見，王彪之。（《棕亭詩鈔》卷十五，清嘉慶十二年贈雲軒刻本）

【次趙雲松觀察韻寄蔣清容太史二首】（其一）老去甘為爨下材，人間難

賣是癡獃。穆生豈意匆匆去，王式眞成貿貿來。出處世情分土炭，升沉俗眼判岑苔。芥舟同有江湖興，只欠坳堂水一杯。（其二）才似張華腹似邊，心燈一點竟空然。天談鄒衍誰緘口？人對洪崖但拍肩。他日記曾隨虎拜，此生應不受夔憐。何時更向揚州路，一勺同斟第五泉。（《椶亭詩鈔》卷十六，清嘉慶十二年贈雲軒刻本）

【趙甌北以六十自述詩索和，次韻應之八首】（其一）交遊千里與安期，執手新知即故知。花月局開名勝地，詩書人老太平時。客中興屢當君盡，海上情堪使我移。有句慣因東老賦，粉牆處處劃欇皮。（其二）洪醉休嫌外酒村，文章大雅賴君存。覆蕉到處堪藏鹿，燃鐵何妨暫借黿。朝嶺漸迷青草色，春江新長綠潮痕。落燈風後群挑菜，黍穀人家共藉溫。（其三）客窗吟嘯是生涯，自壽詩先歲首賒。何意華箋名士句，枉投獨樹老夫家。揮毫知有澄心紙，獻技難瞞醒目紗。罰酒不辭金谷數，爲君更盡碧山槎。（其四）故里瓜牛亦有廬，老來偏讀寓齋書。自甘踈賤逢雕虎，且喜埋藏作蠹魚。丸藥求僊艱一粒，洗心學佛任三車。憶曾刺促長安道，禁鼓高樓夜寐虛。（其五）當年走馬曲江濱，共說探花句有神。人以鳴岡知鸑鷟，天教動地識麒麟。六條虔捧中朝令，八陣威驅絕域塵。盾鼻快磨袁伏墨，傳來露布懾臣鄰。（其六）偶作江濱緯上蕭，都成畫裏雪中蕉。五千但覺空饒舌，十萬何時更纏腰。雅度共欽裴叔則，狂生偏愛蓋寬饒。若教南北風朝暮，我亦終身伴老樵。（其七）問歲知君七秩開，春風得意鑄顏回。國香蘭蕙林中立，僊露蓬瀛頂上來。放眼定看元鶴下，當歌應有紫雲迴。寄奴鬮將南朝路，海色山光入壽杯。（其八）觡角居然亞兒觬，庾鮭只合配蘆羹。自知老去難効學，敢向人前更噉名？笑牒言鯖多暇日，冷吟閒醉過浮生。碓房舂米篩還未，鼓笈憑君更播精。（《椶亭詩鈔》卷十七，清嘉慶十二年贈雲軒刻本）

【題趙甌北漁樵爭席圖】買臣亦負薪，郅惲曾垂釣。腰斧手竿纔幾時？此身便令雲山笑。先生逸志儕向禽，邱壑不負平生心。勒崇垂鴻萬事了，銜杯溪友還相尋。三漿莫漫輕先饋，我與斯人本同類。一番問答各陶然，海上群鷗飛不避。（《椶亭詩鈔》卷十七，清嘉慶十二年贈雲軒刻本）

【招趙雲松、唐再可、秦西壩、張松坪泛舟湖上】共作塵中客，同呼野外船。電光舒阮眜，霜色感馮顛。遍歷無雙境，如聞第一禪。涼風吹列苑，秋氣入層巘。四五人中老，三千界上僊。黃壚高復下，綠醑聖兼賢。開寺花猶少，傳觴室最偏。行窩非頓腳，吟地且隨肩。儉歲無兼膳，村居但小鮮。

遠看松偃蓋，近藉竹橫椽。酒未酣元亮，書還證服虔。濕雲翻似絮，老葉下如錢。可惜同漂梗，安能屢肆筵。名園隨地有，嘉會幾人傳？老占江山勝，奇逢翰墨緣。且將閒歲月，更稧晚秋天。(《棕亭詩鈔》卷十七，清嘉慶十二年贈雲軒刻本)

【張松坪患癰在足，又驚家人不戒於火。趙雲松以詩慰之，屬余次韻】蹞踔纔聞累起居，爵攸俄駭迫階除。似同樂正多憂色，敢向參軍有賀書。性定形骸消跌蹍，心空天地即蘧廬。室中身內全無恙，氣朔憑他大小除。(《棕亭詩鈔》卷十八，清嘉慶十二年贈雲軒刻本)

【賦贈趙甌北】此事推袁已久殷，白頭方得共論文。眞如示我知無限，妙諦從君得少分。擿埴途中欣有導，尋師花裏羨同群。一編手把過殘臘，敢惜焚膏夜誦勤。(《甌北集》卷二八《贈金棕亭國博》後附，原詩無題，題目係編者所擬)

諸重光

【趙雲崧同年移寓裘家街，即海昌陳文勤公邸第也，三年前予曾寓此。賦贈】(其一) 閒坊老屋記平泉，占斷城南尺五天。卜宅難於田二頃，徙家竟似歲三遷。何妨渴示馬卿病，莫笑貧無趙壹錢。載酒門生來問字，可容絲竹列彭宣？(其二) 鴻爪泥中認昔因，當年悔不結比鄰。鵲喧一一聲如賀，牛磨團團跡已陳。紅藥詩成十年夢，綠楊巷是兩家春。欵門看竹何須問，我是蘧廬舊主人。(潘衍桐纂《兩浙輶軒續錄》卷三十一，清光緒刻本)

【趙雲崧同年移寓裘家街，即海昌陳文勤公邸第也，三年前予曾寓此。賦贈】閒坊老屋記平泉，占斷城南尺五天。卜宅難於田二頃，徙家竟似歲三遷。雲崧年來屢易寓舍。何妨渴示相如病，莫笑貧無趙壹錢。載酒門生來問字，可容絲竹列彭宣？時雲崧分校順天鄉試。(王昶《湖海詩傳》卷三十一，清光緒刻本)

蔣宗海

【和趙甌北所贈詩】興酣落筆推我友，嬉笑怒罵無不有。有時揮作醉時歌，卻是曾遮西日手。昔在京華最少年，公卿倒屣侯王前。萬言可待看倚馬，一石亦醉如流泉。解事舍人紫微冠，探花及第名經千。平生知己盡長德，吹噓有力飛登天。一麾出守布條約，威名早馳粵嶠巔。大吏欽君達時變，世俗拘牽皆所賤。身處脂膏能不染，海南到處仁風扇。課耕不鄙農民愚，講學嘗與文士見。觀察官高品益高，菜根滋味饞時咽。懶向泥中看鬥獸，自分歸來食蛙瘦。與君相見在揚州，山長頭銜殊不謬。示我新詩三百篇，爽氣朝來溢

戶牖。我亦諸倕一導師，金針錯把鴛鴦繡。閉門十日只尋常，不須裹飯來相救。(《甌北集》卷三〇《醉時歌贈春農同年》後附，原詩無題，題目係編者所擬)

孫士毅

【答同年趙雲松，時同在大經署傅公幕下】天南消息未投戈，與爾羞稱曳落河。孔雀梳翎風幕屬，檳榔遮徑雨曼陀。悲歌獨夜飛書急，話舊炎方戰骨多。相對郵筒如夢寐，五更氍帳又吹螺。(《百一山房詩集》卷七，清嘉慶二十一年孫均刻本)

【偕崧霞廉訪、甌北太守至雪厓洞尋甲秀樓諸勝，甌北見投長篇，予亦和作】將尋黔南雲，客以雪厓告。南天少風雪，安得此名號？譬如草野有奇士，纔得聞名已傾到。只宜兩屐行，不稱雙旌導。同心有二三，未赴足先蹈。已戒亭尉迎，不煩縣吏報。墊雨林宗巾，吹風孟嘉帽。謝公度嶺作山賊，田文出關爲狗盜。儘教對仗讀彈文，且自拈花粲微笑。甌北有「明朝狂名應傳遍，準備甘蕉入彈糾」之句，故云。雪厓何時擅奇妙？五丁鑿開混沌竅。林深飄墮梵魚音，洞窅吹迴燭龍照。應眞渡海有遺龕，外道燒山臏空竈。斜光一線漏星辰，曲磴黔尋卓旗蠹。已欣筋力到幽險，更有心情寄蘿蔦。山寒日瘦春氣遲，門外疏楊映垂釣。萍開細沫遊魚吞，煙曳輕絲晚鴉噪。即看登頓畏攀躋，漸覺從容有吟嘯。中流傑閣自歸然，鐵柱摩挲足憑弔。平苗歲月紀功績，應有高文垂絕徼。豈知礦角牧牛多，前代文章歸劫燒。人生遭際非偶然，我亦餘生乞兵礮。不如搖筆記茲遊，比似銘功孰多少？(《百一山房詩集》卷八，清嘉慶二十一年孫均刻本)

【桂林簡趙甌北翼同年】(其一)盛世何容託隱淪？文章公等況如神。記來北國頻攜酒，謂趙君緘齋。夢醒東山冷笑人。未必歸耕能種秫，空教後起積如薪。鸞旂行慶兼求舊，莫被薴鱸賺此身。時聖駕巡幸江浙。(其二)金築分襟又十年，幕南遺跡渺蒼煙。傅忠勇公駐騰越時，與君同在幕下。當時同作參軍語，此地猶傳太守賢。君曾任粵西鎮安太守。千里興闌垂橐返，上年君需次北上，至臺兒莊仍返。五更風緊峭帆懸。今春余於五更過常州，君乘舟追送不及。祇今更阻毗陵路，目極河梁落照前。(《百一山房詩集》卷八，清嘉慶二十一年孫均刻本)

【贈別袁簡齋先生】(其四)度嶺褰歛一葉風，小倉紅影落霜楓。計深秋方還隨園。人將僛佛疑山賊，天遣亭臺屬寓公。心跡欣依高士傳，姓名早隸日華宮。歸逢訒、蔣苕生。壹趙甌北。皆吾友，爲報居官與昔同。(阮元輯《兩浙輶

軒錄》卷三十四，清嘉慶刻本）

【過曩宋關寄趙甌北】罷稏登場野望寬，當年曾此駐征鞍。軍聲似聽開義密，國語，踴躍向前也。山影猶銜吉爾丹。大蠻名，特賜經畧進勦者。從事重來書劍老，上公歸去石泉寒。搖鞭曩宋關前路，遺鏃沉沙仔細看。（《甌北集》卷二五《孫補山藩伯自滇南遠寄手書並錄路過曩宋關之作見示，關在騰越州外，征緬時經畧傅文忠公出師路也。補山以余曾同在幕下，故錄寄焉。接讀之下，情見乎詞，感舊懷人，敬次來韻》附，原詩無題，題目係編者所擬）

韋謙恒

【曉進西華門，獨坐館中，得四絕句，呈楊企山、諸桐嶼、趙雲松三編修，王蘭泉比部】（其一）乍晴偏覺好風俱，玉蝀橋邊景頓殊。朵朵芙蓉映初日，人間真個有蓬壺。（其二）書局宏開近浴堂，皁羅幬畔恰新涼。鴉山小餅剛攜得，雨水煎來許細嘗。（其三）睿論篇篇星日如，丹毫每趁萬幾餘。時纂《通鑑輯覽》，次第進呈。恭讀御批，皆發前人所未發。一函裁向天邊下，中使傳宣更進書。（其四）史傳紛綸萬軸堆，校讎敢憚卷頻開？四羊三豕愁仍誤，更遲群公橐筆來。（《傳經堂詩鈔》卷四，清乾隆刻本）

【趙甌北編修新居即海寧陳文勤故第也，次諸桐嶼編修詩韻二首】（其一）莫憶家鄰第二泉，紙牕燈火歲寒天。抽身未便容高隱，買宅何妨竟屢遷。合藉門生攜斗酒，免因間架出緡錢。一簾風月真吾土，送與詞人王仲宣。（其二）堂開綠野記前因，重到曾無舊日鄰。琴笛盡堪隨處設，杯柈已先雜然陳。眼看庭竹紛殘雪，手植盆梅報早春。獨佔中央爲地主，文勤第甚廣，南北皆屬他人，甌北所居則中央也。可容頻有借書人。（《傳經堂詩鈔》卷五，清乾隆刻本）

劉墉

【月夜憶趙雲菘秀才】（其一）與君談辨久紛紜，忽漫春風兩地分。今夜月明堪共賞，空庭徙倚悵離群。（其二）雨過輕涼四月初，葛巾紈扇獨攤書。知君正對津門月，鄉夢回時夜幌虛。（《劉文清公遺集》卷十五，清道光六年劉氏味經書屋刻本）

【再贈趙雲菘】破浪乘風且少安，清癯容貌勸加餐。多情試耐文園渴，覓句休如賈島寒。檀板金樽誰命酒？松枝玉麈只清談。客懷持底將君慰，借與青編坐夜闌。（《劉文清公遺集》卷十七，清道光六年劉氏味經書屋刻本）

【題或人岣嶁碑詩後】岣嶁之碑世莫窺，此語已見韓公詩。而今更歷數

百載，忽出拓本此可疑。我讀禹貢考明德，隨刊一一較列眉。衡山紀績果有作，施功次第應堪稽。胡爲文字近詭祕，不傳實事傳浮詞。六家箋釋已紛紜，好事賦詠尤支離。顧此僞物不待辨，眞者何在勞嗟唏。（《劉文清公遺集》卷四，清道光六年劉氏味經書屋刻本）（案：「或人」即「某人」，疑爲趙翼。《甌北集》卷二收有《岣嶁碑歌偕劉穆庵孝廉作》一詩，可參看）

張九鉞

【望羅浮六首（其三）】桂父顔因入世靈，安期焉爲避秦停。誰教五百童男女，盡種三千老茯苓。天地荒唐周甲子，衣冠龐古漢圖經。而今耕稼無私地，望裏虛看似畫屛。（案：「屛」字原闕，據鄧顯鶴輯 《沅湘耆舊集》卷九十四〔清道光二十三年鄧氏南邨艸堂刻本〕補）二十年（案：原文漫漶。鄧顯鶴輯 《沅湘耆舊集》卷九十四〔清道光二十三年鄧氏南邨艸堂刻本〕作「三十年」）來，諸峰巨竹奇樹，爲種筆者伐盡，悉墾荒種粟，僅存空寺觀。山陰吳水雲，欲畫羅浮勝地，偕毘陵趙雲松觀察裏糧往遊，索然而返。至今遊者絕少，惟遠望以領其勝而已。（《紫峴山人全集》詩集卷十八，清咸豐元年張氏賜錦樓刻本）

秦黌

【賦贈趙甌北】（其一）早向雲逵拂羽儀，不將好爵盡拘縻。天南萬里經層險，甌北千篇蘊六奇。講席久多房與杜，吟情還似陸同皮。董帷開處都成市，書局隨他郡縣移。（其二）笑看素髮憶華簪，日下追思到故林。三度蓬壺懷往跡，壬午、癸未、丙戌皆與君同分校之役。兩城桃李謝新陰。薩制府、伊鹽憲先後聘余主鍾山、梅花兩席，皆以病辭。憐吾衰也支離狀，喜子戞然金玉音。從此三冬文酒約，好憑寒月話更深。（《甌北集》卷二八《自樂儀書院移主揚州安定講席，呈在籍謝未堂司寇、秦西巖觀察、張松坪、吳涵齋兩編修，皆詞館前輩也》後附，原詩無題，題目係編者所擬）

王鳴盛

【趙舍人夜過行帳】氈幄孤檠偶論文，題襟此夕得同群。頻欣叔則山相照，頓使君苗硯欲焚。宋體唐音定兼愛，越吟吳語好平分。從來靜者心多妙，試向毘耶證夙聞。　　〔附：武進趙翼甌北次韻〕宋姚絳灌笑無文，磨盾行穿萬馬群。獨振宗風今有幾？自慚少作久堪焚。鍼師門豈嫌人販？鄰女光應許我分。卻喜結交從客裏，向來京洛斷知聞。（《西莊始存稿》卷十五，清乾隆三十年刻本）

張坦

【和趙甌北】（其一）曾共金門刷羽儀，軟紅塵裏久相麿。只緣投老兼多病，不是耽幽便覺奇。測海才難深見底，觀河面已皴生皮。應知講席餘長晝，肯許從容步屨移。（其二）蕭蕭白髮不堪簪，倦鳥依稀戀舊林。蹤跡同羈邗水上，鄉園遙指華山陰。欣聯嘉會雲霄客，豈廢衰年絲竹音。幾日瑤箋持贈處，和章重疊見情深。（《甌北集》卷二八《松坪前輩枉和前詩，再疊奉答》後附，原詩無題，題目係編者所擬）

梁同書

【詠美人風箏四首】此癸丑春阿雨颺運使林保試童子題也，予亦戲爲之，辭意苦窘，視《甌北集》中作，真珠玉秕稗之別矣。（其一）羊車兒技忽翻新，裝點蛾眉態逼真。爲馭飈輪施兩翼，凡風箏作人物者，左右別出兩翼。不嫌脂粉畫全身。紅絲那繫乘鸞子，碧漢空傳駕誰人。輸與分明天半見，賺他兒女各懷春。（其二）繅車展處跨長虹，扶上飛僊到碧空。目送直疑奔姹月，身輕偏不避雌風。天宮一曲聲微度，下界千秋索未工。爲語兒童牢著手，驚鴻瞥墮即泥中。（其三）晴開訣蕩望天閶，少女風微冉冉揚。南岳雲中青鳥從，西王畫下大鵬翔。好憑列宿爲媒妁，牽牛、織女以參商爲媒，角氐爲妁。見《語林》。要取雙丸作珮璫。阿脩羅誓取日月以爲耳璫。莫把巫峰神女比，若爲行雨便相妨。（其四）煙鬟霧鬢白雲軿，現出虛空色界天。三疊琴心湘女竹，五銖僊佩薛濤牋。不通線索難騰上，但假吹噓便放顛。只怕罡風三月半，鸞膠誰與續離絃。正月鷂、二月鷂、三月放箇斷線鷂。杭諺也。
（《頻羅庵遺集》卷三，清嘉慶二十二年陸貞一刻本）

趙文哲

【家雲松太守聞予赴滇，馳書慰問，並示近句云「遂令日下無名士，卻喜天南有故人」。比予至永昌浹月，而雲松尚滯留騰越。感時念舊，即用「人」字韻作四章報之】（其一）瘴雨炎風百五春，八千里外對牀人。便同把酒愁無那，況遣挑燈影獨親。帶甲關山迷遠夢，加餐書問感閒身。相逢未必還相識，骨相虞翻一倍屯。（其二）蠻語居然入幕賓，六張五角事休論。更無老淚沾歧路，剩有餘生累故人。病馬嘶風愁折阪，荒雞號雨耐蕭晨。佩刀澀盡霜華影，猶向床頭作響頻。（其三）舊是金門索米臣，升沉雖判總勞薪。魂收斗極哀元叔，耳塞韶華悵景真。來書言：在粵西時，竟無一人可與言詩者。顧我遠留懸磬室，感君獨作望雲人。蘆笙嗚咽蘭江路，又見天涯上冢辰。（其四）日下天南句有神，驪珠十

四淚攪勻。世皆欲殺公言過，夷尚思居我氣馴。息壤空留青嶂好，雲松昔言歸田之日當買張氏青山莊別業爲居，並有分宅之約。兔裘未卜白頭新。安邊樓畔悲歌動，誰道初明是恨人？（《甌隅集》卷三，清乾隆五十四年刻本）

　　【騰越州治東數里，有何氏舊池館，杜鵑最盛。己丑春，曾偕家雲松遊焉。水竹幽蔚，花光絳天，爲裵回久之。雲松既返粵西，予顧頻還往於此。又值花時，遣奴子探視云：「已試花，十數日後當大開。」予適以事遽返永昌，遂不及往。臨發悒悒，輒爲此詩寄雲松。對牀聽雨之外，此又一可感事也】蠻鄉二月花如海，繫馬青楊巷未改。天涯白髮幾春風，差喜花前故人在。繁紅罨戶芳晝陰，遊絲千尺搖春心。茅亭臨水短於艇，一篙疑入桃花林。絳雲團枝霞倚樹，日影波光眩朝暮。花深深處醉眠多，粉蜨隨人出無路。花開相遇典春衣，花落相思減帶圍。又見啼紅遍山郭，登臨何日送將歸？劉郎老矣空前度，莫怪東君苦相誤。多恐重來不忍看，故遣搖鞭背花去。（《甌隅集》卷八，清乾隆五十四年刻本）

　　【家雲松聞予將過威寧，遂不及受代而來。握手黯然，稍述己丑夏別後事，燭未跋而僕夫促駕矣，馬上成三詩寄之】（其一）簡函天末望遲遲，一宿郵亭忽有期。直爲陟岡嗟予季，故教騎竹慰群兒。吏知適館牽籃轝，僕解移燈拭酒巵。草草難成對牀話，西窗眞負雨如絲。（其二）夢裏田園日就荒，暫相逢處總他鄉。三年心事雙吟鬢，萬里遊蹤兩戰場。少作詩篇更世故，勉加餐飯惜年光。廣南太守貧難得，喜見衙齋似葉裝。（其三）丞相軍諮禮最優，危言曾遣駭溝猶。萊公竟得觀書力，郭令終成折敵謀。君已致身酬聖主，吾猶作客託諸侯。他時相憶知何處，倚遍籌邊萬里樓。（《甌隅集》卷十，清乾隆五十四年刻本）

　　【雲巖先生兵抵美諾，追陪夜話，有感而作，次家雲松韻】（其一）笳鼓聲沉劍氣寒，依然奉席接衿鞶。喜心倒極驚三捷，岐路依違愧一官。主簿參軍從位置，兒童走卒問平安。細論兩戰場中事，白髮門生感萬端。（其二）凌煙褒鄂久凋零，朝野群瞻傅說星。誰遣窮邊籌未定？遂教折阪馭重經。降旗間道爭投欵，戰壘連山待勒銘。爲謝蜀中諸父老，錫彤恩詔我先聽。（《甌隅集》卷十，清乾隆五十四年刻本）

　　【家雲崧編修以移居詩索和，即次桐嶼師原韻】（其一）廉讓能居豈在泉？擔書負劍沍寒天。轅駒駑蹇疲長駕，羅雀喧啾賀美遷。此地跡餘懸棟楹，即海昌陳相國故第也。吾家例乏貯囊錢。開廚賴有元亭酒，燭下高歌髮未宣。（其二）門丞竈帝祀相因，歲晚匆匆此卜鄰，盤菜生偏宜大嚼，瓶梅瘦不耐橫陳。客

來觴詠從連夕，話到江鄉又及春。同住九衢風雪裏，可容我作對牀人。(《婥雅堂詩續集》卷二，清乾隆五十六年刻本)

【哭董東亭吉士四首（其四）】尋詩曾共抎金鞭，不是花邊定酒邊。香火深盟餘幾輩，水天閒話更何年？官如夢短應難續，恨比才多孰與傳。愁絕吾家老元叔，每拈賦筆一淒然。君禮闈出家雲崧之門。雲崧先成輓章，索和。(《婥雅堂詩續集》卷二，清乾隆五十六年刻本)

【送平瑤海歸江右任，次雲崧韻】（其一）玉堂清望絕風塵，剖竹翻教簿領親。臨遣敢忘求牧意？拊循終藉讀書人。政留王謝民風古，地足溪山吏隱真。今日朝天駐僛僛，蓬萊回首是前因。（其二）九門風雪緩歸程，聽盡捎窗撼璧（壁）聲。近市客分多釀熟，對牀人共夜燈清。時與令弟蹟堂同寓。暫留京洛交仍滿，纔話池塘句恰成。為報杞園駿篠者，御屏已注使君名。（其三）塵海論交後十年，蘭衿玉抱故依然。我輸謝客生稱佛，人望班公去若僊。驛酒夜添雙頰暖，江梅晴鬥六花妍。他時畫戟凝香地，莫忘清遊尺五天。(《婥雅堂詩續集》卷二，清乾隆五十六年刻本)

【觀家人醃菜和雲崧作】菜品推燕產，西風萬稜添。操因松不改，《群芳譜》：「白菜一名菘。」《埤雅》：「菘，隆冬不改有松之操，故其字會意。」功視谷何謙？宛轉籬圍荻，參差屋覆苫。警宵園匠守，破曉市牙覘。冰薄初承屬，霜清乍八鐮。連車聲自軋，藏窖氣斯潛。雪白分層瓣，泥黃裹寸尖。買來論價鬧，擔送問途嚴。歲稔喧村郭，官卑混里閻。屢空何太苦？求益未傷廉。生熟嘗偏慣，昏朝食必兼。春盤遲細飣，冬甕趁新醃。敗葉披全脫，孤根削半粘。心含金縷縷，膚映玉纖纖。掃室祛塵漬，排堦就日暹。偶教香作糝，那放水成淹。摒擋妻椎髻，刲剝僕脫鬐。預知堪佐酒，急與試擩鹽。石壓工寧暴，葅封力已漸。裔宜懸暗壁，戾合向虛簷。糟點馨先挹，椒和辣詎嫌？方多須製譜，味別或標籤。是物非希有，茲生但屬厭。消寒曾把盞，入夜恰垂簾。座客流涎索，廚娘試手撏。醉餘看大嚼，飯罷笑頻拈。豈許屠沽嗜，還教傔從霑。酸寒人並誚，澹泊我彌忺。老圃臨江涤，幽居對突黔。十年甘杞菊，一別換烏蟾。土井堙清渫，烟鋤損舊銛。頗聞新鳳竹，久說夢豨薟。經歲羈懷積，全家去志僉。漢陰機可息，甌俗候能占。幾輩勤培溉，他時備養恬。濯波青瀰瀰，劚雨翠荳荳。聊爾依疆埸，居然足釜鬵。衰容拚共槁，清味信餘甜。枉作離疏羨，誰為食肉砭。御窮吾計得，一飽喜沾沾。(《婥雅堂詩續集》卷三，清乾隆五十六年刻本)

【家甌北招同朱竹君編修、王述庵比部、曹習庵編修、程葭園、陸耳山兩同年小集，即次見示詩韻】（其一）朱門鼎鼎集巾綦，骯髒如予到輒遲。策馬數尋宗老宅，開尊偏愛歲寒時。悲懽語雜原因醉，甘苦心同豈獨詩？若約連牀故園好，得歸何用有田爲？（其二）咫尺相思動涉旬，風風雨雨感雞晨。同爲宦海浮湛客，獨負名山述作身。聚鐵應難成此錯，買絲眞合繡斯人。甌北近以長歌見貽，讀之感歎「彌日」二語，聊答其意云爾。咬春會接消寒會，試問天涯定幾巡？（《婧雅堂詩續集》卷四，清乾隆五十六年刻本）

【家編修雲崧以鷗北耘菘圖見示，石壁回抱，竹樹陰翳，一茅亭露林罅，編修科頭坐其側，一奴負耒而行，稍前溪流瀠洄，有三白鷗戲溪岸，其北荄畦數棱，一童作耘蒔狀，所謂「鷗北耘菘」者也。編修別字甌北，圖名概以自寓，其託趣亦概可想。會編修出守鎮安，瀕行，屬爲題句，萬里之別，黯然於懷，思夙昔對牀之情，申他日偕隱之約，白鷗實備聞此言矣】我家雲松號甌北，忽爲隱語流丹青。菘以松表節，鷗以漚得名。是何寓興高且潔？匹諸靈均正則傳騷經。嗚呼！圖中之景那易得？姑妄言之快胸臆。儂家三江東，君住五湖北。可桑亦可麻，宜稻復宜麥。曷不此中宅爾宅？忍饑常作春明客。天生君才爲世用，於郊有麟阿有鳳。誰將鋤荼舊鄉風，遠入玉堂天上夢。畫師太狡獪，寫景爾許清。竹樹千百堆，茅屋三兩楹。聞君夙昔負郭無尺土，鷗邊十弓之地卻喜無人爭。君來盡日科頭坐，自敕奚奴課勤惰。天色陰間晴，泉聲右環左。分棱綠未齊，負耒待翻簸。肉食彼何人？荄根願已頗。平生浩蕩性久酬，欲結閒盟鷗日可。君不見海上好鷗者，機心一動鷗不下。又不見漢陰灌園人，機事不設抱甕頻。問君不是忘機子，那得群遊同鹿豕？買田陽羨定何如？反把一麾行萬里。題君畫，識君心，少游有語感不禁。小人樊須我請學，息壤試託三沙禽。他年招隱唱予和，君若能耘鷗肯播。（《婧雅堂詩續集》卷四，清乾隆五十六年刻本）

【再送家雲崧太守，即題《鷗北耘菘圖》後】（其一）名姓屏風幾載留，專城四十古諸侯。臣行作吏恩猶戀，帝謂能文政必優。歸里未誇雙戟引，承家合載一琴遊。北堂素志非溫飽，定少封魚寄遠郵。（其二）舊約居然負對牀，怕聽話別怕臨觴。他人那得如同姓，薄宦何堪各異鄉？我住風塵甘落寞，君行瘴癘愼周防。鷗盟息壤知何日，飽啗家園百甕香。（《婧雅堂詩續集》卷四，清乾隆五十六年刻本）

【十二月二十三日汪厚石同年席上送沈沈樓起士歸里省覲（其一）】聽

風聽雪幾離筵，比爲曹智慕（庵）、家雲崧，連夕設餤，故云。復此河梁一度緣。但許循陔依故里，未嫌得第及中年。聖湖夢去承歡近，溧浦書來送喜遄。君初以尊人按察公在粵東抱疴將歸，故迫欲旋省，適接江右來書，知病久勿藥矣。身在天涯眉欲舞，況稱觴到畫堂前。（《婷雅堂詩續集》卷四，清乾隆五十六年刻本）

蔣士銓

【舉第四子。趙甌北翼、張吟鄉塤以詩詞見謔，戲答口號】（其一）敢說聰明誤此身，鈍根本自不如人。渠儂墮地有衣食，放免老夫爲析薪。（其二）多謝張郎絕妙詞，抽毫數典譽吾兒。可能他日桐花底？消得詩翁詠衰師。（其三）三兒都未好紙筆，一季啼聲霹靂鳴。料得歸田御籃筍，輿夫不用借門生。（其四）湯餅充筵歲歲開，廚娘翻羨瓦窰才。吟鄉甌北如相過，蠟屐還須載酒來。（《忠雅堂詩集·壽萱堂詩鈔》，稿本）

【初七日同趙雲松夜坐，有懷三首】（其一）雲間坐數珮環聲，孤負鸞驂滿玉京。卻怪天風晚來弱，不曾吹下許飛瓊。（其二）縞素衣裳雅淡妝，言從魯國伴姬姜。婆娑桂樹無人倚，閒煞嬋娟翠袖長。（其三）煙雲千里夢模糊，料得鮫人淚點枯。那識驪龍開睡眼，月中相對念遺珠。（《忠雅堂詩集》卷九，邵海清校，李夢生箋：《忠雅堂集校箋》第二冊，上海古籍出版社1993年版，第783頁）（《忠雅堂集校箋》是頁「校」〔一〕謂：「手稿本題作《初七夕懷張吟鄉季子》。」「箋」謂：「詩作於乾隆二十七年八月初七日順天鄉試闈中。據手稿本題，所懷爲張吟薌，即張塤。」）

【懷人詩四十八首（其三十）】挺挺鐵中書，盛氣鬬丞相。文昌第三星，秉鉞邊雲壯。歸種萬竿竹，芳塘釣春漲。趙雲松觀察翼。（《忠雅堂文集》卷二十五，清嘉慶刻本）

【寄甌北】皇帝甲戌春，識君矮屋底。嚴電橫雙眸，共稱天下士。雲出松泉門，捉刀冠餘子。搖毫湧詞源，睥睨無一世。春官俄報罷，蹶者旋復起。同時簉薇省，兩人訂交始。君俄入樞密，才望絕倫比。一手揮七製，省吏竊驚視。直氣抗令僕，狂名壓金紫。堂堂燕許文，君作多進擬。辛巳對大廷，萬言移寸晷。換筆改波磔，恐有坡識瀆。遂迷五色目，第一陳綈几。注：廷試時，君以讀卷官多素識，恐其避嫌見抑，遂變易字跡，竟莫有識別者，是以第一進呈。神山風引回，得盧乃成雄。癯哉探花郎，不若徐公美。京兆壬午闈，偕君相汝爾。坐對論文燈，眠共吟詩被。談玄交箭鋒，說鬼驅鬱壘。洋洋同隊魚，斯樂可忘死。平生匝月中，萬事無過此。可憐兩孟光，亦復如娣姒。布荊儷

伯仲，勞苦兼童婢。我病奉母歸，浮家數遷徙。謂君翔雲霄，不啻尺與咫。
詎擁一麾出，遠落蠻夷鄙。癉癘叢花苗，岸崿布奇鬼。況復奉軍書，馳驟兵
戈裏。子厚謫居非，王粲從軍豈。轉運驅馬牛，秣飼操鞭箠。邊塵染雙鬢，
彩筆辭十指。當時金閨彥，不死幾希耳。班師奏凱歌，放君去如駛。重開太
守衙，眷屬久歸矣。徐徐展勞筋，細細拭前璽。孳孳用拊循，井井立條理。
誰知清獻孫，琴鶴盡捐委。寄我雙南金，附以書一紙。十詩話行藏，兩什訴
悲喜。誦之歡解頤，旋復痛不止。君本著作才，夙擅班揚技。木蘭發高唱，
弓衣繡凡幾。想君滇南篇，傳唱到金齒。歸裝帶風雲，邊人歌孔邇。諸蠻賣
佩刀，馴習知拜跪。惠聲河渡虎，清節閣懸鯉。政成鷹上秋，賢者當如是。
故人日頹唐，行且還桑梓。待君買山資，誓約休如水。（《甌北集》卷一七《次
韻答心餘見寄》附詩，上海古籍出版社 1997 年版，第 348～349 頁）（案：附詩無題，
此係編者所擬，上海古籍出版社 1993 年版《忠雅堂集校箋》不載）

王杰

【和趙甌北《浙遊晤王惺園少宰留飲試院即贈》詩】勝日嚶鳴芳樹邊，
開尊一笑共皤然。會當別久添豪興，話到情深淡世緣。君以著書消永日，我
因將母記行年。曉眠有味真堪傲，踟躕羞儕紫府僊。（《甌北集》卷二七《浙遊晤
王惺園少宰留飲試院即贈》後附，原詩無題，題目係編者所擬）

王昶

【題張孝廉商言塡《竹葉庵記夢冊》】閻浮提界本夢境，夢中作夢紛誼闐。
乘車入穴盡流注，恍惚異境窮人天。前塵宿命亦湧現，漏業往往隨三緣。蒲
池寺中雨淅瀝，郟亭湖畔波淪漣。兩翁清夢世所羨，豈知生滅同雲煙。張郎僊
才具僊骨，病來化作飛行僊。蒙茸宿莽入古徑，淙潺急溜聞鳴泉。層崖絕巘
嵐翠溼，馭風竟度崑崙巔。權樊宛轉草似帶，石梁屈曲花如蓮。聳身忽覺近
霄漢，舉手直可攀星躔。童初易遷迭隱現，中有姹女姿便娟。綠綃衣輕畫金
鳳，紅膏鬢薄低秋蟬。昭靈雖聞降許遜，蕚綠何意親羊權？海山舊院幸無恙，
歸時篁篠餘清妍。玉童依然進瓜果，藥鼎誰更燒丹鉛？眞靈洞府遊未足，醒
來宿火仍孤眠。翠禽唬樹殘漏盡，曉雪委砌寒冰懸。蓬山一隔空想像，擁衾
倚枕心悁悁。淋漓落墨記紈素，欲使異事人爭傳。空華幻色竟無住，何乃刻
畫煩華篇？雲臺飛昇尙難就，寧有詩酒供留連。趙舍人雲松翼詩有「不如神僊足
風流，詩酒聲色百不失」之句，故以此正之。欲天依報縱不乏，終恐謫墮歸憂煎。

吾亦當時慕飈舉，思駕元鶴資騰騫。琴心三疊非了義，竟向六度希眞詮。蝗螟嘉穀古有戒，勸君愼勿相縈纏。清詞自成新宮句，妙諦還證雲居禪。意根不轉心識斷，世閒睡覺皆安便。庭前翠竹倘有悟，一任阿閦從空旋。（《春融堂集》卷七，清嘉慶十二年塾南書舍刻本）

【畢修撰秋帆沆新納姬人，諸桐嶼重光、趙雲松以詩戲之，次韻二首】（其一）兩行橡燭照玻璃，昵枕愁聽翠玉嗁。歌罷北方情易感，人來南國見應迷。促妝休比吹笙妓，詠絮聊當擧案妻。聞道劉楨許平視，款門不惜錦障泥。（其二）蕭齋重拓小紅窗，花下鸚哥月下狵。煙暖銀篝香似霧，燈明綺席酒如江。臘前春信梅三九，客裏僊緣壁五雙。料得始平工寫怨，早緘織錦寄吳艭。（《春融堂集》卷七，清嘉慶十二年塾南書舍刻本）

【闌夕雲松和心餘詩見示，感作】重闌華月色如銀，掩卷挑燈笑語親。所見豈皆如我意？相知自在識其眞。從來義理無窮境，自古文章有替人。陸內相同梁補闕，見《韓文公集》。昔賢愛士與誰論？（《春融堂集》卷八，清嘉慶十二年塾南書舍刻本）

【翁編修振三方綱。移寓東偏，喜而有作（其二）】耘菘移宅已三旬，先是趙耘菘居此。幸得君來共結鄰。可是寄園風雅地，卜居往往得詩人？（《春融堂集》卷八，清嘉慶十二年塾南書舍刻本）

【題趙雲松《耘菘圖》，即送之鎮安守任】庚郎鮭菜二十七，獨好春韭遺秋菘。豈知霜根味佳絕，綠葵紫蓼難爲工。算緡雖堪鄙王爽，佐饌正足資周禺。郇公食單□（案：原文漫漶，不可辨）肥膩，未省玉糝逾燔熊。我生夙具藜莧腹，畦棱喜見抽新叢。虀鹽百甕債未畢，花臺手摘香蔬豐。何期邴卿有同好，學圃思趁晴泥融。家鄉回憶環堵宮，梅坪竹塢地數弓。白鷗三兩忽飛下，石牀曉坐泠然風。鳴簷疏雨昨夜過，坏甲出土青茸茸。傾筐無煩送園叟，分種膰欲求鄰翁。翰林主人本蕭寂，灌漑差足催連筒。今君擁傳百蠻裏，虞衡桂海物產充。鈞絲竹搖嫋嫋細，燕支木染斑斑紅。蘘荷藷芋備採擷，官廚豈復呼鞠窮？獨憐餞行近餞歲，寒葅臘菜徂殘多。元修戲語定何日？展卷不覺心憂忡。願君推此勤劭農，青榆一樹百本蔥。民間豈可有此色？制令當與蒲亭同。任棠拔薤安足法？愼勿束濕驚愚蒙。（《春融堂集》卷九，清嘉慶十二年塾南書舍刻本）

【小除夕前至昆明，馮觀察泰占光熊留宿齋中（其二）】紫誥輝煌出禁門，元臣推轂領軍屯。已掄貔虎分天仗，直掃鯨鯢盡地垠。三策自聞籌遠畧，一

宵暫得慰羈魂。飄流萬里猶堪仗，到處提攜有弟昆。聞趙雲松錢黃與受穀已在騰
衝（《春融堂集》卷十，清嘉慶十二年塾南書舍刻本）

【將往騰越先寄雲松四首】（其一）瘴嶺千重絕域鄰，騰身汗漫竟何因。冰
霜驛路回殘歲，烽火邊關託故人。急難終憐青眼在，窮交喜見白頭新。中宵噩
夢心猶悸，肺腑槎枒敢再陳。（其二）彈指前塵七載餘，承明蹤跡駏蛩如。得錢
市酒挑燈酌，乞米朝餐竝屋居。蒲褐空齋家更遠，耘耔舊約計還虛。阿奴碌碌
君須記，只憶生平下澤車。（其三）鐵甲連雲戰未收，毛錐何意雜兜鍪？浮蹤約
畧同齊贅，假面分明作楚優。天入南溟窮鬼宿，地過西濮盡神州。小人有母知
同感，望斷孤雲萬里愁。（其四）一麾出守歷蠻邦，又向哀牢擁碧幢。方寸久知
生五嶽，前籌竟擬渡三江。謂南大金江、南得籠江、河瓦江也。鸛鵝陣合將軍令，
雲松時從兩將軍駐盞達。龜象琛期屬國降。時屢有緬甸乞降之信。金印果堪求斗大，
深譚還欲剗銀釭。（《春融堂集》卷十一，清嘉慶十二年塾南書舍刻本）

【龍江道中墜馬，有作示錢黃與、趙雲松】雞既鳴矣雲尚黑，東風吹雨
濕青壁。泥融於膠滑於漆，廐吏送馬堵牆如。何為欲逐群駿驪？一躍而上踏
泥途。緣途很石紛狂象，下俛湍江更千丈，中有饞蛟倏來往。石間尋丈青蒙
茸，聳身直上裀席同，無須攜酒勞諸公。僕馭爭扶謝神庇，我識山神有深意，
不作三公忍折臂。（《春融堂集》卷十一，清嘉慶十二年塾南書舍刻本）

【夜半至雲松官舍，飯畢又行，留別】月昏雲暗度層巒，及到官齋夜已
闌。幸有元戎溫將軍。招對酒，更憐舊友勸加餐。根根絃索聲偏急，漠漠泥途
雨未乾。此別何時重見面？揮鞭忍淚上危鞍。（《春融堂集》卷十三，清嘉慶十二年
塾南書舍刻本）

【蘭陵書寄雲松諸友】遙望蘭陵驛，斜通孟瀆湖。村墟連斷岸，雲樹隱
浮圖。短箔蠶登繭，新巢燕引雛。可堪櫻筍節，無路共招呼。（《春融堂集》卷十
七，清嘉慶十二年塾南書舍刻本）

【蔣紹初招集拙政園次趙雲松韻】澹雲微雨罨樓臺，三逕琴樽傍水開。
花木百年猶似舊，江湖二鳥恰同來。時雲松從蘭陵至。討春尚有香車集，授簡欣
看玉樹才。謂于野弟兄。更喜嘉禾詩畫客，北窗跂腳共徘徊。嘉興吳竹虛履能詩
畫，亦寓是園。（《春融堂集》卷二十二，清嘉慶十二年塾南書舍刻本）

【題任太守曉林兆烱虎邱白公祠長卷】青林紺塔相逢迎，紅橋碧波交澄
泓。山塘七里人所羨，更羨白傅新祠成。公由分司復出守，皐橋吳苑飛前旌。
是時海內適無事，樂天《想東遊》詩有「海內時無事，江南歲有秋」之句。旬休設宴

紓高情。《圖經續記》：「樂天非旬休不設宴。」小部笙歌清讌啓，長堤風月詩懷清。名流盛事若在眼，遺風一絕何人賡？平遠堂圮嘉會廢，專祠銷歇空簷楹。寧知寂寥千載後，忽得賢守尋前盟。公子翩翩起東海，巨緇五十才縱橫。揭來分符向江左，卻掃簿領綏農耕。賈誼在門愛才俊，蓋公有術除誼爭。金閶亭外偶遊衍，緬溯前哲心神傾。思公文采既絕世，兼有惠愛傳遺氓。劉郎詩句非妄譽，十萬戶盡啼孩嬰。理宜瓣香薦蘋藻，慰此寒畯心怦怦。蔣家園子本佳構，庸以卜築娛精英。萬家煙火互北牖，一川桃柳歸南榮。眉山舊樓在指顧，杜老名迹尤分明。青蓮東來夜遊此，想像逸氣凌長鯨。四賢作屋好鄰並，遊侶戢戢停簪纓。我昨一櫂來吳城，偶煩舊雨謂雲松。移樽罍。相逢小佳作小飲，始識佳話光昇平。今觀斯圖信綿邈，咫尺十里侔關荊。酒舫曲通山後路，茶檣半隱花間坪。畫圖一幀秀粉墨，歌詠諸老添瓊瑛。兜率天宮詎難下？騏驎定見來瑤京。白蓮名花太湖石，公尙眷戀誇其名。豈於傳苞會鼓地，不獲感格通遙誠？惜我衰遲更多病，無能扶杖登崢嶸。回憶當年共遊賞，雪泥鴻爪殊堪驚。乾隆辛未、壬申間，屢從沈文慤公遊宴於此，迄今幾五十年。時園主人蔣子宣，文慤門人也。多君開閣許懸榻，炎官火傘方高擎。稍待珠斗明長庚，虎邱鶴澗從經行。香山會約尙可繼，白公作九老會，年七十四。今余年七十五。不惜蕉葉澆香醒。時吳中弟子欲約袁子才、梁元穎、錢曉徵、趙雲松、家禹卿及揚州謝侍郎未堂溶生為七老會。（《春融堂集》卷二十三，清嘉慶十二年塾南書舍刻本）

【棲霞】戞戞篾輿破曉煙，松枝藥草故依然。總持有恨來歸日，靳尙何能解上天？輦路三春懷獻賦，予於丁丑召試，候旨至此。蕭齋四壁覵題箋。壁有姬傳、雲松詩，禹卿書。南能弟子曾相識，住持悟徹，為照圓弟子。為話門求七祖禪。（《春融堂集》卷二十三，清嘉慶十二年塾南書舍刻本）

【虎邱寓舍即事（其三）（其五）】（其三）千秋樓閣仰峨嵋，新奉香山與拾遺。誰識青蓮曾過此？煩君合作四賢祠。劍池上本有仰蘇樓，以奉東坡居士。前太守任曉林以樂天曾為蘇州刺史，又建閣奉祀。而趙觀察雲松謂少陵《壯遊》詩曾有「東到姑蘇臺」之句，故三祠竝建園中。余考《文苑英華》，李太白亦有《建丑月十五日虎邱山夜宴序》，案《新唐書·肅宗本紀》：「上元二年九月，去年號，以十一月為歲首，月以斗所建辰為名，故十一月為建子月，十二月為建丑月。至明年四月，復稱年號，不用建辰。」是太白之宴虎邱，在上元二年也。因屬滄來竝祀焉。（其五）蘭陵風雨感離群，短簿祠邊忽見君。正擬銜杯連夕語，芒鞋又踏洞庭雲。雲松過訪，時有洞庭之遊。（《春融堂集》卷二十四，清嘉慶十二年塾南書舍刻本）

【長夏懷人絕句】甲戌秋，予自濟南歸，舟中懷人，得詩五十餘首。迄今五十年，而新知舊好零落益多。長夏無事，因仿存歿口號之體，又得五十人，各爲絕句以紀之。(常州趙觀察雲松）清才排奡更崚嶒，袁趙當年本並稱。試把《陔餘叢考》讀，隨園那得比蘭陵！《春融堂集》卷二十四，清嘉慶十二年塾南書舍刻本)

【書寄梁元穎侍講、趙雲松觀察】欲淨塵根尙未全，何期慧業現當前？漆園曾覺虛生白，楊子空勞默守元。時訝蠶窗朝日上，終輸螺髻佛光圓。若稱聖證還非是，方便心開任自然。《春融堂集》卷二十四，清嘉慶十二年塾南書舍刻本)

錢大昕

【題趙編修《鷗北耘菘圖》】淺水淙淙雨後添，讀書不礙灌園兼。猩唇鹿尾都嘗遍，那及秋菘分外甜。《潛研堂集》卷八，上海古籍出版社 1989 年版，第 1072 頁)

【送趙雲松出守鎮安二首】(其一)詔守繁難郡，官辭侍從班。文雄能敵瘴，政簡足安蠻。臘月沖寒去，長途叱馭艱。天教詩境拓，飽看粵西山。(其二)世方尊外吏，君尙戀春明。結習惟文字，關情獨友生。才由更事出，心到瘴鄉清。莫獻籌邊議，南交亦我氓。府南爲交阯地，交人奉職貢甚謹，故云。(《潛研堂集》卷八，上海古籍出版社 1989 年版，第 1073 頁)

畢沅

【同馮魯巖光熊、趙雲松翼兩中翰遊石磴庵】嘉辰物外遊，仄路穿林入。松破當寺門，地高磐石級。花徑春來窄，柴扉雨後澀。殿深神像尊，苑古苔痕濕。雲根一重重，遙峰向我揖。磬孤群壑應，窗小眾峰集。幽境斷人行，陰巖有龍蟄。茶煙罨樹白，泉韻因風急。澗阿生芝草，隨意資採拾。眼前好景光，似許我輩給。平臺返照來，幢影如人立。《靈巖山人詩集》卷十一，清嘉慶四年畢氏經訓堂刻本)

【寓園遣興四首同雲松作】(其一)偶攜淵明詩，池邊石上坐。每逢誦一篇，首搖足亦簸。不意水中影，一一形容我。凡我會心處，彼亦若許可。正爾索解人，世間惟子頗。(其二)偶來花徑遊，須臾客疊至。因就松竹陰，石上陳弈戲。文士忽英雄，喜有用武地。居然一枰間，各懷席卷志。屢競紅羊劫，未甘黑子棄。兩雄不相下，師行互無利。斯時我在旁，詢我解圍計。我但舉一子，閒處爲安置。亦知非要途，儘可藉聲勢。笑問當局人，君肯如此

未。(其三)侵晨喚奚奴，汛埽書堂地。庭梧葉盡凋，簾櫳喜清霽。紅日尚未升，肅肅含霜氣。忽逢山鵲來，一聲噪簷際。急起向之祝，蒙汝不遐棄。倘報佳客來，否則吉事至。望汝莫憚煩，高鳴復三四。我言猶未終，彼已振雙翅。如學能詩人，語含不盡意。(其四)二客不期至，書窗訴懷抱。一願呼小龍，耕煙種瑤草。手拍洪厓肩，口噉安期棗。清晨遊蒼梧，黃昏宿蓬島。一願居華堂，青年歌得寶。白撰堆房廊，明珠貯栲栳。入則據南面，出則建大纛。因問我何如，我云不同道。飢食紅稻飯，寒襲青霓襖。有月夜眠遲，有花朝起早。時獲琴書歡，而無離別惱。摩撫膝下兒，刪定等身稿。百年無疾終，安然投富媼。二客相視笑，庭柯日杲杲。(《靈巖山人詩集》卷十四，清嘉慶四年畢氏經訓堂刻本)

　　【三月四日學士錢籜石、辛楣兩前輩，編修趙雲松、曹來殷、沈景初，庶常褚左莪、吳沖之，中翰王蘭泉、程魚門、趙損之、汪康古、嚴冬友、陸健男、沈吉甫諸同人重展上巳，修禊陶然亭，即席有作】重三詔序記元巳，執蘭招魂國風始。風流盛於魏晉間，觴詠亦以名人傳。諸公衮衮雄詞壇，意氣凌厲追前賢。招攜舊雨修禊事，不惟其事惟其意。惠風和暢天氣清，陶然人坐陶然亭。亭旁蘭若大於斗，四面空青拓窗牖。沖瀜幽澗漲桃花，堆阜連岡斷蘿臼。繁英紅墮晚春風，浮嵐翠滴新晴柳。題襟接席相流連，敘以林泉醉以酒。竹林談笑擬步兵，洛社詩篇繼留守。京華彳亍廿年久，良會不多此其偶。曲水序，蘭亭詩，古人風雅今人師。往來人事遞今古，後之視今亦猶斯。(《靈巖山人詩集》卷十八，清嘉慶四年畢氏經訓堂刻本)

王文治

　　【次韻奉詶趙甌北觀察招同管松厓漕使重寧寺齋食，即同了公攬平遠樓諸勝見贈之作】春煙深擁畫樓層，飯罷雲抄次第登。那易玉堂攜舊侶，甌北、松崖俱曾在翰林。況兼金地有高僧。花枝缺處遙山見，柳色濃邊淡月昇。瀹落獨慚鬚髩改，不堪重話宴紅綾。趙詩詠及庚辰、辛巳及第事。(《夢樓詩集》卷十六，清乾隆六十年食舊堂刻道光二十九年補修本)

　　【素食歌答趙甌北】秦西巖前輩邀余素食，因製《素食歌》，甌北和之，詞涉嘲謔。蓋甌北噉余素食而甘，遂比諸婦女淡粧而貌美者，其人必不貞也。余恐失聖人仁民愛物之旨，爰答斯篇。 愛生惡死人物同，牽人食獸殊非公。娑婆世界本下劣，茹飲毛血號倮蟲。聖人憂之製禮節，去泰去甚通其窮。無故不殺有至理，欲以

漸法導瞽聾。陋儒借聖以非聖，巧爲殺生開曲徑。血膏不顧染刀几，刑戮無
非爲盤飣。古稱萬物人爲貴，良由物性因人正。問渠於物有何功，一箸公然
戕數命。憶余臨洮寓僧舍，借繙龍藏消多夜。繙到楞伽斷肉篇，愧汗淋漓如
雨下。歸來誓持菩薩戒，萬劫殺緣從此謝。閒將慈眼觀眾生，旭日和風諧大
化。我治蔬食務潔精，匪關華侈誇煎烹。菜根亦足饜嗜欲，庶肉食者毋絮羹。
冬菘春筍眞味出，澗蘋溪藻神光清。斡旋眾口心頗苦，不料以此招譏評。淮
海先生折柬邀，喚余庖人代治庖。座間舊雨富翰藻，就中甌北尤詩豪。遊戲
爲文逞瑰怪，故相親重翻訾謷。大欲還將食比色，竟謂搴縞成招徭。我請諸
公酌大斗，一言聽我從頭剖。倡家女士途本殊，貞淫豈在形妍醜？淡掃蛾眉
若誨淫，節婦應知皆嫫母。滿堂舉酒各胡盧，仰視新蟾掛疏柳。（《夢樓詩集》
卷十六，清乾隆六十年食舊堂刻道光二十九年補修本）

吳省欽

　　【《甌北耘菘圖》送趙雲松前輩名翼，一字甌北。出守鎮安】團團白茆舍，
湛湛青瑤流。南有幾棱菘，北有數點鷗。鷗邊主人望天水，館閣迴翔喻一紀。
敕宴曾叨魚藻榮，懷歸只爲鱸蓴美。昔年別鄉縣，茸帽走京師。有如水中鳧，
泛泛無所之。群羊蹋蔬入宵夢，惟有健筆酷似饑鷹饑。朝吟藥階暮薇省，姓
名鄭重書罘罳。蛇年況作探花使，田夫識字能爾爲？松菊徑已蕪，桃李陰漸
長。白鹽赤米堆座來，中有荒莊是吾黨。董生宿草良可哀，編詩坐失韓門才。
甌北自編近詩，時董吉士潮歿已三年，故及之。莫言鷗字象三品，不歸翻遣谿禽哈。
呼童鬥鴨闌，詔我種花訣。菘葉大如釵，菘花落如纈。袷衣搖曳如羽衣，便
是春耘好時節。春鳥時一鳴，竹樹含雙清。野橋隔蒼霧，浴遍涼鷗聲。爾菘
何與爾鷗事？毋乃三個兩個馴習爲鳥耕。我聞東海人，閒閒狎鷗去機心。一
昔同桔槹，相近相親事難據。又聞北山客，頓頓餐晚菘。移文一時怨爰鶴，
學稼學圃荒前功。鷗耶菘耶詫奇絕，百億化身恣饒舌。即看甌北號雲松，何
異鷗波署松雪？君今五馬向南交，持謝鹽齏百甕嘲。金桙但擘檳榔果，玉杖
還尋翡翠巢。蓮花埂下課耕織，送薤拔葵義粗識。浩蕩且遲沙上盟，青黃要
察民間色。（《白華前稿》卷三十七，清乾隆刻本）

德保

　　【趙雲松太守由詞館出守鎮安，調任廣州，復擢貴西觀察。於其行也，
詩以送之】（其一）才名早歲重京華，鼎足先簪聞喜花。麻草綸扉嫻內制，

日移磚影到僊家。君辛巳探花。未第日，以中書值軍機。淵源舊喜聯枌鄂，君會試出補亭家兄之門。詞賦新傳絢綺霞。本是玉皇香案吏，恩教典郡到天涯。（其二）掄才曾共聚奎堂，癸未予主禮闈，君與分校。崖電流輝目十行。藻鑒得人皆杞梓，唱酬有句入笙簧。陽春一自攜孤鶴，舊雨重逢在五羊。贊治頗資開濟略，休言報國但文章。（其三）粵秀峰高積翠間，香凝燕寢意閒閒。碑留眾口傳三異，袖去清風導百蠻。銅鼓先聲威令肅，甘棠餘蔭吏民攀。牂牁仍喜鄰封接，只隔珠江水一灣。（其四）大吏知人特薦賢，制府李公在京保薦。帝隆儒術藉籌邊。盛年好展經綸裕，瘠土應知惠愛先。箚箚殷勤憑雁寄，節旄敺歷佇鶯遷。壯懷萬里揮鞭去，無事銷魂向別筵。（《樂賢堂詩鈔》卷中，清乾隆五十六年英和刻本）

張塤

【題五家詩後三首五家者，鎮洋畢沅、江寧嚴長明、崑山諸吉器、徐德諒及予也。（其二）】同時蔣士銓趙翼亦詩豪，格律非偷各自高。近日與誰吟石鼎？蒼蠅小竅最悲號。（《竹葉庵文集》卷三，清乾隆五十一年刻本）

【招匏尊紫宇伯恭食魚】昔年邵七同街住，半夜打門索煮魚。邵闇谷太守夫人善煮鱘鰉魚頭，予與趙雲松觀察半夜買魚，排闥叫噪。闇谷夫婦已寢，夫人不得已起治庖，魚熟命酒，東方爛然矣。時以為咲樂。今夕芳鄰能早過，荒廚不擬薦花豬。（《竹葉庵文集》卷十一，清乾隆五十一年刻本）

【寄壽王述庵臬使六十】滇蜀兩用兵，詩人在戰場。雲松趙翼。與璞函，趙文哲。卷軸皆鏗鏘。先生終其局，一一探虎狼。追隨大帥後，滿湼功臣觴。生蝨積盈胄，汗馬多流將。皮船半空墮，雪山如天長。腳踏人不到，詩非世可囊。銅鼓西風急，玉壘明月涼。幕府或失警，出帳觀欃槍。隆隆復獵獵，半夜刀劍光。此言木果木之役。先生坐抒歗，智勇何騰驤。而時太夫人，八十門閭望。投杼召風鶴，嚙指愁衣糧。世事或錯迕，天道難忖量。惟先生精誠，幹補人倫彊。王事非靡鹽，慈顏益壽康。甘泉捷書捷，寶釧香醲香。天子既郊迎，老母亦下堂。攜兒坐牀榻，看面洗衣裳。昔曾靧桃花，今喜無金創。那有幾尺喙？能話千肝腸。於是先生喜，出詩理篇章。忠臣兼孝子，此心無欠傷。名位洊通顯，臺閣稟紀綱。關中吾舊遊，土厚民淳良。德以陰德最，刑致無刑祥。記當殺賊時，力大刀有鋼。今遇讞囚日，心細筆不芒。願采玉井蓮，持祝壽未央。早編名山集，以為長慶藏。西華並匡廬，龍虎守上方。

扃鐍幾千歲，鬱鬱長年芳。(《竹葉庵文集》卷二一，清乾隆五十一年刻本)

【論詩答友人四首（其一）】雲松退老心餘病，灰撥陰何並可傳。我與先生過五十，生才難得要相憐。(《竹葉庵文集》卷二一，清乾隆五十一年刻本)

【趙雲松觀察刻詩廿五卷成，余至廣州是九月，今卷中《喜吟藏至》詩云「故人來及荔支時」，當是刻詩時補作，故記憶不真。予別雲松十四年，題此卷後寄懷】君經兵備貴西去，卷裏新詩我未看。熟過荔支風雨思，老尋常棣弟兄寒。要能滴粉搓酥淨，原覺團花簇葉難。少有才名成大集，今如相對並衰殘。(《竹葉庵文集》卷二一，清乾隆五十一年刻本)

【雲松集中有《吟藏邀遊石湖》詩，鄉未見也，蓋亦後來補作。是日別船置酒，請其太夫人同遊，而予母以穉孫出痘，未與會。今雲松與予俱為無母之人，緬懷舊事，不覺雪涕。補和原詩寄之二首】（其一）酒似百花蜜，榆吹三月錢。相尋一湖水，不見古人船。詩誦田園興，山分寺郭煙。此時帬屐會，獨我與君偏。（其二）風光彈指過，畫燭滿湖風。姥共傴人馭，兒皆白髮翁。文章半寥落，出處未全同。音信今頻斷，誰盟鷗鷺中？(《竹葉庵文集》卷二一，清乾隆五十一年刻本)

【南歌子·春歸】春在猶如此，春歸越可憐。穠陰靉靆晚風前。暢好櫻桃天氣、重添縣。　　臢艸浮於黛，餘禽肥若絃。山城柳絮誤華年。聞說玉堂清敞、會神僊。初知蔣心餘、王夢樓、畢秋帆、趙雲松、宋舜音諸君入闈。(《竹葉庵文集》卷三十「詞六·林屋詞四」，清乾隆五十一年刻本)

【菩薩蠻·亡婦三十生忌二首（其二）】兩年覓得桃根地，白華代汝殷勤意，指點舊時人，添香說苦辛。　　青山如畫障，多謝銘幽壙。一字予三縑，可憐積恨緘。趙雲松編修作《權厝志》。(《竹葉庵文集》卷三十一「詞七·林屋詞五」，清乾隆五十一年刻本)

【沁園春】蔣子宣刻國朝詞，垂念鄙作，時檢蔣文恪公遺箑，感事攄情，並呈故舊云爾。　　少好為詞，壯不能工，學步循牆。有中書麻尾，親勞相國，朱門文璧，重感賢王。挾瑟何曾，吹竽未敢，山下蚯蟲聲最長。閒風月，將自然歌詠，報效虞唐。　　神明一粟形相，實五色、絲綸太乙光。羨公皆健婦，善持炊爨，僕猶處姊，不拜姑嫜。俎豆江西，蔣士銓。星辰甌北，趙翼。魯國男兒孰最彊？孔繼涵。頻珍藉，足青襟錦帶，啟導夐揚。(《竹葉庵文集》卷三十一「詞七·林屋詞五」，清乾隆五十一年刻本)

顧光旭

【趙耘菘觀察枉過，適同年陸朗甫方伯奉養南歸，舟過梁溪，遂邀同遊惠山。耘菘用前年見題拙稿二首韻索和，依韻賦答】（其一）萍海同歸雲水身，一時回首問西神。坐間便作三遊洞，行處還驚兩岸人。倦鳥依林應有侶，落花藉草幸無塵。飲泉忘味知寒暖，不敢臨深爲老親。（其二）本非懷瑾匿何瑕，宛轉高堂感歲華。笑我不勝千日酒，攜君同試二泉茶。看雲向晚猶疑雨，種樹多年倍惜花。半枕懵騰緣底事？古槐蒼蘚夢排衙。（《響泉集》卷十四《吾廬漫稿》上，清宣統二年顧氏刻本）（《甌北集》卷二五《舟過無錫晤顧晴沙觀察，適同年陸朗甫方伯乞養歸，亦以是日至，遂同遊惠山，用前歲題晴沙〈響泉集〉韻》附）

【耘菘再枉草堂，惠龍井茶，見示閒居校閱拙稿及子才、心餘、述庵、白華、玉函、璞函詩集八絕句，仍用前韻二首奉酬】（其一）叱馭歸來賸此身，自憐冰雪損詩神。長吟甌北三千首，耘菘有《甌北集》二十四卷。細數江南六七人。蹤跡各應隨宦轍，性情真不受風塵。晉陵樹色梁溪水，差喜於君近可親。（其二）其人如玉美無瑕，與客揚帆採石華。憶自蠶叢烹苦竹，感深龍井餉新茶。夕陽遠水低斜雁，秋雨疏籬冷淡花。相對兩忘賓與主，不知窗影鬧蜂衙。（《響泉集》卷十四《吾廬漫稿》上，清宣統二年顧氏刻本）（《甌北集》卷二五《舟過無錫晤顧晴沙觀察，適同年陸朗甫方伯乞養歸，亦以是日至，遂同遊惠山，用前歲題晴沙〈響泉集〉韻》附）

【與甌北夜話】黃菊深秋又對君，盈頭霜雪白紛紛。華年流水爭歸壑，詩興空山自出雲。此後作霖爲日少，當前秉燭耐宵分。晨星落落江南北，輸爾飄然鶴不群。（《響泉集》卷二六，清乾隆五十七年金匱顧氏刻本）

【題甌北《陔餘叢考》卻寄】十七史從何處說，陔餘愛日足三多。著書與鬼爭疑義，待問由人撞巨鐘。一字不容輕放過，千秋誰爲共彌縫？無花老眼還如月，大學門前憶蔡邕。（《響泉集》卷二六，清乾隆五十七年金匱顧氏刻本）

【穎兒宰豫貧甚，告貸於甌北，甌北慨諾。戲效其體誌感，寄示穎兒】下考何辭撫字勞，債無臺避地無毛。子龍信有渾身膽，癡虎頭添兩頰毫。篇什偶然偷格律，男兒終不論錢刀。他時完璧看歸趙，左券還憑七字操。（《響泉集》卷二六，清乾隆五十七年金匱顧氏刻本。清宣統二年顧氏刻本《響泉集》無此詩）

姚鼐

【題趙甌北重赴鹿鳴圖】（其一）六十年前幸附君，見君登第應卿雲。禁

闇持橐猶瞻近，滇海分符遂離群。見說懸車耽撰述，極思操篲接清芬。而今起冠嘉賓會，何意工歌又共聞。（其二）綠髮諸郎並白頭，同承天澤賦鳴呦。先生人瑞眞麟鳳，下走才微一燕鳩。敢道與君成二老，與逢此會亦千秋。卻悲舊日同登侶，原隰霜零不可求。謂鐵松、蓬觀兩兄。（《惜抱軒詩後集》，《惜抱軒詩集》，清嘉慶三年刻增修本）

【寄趙甌北】一尉歸期不可留，送君籃杖已登舟。侯門定樂孫曾繞，望遠其如故舊愁。重合固應稱吉語，計年良是事奢求。只欣巨集添新卷，健筆凌雲勝黑頭。（《惜抱軒詩後集》，《惜抱軒詩集》，清嘉慶三年刻增修本）

翁方綱

【是日讌次復得二詩（其二）】詞林典故重儒紳，醵貲承聞寶墨新。同讌時有述乾隆庚辰賜史中堂詩、庚戌賜嵇中堂聯句。黃史嵇家應著錄，梁姚趙句孰鋪陳？丁卯重讌鹿鳴，梁山舟有詩。庚午姚姬川、趙雲松詩皆未見。門生撰序來綸閣，女婿掄才對主賓。今科蓮府婿主會試，是日以少宗伯入宴。定保撦言詩話在，爭傳甲戌接壬申。（《復初齋詩集》卷六十六《石畫軒艸》九，清刻本）

【題同年梁山舟重讌詩冊】恭逢重讌懷梁顥，每過斜街感鄭虔。前輩黃嵇皆有作，新詩姚趙竟無傳。記麻虎楷同臨習，惜鐵幢兄未並筵。文水馳緘曾寄語，江頭尊宿望如僊。山舟與令弟鐵幢二兄，皆吾丁卯同年。又同年文水鄭東侯，與山舟對門，寓楊梅竹斜街子。每過二君齋，同臨習麻虎繙譯楷法。麻虎，國書名手也。東侯亦庚午重讌鹿鳴，而癸酉姚姬川、趙雲松重讌之作，屢訪之，至今未見。前年寄鄭東侯詩，有「江頭遙望雙尊宿」之句，謂山舟與其夫人皆年躋九十也。（《復初齋詩集》卷六十九《石畫軒艸》十二，清刻本）

【潮州試院後堂題壁】一桁垂簾三面廊，春風仿佛會經堂。京闈貢院聚奎堂之後，十八房所居，曰會經堂。聊將選士同千佛，戲說掄魁領五房。同時閱卷恰有五人。鎖院還成鶯揀樹，貢院房考屋向南數開爲佳，趙雲松編修有「人似新鶯巢揀樹」之句。棘林只少雀喧牆。介野園師有《貢院八景》，其一曰《棘林暮雀》。他年更秉南宮筆，說著潮州定不忘。（《復初齋外集》詩卷第三，民國嘉業堂叢書本）

【送趙甌北觀察貴西，和定圃中丞韻四首】（其一）囊雲兩袖款天華，及訪黃龍洞裏花。五嶺五羊今躋徧，一琴一鶴本君家。新詞記驛懷莊蹻，舊夢題名共少霞。倚篋魚珠聽夜雨，恍移鄰屋漲江涯。甌北官京師日，與予比鄰。（其二）蒲蓮葭葦詠谿堂，選徧侁侁弟子行。十郡首豐魚稻麥，二湖歌載瑟笙簧。仍臨百峒分銅虎，更上三峰看石羊。青羊石，羅浮峰名。欠爾羅浮圖一幅，合離

風雨點斜陽。畫《遊羅浮圖》，不果。（其三）銅鼓山高瘴霧開，詩情莽共粵江還。城陰嵐氣迴千里，石綠丹砂繞百蠻。睒賦農商逾萃集，榕根士女託牽攀。泉流石磴盤雲細，渾照冰條碧一灣。（其四）十載南宮列宿邊，山公清鑒不遺賢。定圃主癸未會試，予與甌北分校。合併舊雨鐙窗憶，又閱春風嶺樹先。氣凜蛟龍靜魚鮪，種羅椒桂到君遷。更深長養旬宣術，不足區區爲別筵。（《復初齋外集》詩卷第八，民國嘉業堂叢書本）

張五典

【次韻答趙芸菘山長二首】（其一）官序應相吏，心嫌亦自貽。浪傳狂以醉，原苦俗難醫。遊屐貪乘暇，鷹門阻問奇。神交煩慰藉，一倍觸離思。（其二）憐才具眼望，爲賦短歌行。白雪諧商徵，青雲附姓名。蘭陵春酒熟，京口野航輕。載贄欣相見，吾生及老成。（《荷塘詩集》卷十六，清乾隆刻本）

【訪趙耘松觀察里居，知去維揚矣】過尋又相左，會面定何期？人在梅花閣，門臨洗硯池。蓬牕翻大集，斐几對深厄。一片空明裏，林巒夕照時。（《荷塘詩集》卷十六，清乾隆刻本）

陸錫熊

【題趙甌北同年《耘菘圖》，即送出守鎮安】君家舊住三間廛，一角壖田繞溪外。年年手種周家菘，欲把香菹敵薑芥。綠毛茸茸乍勤作，培土東西運畚賣。疏芽簇棱帶雨栽，密葉分楂和露曬。生憎細草芟易出，苦耐遊蝸暗相嚙。雙丫小兒解使令，不用千斤買良犉。閒鷗似人識人意，等是無心絕機械。槐陰箕坐受遠風，滿腋涼輕癢爬疥。齩根頗覺滋味長，學圃早厭胸襟隘。明知羊酪那足道，西向長安笑生欬。前言戲耳沙上禽，爵爵安能常伍噲？承明一從通仕籍，便輟鉬犁束冠髿。朝哦藥樹移清陰，夕飲金莖把僊瀣。十年館閣迴翔人，索米甚矣先生憊。朝天瘦馬晚燭歸，愛對妻孥問鄉話。畦南新甲抽幾許，憶到田園動深喟。頗聞七萏亦燕產，挑罷連車上街賣。餐錢月支足賤直，持抵江村聊一快。日高無事搜吟腸，奇語時時發光怪。將軍何曾負此腹？不遣酸薤了殘債。昨朝黃色上眉際，得郡南荒命新拜。虎頭食肉擁傳行，看遍江山到蕃界。天公非但昌子詩，寒儉更洗儒生派。君今上冢還過家，折柳都亭告遄邁。孤城迢迢在天末，火耨刀耕雜蠻砦。班春露冕通睢盱，植韭分蔥煩告戒。使君江南種田叟，能向燒畬課禾稗。雖言非種在必鉏，長養要當問疴瘵。園中魯相待折葵，戶下龐公休撥薤。稔君不可忘此味，毋以絲麻棄

菅蒯。他時杞菊賦倘成，醉守籃輿定添畫。(《篁村集》卷四，清道光二十九年陸成沅刻本)

【曲江舟次柬廣州趙雲松太守】五載音塵萬里途，此行喜得故人俱。預愁促席辭難盡，已覺扁舟夢不孤。閉置最嫌新婦似，逢迎還當惡賓無。裁詩急喚滇江鯉，先報風流趙大夫。(《篁村集》卷六，清道光二十九年陸成沅刻本)

【趙廣州雲松招同簡農部、曹瓊州、舒韶州泛舟珠江，集海幢寺，即席賦贈二首】(其一)偶隨鷗鳥共忘機，瓜艇乘潮拍浪飛。篙眼點門江漲闊，城根擘岸市聲稀。布單禮塔仍三匝，穿幔看榕盡十圍。千指撞鐘迎太守，雲山顛倒壞緇衣。(其二)佛桑零雨濕偏提，藥盞茶鐺次第齎。密葉翠薦荷檻冷，亂峰青闖笋牆低。天涯酒社憐萍會，物外香爐愛蟄棲。不枉芒鞋踏南海，貝多樹底一留題。(《篁村集》卷六，清道光二十九年陸成沅刻本)

李調元

【讀祝芷塘德麟詩稿】我家岷之濱，柴門對江淨。哦詩二十年，空谷只孤詠。抗懷思古人，屈指嘗竊評。緬維炎漢初，文章我蜀盛。司馬與王、揚，洪鐘破幽磬。祠壇列俎豆，萬古殘膏膻。子昂起射洪，高蹈寡聲應。感遇篇三十，丹砂金碧瑩。刪述志非誇，垂輝千載映。眉州蘇父子，玉局我所敬。大海揚鴻波，餘流空汀澄。後來頗落落，道古或差勝。斷獄老吏能，遺山集可並。有明三百年，升菴獨雄橫。百代為牢籠，肯與何李並？其餘鄶無譏，數子獨遒勁。日余生也晚，狂愚頗自命。少年走吳越，文藪林是鄧。豈惟飽名山，兼多縞紵贈。一自遊京師，名流交遍訂。曹習菴、趙甌北富詞藻，吳沖之、沈雲椒才華稱。丹徒夢樓我之師，趙損之、宋小巖馳驅併。程翁魚門氣無敵，持議或倒柄。當其掀髯時，濡筆何豪興！傑起有東海子穎，俊鶻掃凌競。天罰徹骨窮，敝衣不掩脛。明時盛文彥，絡繹多唱賡。遍識我不能，為坐健忘病。憶昔初識君，得朋良竊慶。頗聞束筍多，全豹窺未請。握手不須臾，歸思掛吳榜。去歲曲江頭，並馬日未暝。又理南征帆，春秋重親迎。鴈去燕復來，鳩喚婦寡鷹。今來同華省，新詩獲細證。秋水出芙蕖，不餙晨粧靚。餘霞綺滿天，散作珠光孕。遺音聞正始，韶樂放淫鄭。向日低頭拜，今者刷目更。嗟世日蛙黽，眾囂紛勃諍。豈無獨彈者？改絃不堪聽。豈無錦繡叚？文理時絲經。長笑白贊元，還疑韓譽孟。溫李亦堆垜，皮陸苦餖飣。簡中知者誰？局內自無慄。鄉風敢云繼，庶幾有獨醒。大雅君扶輪，前賢我作鏡。君當為羽翼，我亦堪佐乘。誰蹠巨靈掌，

一手湮河坍。誰持照妖鑑，過斷邪魔徑。僞體倘不裁，風騷滅眞性。齊名誰側目，主張須啄硬。請君玩此篇，知余言不佞。(《童山詩集》卷八，清乾隆刻《函海》道光五年增修本)

【芷塘有詩三疊前韻四首（其二）】高齋夐酒論群雄，屈指樽前幾箇同。若問莊荒寧陸氏，芷塘禮闈出毗陵趙雲松先生門下，先生《出闈》有「我亦莊荒敢取盈」之句。至今門立憶程公。一簾草色疏烟外，三徑苔痕淺雨中。卻憶丁香舊池館，飄零無主咽秋蟲。癸未余房師爲夢樓先生，丁香館，先生舊居也。(《童山詩集》卷八，清乾隆刻《函海》道光五年增修本)

【送編修趙雲松翼出守鎮安】玉堂揮翰究推誰？二載螭頭四海知。自古詞臣多出守，況今才子最能詩。桄榔樹底行苗步，薜荔門中謁柳祠。莫遣瘴煙侵鬢髮，他年燕許候擒詞。(《童山詩集》卷八，清乾隆刻《函海》道光五年增修本)

【題歸德太守趙檢齋房師詩集二首（其一）】漫說連鴈五馬榮，當年四海入文衡。風流典郡傳蘇、白，雲散陞堂憶戴、彭。昔年同門於趙雲松寓餞師出守，今雲松已歸里。鴈字題成雲五色，蘭花培就雨千莖。師有《鴈字》詩三十首，又有《培蘭》一章，最爲人傳誦。要知風化關心處，不在尋常課雨晴。(《童山詩集》卷十四，清乾隆刻《函海》道光五年增修本)

【綿竹楊明府實之座上詠牡丹戲贈】牡丹如斗占春芳，不枉嘉名錫作王。八面雕闌居北極，四圍錦幛擁東皇。垂頭露重如扶醉，對面風來掩眾香。別有好花眉欲語，勾他叛呂又何妨？「我欲勾他叛呂防」，趙雲松戲袁子才寵客劉霞裳句也。楊明府時有寵客宋桂，欲從余學，故借用之。(《童山詩集》卷三十四，清乾隆刻《函海》道光五年增修本)

【人日祝綿州刺史劉慕陔先生五十初度四首（其四）】我有毗陵趙甌北，廿年書信隔天涯。忽思愚老因親寄，也道循良故里誇。甌北於公爲姑丈。去年九月初十日，曾有書從公處見寄，亦有慕陔頗有循良之譽語。人不間言眞孝弟，天生強健爲邦家。明朝準擬公庭謁，筋骨惟愁禮數加。余以老病，六年未謁，今始得晤，彼此暢談竟日。(《童山詩集》卷四十一「辛酉」，清乾隆刻《函海》道光五年增修本)

【劉慕陔州尊遣吏送趙雲松前輩書，時萬卷樓焚，雲松不知也。因作詩寄知，亦當爲我一哭也】不恨同心各一天，只嗟書箚也茫然。粵東宦跡同鴻爪，川北民膏濺鶡拳。趙括父書偏不讀，劉宏吏紙屢郵傳。是災是火俱休問，作答忙封附去船。(《童山詩集》卷四十一「辛酉」，清乾隆刻《函海》道光五年增修本)

【和趙雲崧觀察見寄感賦四律原韻】(其一) 江南來遠使，甌北寄長箋。接

到新詩日，逢回故里年。是年始從成都回綿。室多薪木毀，家少肯堂賢。危坐方酬和，千愁集目前。（其二）萬卷成灰滅，重樓亦燼餘。今生無力購，來世再儲書。聞火君當賀，遺金我自疏。乞師終不出，無路學包胥。屢向州尊乞追火賊，尚未弋獲。（其三）我已才甘退，君何譽不虞？自忘名赫赫，迺反羨區區。袁蔣同分鼎，謂子才、心餘。王朱若合符。指阮亭、竹垞。自慚非大國，獨霸亦良圖。（其四）寄我名山業，君以新纂《陔餘叢考》、《廿二史劄記》見寄。遙知歲月侵。封時付春舫，到日已秋砧。文字千秋事，才名一樣心。拙編容乞序，定不讓題襟。（《童山詩集》卷四十一「辛酉」，清乾隆刻《函海》道光五年增修本）

【戊戌年余視學粵東，闍人以趙雲崧觀察子名帖求見，並以《甌北集》為贄。余見之，留飯，贈三十金而去。昨接雲崧書，言其時子尚幼，並未入粵，乃假名干謁也。不覺大笑，作詩見寄。余亦為捧腹，依韻答之】人生萬事盡傳奇，尤是官場不易知。頭角居然高我子，言談殊不肖君兒。贈金小事原無惜，款飯殊恩悔莫追。未接手書終不解，怪無一字謝微資。（《童山詩集》卷四十一「辛酉」，清乾隆刻《函海》道光五年增修本）

【哭原任臨安太守房師王夢樓先生二首（其二）】去年甌北達長箋，為道吾師健似僊。旋寄鴻書詢絳帳，詎知馬鬣隔黃泉？《四家選》已傳通蜀，廣漢張懷湛曾選袁枚、趙翼及師與余為《四家選集》，盛行蜀中。未知見否。百韻詩猶憶去滇。公赴臨安，曾作百韻詩送行。從此笙歌停女樂，後堂終不到彭宣。聞公有女樂在南，歸後故未得見。（《童山詩集》卷四十二，清乾隆刻《函海》道光五年增修本）

【和趙雲松有感流賊原韻】（其一）噬臍胡不爭先圖？坐使朝廷緩受俘。總為官兵皆愛命，翻驚賊子慣輕軀。九重望斷粘毛馬，羽書八百里，皆粘雞毛。萬里飛看攫肉烏。名將豈真無上策？老夫還想學陰符。（其二）蒿目時艱忿不平，剪除旋見蘖芽萌。笑談頗負蕭曹略，詩賦空懷屈宋情。見說楚師常夜遁，頻聞秦棧尚難行。地荒莫道無人種，田在余心未廢耕。〔附：趙翼原作〕（其一）萑苻何意蔓難圖？初起潢池本易俘。賊不殺官猶畏法，兵無戰將孰捐軀？帥行共指軒中鶴，寇去方追墓上烏。歷歷前朝陳跡在，是誰專閫握軍符？（其二）百年安堵享昇平，誰肯輕生肇亂萌？死有餘辜貪吏害，鋌而走險小人情。彈丸黑子皆紛起，繩伎紅娘亦橫行。好片桑麻繁庶地，烽煙千里廢春耕。（《童山詩集》卷四十二，清乾隆刻《函海》道光五年增修本）

【得趙雲松前輩書寄懷四首】（其一）見書十倍於見面，此語雖真奈老何？皇甫序文曾許矣，歐陽詩話已成麼。丹徒早抱西州慟，墨蹟空傳北海多。莫歡

眼昏精力憊，老天留我兩皤皤。（其二）憶昔青雲附驥塵，君方及第戶盈賓。時
君初捷辛巳探花。時晴齋每招遊侍，齋爲汪文端公太老師故居，其額尚存。聽雨樓同看
劇頻。樓爲畢秋帆前輩在京讌客之所。椿樹醉歸三巷月，綠楊斜對兩家春。癸闈猶
記房車過，親報余登第二人。癸未禮闈，適君分校，出闈尚未至家，即先過我，報余中
第二，故得捷音尤早，至今尚感云。（其三）寄來兩部大文章，《劄記》、《陔餘》並
挈綱。早歲腹原充四庫，老年胸更展三長。讀時似倩麻姑癢，掩後偏愁沈約忘。
我亦名山多著述，未知石室付誰藏。（其四）袁、趙媲唐白與劉，蔣於長慶僅元
侔。時有程秀才，創爲《拜袁》、《揖趙》、《哭蔣》三圖。一生此論常偏祖，萬口稱詩
讓倚樓。天下傳人應手屈，世間壽算又頭籌。當年病熱君知否？伏枕呼瓜一息
留。昔君在京病熱，幾不起，有醫但令食瓜，竟以此愈。（《童山詩集》卷四十二，清乾隆
刻《函海》道光五年增修本）（《甌北集》卷四四《前接雨村觀察續寄〈詩話〉，有書報謝，
並附拙刻〈陔餘叢考〉、〈廿二史劄記〉奉呈。茲又接來書並詩四章，再次寄答》亦附錄此詩）

　　【劉慕陔州尊屬作綿城碑記，以虎邱仰蘇樓祖印花露十瓶爲潤筆，奉謝】
（其一）祖印房聞袁子詠，《小倉集》有「全得虎邱勝，無如祖印房」之句。仰蘇樓
見趙君吟。《甌北集》有《遊虎邱用東坡韻詠仰蘇樓》三首。東吳花露來西蜀，萬里
香開直萬金。

　　（其二）南遊頗負蜀詩翁，名姓何曾遍浙東？卻笑雲松貪對偶，自誇懷
杜仰蘇工。雲松偶檢杜少陵《壯遊》詩，有「東下姑蘇臺，闔閭邱墓荒」等句，謂子美
先已遊此，欲於仰蘇樓畔更築懷杜閣以配之。（《童山詩集》卷四十二，清乾隆刻《函海》
道光五年增修本）

汪承需

　　【嘉慶元年欣逢甌北恩師大人七旬榮誕，需以奉職霜臺，不克登堂，鞠跽敬
賦長律，用展頌忱】毘陵鍾秀氣，星渚現嘉祥。灌頂徵甘露，和神酎玉漿。學
源窮二酉，雅派別三唐。入洛聲逾著，分棚技載揚。先公勤撤幕，名士快登堂。
先公庚午主京兆試，得師。挾策呈丹禁，揮毫麗粉廊。司鑰六押貴，判動五花香。
扈蹕蹌巴漢，彎弓從獵場。木蘭朝起草，毳帳夜凝霜。師官中翰，直樞省，扈蹕熱
河，一時制誥，多出師手。自重雞林價，終隨鷺序行。看簪御苑杏，早盼□（案：
原文闕）宮牆。塔上書孫扴，車中識宋庠。休哉榮內相，允矣試遐方。師以辛巳
會試第三人及第。繼出廣西鎮安、廣東廣州等府事。青授材堪縮，朱軿任豈常。雙旌
迎荔浦，萬里度羅陽。瘴雨行春裏，藤煙臥榻旁。犢留渤海佩，石載鬱林裝。

移節通瓊島，懸鞭屆鐵岡。齊明謳樂愷，漢殿簡循良。振鐸詢黔俗，宣威迄越裳。雁銜新授服，魚袋乍垂囊。師擢貴西道，與參大將軍戎幕。蠢爾羈王化，頑然恃木強。將軍勞出塞，都護奮平羌。帝曰參戎政，臣言荷保障。吹蘆行唱凱，飛檄醉唧觴。報捷雄蒼兕，輸忱賤白狼。功眞歸大樹，賦且獻長楊。名遂宜投老，時閒頗憶鄉。蓴來茗水采，茶上惠山嘗。修禊蘭亭暮，尋碑禹穴荒。好攜鳩作杖，慣倚菊為糧。不記年華永，迴思日月長。詩初吟李白，書是受張蒼。師試京兆後，先公延致，授需暨弟霈文藝。小子疏文律，先生愼範防。趨庭陪講席，賜第近崇坊。先生賜第近東四牌樓。手澤函空在，心傳德敢忘。一官承鳳誥，庚辰歲，需偕季弟霈蒙恩賜蔭生、舉人，師適承制。百事荷龍光。師也懸弧矢，人云耀角亢。未能隨鞠膬，難得薦瑤筐。盛典昭千叟，蕪篇佐八琅。恰瞻南極下，遙見彩雲翔。　　受業汪承需百拜呈（《西蓋趙氏宗譜‧藝文外編》）

曹文埴

【酬趙甌北】廣長舌自在毫端，勢若層波氣若蘭。甌北一編吟已熟，閩南二卷見尤歡。柳營蓮幕持籌倚，粵嶠黔雲被露溥。樂育即今開講席，風人仍不素飧餐。（《甌北集》卷三三《送曹竹虛大司農以慶祝入都》後附，原詩無題，題目係編者所擬）

王嵩高

【甌北譚祁陽往事有感，次韻】王嵩高，字海山，號少林，寶應人。乾隆癸未進士，歷官平樂知府。有《小樓詩集》。　　黃粱夢裏記曾遊，爭羨陶公督八州。燕去空堂巢已覆，鶴歸華表塚難求。論詩跌宕鬚眉在，話舊淒涼涕泗流。同是故人兼故吏，相看霜雪各盈頭。（徐世昌輯：《晚晴簃詩匯》卷九一，民國退耕堂刻本）

蔣熊昌

【賦贈趙甌北】南風吹開五月榴，綠楊深處多高樓。樓頭珠簾盡高卷，美人臨水看龍舟。龍舟縹緲在何處？聞道東來忽西去。畫船歌舫織如梭，相逢便問誰相遇。忽聞金鼓自天來，翠葆雲旗望裏開。倒影樓臺飛渡穩，浮江鱗鬣躍波迴。艤舟亭下群舟集，人語嘈嘈管弦急。窗紗不掩黛眉妍，浪花怕濺羅裙濕。追歡且逐少年場，揮塵談諧喜欲狂。紅粉可曾驚杜牧，白頭渾未惱韋娘。諸公豪興殊未已，賤子微痾霍然起。似此風光一擲過，亭上坡僊應笑矣。我別江關

十二年，楊梅盧橘夢魂牽。只今蒲酒沾唇足，絕勝他鄉斗十千。菰蘆風晚牙檣遠，煙樹迷離月鉤偃。寺門分棹各西東，家家水閣華燈轉。（《甌北集》卷二七《端午後一日入城，適蔣南莊、立庵昆仲邀客看競渡，拉余同舟，即事紀勝，兼呈同會程六丈霖巖、莊學晦、勉餘、蜚英、家緘齋》後附，原詩無題，題目係編者所擬）

程沆

【賦別贈趙甌北】（其一）清時文望著江東，早有才名入禁中。長慶文章推巨手，建安風骨冠群公。人從絕徼干戈健，詩向蠻鄉瘴癘雄。要識先生隨境變，華嚴法界本圓通。（其二）珥筆曾經侍玉墀，歲星今已鬢如絲。孝先腹笥非前度，弘景頭顱卻後時。當寧委心詢近狀，重臣撫掌誦新詩。昔年海日江春句，政事堂中絕妙詞。（其三）瑤島追思步後塵，雲分萍合信前因。百年共惜無多日，四海相望有幾人？李漢序文餘舊淚，孫樵編集趁閒身。何當握手旋分手，添入離愁一番新。（《甌北集》卷二六《和晴嵐贈別原韻》附，原詩無題，題目係編者所擬）

【和趙甌北賦贈】鍾鼎縻豪俊，山林亦養賢。歸爲雲臥客，老作地行儒。筆灑千峰雨，胸流萬斛泉。曾傳綿竹頌，廣樂奏鈞天。（《甌北集》卷三〇《連日飲晴嵐家賦贈》後附，原詩無題，題目係編者所擬）

【賦贈趙甌北】歲華功業及詩新，早戀南湖千里蓴。白髮承平詩是史，青山壽考日皆春。過江名士有公論，曠代雄文無古人。幽澗蒼松二千尺，百年長此歲寒身。（《甌北集》卷三〇《晴嵐以余六十，枉詩稱祝，次韻奉答》後附，原詩無題，題目係編者所擬）

劉欽

【題《甌北詩集》後】（其一）禁中紅藥擅聲名，半壁天南歷宦程。華國文章兼練政，活民經濟更籌兵。笑談邊月戈鋌靜，宣播皇風瘴癘清。頌有摩崖碑墮淚，歸騎款段一書生。（其二）才真雄霸氣縱橫，譬似淮陰善用兵。經史佃漁收學海，江山囊括入詩城。盤花錦費千絲就，候火丹還九轉成。官自退歸詩律進，多藏富豈在經籯。（其三）把卷疏窗坐月陰，宵燈一穗耐披尋。奇思每未經人道，快句常先得我心。香爲韋郎凝燕寢，名應白傳播雞林。怪君直視榮名淡，書味胸餘蔗味深。（其四）稱詩談藝齒斷斷，誰探玄珠學有津。不立戶庭真廣大，如逢敵壘轉精神。十年彊項爲清吏，一表陳情見古人。報答君親兩無憾，江湖著此醉吟身。（《甌北集》卷二七《和敬輿見題拙集之作》後附，

原詩無題，題目係編者所擬）

范起鳳

【賦贈趙甌北】（其一）公身原是玉堂僊，上苑探花舊著鞭。生面獨開千載下，大名群仰廿年前。詩傳後世無窮日，吟到中華以外天。萬馬嘯空收筆底，來聽歌吹竹西偏。（其二）綠野歸來鬢未疏，風流誰說遜相如。已留不朽名山業，大有堪娛谷口閭。出處半生眞磊落，經綸一世小乘除。可憐飄泊東吳客，還讀司空城旦書。（《甌北集》卷二八《范瘦生枉訪並投佳什，次韻奉答》後附，原詩無題，題目係編者所擬）

平聖臺

【賦贈趙甌北】（其一）意外相逢世外人，同年年老倍情親。吳山勝處堪攜屐，閩海歸來喜墊巾。草草前程成漫仕，匆匆後閣走窮賓。天涯還許留青眼，覆醢纏綿興味眞。（其二）雲霄失路等亡羊，塵鞅消磨兩鬢霜。問舍求田豪氣盡，登山臨水別懷長。螭頭舊直悲華屋，盾鼻新詩弔戰場。收取閒身且行樂，一筇臺宕費商量。（《甌北集》卷三二《庚午同年平姚海、孫星士、葉古渠、陳受粢招飲於吳山丁僊閣，姚海有詩，即用其韻》後附，原詩無題，題目係編者所擬）

唐思

【賦贈趙甌北】年來蹤跡與君同，歷盡關河逐轉蓬。萬里相從征戰後，半生多在別離中。何期此日登龍客，共惜當時失馬翁。東閣官梅初放處，好將文物坐春風。（《甌北集》卷二八《晤唐再可明府，余昔從軍滇南，君方攝騰越州也》後附，原詩無題，題目係編者所擬）

吳珏

【和趙甌北】早年簪筆侍明光，燕許雄文獨擅場。草檄曾通邛僰路，分符還范粵黔疆。江山麗景歸吟卷，松菊閒情戀故鄉。今日扶風經帳啓，彭宣會許與陞堂。（《甌北集》卷二八《贈吳並山中翰》後附，原詩無題，題目係編者所擬）

吳以鎮

【和趙甌北】（其一）風格翩翩振羽儀，飽餐天祿豈虛縻。壯年作賦三都麗，萬里籌邊五餌奇。此日傳經開馬帳，當時退食詠羔皮。筆耕本是吾儒事，處士星中看影移。（其二）春明門外別群簪，樗落歸來守故林。會合不殊鴻印

雪，性情都戀鶴鳴陰。文章經濟非吾事，詩酒彈棋有賞音。一棹沖寒君欲去，梅花消息碧雲深。(《甌北集》卷二八《吳涵齋前輩亦和儀簪二韻見贈，再疊奉酬》後附，原詩無題，題目係編者所擬)

徐達源

【《誠齋集》付梓將竣，過毘陵謁趙雲崧觀察求序，不值，舟中題《甌北詩集》後】(其一)未瞻公面得公詩，何異親承玉麈時？古語何妨隨手拾，坡僊可奈繫人思。藥方不死都經驗，刪罷長吟只自知。旗鼓只今誰可敵？倉山縹緲鶴歸遲。(其二)范陸蘇楊世並傳，誠齋何獨佚遺編？宣揚定自廣長舌，淹久如傷遲暮年。弁首文誰能下筆，當今公不愧先賢。校讎豈少烏焉誤，可惜猶慳問字緣。(案：此詩錄自于源《鐙窗瑣錄》卷六，題前有識曰：「郭頻伽丈嘗選輯《誠齋詩集》，丹叔手錄一過，《靈芬山䇾集》中頗自矜賞。徐山民待詔刻之。今年始從趙靜香丈乞得一部，並索山民遺詩，不得，甚悵悵。頃於味梅處得鈔本數十葉，亦足見一斑。山民親炙隨園，而不染其派，最爲有識。錄其《誠齋集付梓將竣，過毘陵謁趙雲崧觀察求序，不值，舟中題《甌北詩集》後》」云云)(湛之編：《古典文學研究彙編‧楊萬里范成大卷》，中華書局 1961 年版，第 93～94 頁)

張舟

【至廣陵喜晤甌北】卅年岐路愴離群，忽漫相逢淚轉紛。日下貧交餘有我，人間勇退孰如君。簫聲何處尋三撅，明月偏多占二分。爲洗客塵慰愁緒，天涯聊借酒顏醺。(《甌北集》卷三三《廉船老友不見者三十年矣，茲來晤揚州，流連旬日。喜其來而又惜其將去也，斐然有作，情見乎詞》附)

【讀《甌北集》題贈】(其一)頭黑歸田雪半簪，閉門時作瘦蛟吟。險眞破鬼應寒膽，奇必驚天欲嘔心。薦達當時輕狗監，購求他日重雞林。如何一管生花筆，只向江淹夢裏尋。(其二)扛鼎龍文氣食牛，珊瑚鐵網更縋幽。何人許易千金字，有爾能輕萬戶侯。瑜亮生前眞勁敵，應劉逝後少同儔。故交剩有寒郊在，石鼎城南與唱酬。(《甌北集》卷三三《廉船老友不見者三十年矣，茲來晤揚州，流連旬日。喜其來而又惜其將去也，斐然有作，情見乎詞》附)

【次韻留別】(其一)碧玻璃瀞白衣塵，來訪高軒舊季眞。作郡何勞還笑鬼，工詩未必盡窮人。雪泥鴻踏都無跡，風水萍逢信有神。料待輞川裴迪到，右丞集附幾篇新。(其二)萬里甌波羨子昂，依人我愧入金閶。早知不擢羅橫第，也肯來攜陸賈裝。將相酬恩原有志，神僊辟穀竟無方。琅函書寄衡陽雁，

可抵昌黎薦士章。(《甌北集》卷三三《廉船老友不見者三十年矣，茲來晤揚州，流連旬日。喜其來而又惜其將去也，斐然有作，情見乎詞》附)

【甌北先生八十壽詩】(其一)蔗味深嘗齒溢津，雉膏正美憶鱸蓴。蓬池拜膾羹遺母，官閣懸魚愛在民。作督治家如治國，爲儒謀道也謀身。斷薤咬茮當年事，老去難忘面目眞。(其二)白雲深巷碧谿灣，閟道高齋晝掩關。得失所爭千古事，才名不角兩雄間。丈夫出處靡訾議，國老優崇許退閒。我亦遭逢忻盛世，輸公述作壽名山。(《西蓋趙氏宗譜·藝文外編》)

毓奇

【午日邀趙耘松觀察暨惕莊晴嵐小集，次耘松韻】廿年舊雨此重親，卮酒寧辭一再巡。往事休驚嘶陣馬，清歌喜對倚樓人。平蠻經濟留聲遠，課士文章報國均。時主講揚州。暢好竹西風雅地，歐蘇千古共昏晨。(徐世昌輯：《晚晴簃詩匯》卷一百三，民國退耕堂刻本)

謝啓昆

【題秀峰寺所藏《佛說十王預修經並圖》及《陀羅尼經》後並序】右《佛說十王預修經》、《大威德熾盛光陀羅尼經》各一卷，畫十二段，爲陳觀音慶婦人文殊連男陳慶福造。康熙乙亥商邱宋大中丞漫堂出以贈寺僧心壁，貯七佛樓，不著時代及書畫人姓名。漫堂跋云：「畫法詭異，書亦具有氣格，似是五代、北宋人蹟。舊籤題閻立本地獄變相，未足爲據。」尤西堂跋云：「宣和畫譜，朱繇有此圖，疑出其手。然亦未易辨。」王方伯述菴跋云：「《三藏聖教目錄》無《十王預修經》，而《陀羅尼經》亦與此不同，殆是後世傳本。然書法兼有歐、柳，畫法奇古，覃溪師定爲唐末人筆。」詩以紀之　禪堂五月風冷冷，來觀圖畫兼寫經。經寫兩卷共一軸，中幅畫現閻羅形。雙樹涅盤聽說法，人天鬱伊交涕零。福如微塵孽如海，十地黑風吹血腥。金胄瑯璫雜桎梏，夜叉獰獷紛拘囹。亦有簿書逞鈎距，旁列府寺分宮庭。大鐵圍山踰萬里，餤魔使者無常刑。惝怳虛無出詭怪，陰陽關翕通精靈。如是我聞經中說，假以圖象尤丁寧。一圖一偈當棒喝，想見濡毫甘露瓶。鬼神情狀太刻劃，須防白晝追六丁。婦人文殊男慶福，一家頂禮祈寧馨。作者惜不著名姓，空留翰墨兼丹青。綿津山人亦觀化，留贈心公幾百齡。披圖能使髮毛豎，誦經更令心骨醒。此經不用搜祕藏，語言文字歸窈冥。此圖不用辨唐宋，慧眼靜攝常惺惺。地獄豈爲我輩設？聖諦難與凡人聆。世界閻浮泡上影，三生夜語風中鈴。卷軸斂函雨花散，但見古佛燈熒熒。　　〔附和作　趙翼雲松〕開先寺繞泉清泠，樓貯預修陀羅經。經書

一段畫一幅，地獄變相無遺形。陰司慘毒異人世，見者汗下怖淚零。夜叉追魂步鱟亥，紂絕宮內多囹圄。波吒何處晷聲沸，鬼膽已破遍體青。鐵梳銅夾世罕睹，火籠冰窖古未聆。倒身入臼搗作粉，煮以油鑊血不腥。皮消肉化已烏有，一靈知痛偏惺惺。清風一吹形復聚，仍來受苦酆都庭。可憐七七到祥禋，歷劫十二慘不寧。生前作孽漏天網，至此始歎閻羅靈。竄跡難掀羯肌缽，藏身安得拘留瓶？畫師作圖有深意，要令未死先懷刑。更寫貝經當棒喝，慈悲普喚夢魘醒。惜哉竟不著名姓，絹素僅嗅古墨馨。翻令陳家兩母子，藉之流傳千百齡。綿津捨入祇洹度，義取佛力通重冥。畫精字好有神護，天曹不敢攝六丁。我來展卷正遙夜，寂無桴鼓但塔鈴。蒲團頓悟解脫理，禪燈一盞光青熒。（《樹經堂詩初集》卷六《春風樓草》，清嘉慶刻本）

　　【趙甌北自毗陵過訪，邀同馮星實、沈青齋、吳蘭雪湖上，甌北有詩，即席和韻二首】（其一）元龍湖海氣猶存，壯歲交情晚益敦。百里僛風吹客棹，一時詩老話清樽。斬新樓閣明斜照，新葺西湖諸景。依舊雲山識遠村。來日隄邊多載酒，有人問字武林門。甌北住許莊。（其二）海內論詩正法存，三江壇坫要君敦。烟霞廊廟爭千古，白髮青山共一樽。有酒應澆和靖墓，瓣香還寄浣花村。甌北為余言近作懷杜閣於蘇州。京華舊雨居然聚，仿彿春燈話禁門。（《樹經堂詩續集》卷一《兌麗軒集》，清嘉慶刻本）

　　【題陸祁生《拂珊亭集》，即送入都，兼柬邵聞】東南詩老數袁子才趙雲松，陸生年少得名早。浣塵出水玉芙蓉，追電行空金驥褭。春愁似海思湧泉，柳枝詞竝竹枝篇。水調江南怨瑤瑟，楚雲湘月彈朱絃。落葉飄零悵淒楚，哭兄哭姊淚如雨。鳴禽春草夢空亭，薜帶蘿衣泣黃浦。今年買棹遊杭州，阮公芸臺好士情相殷。過從示我詩一冊，蓬巒署中軒名。六月風颰颰。昨來毗陵洪翰林稚存，論詩與子同苔岑。敢詡鄒枚參座右？重逢蘇白和騷吟。名落孫山不得意，丈夫豈竟艱一第？出門西笑望長安，席帽青衫趁飛騎。士衡三十入洛陽，子年廿七力方剛。農師博雅世無雙，子氣如虹吞長江。萬里雲程始得路，釣竿漫拂珊瑚樹。阿咸亦是射鵰才，行卷聯吟預秋賦。（《樹經堂詩續集》卷二《就瞻草》，清嘉慶刻本）

馮培

　　【甌北先生八十壽詩】歲豐獲稻釀新成，琥珀光浮競舉觥。江左瑞爭看慶喬，座中春即是蓬瀛。名山自有千秋在，好句能令萬戶輕。長事十年如見許，培少先生十歲。扁舟思附野鷗盟。（《西蓋趙氏宗譜·藝文外編》）

范來宗

【甌北先生八十壽詩】（其一）出匣干將不可遮，早年才學滿東華。書完薇省千行草，探取蓬萊五色花。雲夢氣吞無大敵，風騷手定有專家。如何領袖神僊席，遽聽鳴驪放午衙。（其二）春明一出試經綸，箐雨炎風到處親。蠻徼官驪詩律細，甲兵胸富宦囊貧。崎嶇戎馬軍中曲，安穩尊鑪物外身。驄卸急流疑太早，林泉猶是黑頭人。（其三）玉堂天上舊巢痕，識面偏遲出國門。生後十年形我小，科前七輩覺公尊。靈威洞引東風棹，白傅祠開北海罇。癸亥夏，遇先生於白公祠王述菴席上。今日添籌登大耋，江湖魏闕總君恩。翰林院編修後學吳門范來宗（《西蓋趙氏宗譜‧藝文外編》）

孔繼涵

【寄趙雲松】聞道南征詔，故人寵命除。才原誇盾鼻，檄好看龍攎。儲偫窺簜政，羽毛軍府書。畬蠻行鹹執，詩雅奏何如。（《紅榈書屋詩集》卷二，清乾隆刻微波榭遺書本）

錢維喬

【寄似撰甥京師，用趙編修甌北贈詩韻】（其一）山城握手得深談，別路官堤柳影毿。舊價浪蒙推冀北，虛名都復笑箕南。生涯射虎心空壯，術業雕蟲久更慚。欲把前途問詹尹，命奇消息恐難探。（其二）還轅牢落起離愁，襆被君偏事北遊。余南還之明日，似撰即抵都。計相左在長新店，未得把晤。白髮已添行子淚，青衫應爲故人羞。作書鮄鱷須留地，比跡鷗鳧漫逐流。若向歸鴻訊顏色，年來病骨怕經秋。（《竹初詩文鈔》詩鈔卷四，清嘉慶刻本）

劉權之

【甌北先生八十壽詩】（其一）久沐三朝日月光，葛天民要樂羲皇。置身麟閣曾同許，出手牛刀已善藏。閒擁書鐖怡枕菲，老撐詞壘固金湯。始知白髮三千丈，更有文芒萬丈長。（其二）江南相見古稀年，一別俄開八秩筵。名士同聲歡此會，故人覷首望如僊。霜毛也倩鳩扶側，雪爪難隨雁至前。賸有馳牋遙祝算，侑觴還恐被梅先。（《西蓋趙氏宗譜‧藝文外編》）

鮑印

【題《甌北集》】先生才足高千古，下筆如龍復如虎。九天珠玉咳唾成，無

縫天衣不須補。拜袁哭蔣尚未然，餘論紛紜何足數。先生得名不知榮，先生作詩不知苦。但覺山水秀靈氣，取之無礙任我取。詞源浩湧翻水瓶，才思捷打催花鼓。讀之未竟更漏盡，燭花紅焰爲詩吐。先生先生詩必傳，今之甌北古老杜。（《甌北集》卷三六《和尊古見題原韻》附，原詩無題，題目係編者所擬）

蔡湘

【題《甌北詩鈔》】（其一）拍案忽狂叫，其人世所傳。天教爭一代，名早重三吳。手握生花管，胸藏紀事珠。試看排蕩處，非陸亦非蘇。（其二）天外落奇想，江山助壯神。滿身都是膽，著手便生春。自足誇前哲，誰能步後塵？願拈香一瓣，低首拜斯人。（《甌北集》卷四三《去歲秦淮旅次，有江寧張紫瀾秀才以詩贄謁。攜歸展玩，尚未報命，今又枉寄長篇一千三百餘字，盛相推挹，愧不敢當。又抄其亡友蔡蘭溪秀才舊題拙集之作見示，並見其篤於風義，爰賦奉答》附）

陳景初

【稚存夫子招同趙觀察翼、朱方伯勱集更生齋，留別一首】江上春帆昨夜收，日歸未許買扁舟。偶同萍梗因風聚，擬傍僊人跨鶴遊。彈指何當悲白髮，拍肩無計問丹邱。蛾眉月色天山雪，一樣難銷萬古愁。（潘衍桐纂：《兩浙輶軒續錄》補遺卷三，清光緒刻本）

歸懋儀

【謝松坪侄寄贈《甌北詩鈔》】琥璜輝並映，干莫鋒相逐。由來造物妙，有對總無獨。使其兩未遇，緬想情獨蓄。一得而一遺，如食未果腹。夙昔慕小倉，未得親盥讀。今春奉羪弟，貽贈開新幅。果然雲璈響，費盡千絲竹。復聞甌北公，別樹詞壇纛。如何仰典型，無由展枌柚。仲冬月初吉，瑤華貴空谷。中有四編詩，分排體例肅。一朝二妙並，領略快心目。小倉妙天機，芙蓉照水淥。江流自鋪練，霄雲或卷縠。手斟北斗漿，口嚼麒麟肉。五城十二樓，光華現閃倏。甌北負大力，龍象奮踏蹙。兩序球圖存，三軍茶火簇。肺腑欲歌舞，鬼神助嘯哭。凌雲百尺臺，悉稱銖兩築。境地互參差，情味耐反覆。作歌謝松坪，覷重千斛粟。（《繡餘續草》，上海圖書館藏抄本。胡曉明、彭國忠主編：《江南女性別集初編》上冊，黃山書社2008年版，第728～729頁）

【趙甌北先生賜詩次韻卻寄】學吟粗解辨甘辛，仰止高山悵隔塵。一瓣心香偏許我，同時絲繡豈無人？辭因過譽翻增愧，句到神奇不過眞。卻笑含

毫吟思澀，墨痕狼藉屢沾唇。　　〔附原作〕騷雅中誰識苦辛？正難物色向風塵。何期白首新知己，翻在紅顏絕代人。繡出弓衣傳唱遠，拂來羅袖愛才真。拙詩背誦如流水，多恐污君點絳唇。（《繡餘續草》卷二，清道光八年刻本）

黃爕鼎

【題《甌北集》】三家詞壘屹相望，旗鼓中原孰對當。天許諸公扶大雅，人從片牘借餘光。只應味外還尋味，如在香中不覺香。我恨未除煙火氣，神山可見海難航。　　〔附：趙翼酬作《寶山黃平泉秀才遠訪草堂，枉詩投贈，又出其舊題子才、心餘及鄙人詩，以見平日瓣香所託雅意，愧不敢當，敬次奉答》〕遠枉高軒過所望，草玄人老已郎當。猥充鼎足三分數，豈有毫端萬丈光。耳食或傳薑在樹，毛吹並議菊無香。虛懷誰似黃雙井，欲向蹄涔泊海航。（《甌北集》卷三六《寶山黃平泉秀才遠訪草堂，枉詩投贈，又出其舊題子才、心餘及鄙人詩，以見平日瓣香所託雅意，愧不敢當，敬次奉答》附，原詩無題，題目係編者所擬）

沈在秀

【酬趙甌北】（其一）於人今喜見歐陽，風雅淵源教澤長。一部新詩傳萬口，得聞夫子是文章。（其二）元凱胸羅武庫兵，悠然林下見高情。挑燈夜誦琳琅句，不覺晨曦已漏明。（其三）自愧工夫領悟遲，何當小草感培滋。睢麟遺則傳三百，未學周南敢論詩？（其四）檢點巾箱偶命存，幸承庭訓即師門。別裁偽體吾家派，綺麗原難見本根。（其五）未肯香奩詠翠鈿，門牆安定況陶甄。從今更奉金丹藥，凡骨何時得換僊？　　〔附：趙翼原詩《題岫雲女史雙清閣詩本》〕（其一）詞垣宿素沈東陽，家學流芬奕葉長。不獨敬倫能似父，掃眉嬌女亦文章。（其二）隔紗未試解圍兵，展卷偏教見性情。絕似李謩牆外聽，一枝玉笛最分明。（其三）憶婿思親點筆遲，蘭荃香入墨痕滋。始知閨閣真風雅，不在香奩艷體詩。（其四）略識之無便目存，生平未上學堂門。由來慧業關天授，待有人教已鈍根。（其五）繡閣才名錢孟鈿，何當旗鼓對鳴甄。玉臺他日編新詠，江北江南兩女僊。（《甌北集》卷三五《題岫雲女史雙清閣詩本》附，原詩無題，題目係編者所擬）

徐彰

【賦贈趙甌北】參天高幹歲寒姿，大雅扶輪獨貫時。四海遍傳《甌北集》，千秋重睹劍南詩。專家著述稽三豕，報國勳名薦一夔。何幸居東頻信宿，侯

芭親傍子雲帷。　　〔附：趙翼子廷俊次韻二首《兒俊次韻二首》〕（其一）
上苑原棲鸞鳳姿，羽儀暉吉正逢時。科名已捷三條燭，著作欣披一卷詩。此
日文章驚虎豹，他年事業卜龍夔。客途何幸朋簪集，問字頻過勝下帷。（其二）
我本生成讚劣姿，流光虛擲過庭時。恐招李嶠無兒誚，愧讀淵明責子詩。前
路敢期蠅附驥，遊蹤忝荷蚖憐夔。得邀雅愛同蘭契，親炙行當就講帷。（《甌北
集》卷五〇《次韻答徐芝堂孝廉見贈之作》附，原詩無題，題目係編者所擬）

尹駿生

　　【東風齊著力・陪袁簡齋、王夢樓、趙雲松三先生三賢祠看芍藥】風嫋
香絲，花開金帶，獨佔餘春。憑闌一望，滿目漾紅雲。掩映紅橋色麗，問修
禊、采贈何人？嬌容媚，歌鬟半倦，婪尾微醺。　　皎月二分明，濃露染、
晚妝更覺銷魂。是誰綽約，可否稱同名。共說三賢有福，盡消受、絳雪香熏。
今夜羨，三賢到此，豔福平分。（李坦主編：《揚州歷代詩詞》第三冊，人民文學出版
社 1998 年版，第 558 頁）

潘奕雋

　　【立崖司馬用蘇東坡《虎邱寺》詩韻繪圖作詩，同人既和之矣，趙雲崧
前輩據杜少陵《壯遊篇》謂「宜作懷杜閣，以配仰蘇樓」，復作一首。立崖邀
和，再用蘇韻】後生瞻前賢，如依麓仰嶺。虛懷探詞源，如以綆汲井。每從
登覽餘，望古發淒耿。蔣侯詩中豪，鯨吼噤蛙黽。曩者和蘇詩，精比鏐出礦。
毘陵老詞伯，繼聲氣愈猛。高詠《壯遊篇》，筆健懷與騁。嗟我學久荒，欲和
喉為哽。昨過青山橋，平田俯千頃。側想高閣成，拾遺跡未冷。結構毫端工，
名竝仰蘇永。豈徒尺幅間，圖繪空中景。僧房多隙地，新綠橫窗影。盛事不
可虛，左券持詩請。（《三松堂集》卷十二，清嘉慶刻本）

　　【白公祠成，趙雲崧前輩、李松雲太守皆次公《虎邱寺路》韻作詩，輒
和二首】（其一）武邱山下路，遊賞白公頻。懷古尋遺跡，聯吟見替人。林亭
如有待，池館又重新。可許花船泊，隄留一道春。「花船載麗人」，公《虎邱》詩
句也。時頗有花船之禁，故戲及之。（其二）配食宜同調，應煩相度頻。湖山開畫
景，客主總詩人。塔影前規舊，蔣園舊為顧雲美別業，名「塔影園」。雲巖傑構新。
虎邱山名雲巖山。卻因今載酒，更憶昔班春。（《三松堂集》卷十二，清嘉慶刻本）

　　【虎邱雜詩十四首（其七）】招呼閒侶訪毛公，謝客幽探興未窮。話到龍湫
詫奇絕，布帆準擬掛秋風。陽湖趙雲崧前輩訪舊來蘇，泊舟白祠，拉王孝廉仲瞿同遊洞

庭，偶談雁蕩之勝，訂余入秋同遊。(《三松堂集》卷十六，清嘉慶刻本)

【同人山塘賞桂，用趙甌北前輩見寄詩韻，即以寄懷】又攜筇屐步芳塘，放眼秋光引興長。人對青山忘世味，坐酌黃雨飲天香。先生寄示《賞桂》詩，翻用「桃花亂落如紅雨」之句作《黃雨歌》，創解實確喻也。騷壇老輩傳新唱，藝苑清才各擅場。妍暖莫嫌節候晚，不妨吟賞到重陽。桂花晚開者最繁，名「寒露花」，過重陽則菊花上市矣。(《三松堂續集》卷一，清嘉慶刻本)

【趙甌北前輩重赴鹿鳴筵宴，賦詩寫圖索題，次韻四首】(其一) 宛同秋賦俶裝忙，錫宴加銜荷寵光。青鬢早辭朝士籍，白鬚再入少年場。官聲自昔推文楚，體式於今寶正藏。佳話一時傳萬口，新郎君看探花郎。(其二) 艤舟亭畔古江村，蓬徑縈紆竹掩門。採菊種松忘世味，批風抹月識君恩。何人立雪能傳缽？有客談天任入禪。丈室泠泠真似水，不教道眼暫時渾。(其三) 此是青雲第一程，霜蹄猶記躡風輕。斗山中禁思公望，鼓角南天播頌聲。胸貯冰壺兼玉帳，眼空豆嶽與杯瀛。誰知草檄摩厓手，老學庵中守一檠。(其四) 久矣滄江狎鷺盟，多生結習有餘情。霓裳曾領群僊會，蕊榜重披千佛名。攜鶴家風堅晚節，倚樓詩筆擅長城。瓊林他日傳新唱，下走應來賦鹿鳴。歲次辛巳，先生當宴瓊林。越歲壬午，奕雋亦可赴鹿鳴筵矣。(《三松堂續集》卷二，清嘉慶刻本)

【二月上澣，趙甌北前輩探梅鄧尉，小住虎阜，同范芝巖、張船山、蔣于野、范葦舲集孫子祠】雨止命肩輿，循隈指山麓。園亭背崇邱，林木延初旭。有客探梅來，停橈此信宿。歡言招靜侶，相與展衷曲。同心紛連袂，折簡不待速。清遊忘主賓，文飲謝絲竹。蘭亭緬古歡，斜川企前躅。從來達士懷，不受世網束。披豁怡沖襟，消搖恣遐矚。寒輕林吐紅，日暖洲迴綠。側想潭東西，香風滿崖谷。何當竟乘興，並棹過光福。(《三松堂續集》卷二，清嘉慶刻本)

【又和甌北前輩韻，即送探梅入山】晴午山塘風已柔，招呼閒客坐林邱。年高未減清遊興，地勝何嫌竟日留？笑我摧頹也七秩，羨公述作早千秋。山深花好春猶淺，莫為寒輕便卸裘。(《三松堂續集》卷二，清嘉慶刻本)

崔龍見

【懷同年趙觀察翼】(其一) 科名宦績兩巍然，一賦歸田四十年。日課新詩猶下學，手拋拄杖似飛僊。即今嶺海棠留蔭，卻憶家山桂艤船。載詠鹿鳴三品貴，好將佳話萬人傳。(其二) 犖舟江上冷鷗盟，何意天南萬里行。聲曳

休官仍濩落，衰年幻跡出蓬瀛。倦吟笑我囊無錦，健飯輸君飯有鯖。更羨靈光存碩果，幾時高會續耆英？（《甌北集》卷五三《答崔曼亭觀察同年見懷原韻》附，原詩無題，題目係編者所擬）

祝德麟

【送房師趙甌北先生出守鎮安一百韻】人海藏才藪，堂堂得我師。廟廷瑚璉器，巖壑杞梗姿。襟抱淵難測，文章數不奇。盛年殊卓犖，早境值艱危。劍瘞豐城獄，珠沉合浦湄。管寧床獨坐，徐孺榻誰施？一室如懸磬，全家只立錐。交賢情汲汲，講學力孜孜。擲地空孫綽，噓天類子綦。雲霄雖自隔，泥滓豈能羈。隱霧毛初澤，摶風翮乍披。鶴鳴聞自野，鴻舉漸於逵。詞賦矜叉手，科名喻摘髭。光為九苞羽，瑞比萬年芝。紅藥絲綸閣，黃麻典誥司。上公欽藻采，樞院借華資。戴月趨青瑣，籠燈退赤墀。深嚴機不漏，參酌算無遺。才罷螭頭直，旋催豹尾隨。木蘭秋獮日，趙北水圍時。膳自天廚撤，駒從內廄騎。和詩行木末，起草立河湄。偶爾稱名姓，煌然冠等衰。比肩心折服，側目語瑕疵。邂逅嘲雞樹，推擠奪鳳池。未妨胸灑落，寧挫骨權奇。干莫鋒終利，璠璵價不貲。十年辛苦地，三策治安規。掉鞅雄無敵，探花望略虧。謫僊呼白也，才子識微之。鈴索風來靜，觚稜日上遲。洞簫宮女誦，蓮炬御床移。點竄典謨體，鋪張燕許辭。壺盧羞畫樣，草槁戒存私。筆本如椽斲，腸疑有杜撝。漢書編郡國，周索拓邊陲。步必窮章亥，名還攷某誰。班班指諸掌，歷歷燦於眉。先生應奉代言文字，承修《一統志》。校閱朱衣點，虛公玉尺持。鵠袍酬此日，洪爪感前期。先生分校日，有《秋闈雜詠》詩數十首。永叔文懲怪，昌黎道起衰。珊瑚皆入網，鳩鷃亦搶枝。每讀長城集，如逢造化兒。五車多貫穿，對仗少參差。弔古懷尤壯，張軍敵盡羸。鍊餘剛可繞，熟極巧能滋。涉戚真酸鼻，言歡定解頤。化機新耳目，春氣沁肝脾。直欲偷任格，何人拔趙旗。偶當投轄會，交口倚樓推。繡刺針神線，枰敲國手棋。袖長因善舞，肱折是良醫。酷愛翻叢簡，渾疑飲漏巵。搜奇徵豕誤，得閒補魚麗。先生著有《陔餘叢考》數十卷。識小奚妨大，餔醨乃棄醨。麟原珍獨角，羊或賤千皮。餘子何煩數，斯文實在茲。才名天下滿，經術聖人知。正屆繁霜節，俄賡湛露詩。專城從臥理，顧闕忍飛馳。堠館峰崔崒，川郵浪渺瀰。渡湘搴淚竹，泝漢采江蘺。努力調寒暖，徐行度險巇。桄榔遮嶺徼，蠱蟲放番夷。瘴起黃茅徑，悢闚黑箐籬。修蛇舌甜舕，毒草葉葳蕤。鼕鼓碉樓擊，樟栭土竈炊。霑衣常有霧，環嶂即為陴。地界中華盡，墟場外國毗。

蠻孃歌嫋娜，猺戶語侏僇。郡僻稀迎送，民馴易撫綏。過時應叱馭，到處好褰帷。樸魯同懷葛，文明化孔姬。從來風氣轉，只在長官為。自古無題詠，如天特貺貽。待編石湖錄，范成大帥粵，著有《驂鸞錄》。兼著柳州碑。琴鶴家聲繼，蓬瀛物望宜。初膺南而寵，苦念北堂慈。家近梁鴻宅，舟維季札祠。稱觴逢母慶，舞綵效兒嬉。晝錦洵堪羨，羞蘭敻足怡。鄉閭欣款洽，僚友悵分離。弱質慚桃李，虛名占斗箕。不材甘作櫟，有用憚為犧。馬阪曾垂耳，龍門再暴鬐。自邀一顧重，奚啻萬閒窺。瓻影隨趨步，衣塵變素緇。為山學崟嶜，觀水認瀾漪。良匠難遭石，神工況琢倕。曾參年最少，賈誼秩猶卑。往往叨噓植，時時奉誨詞。豈惟銘翦拂，差免笑詅癡。祖席風生粟，征衫雨著絲。先生今去矣，弟子益淒其。敢把新愁訴，空將往事追。銜恩身未報，述德手須胝。邑管懷人遠，盧溝惜路歧。瓣香長自爇，好爵盡子忍切容縻。著述無窮事，淵源有始基。只應望南極，重疊寫相思。(《悅親樓詩集》卷三，清嘉慶二年姑蘇刻本)

【過毗陵不得見甌北先生，奉懷十二韻】暌隔十年久，離愁安可論？今朝持使節，假道過恩門。立雪情彌切，占星意枉敦。遙知絳紗帳，只在白雲村。薄采陔蘭潔，多栽玉樹繁。階應留故鶴，庭或少懸狙。出處九重問，詩篇四海尊。可曾添白髮？未欲戀朱轓。我亦神僊侶，難忘河海源。行遊敬草木，入里式車軒。此去叨衡鑑，斯文識本原。歐公門下士，今有幾人存？(《悅親樓詩集》卷八，清嘉慶二年姑蘇刻本)(《甌北集》卷二三《門人祝芷堂編修典試閩中，旋奉視學陝甘之命，道經常州，枉詩投贈，依韻以答》附有祝德麟原作詩，即此，字句稍有不同)

【甌北先生枉貽大集，捧誦之餘，敬題四律】(其一)四海騷壇各鬭強，縱觀今古正茫茫。如公已就千秋業，愧我難傳一瓣香。滿眼雲山惟泰岱，盈門桃李有荒莊。平生感激論知遇，不遣彭宣到後堂。(其二)館閣階資得外除，蒼生濟了犴樵漁。眷深每荷天言問，親老難教子舍廬。胸有甲兵從戰後，氣無蔬筍罷官餘。萬株楊柳千竿竹，好與前生伴著書。(其三)根柢原從惠子車，精金鍛鍊絕纖砂。獨開面目無前哲，不立藩籬是大家。史事翻瀾都貫穿，俗情點筆便高華。化工肖物曾何意？一番風來一番花。集凡廿四卷。(其四)此集人閒快睹先，傳衣忽到海東偏。竊欣附尾顏淵鑄，集中附刻拙詩。不待從頭李漢編。風雅體裁終未喪，門牆氣運本相連。先生於癸巳終養歸里，至丁酉，與余先後丁內艱，以一年中，余同館及門以喪告者凡三人。挑燈重展循陔什，獨對寒檠意惘然。(《悅親樓詩集》卷一○，清嘉慶二年姑蘇刻本)

　　【蒲遊吳門，邂逅甌北先生於胥江舟次，遂陪遊元妙觀、獅子林諸勝二首】（其一）鴻爪乖離十四年，歸心宦跡兩茫然。但披大筆元亭字，如對春風絳帳前。海國閉門雲滿屋，漁莊覓句月澄川。豈期交臂平江路？天爲人留頃刻緣。（其二）我老公將白髮毿，關心詩法要深談。路經指點迷方悟，興到追陪夢亦甘。十笏獅林尋錫杖，林爲元僧維則所構，倪瓚作圖。三層鶴觀訪琅函。如何七載陽湖畔，竟未相從异笋籃？（《悅親樓詩集》卷一〇，清嘉慶二年姑蘇刻本）

　　【送門人江淑齋琅出守福寧三首（其三）】香奉南豐一瓣齊，敢誇桃李下成蹊？淑齋鄉試即出余房師趙甌北先生之門。衰遲報國期公輩，薄劣衡文記馬蹄。故國逢迎眉共展，淑齋家吳下。離筵惆悵手分攜。此行一路登臨處，好爲殷勤覓舊題。（《悅親樓詩集》卷一一，清嘉慶二年姑蘇刻本）

　　【得甌北先生書云：昨過潤州，見夢樓相與道足下蹤跡，悵望者久之。先是，趙映川懷玉歸毗陵，麟以庚子以來近稿寄質，並請先生點定後付夢樓評閱。師弟朋友數千里外眷眷之意，有若相印合者。爰賦是篇】疏林漠漠籠寒月，游子嚴裝中夜發。一編附寄蛩蟀吟，要乞神丹補黥刖。歸人在途書在緘，客心飛越逐征銜。臨風忽枉雙魚信，云駐南徐訪戴帆。太邱開過高陽宅，賓主心期稱莫逆。酒酣搔首敘平生，卻話長安羈宦跡。往歲吳船驀地逢，悲離訴別太怱怱。每因夜雪思門外，常對春風憶座中。倉庚罷囀飛鴻響，江水波深浦水廣。冰廳退直自沉吟，夢境相逢都懭慌。尺素憑通句浪傳，江南江北思綿綿。平山堂上歐公逸，時先生方主揚州書院。寶晉齋頭米老顚。（《悅親樓詩集》卷一五，清嘉慶二年姑蘇刻本）

　　【和夢樓素食歌並引】夢樓長齋奉佛，秦西巖觀察邀之素食，具特精美，甌北先生亦在座，作歌嘲謔。夢樓解之，錄詩寄示，並謂余當瞿然於戒殺。師友之閒，不必左右袒也，因和一篇。　　何曾下箸日萬錢，庾杲食鮭廿七種。醇醨澹泊亦何常，堪笑世人口腹奉。仁民愛物貴得平，聖人製禮垂爲經。但爲祭祀爲賓客，牛羊犬豕原當刑。旁及鳧燕雉鹿兔，獵山漁水供羶腥。犧牷牲可易以面，蕭公何爲幽臺城？即以陰陽養生論，八珍五味工熬烹。君子只存遠庖意，食其肉惡聞其聲。若使六畜盡不用，充塞天地皆眾生。轉愁率獸食人食，獸多人少難安寧。寶蓮庵主事佛謹，每飯只知索蔬筍。儒釋教異理則同，彼說慈悲我不忍。近聞淮海招入筵，肴核勿許闌葷羶。忝壺得非鄭餘慶，煮豆或是石季倫。卻從樸素出新巧，誇奇鬪異羅氛氳。廚娘製就亦目眩，座客既饜猶垂涎。甌北老人廣長舌，投以《素食歌》一篇。意嫌本來面目失，遂將滋味方嬋娟。

虢國姨曾天寶亂，卓家女亦臨邛奔。老人罕譬固遊戲，先生俊辨何紛然？余雖未受菩薩戒，厭夔豈是韋陟輩？無故不殺取適中，偶吃五祖肉邊菜。感君開示誦君詩，請下轉語君聽之。貞淫誠不在妍醜，嫠婦豈合描蛾眉？冰霜自矢柏舟節，人間伉儷容雙棲。倘令處子都不嫁，潔身亂倫毋乃譏？（《悅親樓詩集》卷一八，清嘉慶二年姑蘇刻本）

【聞甌北先生隨制府李公入閩，先生為李公屬吏，曾受薦剡。時方有事臺灣，李公奉命駐節泉州，籌辦軍務，路出毗陵，邀先生入幕。固辭不獲，乃強起就道焉。奉寄一首】早辭榮祿作經師，剩有征南劍鏽滋。幕下暫酬嚴僕射，軍中喜得傅修期。好騰露布平毗舍，臺灣舊名毗舍耶，見《文獻通考》。便踏芒鞵訪武夷。大抵詩翁似名將，天教搜遍海山奇。（《悅親樓詩集》卷一八，清嘉慶二年姑蘇刻本）

【同年龔簡菴共事靴門有贈】曾奉南豐接瓣香，余與簡菴會試俱出趙甌北先生門下。同年交誼廿年強。乍偕祕籍讐三豕，去歲文華殿同校《四庫全書》。早有才名蓋五羊。官職忽疑封戶牖，監司初不與去聲文章。人間最好中秋月，與爾平分一夕光。（《悅親樓詩集》卷一九，清嘉慶二年姑蘇刻本）

【編校定圃師詩集竣事，感賦四律，兼簡煦齋世講（其三）】絕殊島瘦與郊寒，氣象沖融想泣官。相對九原如可作，最慳一字代求安。當仁不讓吾何敢？知己難逢古所歎。自媿才非袁趙匹，鴻裁豈減兩文端？尹文端公詩集為袁簡齋校刻，近趙甌北先生亦校鐫汪文端公集。袁、趙，二公門下士也。（《悅親樓詩集》卷二〇，清嘉慶二年姑蘇刻本）

【與甌北師，簡齋、夢樓兩前輩別十年矣，明當渡河，計相見有日，喜而作詩】名山眺望嵩華泰，黃河擊檻波流大。貴遊交臂遍朝廷，孰是歐陽韓太尉？求諸於野豈易獲，太息名賢竟千載。忽近貴遠笑物情，古人不見今人愛。大江以南袁趙王，平生師友推崇最。雖無事業炳寰區，尚有文章壓儕輩。五百里閒德星聚，四十年來高躅對。不惟詩句萬口傳，爭把銀鬚團扇畫。雲中野鶴各飄灑，俯視秋蟬學泥蛻。大邦牛耳主齊盟，也要有人捧盤敦。河水滔滔送客舟，憶昔相逢期早退。從公痛飲一開顏，幸不食言息壤在。（《悅親樓詩集》卷二二，清嘉慶二年姑蘇刻本）

【甌北師召遊平山堂，趙緘齋亦適自常州至】喜陪永叔遊，恰值歐陽地。境遠隔甚囂，朋來出不意。初從紅橋入，暫向虹園憩。畫船移曲折，荻岸儵幽邃。當時架鑿功，命意尚綺麗。在密不在疏，取局不取氣。亭臺太稠疊，

水竹互清媚。山川半假設，智巧爲補綴。若將西湖比，翦綵笑錦費。徒爲銷金窩，士女傾城戲。天寒遊舫稀，一鼓詩人枻。轉因荒涼中，免涴脂粉膩。舉頭見鱗鬣，鬱鬱萬松翠。心知是蜀岡，太古土一簣。陟磴攀危梯，高樓決眥睚。江光自明滅，圍出雲天細。巋然平山堂，名賢跡所寄。草木非故物，再拜尚翹企。遂尋第五泉，又新昔品第。惜未攜龍團，竹爐活火試。手刻蒼筤嬌，略把姓名記。身踞黃葉顛，衣裂紅薔刺。山中月季花最蕃。下阪股腳頓，回舟笑談恣。滫酒浮蟻香，紅燈照凫睡。詞客例愛遊，吳人兼好事。曾聞北郭賓，歲修永和禊。冶春社久荒，司李集爭貴。天留湖山貌，精華洩猶未。倘俟我輩開，不特前蹤繼。待編籃輿籃，長待醉翁醉。（《悅親樓詩集》卷二二，清嘉慶二年姑蘇刻本）

【謁甌北師於毗陵，適夢樓亦自京口至，賦呈二十韻】訪戴輒放船，思嵇爰命駕。況抱造請懷，兼值輟講暇。條風入柳枝，滌水渙冰沍。方鼓枻濟河，似騎驢涉灞。途中遇雪。裹糧三日贏，到門一帆卸。預愁蹤跡左，竟辱庭階迓。先生龍馬姿，一代詩文霸。老更有精神，筆能迴造化。古人相揖讓，餘子受陵跨。獨於樗櫟材，謬許璠璵價。感深媿實多，別久會難乍。遂令積歲思，不因遠道罷。勇往無關梁，滿志瞻泰華。阮咸猶健飯，令侄緘齋，今年政七十。蔣詡更連舍立庵。粲然眾星羅，瞥爾一鶴下。良語意不期，奇緣天所借。虛名安足寶，老境漸可怕。各全物外身，免出少年胯。師友偶逢迎，萍蓬暫依藉。緋纏我則維，醑酴公其貰。（《悅親樓詩集》卷二五，清嘉慶二年姑蘇刻本）

【爲我一日留贈簡齋前輩】十二讀公文，二十誦公詩。讀文在黌塾，誦詩在京畿。安得如斯人，容我長追隨？盟心竊自覬，見面未可知。閱歲次戊戌，銜憂返荊扉。執友王夢樓，下榻辱縶維。我與談恨事，太息良緣乖。話言未及了，剝啄聲喧豗。問客從何方，云是袁盎來。如夢喚初醒，拍牀叫絕奇。但得一握手，那惜邂逅遲？從茲頗自負，已識元紫芝。會難別太易，往復憑書辭。寄書每不達，南北徒相思。春秋十度換，薄宦初解龜。歸舟抵邗江，謁我甌北師。壁閒黏素紙，細讀乃公詞。索人生挽句，逝將告別期。使我魂夢驚，豈公有先幾？明知荒幻語，日日生猜疑。嗣詢李太守，寧圄。健飯如常時。此老人中龍，變化無端倪。天公置度外，聽其人閒嬉。不到蟠桃熟，未必肯召之。聞此意方釋，思復接容儀。閏夏梅雨歇，鵲噪庭樹枝。邊韶睡正美，李膺舟忽移。籃輿徑惠顧，顛倒披裳衣。觀者如堵牆，婢嫗皆竊闚。主能致神僊，當亦非凡胎。爲我一日留，更足感交私。雲閒諸佳士，聞風競

趨陪。雙眸爛嚴電，一笑麾林罷。論詩鬼破膽，說士人揚眉。復談遊歷境，堂上起屠羭。旁及烟花趣，香風吹鬢絲。憐才好色心，愈老愈不衰。見有此客不？四座咸解頤。自余來此地，風雨歎孤羈。足音聽跫然，便增空谷輝。況復南極星，下降江之湄。追攀雖不能，庶足慰輶飢。退閒無事業，躬耕謝鋤犁。惟此長吟興，以爲送老資。敝帚敢言享？南車藉指迷。垂白喜再逢，非公尚誰歸？時以拙稿就正。（《悅親樓詩集》卷二五，清嘉慶二年姑蘇刻本）

【題秀峰《武夷吟草》】入蜀未得遊峨嵋，入閩未得遊武夷。平生缺欠兩恨事，至今夢寐猶餘思。名山洞天亦有數，向禽雅尚非難追。芒鞵竹杖任探歷，茲山或以僻遠遺。近來袁、簡齋前輩。趙甌北先生。頗好事，贏糧不惜荊棘披。新安汪子又繼往，恰當八月中秋期。幔亭峰前一延佇，逢迎錢鏗大小兒。帝臺壺觴正召宴，錦帷霞帔光陸離。麒麟之脯鳳皇臘，曾孫擗嚥醰淋漓。殘杯餘瀝倘匀汝，不異沆瀣餐三危。乘箯更溯溪九曲，一重一掩逞怪奇。僊船石匱虹橋板，舉頭可望不可躋。造物偶然作兒戲，狡獪莫受眞靈欺。神僊荒幻但疑似，山水蟠鬱無定姿。才氣必與相抗敵，乃敢放膽攀嶮崎。幾人到此換詩骨？此君含笑雲中嗤。君歸貽我粟粒芽，示我百首琳瑯詞。烹茶展卷忽有得，如聽賓雲雅奏時。（《悅親樓詩集》卷二六，清嘉慶二年姑蘇刻本）

【甌北先生來書，約往鄧尉看梅，以事阻滯，恐花信已過，遂不果遊。擬於旬日後赴常修謁，詩以先之三首】（其一）銅井銅阬香雪堆，頻年花向夢中開。閒身久已甘輿笱，佳興兼逢約探梅。與長者期寧敢後？聞先生召即應來。只愁往返程迢隔，黃鶴樓偏玉笛催。（其二）泰山旄敦迥難侔，繆許推排可出頭。覆瓿文招傖父笑，借瓻書向故人求。敢期聲譽相標榜，自有情懷暗契投。一卷能傳榮令僕，或憑牙頰也千秋。先生每書來，繆譽拙詩，許以必傳，未免獎借太過，故愧答之。（其三）往歲停橈叩草廬，顧塘橋畔老坡居。先生家顧塘橋，比鄰即宋時孫氏宅，坡公所嘗寓居者也。已經息壤言要後，前年造訪，曾訂歲歲往謁。況值清漳病起初。帆有好風吹便去，地多舊雨盼非虛。謂緘齋、立庵諸子。卻嫌無酒門前載，轉累元亭費麴車。（《悅親樓詩集》卷二七，清嘉慶二年姑蘇刻本）

【常州連雨，留湛貽堂六日，緘齋、立庵、劉存子、莊亭叔更番治具，排日招集，飲饌之美，甲於他郡。臨發，呈甌北先生並別諸子二首】（其一）藝林赫赫震詩名，師弟相關有至情。倚杖望舟經十日，連宵侍坐必三更。幸從槃澗分餘福，未要荒莊報此生。公年來生事頗足。但願白頭門下士，年年來奉履綦清。（其二）暮雨瀟瀟喚奈何，天教留我且婆娑。五侯賭勝誇鯖味，三雅

排連喝酒波。樂事盡子忍切。容閒客領，故人唯有此邦多。不殊日下車輪會，可便因風想玉珂。京師僚友更互作主，謂之車輪會。(《悅親樓詩集》卷二七，清嘉慶二年姑蘇刻本)

【同年費芸浦中丞招陪甌北師袁墓看梅，邂逅夢樓至蘇，遂拉同遊。得詩四首，並呈芸浦】(其一)姑蘇佳麗區，包納眾山富。不逢東道主，遊覽顧難售。大賢管湖山，餘暉照巖岫。忽聞折簡招，屨及室皇走。征艫連夜發，冐負梅花候？永叔既追陪，摩詰復邂逅。左拍洪厓肩，右攜浮邱袖。方舟雙畫橈，玻璨閒綺繡。導引紛僕從，儲偫到脯糗。筍輿及藤杖，我輩習寒陋。卻蒙地主恩，酸態頓除舊。只須壽詩料，不必謀醇酎。借問遊山人，有此自在不？(其二)晴暉暾寺樓，片帆卸木瀆。疏鐘出雲外，引我興先逐。篋輿穿石磴，蘿葛攀來熟。翠巘搖白波，混灠豁心目。吳王昔驕淫，西施豔羅縠。舞破好山河，宮中走麋鹿。屧廊已無聲，琴臺亦無曲。地為美人傳，山猶蛾子綠。誰家此園亭，高下依巖腹。尚書佐軍旅，王事正擔局。謂畢秋帆。登知山館春，舊雨來停躅。弔古物不留，懷人念徒蓄。且趁夕陽明，移舟指光福。(其三)樹假將軍馮，山屬司徒鄧。東郡移故跡，未暇考志乘。申旦戒徒御，轉入熨斗柄。七十有二峰，峰峰相掩映。初程籬落閒，已覺暗香迎。愈入花愈深，目光流不定。危亭踞峰顛，攀陟上孤夐。俯瞰聚米堆，積雪相胎孕。平鋪十萬株，無起亦無竟。丘壑助波濤，煙雲結清淨。今春遘奇寒，眾木僵未醒。雖遭冰霰摧，尤與東皇競。常年和煦日，又當如何盛？商略共誅茅，於此埋名姓。(其四)腳力漸蹉跎，山容正婉變。瞠乎瞻兩叟，飛逐猿猱健。言有萬峰寺，昔賢所遊讌。瞥見紫翠頂，金碧露明絢。一士翩然迎，如鶴不待喚。蔣生華先一夕宿遷元閣相侯。相與共憑欄，指點具區半。閣中何所有，王宋遺行看。司李重以詩，中丞政兼善。百年此山中，屐齒未曾斷。流傳獨二公，文采有餘眷。寄語裦戢人，德豈綿津遜。所惜民事殷，未遑理幽踐。歸來誇勝賞，三日遊蹤遍。定知杯酒閒，妬極翻生羨。(《悅親樓詩集》卷二九「丙辰」，清嘉慶二年姑蘇刻本)

【甌北先生七十壽詩三篇】(其一)學山必華嵩，學水必江漢。生民有等倫，賢者乃自見。古來三大事，功德言從判。兼收固大難，得一已堪羨。以公開濟才，出必勳庸建。無端中道休，不答聖明眷。參軍膽略雄，作郡政聲善。竟從觀察階，力謝公卿薦。同年孫仁和，已入名臣傳。彼享竹帛榮，我遂山林願。卻看言與功，匹敵夫奚憚。細讀自壽詩，一辭真莫贊。(其二)通

儒不世出，俗學多莽鹵。近代著述家，我取顧炎武。先生稽古力，史冊樻腸肚。貫穿四千年，精微集條縷。博物張茂先，刊誤劉邠父。寧同點䰍流，沾沾事訓詁。先生著有《陔餘叢考》四十三卷，今續編又將告成，體例與顧亭林《日知錄》略相似。歌詩興尤健，一空前人言。曲折善言情，沉雄工論古。有書必搜討，經用無臭腐。出入唐宋間，獨自樹旗鼓。流傳遍天下，騷壇奉盟主。豈知衛武公，矻矻猶攻苦。（其三）今春乍獻歲，戢枻姑蘇州。追陪踏冰雪，采梅西山幽。手抛綠玉杖，趫捷超猱猴。翻令屈步蟲，時抱稱乎憂。茲逢弧矢慶，稱觥遍朋儔。堂堂兩開府，蘇撫費芸浦、晉撫蔣，皆先生禮闈所錄士。門下添雙籌。鯫生不足齒，末至徒增羞。卻荷提攜德，期泛西湖舟。戞擬指合蕩，未到神先遊。僊人胡麻飯，包裹作糧餱。粲粲五色芝，滿把靈莖收。蟠桃未易熟，一笑三千秋。（《悅親樓詩集》卷二九，清嘉慶二年姑蘇刻本）

【和別眼鏡詩】隨園老人年五十始用眼鏡，及八十而目轉清朗，因作《別眼鏡》詩，索同人和 。 天還老眼八旬強，轉勝當年要借光。撥霧披雲花底看，收輪疊轂匣中藏。那須矖目篇重反？近甌北先生作《反矖目篇》壽王西莊光祿，光祿瞀目重明。行見僊瞳角漸方。遙想玻璃窗格下，送君初不黯然傷。（《悅親樓詩集》卷二九「丙辰」，清嘉慶二年姑蘇刻本）

【常州呈甌北先生】著書各自掩荊扉，隔歲從遊見面稀。身後聲名終寂寂，老年師弟倍依依。憂懷通昔知難寐，時五郎疾病，故用第五倫事。樂事逢春且莫違。曾點夙叨狂士契，流連風詠欲忘歸。（《悅親樓詩集》卷三〇「丁巳」，清嘉慶二年姑蘇刻本）

李保泰

【和趙甌北】閶闔排風入九關，僊班遙睇五雲間。朱幡擁出衣初繡，綠野歸來鬢未斑。天許文章留著述，堂羅絲竹佐清閒。卻慚末學陪經幄，空向壺中乞大還。（《甌北集》卷二八《贈李嗇生郡博》附，原詩無題，題目係編者所擬）

【賦贈趙甌北】文章運與天地通，一番開闢思無窮。神慳鬼瞰祕不出，前古後今歸數公。雲松先生今健者，崑崙盤鬱銀河瀉。雄氣欲翻鸚鵡洲，拚得車前八驌舍。三十卷詩編年成，傳觀不異璧連城。殿頭班馬盛著作，田家儲王述歸耕。未論千秋先隻眼，粃糠簸揚砂礫揀。天吳顛倒體重分，才大何止八斗限。許渾廋材窘數篇，七言況復困謫僊。學成八面縱橫敵，難並美具神尤虔。春秋本非遊夏贊，呂覽誰容賓客竄。先生雅意珍芻蕘，寶光巖電閃爛爛。晃眩五色

劣容眸，朔風凍雪寒雲愁。高歌半夜萬籟息。元精一一字上浮。疾徐淺深殆有數，甘苦酸鹹惟默喻。殺青更換面目奇，死蔣生袁定遭妒。名家當代凡幾人，斯文不朽最入神。偶然造化泄真宰，長庚睒睒星向晨。王筠未辨沈約霓，阿難慣聞如來說。寶山長惜空手回，換骨還從授偈訣。〔附：趙翼和作《酬嗇生郡博見贈韻》〕力不能千仞鑿山通，功不能九年面壁窮。三錢筆作千古想，原是天地一愚公。甌北老生好吟者，墨瀋淋漓懷奔瀉。作詩不到古人處，正坐貪多難割捨。晚知捃摭百無成，設版擬築焦瑕城。十七史從何處說，時已秋穫方課耕。先生鑒裁擅隻眼，苦心肯為披沙揀。不辭格佞作諍友，要證千年鐵門限。編成更贈琳琅篇，榮逾四明呼謫僊。深源幸免高閣束，後山翻託瓣香虔。古人著作不容贊，堯典舜典供點竄。化工著色真妙手，紅霞一染半天爛。堆盤火齊光眩眸，干將出匣萬鬼愁。長鯨尾掉碧海動，大鵬背負青雲浮。我於其間敢充數，食蓼搬薑只默喻。曉妝顧影枉自妍，未足招他尹邢妒。感君謬許為傳人，牝牡驪黃賞有神。用李諧短吾技淺，藏魏公拙君意真。獨慚耄學眯雌蜺，炳燭餘光徒剿說。少年精力不焚修，垂老方覓燒丹訣。（《甌北集》卷三三《酬嗇生郡博見贈韻》附，原詩無題，題目係編者所擬）

【歲在甲辰，保泰始謁見先生於揚州書院。略分忘年，宏獎提挈，洊更寒暑者將十載。迨歸休家巷，杖履雖睽，音塵不隔，諸公子亦託契紀群婭嬋末誼，情好遞深，蓋非復文章聲氣之緣也。捧觴三度，魯殿巋然。海內耆英，晨星益朗。繼聲有誦，謭陋自忘。誠不敢強飾浮詞，泛陳諛美，故於向日迴翔館閣及搴帷叱馭之雄文偉績，概不贅敘，爰即近年來嘯詠歸田之樂並意所有待者，以致養頤之願，用效祝嘏於無疆云爾】（其一）歐陽著錄有歸田，隻手詩壇闢一天。睥睨要從千載友，聲名那藉八驂傳。故鄉居久渾忘錦，活計文多不賣錢。細數平生如隔世，看花步屧自年年。（其二）人物咸淳已漸稀，天教碩果應唱期。即論歲月山林永，何必封圻節鉞馳。一霎雲霄皆草草，五湖煙景最遲遲。枯棋幾道縱橫局，都在旁觀袖手時。後學李保泰嗇生（《西蓋趙氏宗譜·藝文外編》）

吳蔚光

【寄趙甌北】已久聞名在見前，龍騰虎嘯復詩篇。獨開生面奇劖嶂，直抒中懷快瀉川。筆下竟無堅勿破，行間寧有隱難宣。三分鼎足稱袁、蔣，旗鼓相當盡必傳。（《甌北集》卷三六《次韻答吳竹橋別後見寄之作》附，原詩無題，題目係編者所擬）

奇豐額

【觀海詩贈趙甌北】空空六合絕飛鳥，望洋望見天之表。乾坤大半多空閒，到此人間諸事了。乃知天外更無天，欲覓蓬萊先自擾。佛氏鐵船事未眞，神僊玉宇終縹緲。東海類推四海同，何須遍歷徒盤繞。君不見蒼龍退避巨鼇沈，鮫宮寂寞星槎杳。黑水多，白水少，只有日輪光皎皎。我來眼界已全空，回頭但見人皆小。(《甌北集》卷三六《麗川中丞奉使過分水鋪，定山東、江南洋面，有觀海詩，次韻奉和》附，原詩無題，題目係編者所擬)

洪亮吉

【趙兵備翼以長篇題余出塞詩後，報謝二首】(其一) 四嶽三塗力不支，避公海外去吟詩。惟餘日月同中土，不覺鴻濛是昔時。山鬼慣覘人動息，天龍爭共馬奔馳。歸裝正苦無奇句，辜負先生弁首詞。(其二) 老結雲谿宷莫鄰，詞場宦局幾番新。七千里外尋陳語，君前任貴西兵備，及余視學此省，已距二十年，尚於行部時見君吟詠。十四科中認後塵。雪舫正堪談往事，雲山難得共閒身。玉堂此度眞天上，公作邊臣我逐臣。 〔附：趙翼原贈作〕人間第一最奇景，必待第一奇才領。渾沌倘無人可鑿，不妨終古懵不醒。中原一片好景光，發洩已盡周唐宋。所未洩者蠻獠窟，天遣李白流夜郎。又教子瞻渡瓊海，總爲儺昧開天荒。伊犁城在西北極，比似炎徼更遠僻。烏孫故地氈裘鄉，睢吽何曾讀倉頡？近年始入坤輿圖，去者無非罪人謫。一聞嚴譴當出關，如赴鬼門淚流赤。豈知天固不輕與，若輩紛紛何足數？要等風騷絕代人，來絢鴻濛舊風土。稚存先生今李蘇，狂言應受攖鱗誅。熱鐵在頭赦不殺，廣柳車送充囚徒。天公見之拍手笑，待子久矣子纔到。鍾儀故是操南音，斛律何妨歌北調？從此天山雪嶺間，神馬尻輿恣吟眺。國家開疆萬餘里，竟似爲君拓詩料。即今一卷荷戈詩，已如禹鼎鑄魅魑。狂風捲石落半嶺，堅冰鑿梯通九逵。人驚雕撲抱頭竄，雷怯龍鬬飛輪馳。生羌變驢或剩腿，降夷化魚皆遊屍。皆詩中所記。隨手拈作錦囊句，諸臯狹陋寧須支？翻嫌賜環太草草，令威百日歸華表。倘更留君一二年，北荒經定增搜考。憶君唯恐君歸遲，愛君轉恨君歸早。(《更生齋集》詩集卷二，清光緒三年洪氏授經堂刻增修本)

【積雨簡趙兵備翼】三月不雨當如何？內河水涸連外河。吳船寸步行不過，斷港日日挑泥螺。忽然一雨即五日，怒雷聲聲喧不歇。人言未蟄先啓蟄，一百廿日晴晝失。西鄰翁，歌苦寒，昨見示《苦寒歌》。束手三日書難觀。東鄰叟，歌苦雨，隔巷招邀期亦阻。皇天有意寬災黎，米價不復能居奇。昨朝三

十今廿五，只有菜把仍拖泥。米價稍平，惟蔬價甚昂。市沽常雜泥出鬻。君不見龍嘴灘，帆盡走；豬婆灘，停不久，銜尾糧船出京口。（《更生齋集》詩集卷三，清光緒三年洪氏授經堂刻增修本）

【廿四午後暫晴，翌日，復有雨意，再柬趙兵備】（其一）乞得田間自在身，課晴課雨閱昏晨。天山尙夢三時雪，人海初平十丈塵。浪說戈頭能淅米，幾曾釜底乞分薪。燒燈市外雲如墨，辜負風光過早春。（其二）東西街近屢經過，各有門迎八字河。此客半千殊未敵，買鄰百萬不爲多。書生絕檄曾磨盾，先生曾奉命參傅文忠公征緬甸軍事。逐客新疆偶荷戈。咫尺五湖煙水闊，得閒休負釣魚簑。（《更生齋集》詩集卷三，清光緒三年洪氏授經堂刻增修本）

【十七日趙兵備翼、蔣少府廷曜迭邀賞山查及杏花，薄晚歸，看燈作】查花紅，杏花白，兩地賞花日已夕。寬衣側帽行水東，卻好徑側來和風。趙家茶花甲城郭，赤幟當空日華薄。蔣家文杏種亦殊，昔時一株今兩株。闌干影裏分南北，花上晚霞皆五色。春花豔極乃不香，衹以顏色酣春光。風光只有花朝好，燕剪乍來蜂尙少。兩家觸客酒百壺，月出隔岸聞歡呼。樓臺一帶光凌亂，花影入波波亦絢。沿溪約略三兩家，歸客攀樹驚棲鴉。齋鐘初動客初醒，花外萬枝燈火影。（《更生齋集》詩集卷三，清光緒三年洪氏授經堂刻增修本）

【寒食巳刻，趙兵備翼招同趙比部繩男、蔣太守熊昌、莊宮允通敏、陳大令賓、劉宮贊種之小飲山茶花下，即席賦贈】萬花紅處屐初停，勝踏橋南百草青。此樹果然同晝錦，故交先已若晨星。十餘年前曾同盧學士文弨、莊明府繩祖讌此，今皆下世。才奇恥著《談龍錄》，席間主人論及近時人詩議極平允。屋廣仍餘旋馬廳。何幸洛中耆老會，始衰先得附頹齡。坐中客自八十至六十，惟余年僅五十餘。（《更生齋集》詩集卷三，清光緒三年洪氏授經堂刻增修本）

【趙兵備詩來嘲余牡丹未開遽爾召客因走筆用原韻作四百二十字報之並邀同作】前日上巳過，後日穀雨至。天公逞春容，伎倆已畢試。惟餘木勺藥，牆缺尙需次。含苞雖未吐，已復極姿致。春鶯翩然來，蝴蝶各展翅。鄰家雙紫燕，日向闌楯伺。主人亦瞿然，此足助詩思。萬物取氣先，遲恐不及事。以口試問心，催花具當治。倘經三兩日，蜂蝶必大肆。成團舞花下，人反無位置。鄰翁顧相嘲，笑我先設施。何如花放日，花下具筵熾。看花仍縱飲，乃拜主人賜。不知主人心，蓋已有所自。流年如電掣，稍縱即欲逝。前時餞辛夷，欲待月十四。十三風雨破，白璧忽捐棄。留花無別法，只隔花下淚。因之悟消息，事事須早計。一觴兼一詠，庶不失交臂。諸公誠詩豪，亦可預先制。名篇早流播，

不使有疵累。又聞此花開，神僲定遊戲。以我廁其間，造物或者忌。何如先數日，看此欲開意。花光雖未破，先足嗅花氣。梨桃及棠杏，四美況兼備。縱然輸國色，紅白亦奇麗。午餘新月好，旭日又晴霽。譬如名姝來，先已媵姪娣。遲延至月望，花酒偏甲第。家家排花筵，勢必窮百味。而我先設餐，庶不哂粗糲。先生展然笑，此或自爲地。牡丹開十日，鶯栗又當替。藤花三兩架，紫豔半空蔽。芙蕖與金粟，一一緣此例。主人詞已畢，客或笑詞費。仍需罰主人，別具餅一筍。謝花兼謝客，並助詩氣勢。花月皆十分，何妨再揚觶？（《更生齋集》詩集卷三，清光緒三年洪氏授經堂刻增修本）

【趙兵備以十四日招客讌牡丹花下期以花朵絕小作詩解嘲因用原韻復得五百八十字答之】我家一叢花，發自月初九。將開及全放，自卯看至酉。凌晨攜臥具，月午佇尤久。今年比前年，花朵益穠厚。將傾十家產，約此數執友。忽然敲門來，遲到詩一首。千言何反覆，欲自飾忸忸。主人詞未畢，花已若蒙垢。我爲花歡息，轉向主人叩。解嘲既前作，賡韻曷敢後。名花同主客，兩造愈紛糾。今來展詩讀，花乃開笑口。主人非憎花，其實乃惜酒。酒才量升合，花敢大如斗。如能傾宿釀，日日約儕耦。更呼箏琵琶，花外小垂手。園亭雖未廣，水木足淵藪。池寧嫌屈曲，山不厭培塿。尋簹引窈尼，關港貯蝌蚪。斜飛紅蛺蝶，倒掛綠鸚鵡。花光既全舒，花蘊始盡剖。園花與園月，上下璧合紐。自然圍徑尺，益復致抖擻。酣春倚池臺，窺客入戶牖。黃紅紫墨綠，五色無不有。主人不負花，花肯主人負。今聞乃不然，花亦欲回詬。年前春乍半，挈棹至虎阜。買花先靳價，遂不計美醜。歸同薪把束，益致種雜糅。譬如龍鳳姿，肯齒牛馬走。名雖市娉婷，實則計子母。花神暗中笑，此老亦奚取。如何不自責，反使花受咎。不見劉中允，種之。不見蔣通守。騏昌。千金買傾國，臉杏臂則藕。錢刀惟不惜，貴在得幼婦。名花倚闌檻，靜女執箕帚。理固無不同，珍皆等瓊玖。主人讀新詩，唯唯又否否。花無纖介失，過總主人受。鼠姑開已徧，次欲到鴉舅。香丁紫瑣碎，荼甲黃蕾苦。翩反山櫻桃，旖旎水楊柳。蓺蘭成一頃，樹蕙又數畝。凡茲眼前景，均足佐樽卣。如思共晨夕，竝可約誰某。名花分向背，好友列左右。目成原不易，心賞亦非偶。闌干巡乍徧，墻角放偏陡。商量設几席，羅列到甕缶。肴寧侈水陸，囿自足筍韭。沿林采松蕈，搜徑覓竹鰡。將雛雉登木，合隊魚麗罶。山陰醅正熟，淮北麵須溲。一一炊濕薪，時時具乾糗。花前成勝賞，兼爲主人壽。我若醉百回，頹然亦成叟。（《更生齋集》詩集卷三，清光緒三年洪氏授經堂刻增修本）

【端午日偶成二首，即柬趙兵備】（其一）故人稱禁煙，不聞禁競渡。此如唐水嬉，亦若漢賜醣。一年惟數日，犇走及婦孺。書生縱憂俗，施設當有素。調劑得其中，貴在審時務。何因興大獄？幾至成黨錮。甘陵判南北，此事匪細故。流傳到絕域，眾口尚含怒。欲救舉國狂，惜哉謀已誤。余昨歲入嘉峪關，即知里中因禁龍舟至興大獄。（其二）白雲一曲溪，夢寐三十載。流觀眼底人，已苦乏同輩。今晨新雨霽，耕者釋耡耒。萬屐鏗有聲，紛然聚闤闠。榴花紅似火，村女滿頭戴。橋左幔已張，溪光疊晴晦。沿溪尤曲折，窗牖分向背。龍舟銜尾至，畫舫亦成隊。俗奢原可慮，幸此豐歲再。江魚頻入饌，山果隨所愛。水明樓上望，趙傁已先在。相應攜蒲觴，終日與晤對。（《更生齋集》詩集卷三，清光緒三年洪氏授經堂刻增修本）

【雲溪競渡十二首（其九）】占得雲溪好景多，前門船向後門過。詩翁在住人能識，八字門臨八字河。趙兵備所居前後皆枕溪。（《更生齋集》詩集卷三，清光緒三年洪氏授經堂刻增修本）

【趙兵備以地理數事見訪，因走筆奉答，猥蒙長篇獎假，並目爲行祕書，因率成四截句酬之，即戲效其體】（其一）百篇君有連城璧，萬卷吾無紀事珠。一賦十年如製就，願同迻載注《三都》。（其二）尚慚正卯記醜博，敢說師丹老善忘。莫更一瓻緣舊例，次公猶恐醒而狂。來詩欲緣借書之例，問一事即贈酒一瓻，故戲及之。（其三）一巷東西本接連，數椽應愧卜居先。倘逢欸戶求文者，大作家今在那邊。（其四）三伏將臨九夏長，不辭揮汗走門坊。奚奴拍手還相笑，此兩閒人何大忙。（《更生齋集》詩集卷三，清光緒三年洪氏授經堂刻增修本）

【趙兵備翼以所撰唐宋金七家詩話見示，率跋三首】（其一）一事皆須持論平，古人非重我非輕。編成七輩三朝集，好到千秋萬世名。未免尊唐祧魏晉，欲將自鄶例元明。塵羹土飯真拋卻，獨向毫端抉性情。（其二）詩家別集已成林，一一披沙與檢金。作者眾憐傳者少，前無古更後無今。法家例句平心斷，大府文非刺骨深。卷卷漫從空處想，就中多有指南針。（其三）名流少壯氣難馴，老去應知識力真。七十五年才定論，一千餘載幾傳人？殺青自可緣陳例，初白查難躡後塵。君意欲以查初白配作八家，余固止之。只我更饒懷古癖，溯源先欲到周秦。余時亦作《北江詩話》第一卷，泛論自屈宋起。〔附和作：趙翼武進〕（其一）詞客低昂本不平，品題間弄腐毫輕。但消白首無聊日，豈附青雲不朽名？老始識途輸早見，貧堪鑿壁借餘明。洪崖拍手從旁笑，猶是燈窗未了情。（其二）何限紛紛著作林，揀來祇剩幾銖金。論人且復先觀我，愛古仍須不薄今。耳食爭

誇談娓娓,鼻參誰候息深深。錦機恐負遺山老,枉度鴛鴦舊繡針。(其三)晚知甘苦擇言馴,一代風騷自有眞。耄學我悲垂盡歲,大名君已必傳人。幸同禪窟參三昧,不笑元關隔一塵。從此國門縣《呂覽》,聽他辨舌騁儀秦。(《更生齋集》詩集卷四,清光緒三年洪氏授經堂刻增修本)

【將至旌德,趙兵備翼枉詩相餞,未暇報也。山館無事,戲作長句柬之,並約同遊黃山】逐臣初歸戀鄉土,日日醉眠腸欲腐。有花即向花前飲,不問誰賓復誰主。少年英英丁與陸,明經履恒、孝廉繼輅。跌宕文場氣頗粗。就中我敬西頭趙,七十高年健如虎。哦詩一字不相讓,往往雷霆雜吞吐。牡丹八首尤奇絕,老筆轉能生媚嫵。百年文獻差不愧,一輩賓朋試重數。忘筌莊叟善高論,中允通敏。荷鍤伯倫稱大戶。舍人召揚。沈吳近又結詩社,廣文元輅、封君端彝。劉蔣頻招宴花圃。太守熊昌、總鎮煊。賽神我憶月廿三,去歲二月廿三日清明。競渡人喧日端午。波光已覺淨如綺,筆力復看強過弩。座中詩派判唐宋,壁上兵鋒看秦楚。危詞縱累十二碁,定律不差分寸黍。便教長樂嚴刁斗,敢與淮陰鬥旗鼓。強梁幾欲扛周鼎,弱肉何堪試蕭斧?叢譏杜老作詩瘦,轉學荀卿著書苦。此來百里程迢遞,實避千言氣莽鹵。仍攜季豹同趨塾,時挈兒子符孫入塾。未礙伯鸞居賃廡。萬山已距南來轍,一屋只開東向戶。三天子障肩堪並,五老人峰頭復俯。九華山距此不及二百里。雲光破曉嵌眉睫,清氣歷時克肺腑。恥同詞伯競壇坫,可許散僊居洞府。狂遊尚未卜時日,鄙意終須待儕伍。我餐黃獨纔匝月,君跨青驄去何所。時聞有吳門之行。名山欲入先鼓興,此老若來當步武。朱砂泉記仍可續,紅杏原詩不須補。緩程水定由青弋,回路嶺仍登白紵。狂思策蹇升龍脊,醉或然犀燭牛渚。餘閒並可覓酒人,陳巡撫淮近寓居蕪湖。得暇未妨談食譜。君如爽約當有說,意必兩端持首鼠。蹤疲既畏行客笑,句劣或恐山靈侮。興公果係天機淺,安石輒爲人事阻。縱然曳踵看山色,應悔埋頭住江滸。溪南帆席不肯掛,屋北降旗定須豎。歸時擲示一巨編,讓我長歌擅今古。(《更生齋集》詩集卷五,清光緒三年洪氏授經堂刻增修本)

【新正十九日,趙兵備翼招同莊宮允通敏、劉宮贊種之暨舅氏蔣檢討衡湛貽堂雅集,適同年曾運使燠過訪,遂並邀入會,並詞館也。兵備作三詩紀事,余依律奉答,並寄顧修撰皋、莊吉士騤男、謝吉士幹是集本約三君,修撰以道阻,二吉士以屬疾,皆不至】(其一)堂高眞認大羅天,五輩飛僊一謫僊。同羨玉皇香案吏,仍參絳縣老人年。檢討舅氏以年過八十賜第。已甘名士稱龍尾,里

中同館，余齒居末。曾與將軍導馬前。吾謫戍伊犁，將軍每出，多使余前馬。近日蓬
瀛重預會，尚疑枚乘是張騫。（其二）一院陰陰覆薜蘿，清談原不沸笙歌。筵
前客尚遲三少，修撰及兩吉士。座末人猶冠七科。余於詞館爲後進，然下距壬戌新
及第諸君子，已屬七科前輩矣。選日早欣傳里黨，使星偏欲駐巖阿。運使以公事赴
吳門，歸途阻凍，留宿余舍。揚州金帶圍休羨，只此梅花瑞氣多。（其三）屈指先
庚與後庚，兵備以庚午鄉舉，余以庚子，前後卻三十年。迢迢卅載許齊名。登科記
憶蘇和仲，諫獵書慚馬長卿。九秩乍開稱晚進，檢討舅氏，年已近九十。宮允與
余皆舅氏執經弟子。一堂分半禮先生。家風雪窖冰天慣，敢詡彎坡世澤清。先文
敏謝啓有「父子相承，四上彎坡之直」云云，用及之。（《更生齋集》詩集卷六，清光緒三
年洪氏授經堂刻增修本）

【十七日消寒第七集，楊上舍槐招同趙兵備翼、莊宮允通敏、劉宮贊種
之、金太守棨、方明府寶昌早飯石竹山房，復至秦園茶話始別，分體得五古一
首】春筍未及抽，石竹已成列。草堂花氣暖，無異譙春日。主人工治饌，廚
婢亦修潔。溪魚及園韭，日昨已梳別。樽羅會稽釀，盤滿洞庭橘。寧惟充口
腹，志意亦怡悅。尤欣嘉會早，譙罷日方昃。復有縮地方，秦園茗堪啜。宅北
有茶亭，仿錫山秦園爲名。（《更生齋集》詩集卷八，清光緒三年洪氏授經堂刻增修本）

【自琴溪歸里，頻日趙兵備翼、方大令寶昌聯舫約觀競渡，率賦一首，
即和兵備原韻】琴高溪前雨模糊，銀林壩頭啼鷓鴣。客行時復問來艇，競渡
消息傳聞殊。蠡河橋畔忽狂笑，龍尾已揭龍身趨。初三國忌初四雨，初五淡
日泥金塗。遂令畫舫塞河滿，幔曳五采簾垂珠。官河見舫不見水，萬艇直接
三橋鋪。三龍出水各遊戲，東龍青色西龍烏。層層幟斝逼天半，一繖竟比高
浮圖。誰憐霖潦及五月？三田之麥半已枯。朝來入市糴斗米，案上三百攤青
蚨。民之蚩蚩竟何意？飯可不飽船先租。白雲溪接北關口，夜半月出猶歌呼。
水嬉六日費十萬，五坊質庫錢已無。諸公半有牧民責，俗奢示儉當何如？我
今責備所不到，罷體久已成農夫。雖然瓶罄亦須恥，遣悶聊爾傾百壺。君不
見，三斗五斗酒可沽，千聲萬聲雨腳粗。雨龍天外忽飛掛，水中龍畏眞龍乎？
（《更生齋集》詩續集卷一，清光緒三年洪氏授經堂刻增修本）

【題趙兵備翼《秋山晚景》長卷】（其一）疾雷激電破山出，我自讀書君
賦詩。只覺靜中皆有會，滿坡黃石點頭時。（其二）利名心並析秋豪，珠玉叢
中壇坫高。十萬黃金詩一萬，送君歸老亦堪豪。（其三）卅年前苦較文忙，垂
老都成陸氏莊。費制使淳、蔣漕督兆奎，前後皆出公門。江左淮南諸節使，歲除爭

饋束脩羊。（其四）哦詩長日許隨肩，一巷東西屋接連。只我居貧最無賴，乞君千萬買鄰錢。（《更生齋集》詩續集卷一，清光緒三年洪氏授經堂刻增修本）

【趙兵備枉贈詩有「虛名若論時長短，縱不千年亦百年」二語，爰廣其意，戲簡一篇】長即壽金石，短或同蟪蛄。若只一百年，何足論有無？先生夙工長短篇，若論律體尤精妍。昔人所云銅頭鐵額五百漢，究不若先生銅牆鐵壁五百間。先生自言七律愜心者五百首。珊瑚出海霞滿天，精采下照千餘年。昨來惠我紙一張，大匠僞謙乃如此。王楊盧駱等閒耳，甘以浮名讓餘子。我生孤露奚足言，長亦世事相拘牽。雄心已徂落日邊，半共草木同酣眠。雖然生氣存，不與物並萎。無論文體荒，無論詩格卑。我即不好名，名或欲我隨。世間有盛必有衰，五百年內吾能知，五百年外或者難支持。（《更生齋集》詩續集卷一，清光緒三年洪氏授經堂刻增修本）

【趙兵備見示題《湖海詩傳》六截句，奉酬一首】六百家詩六十年，始於乾隆之元。定知誰可繼前賢。虛期識力超今古，卻以科名派後先。舊雨諒難忘沈趙，沈尚書德潛爲王侍郎詩派所自出，趙兵部文哲又其患難友也，故所選獨多。邊風采不到黔滇。靈光一老仍無恙，畢竟輸渠筆陣堅。（《更生齋集》詩續集卷一，清光緒三年洪氏授經堂刻增修本）

【前題趙兵備行卷有「十萬黃金詩一萬」之句，兵備復枉詩相嘲，爰戲答一篇】此閒歲暮偶苦貧，奇想乃欲富以鄰。適逢巨軸擲案上，白鬢紅頰此老何精神？人思黃金鑄越臣，不知臣家金穴原等身。牙籤玉軸中，偶爾一欠伸，下視黃鐵同黃塵。君家富術可傳世，不積俸錢惟積贄。先生居官極廉，歸里後以授徒起家。廣陵絳帳設五年，秦賈越商皆列侍。經生此席本寒乞，從此入門饒利市。楊侯百物知低昂，桓寬鹽鐵論亦詳。不資富或由此始，坐令儒術生輝光。一金一幣用有方，任氏家法更而能周詳。君不見，東鄰生亦粗成章，賣文諛墓何皇皇！歲入僅可升斗量，翻令此老笑口張，甚或妒此戔戔囊。又不見，賣文無論錢有無，究不若田文薛縣日日收市租。即有諛墓文，較及兩與銖，總不若張說橫財乃有三十鑪。我言十萬信不虛，質庫況而盈吳趨。子錢及母錢，疊日飛青蚨，努力可望猗頓兼陶朱。我言虛，我受誣，君亦莫更欺狂奴。君不見，狂奴逼歲氣更粗，買鄰十萬何不即日輸？不然欲向畫上此老日日追前逋。（《更生齋集》詩續集卷一，清光緒三年洪氏授經堂刻增修本）

【今歲孫上舍振學九十，趙兵備翼八十，吳上舍騏七十，其弟上舍彪五十，趙司馬懷玉六十，汪上舍熹、吳大令階並五十，將以二月二日合宴於更生齋，

並招將及八十之孫封翁勳、楊刺史奎、吳封翁端彝、劉總戎烜，將及七十之陳大令賓、金太守棨，將及六十之楊兵備煒、方大令寶昌，同集十四客，合計千年，亦里中盛事也。率賦此章，並邀座客同作】社公生日茅筵開，相約北巷南鄰來。大年期頤次亦叟，一一同傾社公酒，更願人同社公壽。孫翁九十兩頰紅，八十趙叟顏如童。吳家兄弟誰能及，弟已五旬兄七十。街西短趙風格妍，六十與我相隨肩。辛夷花開玉梅放，坐上高年氣仍壯。永嘉柑子支硎梅，螺蛤昨又來東臺。更生齋接卷施閣，一石飲完愁不足。金楊兩守楊蠻州，入坐如虎元戎劉，誰復善嘯誰工愁？孫、吳兩封翁。主人六一翁後身，今歲適開六一樽，坐上客壽剛千春。一堂英英皆壽考，九老外仍餘五老，此會群儔亦應少。春燈初然春燕來，明日主客帆皆開，吳大令及余皆以明日束裝。更約明歲傾春醅。君不見，社公生日耆英會，此會年年願長在。社公醺醺亦微醉，屋外春燈響如沸。（《更生齋集》詩續集卷四，清光緒三年洪氏授經堂刻增修本）

【趙兵備翼八十索詩，率成二律】（其一）雲龍追逐願寧虛，一巷迢迢共卜居。同里又兼同館晚，大名剛稱大年初。年來老輩零落殆盡，惟公靈光巋然，於是益享大名。齊聲久愧荀鳴鶴，為尾真輸華子魚。絲竹滿堂賓滿坐，興闌我亦夢華胥。（其二）春華秋實久分途，公獨能兼錢、少詹大昕。蔣、編修士銓。盧。學士文弨。傳世才仍工應世，里儒識本遜通儒。平心論斷追收、約，快意詩篇到陸、蘇。青史他年要專傳，一編文苑定難拘。（《更生齋集》詩續集卷五，清光緒三年洪氏授經堂刻增修本）

【朱方伯勳招飲，即席用趙兵備翼韻奉贈一首，並柬陳司馬玉】一樹梅花訂古歡，卅年高會續長安。方伯及座中陳司馬，皆三十年西安舊交也。紙窗竹屋連番雪，玉宇瓊樓此夜寒。客至最憐情似舊，春來已覺夢無端。闌干影外雙紅袖，白髮詩人耐久看。司馬眷烏衣橋西王校書，曾徒步過訪。（《更生齋集》詩續集卷八，清光緒三年洪氏授經堂刻增修本）

【十八日蚤起曙華臺翫雪作，即柬趙兵備翼、莊徵君宇逵】憶從經冬來，日望雪盈尺。今朝殘夢醒，一白入簾隙。推窗先失喜，二寸堆屋脊。門前送人處，忽已沒來迹。寧惟蘇菜把，先喜潤原麥。陰風籠大地，寒氣斂入極。老子攜一壺，公然肆登陟。孤吟須欲凍，題句硯先炙。莊生仍鼓興，是日徵君作消寒集。趙叟久局蹐。誰復肯尋詩？來招阮孚屐。（《更生齋集》詩續集卷九，清光緒三年洪氏授經堂刻增修本）

吳錫麒

【和趙雲崧前輩翼《美人風箏》六首】（其一）眼看彼美信嬋娟，學取飛鴻態度翩。天末懷時愁渺渺，掌中放出舞偓偓。惺忪夢雨三生妬，婉轉情絲一縷牽。多謝兒童相送起，裙腰芳草畫橋邊。（其二）蛾眉莫怨受人牽，似此吹噓力不微。活活雲如迎楚女，珊珊骨許借湘妃。騰騫細擘留偓縐，沖舉新披入道衣。較得西施幾文值？餳簫聲裏看場圍。（其三）心事箋天脈脈通，遊絲暗裊曉光融。沉魚定誤姮娥影，顛鶺翻連少女風。咳唾不爭珠錯落，珮環時響玉玲瓏。息肌乞得神方好，撒手居然上碧空。（其四）姿盧豈是捉迷藏？轉側俄成半面粧。玉宇高寒矜翠袖，銀河清淺阻紅牆。最防霧市迷三里，慣弄霞機賽九張。指點雁程餘字在，練裙濃染墨生香。（其五）也如團扇隔經年，重曳東風意渺然。千里飛身前出塞，九霄結伴小遊僊。翩翩體自輕於燕，戍削肩還瘦似鳶。脂粉畫家塗抹好，清明一幅上河傳。（其六）年華太息逐波流，爭得煙雲幾日遊。落拓但愁龍出骨，登臨除是蜃為樓。衖城路遠何從覓？月窟人孤未可留。百丈相思收線早，夕陽春掩小門幽。（《有正味齋詩集》卷九，清嘉慶十三年刻有正味齋全集增修本）

【輓趙雲崧先生二首】（其一）歸田歲月不因循，撐住千秋仗此身。夢老一婆談富貴，詩拚全力注精神。傳衣何敢論桃廟？麒與先生故有淵源，而先生自謂己在從祧之例。籌筆頻教洗劫塵。緬甸、臺灣，先生曾兩襄軍政。今日名流誰老輩？讓公出處作完人。（其二）綠楊城郭一尊同，說史談經論最雄。慚愧替人函丈地，公先主揚州安定講席，後余繼之，今已十餘載矣。遲回弔鶴隔江風。勞勞白髮偏憐我，莽莽青山竟返公。惆悵顧塘橋下水，無言空咽夕陽中。（《有正味齋詩集》續集卷八，清嘉慶十三年刻有正味齋全集增修本）

趙懷玉

【蔣上舍騏昌招同家觀察翼、莊明經炘吳門泛舟】故人攜酒獨殷勤，問水尋巖到夕曛。座上客如王內史，畫中山似李將軍。浮名商略誰千古，勝日芳菲已十分。莫道春遊容易合，年來多半是離群。（《亦有生齋集》詩卷四，清道光元年刻本）

【奉贈家觀察翼】（其一）得祿重思負米年，不曾五十便歸田。蒼生冐竟忘安石？老姬偏能解樂天。底事神僊尋苦縣？早參侍從列甘泉。松窗定有關情夢，夢到斜稜月正圓。（其二）烽煙回首劇心驚，跕跕飛鳶墮水聲。已悟百

年成短劫，每從七字設長城。弓衣曉出諸蠻洞，羽檄宵傳上將營。何似江邨閒課子，舍南舍北狎鷗盟。（其三）學到深時意轉爲，名山那計淺人窺？眼中餘子容身許，身後相指竟屬誰？三島鶴非塵世玩，一丘貉繫古今悲。辱贈詩有「時輩徒喧貉一邱」句。殷勤獨厚吾宗寄，慚媿韓陵寺裏碑。（其四）清秋雲漢皎穹旻，近事年來憶丙申。屢爲耕桑策平準，轉於鄉國補經綸。丙申春，先生營里中賑事甚力。民方待牧思齊相，我久懷憂類杞人。出處不妨同努力，名高豈獨在鱸蓴。（《亦有生齋集》詩卷六，清道光元年刻本。《甌北集》卷二四《次韻酬族孫映川題贈之作》附）

【和張舍人塤同直西苑之作】挑鐙重證未寒盟，話到名場轉畏名。幾輩人誇致身早，千秋吾敢與君爭？夜涼風露催虯箭，天近星河接鳳城。卻憶故園臣叔老，謂家甌北先生。滄江歲晚屢心驚。（《亦有生齋集》詩卷七，清道光元年刻本）

【家觀察翼七十初度，詩以寄祝，即用壬子秋送別元韻】（其一）廿載懸車久，今年杖國縗。神僊誰得地，中外共稱才。書著蘭陔暇，人登蓬頂來。最欣初度日，恰值嶺梅開。（其二）宦跡粵黔遠，家風琴鶴清。檄曾揮幕府，詩每紀遊程。傳世方爲壽，藏山必擇名。一編流播處，萬口誦同聲。（其三）樂事天倫備，韋經教不違。籤看啓瓊笈，郄喜繞斑衣。已擢桐枝秀，頻添椿樹圍。祝公無傑句，慚附塞鴻飛。（其四）晚菘鄉味好，春酒壽杯深。雲樹三千里，音書一寸心。思歸猶緩緩，爭道任駸駸。相約隨鳩杖，重披選勝襟。（《亦有生齋集》詩卷一五，清道光元年刻本）

【家觀察翼八十】（其一）懸車猶在艾耆前，家銜棲遲過卅年。東海太公天下老，西清舊史地行僊。粉榆福要追攀少，松柏姿原稟受全。恰好小春娛大耋，嶺梅香裏泛舠船。（其二）早直樞庭視草勤，旋看五色現臚雲。一時館閣推前輩，萬里蠻荒頌使君。但得鶴琴堪作宦，偶攜書劍便從軍。去思碑在邊民口，何止銘山侈戰勳。（其三）幾穿木榻歷多春，結習叢殘晚更親。談到古今胸有竹，拈來風月筆無塵。行辭鳩杖爭誇健，著敝狐裘豈爲貧？占盡名山垂不朽，只論詩已是傳人。（其四）肯因駐景覓神方，炳燭還同日出光。視聽不衰仁者壽，子孫逢吉世其昌。閒中話舊餘豪氣，老去憐才尚熱腸。公到九旬吾七十，好援陳例祝如岡。（《亦有生齋集》詩卷二二，清道光元年刻本）

【立春前一日，朱方伯勳讌集同人，次家觀察翼韻】條風將至臘將殘，青韭黃柑各入盤。尚齒筵尊三老座，分曹酒合衆賓歡。打春且趁觀如堵，降澤寧煩禱向壇。畢竟郇公廚有味，調羹仍不廢寒酸。是日設齏羹。（《亦有生齋集》

詩卷二四，清道光元年刻本）

【是日同人飲集施有堂，家觀察翼有詩，次韻】剪綵爲人節物更，介公眉壽特稱觥。春盤列設聊從俗，食譜粗諳敢謂精？冒雪客多攜笠屐，消寒酒易盡盃鐺。齒尊座反甘居下，除卻詩篇靡有爭。　　〔附原作〕酩酥送暖歲初更，鄉飲連朝遲治觥。數見不鮮人太熟，後來居上饌逾精。袞如史相隨年杖，酒罄陳暄折腳鐺。笑我已甘辭首座，以主人族誼，不敢當首席之尊。漁樵席上不須爭。（《亦有生齋集》詩卷二五，清道光元年刻本）

【家觀察翼重赴鹿鳴筵宴次韻】（其一）也爲槐花幾度忙，即今魯殿巋靈光。六庚重讀《登科記》，一甲曾超選佛場。氣可作時餘鼓震，鋒經試後善刀藏。當筵多少新先輩，應其持杯勸索郎。（其二）卜築居然繼陸邨，白雲谿正繞衡門。老能矍鑠眞天授，壯遂優遊是主恩。高臥笑人流作枕，狂言恕我屋爲襌。生年卻媿逢丁卯，編集無由附許渾。（其三）爾云初步接脩程，孤進還丹體自輕。採菊種松榮晚節，吹笙鼓瑟沸新聲。久知輿望如瞻岱，且喜詞源尙倒瀸。一任錦坊花樣改，總敎不負讀書檠。（其四）卅載滄州與鷺盟，回思燒尾未望情。繡衣脫覺田間樂，青史傳多榜上名。舊跡再尋仍桂苑，齊年細數只桐城。謂姚比部萇。會看三世同嘉宴，雛鳳爭隨老鳳鳴。先生攜子、孫同赴省試。（《亦有生齋集》詩卷二六，清道光元年刻本）

【題錢文敏維城畫卷並序】吾鄉畫家自惲正叔後，惟錢茶山尙書足以接武。正叔以韻勝，尙書以魄力勝也。此卷渾厚華滋，合元四家爲一手，以較麓臺魄力，殆欲過之。乾隆甲午，尙書弟季木維喬屬題，爲賦五言古詩一首。庚子召試，出南昌彭文勤元瑞門下，文勤猶述及此詩，以爲知余者先在此也。今爲休寧汪氏承爃藏弄，物得所歸，亦可無憾。惟卷中人墓俱宿草，存者獨予與家甌北先生翼爾。披展數四，殊深今昔之感，因成二絕云。（其一）尙書遺墨孝廉船，往事回頭已卅年。誰料桃花潭水上，重參舜舉畫中襌。（其二）題詩都是舊詞臣，少日塗鴉媿步塵。且喜容揩雙老眼，天留後死話前因。（《亦有生齋集》詩卷二八，清道光元年刻本）

【哭家觀察翼】憶我與公別，於今已三年。自聞歸道山，四序亦再遷。病衰心久枯，欲誄難成篇。以我知公深，用敢縷述焉。公少本孤露，聲華早騰騫。才堪十人了，科占一甲先。遂紆羊城綬，更建牂柯旆。中外既敭歷，奉母歸林泉。素志殷撰述，宦情澹雲煙。吾鄉號詩國，湘靈倡於前。公起振興之，壁壘成新鮮。隨園與藏園，世多願執鞭。公揖讓其中，鼎足而比肩。老尙賈餘勇，矻矻窮殘編。海內數耆碩，晨星布遙天。年來漸殂謝，靈光獨歸

然。謂予可論文，甘苦人難詮。欲助剞劂資，俾附梨棗傳。其事雖未成，其語心常鐫。瀕行扶杖送，款款情纏綿。書來喜紙貴，昨歲書至，自言著述流行之廣。猶未名心捐。嗟我攀手足，聞公善餐眠。康疆乃先逝，痼疾反苟延。公望自不朽，公福亦已全。所嗟典刑喪，並失文字緣。臨風向東望，老淚徒漣漣。（《亦有生齋集》詩卷三○，清道光元年刻本）

張雲璈

【教授李薔生同年保泰五十初度，有詩述懷，奉和八章，以當祝嘏（其四）】慷慨悲歡總合併，生來於世豈無情？談深往事心多壯，身過中年氣漸平。騎馬不妨逢醉後，舁籃長見踏花行。定知好句飛蝴蝶，早有東坡識姓名。謂趙耘菘先生。（《簡松草堂詩文集》詩集卷十一，清道光刻三景閣叢書本）

【謁趙耘菘觀察歸後，復展《甌北集》快讀之，走筆為長歌奉簡】讀詩未與公相見，但識性情不識面。見公還復讀公詩，面目性情纏一片。今人不敢薄，古人良可愛，古今何必分兩界？公身本與今人居，公詩早入古人派。有時麗而雄，直上閶闔排天風。榑桑日紅九州曉，千門萬戶開漢宮。內有鼓鐘隱隱，羽葆童童，望之不可見，疑在五色雲氣虛無中。有時奇而險，摩厲以須刃將斬。語如齊諧未易測，勢比岳軍那許撼。大眼髻高繫繩走，沉光肉輕透空閃。臨崖能垂二分趾，殺賊全憑一身膽。紛紛餘子舌盡撟，坐令有口開不敢。先生笑把降卒驅，四十萬人都入坎。有時奧而博，百家廿一史，一一恣騰躍。錦被策孝標，寸栗疏沈約。羊腸地惟崔頤知，長頸事疑劉杳作。呂蒙讀易噬相語，崔浩爭義鬼為愕。戴憑五十席屢重，長謙八千紙非略。豈徒割錦畀邱遲，定教開口唾鄭灼，以公較之更綽綽。恨無西崑箋，敢將《論衡》攫？讀之往往如異書，疑入瑯嬛之洞天祿閣。數其大者已難朽，其餘眾家之長無不有。開卷不知誰好醜，但見少陵聖，青蓮僊，長吉鬼，玉川怪，都來行閒絡繹而奔走。讀詩我惟有一口，作詩公如有十手。不然何以使我披之不及覽之不盡只向空中亂點首？玉堂僊人剖符竹，更抗顏行換均服。壯士帳中頭作枕，參軍營前血書牘。酒杯熱散鬼門雲，臥氈冷藉尸陀肉。虎牙兵代錦囊奴，羊皮紙寫鐃歌曲。蠻姬織句馬前看，戰魄聽詩山下哭。公詩萬怪已惝惚，奇境又復刱其局。我讀公詩不敢熟，只恐常在胸臆閒，定有戈矛森森穿我腹。天生人物自有數，袁蔣同時名共著，不能相越但揣扮。隨園老人幸早作前輩，故得先公占聲譽。西江太史知鼎分，掉頭竟爾修文去。我曾見

袁未見蔣，如斯之人豈輕遇？籲嗟乎！如斯之人豈輕遇！自合同將五體投，屏圖絲繡黃金鑄。不知何物狂書生，長揖向公毋乃倨。桐鄉程孝廉拱宇，畫《拜袁揖趙哭蔣圖》，謂公及簡齋、心餘兩太史也。事見集中。(《簡松草堂詩文集》詩集卷十一，清道光刻三景閣叢書本)

【銅鼓歌用昌黎石鼓詩韻爲趙觀察賦】耘菘先生雅好古，示我銅鼓徵長歌。我曾聞鼓今始識，無由數典將如何。地官鼓人掌六鼓，用節樂舞和干戈。鞞人皋陶冒以革，瑕環漆理常瑩磨。不聞範金有殊制，此義未免煩搜羅。伏波將軍平交阯，歸鑄馬式高巍峩。儀帛謝丁備骨相，卓立宣德依垂阿。彼時駱越得銅鼓，改作不怕蠻酋阿。其名所起昉自此，謂出梁代將毋譌？見宋史繩祖《學齋佔畢》。此鼓形模類腰鼓，通身細鏤文如蝌。身高三尺面加博，中臍隱起鳴潛鼉。聲洪不比吳郡石，無煩更削龍門柯。雷霆精銳掩耳走，回首壁上看飛梭。當時鑄此亦匪易，不知幾費登伽佗。南蠻鑄金錢如半月形，名登伽佗。見《唐書》。鑄成廣庭大眾集，金釵爭拔蠻方娥。殺牲高會賀都老，咂酒競如馬飲沱。由來圖譜不一載，博物枉自誇宣和。武鄉南征亦置此，此中豈必皆同科。三川百粵所在有，冒名諸葛何其多？今皆呼爲「諸葛鼓」。苗氏得此便雄視，其直可敵千明駝。南海神祠有二鼓，土人考擊常來過。一出峒戶一潯水，兩兩相對如相磋。小長蘆叟有紀載，坐想鳴應寒潮波。惜哉二鼓未得見，得見此鼓心無頗。去年湖湘滋蠢動，六師所向邌敢他。睢盱萬眾崩厥角，方物競獻無婀娜。此鼓縱有曷足貴？棄之誰屑爲摩挲。錞于之制似先此，古意合供山齋哦。先生擁旄在黔粵，行軍夏復參鸛鵝。當時未嘗有此鼓，薏苡不受讒言那。湖山今養卅年福，壽堅金石無轗軻。花苗打鼓誦公德，歌者豈無曳落河？知公對此懷舊治，努力明德非蹉跎。(《簡松草堂詩文集》詩集卷十四，清道光刻三景閣叢書本)

【輓家友棠孝廉二首（其一）】廿年客揚州，交君良有因。況屬同姓誼，居然兄弟親。常時快持論，意氣夐無人。甌北老月旦，二張宮比倫。趙雲松觀察嘗稱君與予爲「二張」。我方抱慚惶，君乃不怒嗔。頻年打骴骳，每慮傷其神。昨歲喪所愛，欲語含酸辛。我怪君氣索，往往不自振。果以金閨彥，遽委邙山塵。君住東門隅，我住西城闉。迢迢八九坊，如隔天河津。過從或時嬾，不見動數旬。前日造我廬，頗覺笑語頻。一別轉瞬閒，竟將鬼籙掄。至今十日來，未信此事眞。(《簡松草堂詩文集》詩集卷十五，清道光刻三景閣叢書本)

【李嗇生同年出其嘉慶元年以後詩，屬予刪訂，並以五言三十韻先之。依韻奉呈】廿載同為客，相看每惘然。不成王粲賦，空傍伯牙絃。書臢三千管，吟輸九萬牋。蓬山春自遠，桂苑藥常聯。阮籍難為眼，洪崖易拍肩。寧教投蚓見，甘作拔茅捐。名紙書生謁，頭衙太祝遷。顛當牢舊穴，脈望守陳編。座覺流塵滿，園稀束帛戔。我應隨地拙，君自及身傳。司馬先分簡，揚雄慣握鉛。悠悠長送日，矻矻每窮年。兆得三鱣降，窺將一豹全。鄭籃思共舁，徐榻幾曾縣。自有眸雙炯，誰嗤膝並攣。芷蘭同臭味，香火結因緣。交合隨龍化，文防惕蜷蜿。昨朝過陌巷，相對坐寒氈。金石當前攦，風花著意牽。片言驚警策，一字媿名賢。規矩前修合，丹黃大筆先。前此詩槀為趙雲松觀察點定。唾壺酣後擊，石鼎睡餘煎。賈勇超三百，稱名類半千。騷壇欣有主，裨將分居偏。對李真堪御，逢盧詎敢前？奇文看幟樹，餘伎亦波沿。君精於古文，詩其餘事耳。宅喜東西接，牀應上下憐。底須憂契闊，久願得周旋。歸思濃於酒，襟期澹似禪。不勞嘲飯顆，元髮早成宣。（《簡松草堂詩文集》詩集卷二十，清道光刻三景閣叢書本）

【舟過毘陵，喜晤趙雲松觀察，即次《八十自壽》八首原韻奉呈】（其一）東風吹送隔江塵，早識先生杖底春。沐並已疑前代客，敏中原是耐官人。文章聲重誰同價？簾溷花飛定夙因。一落空山三十載，天教養就不凋身。（其二）漫說躬耕二頃田，此生原住大羅天。即教一面人爭識，不待千秋業早傳。隴北更無局岫意，江南先占買山錢。分明閱歷成桑海，結習難忘侍從年。（其三）真箇山中歲月長，從來三徑不曾荒。早時也作賃春計，此後都居衣錦鄉。畫戟香清凝燕寢，芙蓉江遠汎歸航。即今湖海餘豪氣，樓仰元龍百尺梁。（其四）從軍匹馬馭奔虹，誰信經生似子弓。只道風雲成上將，豈知翰墨有奇功。劍騰虎氣當杯熱，牋擘羊皮琢句工。洵是江山能有助，翻教回首百蠻中。（其五）如此雄才見亦稀，何須動與古人期？貔貅隊肅千門靜，閶闔風高萬羽馳。我法我行無倚傍，吾廬吾愛且棲遲。瓣香長合低頭拜，不在稱觴介壽時。（其六）枚叔每虞銜檄馬，苗君或作倒繃孩。常將跌宕平生志，來作牢籠一世才。說士至今猶掛口，種花何處不深培？酈生也復叨知己，曾醉當年北海杯。（其七）來往扁舟興未闌，當時常許見驂鸞。得遊原覺龍門近，欲附方知驥尾難。月榭風軒千鄴架，笠簷簑袂一漁竿。不才溫卷今如杵，安得無花老眼看？（其八）不是涪翁也號旛，蜀中稱尊老者為「波」，宋景文辨之，以為當作「旛」。黃山

谷在涪州，自號「涪皤」，見《愛日齋叢鈔》。堂堂歲月幾經過。英雄自昔無餘子，塗抹惟應屬阿婆。致仕邱爲身尚健，買花子野齒非多。我來正作添籌客，重挹汪洋萬頃波。（《簡松草堂詩文集》詩集卷二十，清道光刻三景閣叢書本）

顧宗泰

【過楊子江，重登金山，不及再訪焦山，次趙甌北前輩《渡江》詩韻】潮痕又此上春衫，重過波心愛翠巉。想到空時宜向岸，遊當佳處便收帆。人凌百尺江天遠，佛擁千花法界嚴。咫尺焦山橫夕照，何當乘興訪雲杉。（《月滿樓詩文集》詩集卷三十八《珠湖聽雨集》，清嘉慶八年刻本）

【懷師友】五十歸田愛澗谿，聲名袁蔣拍肩齊。凤塵洗盡矜新格，詩不驚人不肯題。趙甌北觀察。觀察年及艾即歸，不出，與子才、心餘壇坫鼎峙。《甌北集》字字莩甲新意，無一陳言。（《月滿樓詩別集》卷七，清嘉慶八年刻本）

張孟淦　字麗生，號雲齋。錢塘諸生，候選州判。著《紅薇館初槀》。

【讀族祖仲雅先生雲璈《食硯齋集》賦呈（其二）】小窗深夜月光流，一卷詩編誦未休。落筆果然搖五嶽，此才何患不千秋？冒教袁、簡齋明府。蔣苕生太史。名長占，竟恐韓、蘇死抱愁。太息先生信奇絕，撐腸挂腹有戈矛。集中贈趙雲崧觀察詩有「我讀公詩不敢熟，只恐長在胸臆開，定有戈矛森森穿我腹」句。（潘衍桐纂：《兩浙輶軒續錄》卷二十，清光緒刻本）

吳孝銘

【恭賀太老夫子大人重赴鹿鳴原韻】（其一）重見槐花舉子忙，大江南北朗奎光。凌煙諸將追麟閣，霖雨元公賦鹿場。彥伯萬言供吐納，啓期三樂證行藏。分明領袖群僊會，莫認頭銜是漫郎。（其二）榮非朝寧隱非邨，訂史吟詩學士門。卅載林泉耆舊福，兩期黼黻聖人恩。題籤已奪蛟毫褥，曬軸寧懸犢鼻褌。六十年來三百卷，詧沾膏馥味渾渾。（其三）更溯從戎萬里程，受恩不覺此身輕。雄關明月增詩思，勁旅炎荒遍凱聲。兵氣潛消歌盛世，文光朗耀漫寰瀛。弓衣畫盾歸裝釋，依舊編蒲映短檠。（其四）小子堪尋舊日盟，太夫子辛未取教習，與先大父同年。況兼私淑又同情。敢誇後輩從前輩？差幸微名附盛名。福地有緣容校籍，木天得路勝兼城。區區不負登科意，瓦缶慚庚韶護鳴。　　門下晚生吳孝銘呈稿（《西蓋趙氏宗譜·藝文外編》）

楊夢符

字西傳，一字與岑，號六士，山陰人，陝西籍。乾隆丁未進士，官刑部員外郎。著《心止居詩集》。

【贈松崖銀臺】一時輪轉總隨方，模範咸推子駿良。曾以五年成國史，更憑一疏論河防。故人趙史自註：謂甌北、卓峰。知同在，秋後蒪鱸喜共嘗。望裏青山眞面目，好官難得是江鄉。（潘衍桐纂：《兩浙輶軒續錄》卷十四，清光緒刻本）

法式善

【答趙雲松翼觀察】吏治海南盛，詩才甌北強。山林屬耆舊，館閣重文章。下筆有袁蔣，子才、心餘。讀書無漢唐。過江諸老在，公絕似襄陽。（《存素堂詩初集錄存》卷二，清嘉慶十二年王墉刻本）（案：《甌北集》卷三四《法時帆學士素未識面，遠惠佳章，推許過甚，愧不敢當，敬酬雅意》附法式善和詩，頷聯作「江湖閒嘯詠，天地大文章」，尾聯作「東坡在門下，公不愧歐陽」，與此詩異）

【送祝芷塘德麟侍御】中歲乞閒身，君原非隱淪。晚香憶籬菊，踈雨夢湖蒪。鷗鳥知憐侶，文章不救貧。林邊伴袁枚趙翼，謳詠太平春。（《存素堂詩初集錄存》卷二，清嘉慶十二年王墉刻本）

廣厚

【賦贈趙甌北】天尙留君賦鹿鳴，仰邀賜爵羨恩榮。數編甌北詩人集，一代江南才子名。若論甲科眞後輩，敢言推薦即門生。竚看再拜瓊林宴，百歲官加二品卿。（《甌北集》卷五二《奉和監臨廣撫軍省堂見贈原韻》附，原詩無題，題目係編者所擬）

孫星衍

【題吳君文徵爲予畫《江湖負米圖》六幀（延陵話舊）】予與同里諸子交，洪編修亮吉蹤跡尤密，嘗以詩贈予云「偶讀開成大傳詩，七年我亦長微之」，又云「神僊共掛蓬萊籍，風月閒吟楊柳枝」，其後竟同入翰林。比戊辰歲從山東假歸，洪自戍所回里，與諸同人多文讌之樂。 「青山莊廢花石移，白雲渡近烟波迷。素交重訪半爲鬼，黃壚一醉曾如泥」。「生平畢竟懷知己，故土風光冷無比。蔣公蔣侍御和寧三徑罷開筵，楊子楊大令倫元亭空故阯。」「魯靈光有老探花，趙觀察翼。論詩勘史逢人誇。僊姝夜醉劉晨劉中贊種之宅，食譜朝尋朱亥今中丞朱方伯勳家。」「翰林僊人狂欲絕，洪編修亮吉。自把孫、洪比元、

白。五雲同看御園花，萬里獨踏天山雪。」「近來所遇多後生，相逢不識空知名。西州再過有餘慟，東山中歲難陶情。」「老去頻思釣遊處，晨星舊侶驚重遇。莊周莊刺史忻曾夢胡蝶回，趙壹趙司馬懷玉漫嗟窮鳥賦。」（《孫淵如先生全集》「冶城絜養集」卷下，四部叢刊景印清嘉慶蘭陵孫氏本）

唐仲冕

【回至揚州許石華孝廉寄長句即次其韻】馬卿那復堪乘傳？長孺久已薄淮陽。役車況迫日月除，閉關又發天地房。勾當公事其名耳，為懷舊雨情難忘。君家兄弟吾三益，五月緘詩到維揚。恬吟密詠不能和，如挹天瓢傾玉漿。揭來海上稽墾闢，成事安得瀾回狂。徒思文墨寬分寸，不如文字尋偏旁。且喜令弟驪相迓，謂余老矣猶康強。群從開筵設几榻，子姪撰杖攜壺觴。坐因話舊濕衣袂，出為環觀裹帷裳。淹留甚欲旬月住，程限還如星火忙。絕憶仲氏遠負米，江淮千里隨奚囊。欲向北堂參末座，如與南郭隔重牆。一曲驪歌侑離席，百番魚牋壓歸裝。竹西信美非吾土，秦東卻望同家鄉。傭書且逐牛馬走，抱犢生憎雁鶩行。無奈冷氣砭肌骨，反類熱中疲津梁。旅館閉閣十餘日，起居不適藥不良。今年頗似龍蛇厄，梁鴻先去哀錢塘。謂山舟學士。姚崇已死姬傳郎中趙毆殞甌北觀察，鹿鳴重宴虛虞庠。方叔葆巖尚書朱老魯門太常及伊墨卿太守谷西阿侍御，翩然魚頡而鳥頏。笑余齒爵德未逮，尚湏圖飽藜莧腸。世外酸鹹日作惡，宦中甘苦曾備嘗。兩年引退病亦退，塵鞅再掉志乃荒。憂患無窮勞肝肺，功名未必書旂常。飛鴻遺我書一紙，道里不若音節長。君同赤汗跨叱撥，我似長鬣呼艅艎。以此沉疴灑去體，勝從子登彈八琅。棠陰迎節入圖畫，來詩云「新作《棠陰迎節圖》。」恐被姍笑宜卷藏。刺史遲君續前志，十年節行時而颺。積雪崚嶒一鶴瘦，寒颸奰屭萬木僵。鬱州山自南方至，中有老梅發幽香。（《陶山詩錄》卷十六「連枡軒二集」，清嘉慶十六年刻道光增修本）

駱綺蘭

【答趙甌北先生】文章早歲冠蓬瀛，老去縣車世事輕。四海望風名姓大，一詩中律鬼神驚。從軍絕塞衝雲陣，泛宅揚州愛月明。此日龍門親謁後，寒閨堪慰十年情。（《聽秋軒詩稿》卷七，蔡殿齊輯：《國朝閨閣詩鈔》第七冊，清道光嫏嬛別館刻本）

吳鼐

【訪舊白門，寓淵如五松園，邢醴泉以姚先生姬傳《書元遺山題赤壁圖詩》

索跋，次韻書尾】倦禽借樹林亭空，故人八年馬首東。猿驚鶴怨誰慰藉，暗泉響咽停琤琮。方夔詩「飛雪六月聲琤琮」。眼明一卷天門龍，生氣落紙來如風。知公人書老並健，臨池波照雙頤紅。書家趙董久絕迹，肯爲虞褚留筆蹤。請獎恬退文正公，文正曾面請於上，謂近日士習頗尚奔競，前詹事錢大昕、侍講梁同書、郎中姚鼐皆以文受知先帝，梁又宰相子，並能辭榮退居，以文行式其鄉，請與加銜，以風示儒林，尚廉讓，抑澆俗。今文正卒已五年，侍講、郎中次第拜恩，惟少詹早逝耳。新恩疊出明光宮。身退報國用經術，恥與小儒爭異同。我侍杖履秋光中，邂逅前輩得兩雄。兼謂甌北先生，亦在白下。扁舟歸省倘清健，執經同君事惜翁。（《吳學士詩文集》詩集卷二「七古」，清光緒八年江寧藩署刻本）

曾燠

【正月十九日過常州，趙雲菘觀察招同劉檀橋中允、莊迂甫贊善、洪稚存、蔣曙齋檢討讌集，皆從詞館出者。雲菘前輩有詩，奉和二首】（其一）衣邊濕雪鬢邊塵，忽作群僊會裏賓。蓬閬又增新歲月，江湖猶識舊星辰。遨頭時節公常健，軟腳杯醪我始春。洛社香山眞樂事，座中偏著一勞人。（其二）且幸浮生半日閒，聽談舊事動心顏。蠻荒煙雨人磨盾，雲菘先生。大漠風沙客度關。稺存同年。鬢髮蕭騷百年內，夢魂安穩五湖閒。詔書新到同稱慶，楚蜀全軍報凱還。（《賞雨茅屋詩集》卷六，清嘉慶二十四年刻增修本）

王曇

【奉酬蔣立厓司馬業晉（其一）】一登東岱廢豪遊，重揖華山見蔣侯。到底何人如管樂？此間有客是羊求。文能上馬聲何壯，心欲擎天老未休。多笑仰蘇臺下客，有《和雲松先生仰蘇樓詩》。只教公早築菟裘。（《煙霞萬古樓詩選》卷一，清咸豐元年徐渭仁刻本）

孫原湘

【趙甌北前輩冀惠題拙作依韻奉報】詩道如天走不盡，或騁康莊或由徑。我曹旗鼓各相當，此老英雄獨爭勝。久誇趙幟列前驅，那藉孫郎爲後勁。百鍊方成繞指柔，五石能開鐵胎硬。精神未覺春秋高，談論何妨日夕竟。十蕩十決千軍降，一縱一橫萬里夐。獨力撐持力有餘，六義搜剔義無賸。丹爐已許兼金貽，時以全集見贈。白戰還看寸鐵禁。寰區抄寫貴紙價，歷劫流傳爛柯柄。應嗤浪僊句推敲，不數將軍押競病。公詩眞包子龍膽，我遞降書號歸命。

（《天眞閣集》卷一九，清嘉慶五年刻增修本）

【趙甌北前輩重宴鹿鳴詩】（其一）老人星象貫文昌，八十花前鬢未蒼。詩化佛儒魔一氣，命兼福慧壽三長。數來齒德空朝士，說到勳名重夜郎。鸚鵡踢翻黃鶴碎，人間勝有魯靈光。（其二）秋風重聽鹿鳴歌，舊日霓裳記大羅。一榜齊年誰健在，三朝耆老已無多。還丹卻喜同孤進，識面曾經有素娥。道上不知文潞國，只疑梁灝始登科。（《天眞閣集》卷二〇，清嘉慶五年刻增修本）

【伯淵觀察兄招集湖舫（其一）】過江一櫂萬花迎，來普湖山主勝盟。才大獨能兼述作，福多無暇到公卿。六旬尙切娛親計，四海爭知好客名。袁簡齋、趙甌北、錢竹汀、王述庵都老去，東南壇坫屬吾兄。（《天眞閣集》卷二〇，清嘉慶五年刻增修本）

【祭舊詩（其三）】歲晏山空，人事闃寂，平生交遊，零落殆盡。扣戶者寒風，入座者涼月耳。感懷知己，泫然流涕，折庭梅一枝，佐以巵酒，爲位而祀之。人係一詩，亦絃神之意云。　　一采陔蘭四十春，魯靈光殿亦飛塵。白雲谿水寒如鏡，只照蘆花不照人。趙甌北觀察。（《天眞閣集》卷二十四，清嘉慶五年刻增修本）

顧日新

【題甌北詩鈔】（其一）神驚鬼泣天公笑，都到先生下筆時。八面難當才子氣，千秋不朽翰林詩。奇懷應手冰雷造，成案翻空鐵石移。那怪群兒爭撼樹，蚍蜉原未許輕知。（其二）眞逸豈知皇甫湜，庭筠曾法玉溪生。一時未必皆千古，新曲應能勝舊聲。孝子南陔還著作，詩人東璧更科名。渡河香象方才力，心服隨園四字評。」（《甌北集》卷四八《懷清橋》附）

張問陶

【趙雲松前輩翼過訪，時年八十七】（其一）公昔登科我未生，忘年何意訂鷗盟。諸天許見眞頭面，一笑都含古性情。落落孫洪皆後起，遙遙袁蔣舊齊名。三朝日月無私照，留個詩人詠太平。（其二）棋到旁觀著更高，爲耽佳句謝塵勞。中年勇退公尤早，半世閒吟我亦豪。身享大名兼壽豈，詩刪《小雅》況《離騷》。才人戲論須同戒，只豢生龍莫教猱。（《船山詩草》卷二〇《藥庵退守集下》，中華書局 1986 年版，第 551 頁）

【《孫祠雅集圖》同趙甌北、范芝嚴來宗兩前輩，潘榕皋奕雋戶部、范葦舫少府、蔣于埜明經作】五十將衰忽少年，龐眉三老坐樽前。聽從開寶談遺

事，笑看蓬壺醉散僊。有酒在尊休學佛，無功當世合歸田。難逢曹霸丹青手，一點靈臺莫浪傳。（《船山詩草》卷二〇《藥庵退守集下》，中華書局 1986 年版，第 552 頁）

舒位

【奉和趙甌北先生八十自壽詩原韻八首】（其一）量徧瀛洲萬斛塵，大千世界小陽春。國中故事徵三老，林下新詩見一人。自養生機儜暗合，能參活句佛同因。管絃未散搖鞭去，不負看花是此身。（其二）封侯何必面如田，骨相來從酸棗天。春向百花開處早，詩當萬卷破時傳。囊邊青錦懷芳草，壁上黃河貫酒錢。誰識三千風月外，胸中別有四千年。先生著《二十二史箚記》。（其三）絕代軿軒孰短長，風雲嶄屼海天荒。消磨千古文章事，開拓無邊瘴癘鄉。百雉書城嚴寶鑰，一波宦海仗慈航。梅花本是高寒格，肯自輸材作棟樑。（其四）筆如風雨劍如虹，夕奏飛書曉掛弓。不獨一身都是膽，只須半部已成功。閑來拊髀心猶壯，妙處撚髭手更工。贏得家家畫團扇，功臣閣外歲星中。（其五）東南耆舊悵星稀，到此欣逢榮啓期。一殿靈光猶突兀，三生慧業與驅馳。音塵寥落當官苦，几杖追陪隔歲遲。釀取芙蓉湖裏水，稻香酒熟介春時。（其六）枝上禽聲亦朋友，山頭雷響似嬰孩。等身著作皆能壽，絕頂聰明不患才。繞膝芝蘭芳氣味，及肩桃李郁栽培。詩人自古多逢吉，九十賓筵尚酒杯。（其七）回首登堂歲幾闌，白駒影裏感青鸞。吹簫市上逢人易，托鉢城中拜佛難。松柏蒼分盤鶴逕，珊瑚紅拂釣魚竿。陽春一曲惟愁和，重把先生險韻看。（其八）手自丹黃鬢自皤，細論遭際不虛過。門生衣鉢都為相，謂錢塘費筠浦先生，今為體仁閣大學士，先生癸未本房中式進士也。新婦羹湯已作婆。文苑傳中循吏少，武夷君下遠孫多。香名清福兼消受，陋說征蠻馬伏波。（《瓶水齋詩集》卷一二，清光緒十二年邊保樞刻十七年增修本）

【與甌北先生論詩並奉題見貽續詩鈔後】（其一）天地有生氣，終古不能死。人受天地中，同此一氣耳。發而為詩歌，亦是氣所使。如塗塗附非，活潑潑地是。然非讀書多，不能鞭入裏。又非作詩久，不能跳出底。不入不知苦，不出不知旨。君不禁其臣，父不傳之子。臭腐化神奇，或自妙悟始。絢爛歸平淡，必臻險絕止。經以三百篇，緯以十七史。縱以五千年，衡以九萬里。鑄出真性情，鑿成大道理。其氣從空生，生則烏可已。（其二）忽然興會至，蠶食如有神。俄頃再眂之，一字不可存。作詩如釀酒，滋味熟則醇。改

詩如煎茶，火候過難勻。豬肝累一片，雞肋戀三軍。覓得針線跡，修出斧鑿痕。不如摧燒之，當風揚其塵。餘燼合不得，死灰然無因。詩法如兵法，外陣而內屯。當知楚有材，勿謂秦無人。面具雖狺獪，即羽扇綸巾。背水固奇險，非霸上棘門。折屐者八千，有棋局酒樽。超乘者三百，無匹馬只輪。（其三）初讀甌北詩，其詩豔於雪。再讀甌北詩，其詩鑄如鐵。久讀甌北詩，大叫乃奇絕。不待鍾嶸評，先遣匡鼎說。胸中千萬卷，始得一兩篇。腳根千萬里，始得一兩言。目中千萬世，始得一兩年。佞之可稱佛，謫亦不失僊。其詩自可傳，其詩有可刪。其詩不能學，其詩必須讀。讀詩悅我口，鈔詩脫我手。壯悔堂中無，老學庵中有。是謂讀書多，是謂作詩久。曰梅子熟矣，聞木犀香否？（《瓶水齋詩集》卷一三，清光緒十二年邊保樞刻十七年增修本）

【依韻奉和甌北先生重宴鹿鳴詩四首】（其一）做官閒暇做詩忙，肥遯春秋有勝光。壬遁家以午為名勝光，見《吳越春秋》。上巳簪花初及第，公乾隆辛巳殿試第三人。後庚選佛又開場。神僊無病纏難老，富貴能文便可長。欲認同鄉徵故事，鹿鳴三拜答諸郎。戊午，家伯父觀察蔗堂先生重宴鹿鳴；丁卯，學士翁覃溪先生重宴鹿鳴；皆籍大興，公實中式前庚午順天鄉試云。（其二）家住江南黃葉邨，敢將凡鳥字題門。上春曾謁公於里第。三朝人物星占瑞，千古文章日近恩。公官中書，當直軍機，及改翰林，亦備侍從。足底雲煙靈運屐，眼中庸保長卿禪。嘉賓到處成嘉話，親向西湖見許渾。梁山舟先生於丁卯重宴鹿鳴，頃在杭州謁見之，年八十有八矣，而如五六十許人。（其三）卻從後進憶前程，百二韶華孰重輕。文苑傳兼循吏傳，句臚聲接凱歌聲。戎韜六詔曾傳檄，僊籍三天早注瀛。多少埋頭鑽故紙，算公不負此燈檠。（其四）中年烏哺晚鷗盟，一往深時自有情。五福最先惟老壽，此人尤異豈科名。官階天上親通籍，公嘗言：自臚唱散館以至外擢郡守、監司，皆出自聖恩特簡，無他薦舉者。詩律人間敢背城。若作同年真怪事，三聲雛鳳一時鳴。公兩子一孫，今科皆與省試。（《瓶水齋詩集》卷一四，清光緒十二年邊保樞刻十七年增修本）

徐準宜

【甌北先生八十壽詩】（其一）求僊學佛總浮塵，落筆能開萬古春。後進猶思及前哲，新詩爭羨出陳人。東坡句。群兒漫撼憐狂態，大父同遊記昔因。一輩耆英今剩幾，靈光獨仰耄期身。（其二）勳業平生策硯田，致身蓬頂對堯天。買牛政治蠻陬頌，倚馬才高禁臠傳。家少東山賭旗墅，囊餘持正撰碑錢。誰知歊歷歸來久，依舊青燈績學年。（《西蓋趙氏宗譜‧藝文外編》）

吳嵩梁

【題汪奐之《雨窗懷舊圖》】眉山兄弟誇連鑣，愛而不見心勤翹。同叔寄我詩一卷，清若夜雨鳴芭蕉。中有懷人數行淚，不惜寓書千里遙。聞聲相思尚如此，何況平生稱久要。君才絕人氣不驕，直諒多聞皆可招。願求輔仁必勝己，先貴實用除浮佻。我衰自知才臃腫，乃辱下采言窮薆。末技雕蟲悔何補？虛名畫餅飢難消。高義感君貫金石，壯懷記昔干雲霄。紀癸丑、甲寅吳越之遊。五侯載酒拓金戟，書紋亭制府、陳東浦方伯、曾賓谷都轉、謝蘊山中丞、李松雲太守。九老看花同桂橈。王蘭泉先生、錢辛楣、袁簡齋、王西莊、王夢樓、趙甌北、秦小峴、梁山舟、吳穀人諸公。風流畫遍幾團扇，張雪鴻、羅兩峰。新句繡入生絞綃。金氏纖纖、周氏湘花。當時志業在不朽，卻借山水寬無聊。白頭萬事負師友，綠蓑三載偕漁樵。舊遊回首隔人海，離緒關情如信潮。嫩涼昨夜風瀟瀟，簾陰黯澹燈動搖。夢中握手醒流涕，笛聲送我銷魂橋。是日法時帆學士書，夢與劉芙初、顧南雅集翁覃谿先生蘇齋，還過詩龕，觀哲兄均之所作書記，雨中別去。次日即得君書，亦一奇也。臺省諸公自袞袞，名山知己殊寥寥。但許同心結蘭臭，豈因異地哀萍飄。君家阿邁能惠邀，謂令姪星石。幔亭峰頂掛雲瓢。迴波九曲浸空翠，君來鼓櫂吾長謠。（《香蘇山館詩集》古體詩鈔卷八，清木犀軒刻本）

【送洪孟慈出宰東湖】毘陵故才藪，舊遊多老蒼。謂趙雲松、孫淵如、楊蓉裳、徐惕庵諸公。君家名父子，志節非尋常。我獲論交已爲幸，敢與紀群爭頡頏？往者謫僊遊夜郎，謂尊甫稚存先生。看山萬里還故鄉。酒酣邀我跋卷尾，擲筆海嶽爲低昂。新詩自喜有劍氣，謂我字字珠騰光。先生出塞外歸，屬題《荷戈》、《賜環》二集，自謂其詩劍氣多於珠光，余詩珠光多於劍氣，妙喻入微，愧余不克逮此耳。蓬山十載跨鯨背，斯言感涕猶沾裳。惜哉經世抱奇策，著書但許名山藏。君才卓犖萬人敵，不願俯首攻詞章。一行作吏差快意，旌旗獵獵春風長。親民之官古所重，漢廷公輔皆循良。能推詩教恤民瘼，未必李杜非龔黃。東湖一縣況新設，地交楚蜀稱巖疆。山川險要資戰守，風土樸厚先農桑。百鳳一鴞恥且格，惠以春雨嚴秋霜。國恩仰報職斯稱，家學克繼身逾昌。吾儕冗散愧何補，勉求寸祿娛高堂。會須投紱理歸櫂，躬耕偕隱盧山陽。濟時妙用賴公等，幅巾林下容疏狂。（《香蘇山館詩集》古體詩鈔卷十，清木犀軒刻本）

【送韓桂舲司寇移疾歸長洲】宦海起伏爲波濤，此身萬仞山壁立。不邀天地覆載恩，進退豈知公大節？公爲司寇歷三朝，斷獄引經推第一。薄書幾成無妄災，聖主矜全終破格。前年公赴蘭關謫，送者臨歧多太息。去年內召

復公官，朝野歡聲動顏色。自矢捐糜答高厚，翻以憂勞增疢疾。昨聞公上乞假書，自述遭逢淚霑臆。詔許還山就醫藥，全家悲喜心交集。公由郎署陟封圻，中外宣勤皆報國。鯨魚波靖服威名，駟馬門高多隱德。侍膳曾開畫錦堂，裁花預卜平泉宅。十載雲歸戀闕遲，一帆風定家山泊。公於富貴若浮雲，自信平生惟道力。年未懸車已乞身，清議當為天下惜。我從公遊三十載，竊以文字為因緣。公進我未頌功德，公退我益心纏綿。公有哲兄謂聽秋孝廉。我石友，唱和屢出登臨篇。公於壁間賞佳句，朗吟擊節卿相前。是時吳下盛文藻，壇坫首推嘉定錢。辛楣先生。袁、王、吳、趙接高會，簡齋、西莊、夢樓、穀人、甌北諸公。我衣慘綠方少年。湖山佳處共沉醉，靈巖杖履桐橋船。風襟一判隔生死，在者霜雪皆盈顛。公所建白在天下，我惟老病依殘編。冷宦浮沉乏寸補，江鄉欲返嗟無田。公今浩然投紱去，鹿門偕老真神僊。梧桐蕭瑟秋夜雨，對床竟就東坡眠。故家喬木青插天，遊山載酒多名賢。謂潘榕皋丈及芝軒尚書，吳玉松翁及藹人學士。滄浪亭子肯招隱，風月應賒四萬錢。歐公《寄蘇子美滄浪亭詩》：「清風明月本無價，可惜只賣四萬錢。」（《香蘇山館詩集》古體詩鈔卷十四，清木犀軒刻本）

【蘇潭丈招同馮星實方伯、趙甌北觀察西湖讌集】（其一）連宵微雨釀清和，天氣新晴試薄羅。一桁闌干臨水活，六朝楊柳受風多。雲山只合僊官領，士女爭迎畫舫過。紅袖隔花聞細語，座中今日有東坡。（其二）茶具漁蓑在小舟，園林重與約清遊。雲將山翠都侵酒，人與花枝共入樓。後日笑談成掌故，先生餔啜亦風流。便教摹上新團扇，紗帽依然對水鷗。（《香蘇山館詩集》今體詩鈔卷三，清木犀軒刻本）

李慶來

【恭賀甌北世伯大人重赴鹿鳴原韻】（其一）銀袍簇簇馬蹄忙，撤幕筵開畫燭光。曾到龍門三激浪，笑看鶴髮再登場。風流後輩爭先睹，述作名山好自藏。記取阿婆年少日，聲名猶說探花郎。（其二）薜蘿身住浣花邨，一曲雲灣水抱門。壯以功名酬絕域，老猶歌詠答深恩。是誰筆力龍文鼎，還記貧時犢鼻褌。卻喜苑衰鄰玉局，黑蛟蟠處硯池渾。宅西即東坡流寓，洗硯池尚存。（其三）好將鴻爪問前程，燕子江頭一葉輕。紅粉舊餘歌板地，青衫重識倚樓聲。同時鼎甲推黃閣，先生登辛巳王文貞榜。門下元臣典紫瀛。謂費筠浦諸人。輸與先生閒歲月，碧紗櫳映讀書檠。（其四）騷壇一代長齊盟，此日賓筵見古情。江

左文章誰接翅？林間耆舊競題名。桐城姚姬傳比部偕先生重赴鹿鳴。瓣香共祝恒春樹，藜火常懸不夜城。敢過雷門持布鼓，幾家喬木聽鶯鳴。　　世愚姪李慶來拜草（《西蓋趙氏宗譜・藝文外編》）

彭兆蓀

【懷杜閣次東坡虎邱寺韻並序】趙甌北觀察檢少陵《壯遊篇》有「東到姑蘇臺」云云，籾議建懷杜閣於虎邱，以配仰蘇樓，謀之蔣立厓郡司馬，歷有年矣。嘉慶二年夏，陳方伯、任太守聞之，共捐俸千六百金，置蔣氏塔影園，規爲閣地，尅日鳩工。閣成，太守並以虎邱塘本白傅守郡時築，遂又祠香山於其中，各作詩紀事，次東坡《虎邱寺》韻。立厓書來索和，作此寄之。　　山祠敬習池，羊碑僕峴嶺。古跡無後賢，料理誰井井。武邱仰髯蘇，名與秋霜耿。一樓喧萬口，聒耳甚蛙黽。豈知有心人，闡幽同鑿礦。高情曠冥搜，古意發精猛。頗憐浣花翁，扁舟昔遊騁。飛星不留蹤，山色代酸哽。急買園百弓，恰面波十頃。閣支一峰危，蹟顯千年冷。陪祀兼香山，三賢趣同永。風流緬唐宋，瞻拜追遐景。補此缺陷天，團彼鴻泥影。蠟屐倘許登，瓣香從主請。（《小謨觴館詩文集》詩集卷六，清嘉慶十一年刻二十二年增修本）

陳用光

【記夢（其二）】甲寅之冬月既望，陳子讀書夜正中。寒燈垂燼爐火暗，戶外急雪飄嚴風。解衣就寢忽有覯，恍惚張華初入嫏嬛宮。隨園說詩夢樓笑，旁有頎而長者陽湖翁。三老雅集殊得得，賤子侍坐彌匑匑。一庭深綠幽草積，墙角似掛斜陽紅。不知所遊竟何處，耳邊疑打清涼鐘。前年蠟屐遊江東，此三老中謁兩公。袁子我師朝夕見，隨園坐看倉山松。歸裝乍整未及發，夢樓來倚鍾山笻。十日再留文字飲，萬事不掛雲夢胸。政喜結交得老輩，漫欲歸去誇兒童。獨恨未拜雲松子，忽教一夢相彌縫，不識其貌想其容。陽湖之水波溶溶，閒鷗戲拍江天空。以此想像子趙子，夢中所見將毋同。他年定鼓毗陵棹，一申末契追前蹤。握筆忽愁詩未工，公其笑我如多烘。（《太乙舟詩集》卷三，清咸豐四年孝友堂刻本）

葉紹本

【呈趙甌北先生】（其一）巍然奎宿照江東，鸑鷟當年早破空。五字才名紅藥雨，三更鈴索海棠風。壺盧肯畫尋常樣，蠟液仍參密勿功。多少臚雲傳上第，

如公始合到崑蓬。（其二）碧雞關外動邊氛，詔遣從戎下海雲。齡石書函供十手，孔璋符檄肅千軍。磨崖頌勒蠻煙紫，橫槊詩成塞日曛。銅鼓祇今荒徼靜，請纓猶記昔年勳。（其三）名山胸有智珠藏，亥豕搜羅到史皇。子政圖書編七畧，知幾學識擅三長。金錢滿屋都成串，鐵網千絲若在綱。誰料板輿行樂地，陵花帶草共生香。（其四）詞壇巨手古無前，思入雲天句湧泉。睞眄目稜開紫電，玲瓏舌本吐青蓮。通神媧石饒千變，破陣金符出萬全。慧業自來關宿悟，誰從夜半識珠傳？（其五）繾綣高牙便乞身，晉陵山色穩垂綸。季鷹蓴菜吳江舫，賀監荷花鏡水春。湖海幾家推老學，圭符滿眼作閒人。顧塘橋畔坡翁宅，千載惟公合卜鄰。顧塘橋孫氏宅，坡公寓常時所居，先生宅與之相近。（其六）廿年嵩華寄遐思，今日牀前下拜時。薄技敢誇珍似璧？微名真愧利如錐。驊騮價爲鹽車賤，樗櫟材惟匠石知。青眼平生何敢忘？牡丹花底坐評詩。（《白鶴山房詩鈔》卷五「古今體詩一百三首」，清道光七年桂林使廨刻增修本）

【和趙樹山比部見贈三疊前韻】風急高原起鷙禽，騑征如見使臣心。玉堂翰墨留芬久，粉署平反用意深。紅樹乍明章武渡，白雲合繼弇州吟。君家族望多方雅，早識門材重竹林。君爲甌北、味辛兩先生族孫。（《白鶴山房詩鈔》卷十四「古今體詩六十一首」，清道光七年桂林使廨刻增修本）

徐一麟

【題甌北紀夢詩後】殺賊何勞戴我頭，無端噩夢被拘囚。置身本作千秋想，就義曾難一劍酬。羞逐南冠尊獄吏，驚傳西市戮通侯。大安國裡欠伸起，笑問黃粱已熟否？甌北嘗言，夜夢從軍，爲賊所執，不可不死，又不能遽自引決，瞿然而醒，汗已浹背，乃知生平此中未有定力也。夫千秋自命，一死爲難，畏葸退縮，卒至身敗名裂而不可救。我輩越在草莽，不必有是事，要不可不存此心。作者眞詩史哉！（《牧庵雜記》卷六，《筆記小說大觀》四十編第六冊，臺灣新興書局有限公司 1985 年版，第 689頁）

孫爾準

【爲蔣小榭志伊題其祖心餘前輩《攜二子游廬山圖》】斗南秀出九疊峰，藏園一叟靈所鍾。頭白歸來讀書處，故人眞面欣相逢。著腳初支草堂杖，到耳已聽東林鐘。珠璣滿懷惜不得，青玉峽飛雙白龍。我生未識藏園叟，忠雅堂詩都上口。當年曾放鄱陽船，五老雲中枉招手。窗裏何來一片雲，忽從圖畫逢匡君。吟聲似戛漱玉響，筆勢直自香爐分。畫裏籃輿問誰舉，蓮社淵明

有遺譜。大兒孔文舉，小兒楊德祖，洵軼邁過成一家，風雅流傳自千古。試論詩格眞堂堂，縱橫一代誰能當？隨圓甌北雜譿語，竹葉庵客走且僵。豈如西江衍宗派，一瓣自蒸涪翁香。今歲曾過桃葉渡，到公石僕蒼山路。蘭陵茂苑亦荒涼，那律飄零舊書庫。一卷丹青手澤存，攜來正有清門孫。紅雲尚憶炎州宴，白雪重逢古皖尊。憐君飄轉如秋籜，歸舟好葉桑東卜。瀑流山帶日當門，紅雪樓中抱圖宿。（《泰雲堂集》詩集卷十一皖公山色集，清道光刻本）

陳文述

【登懷杜閣，擬卜地建太白樓，即題香山祠壁並序】毘陵趙甌北觀察以工部詩中有「東下姑蘇臺」語，謂少陵遊蹟曾至吳門，因於白公祠中議建懷杜閣，而於太白曾未之及。考《蘇臺覽古》見於詩集《建丑月十五日虎邱山夜宴》，序見於《文苑英華》，則太白之至吳，較少陵爲可信。按《唐書》：蕭宗於天寶十五載丙申七月接位靈武，改元至德。白自宣城之溧陽，又之剡中，遂入廬山。永王璘引師東下，脅以偕行。越二年，戊戌，改元乾元，白以永王事，長流夜郎。次年己亥，遇赦得釋還，憩江夏岳陽，復如尋陽。又次年庚子，改元上元，是年九月，制去年號，以建子月爲歲首，至明年四月，復稱年號。則太白之宴虎邱，在上元二年十二月也。時太白遊金陵，往來溧陽、宣城間，遊屐一至吳門，揆之情事，亦皆合也。　　靈巖夫差館，劒池闔閭墓。吳宮花草久寂寞，古來遊者題詩處。峨嵋僊人李太白，絕後空前一詞客。清平賦後賦蜀道，長嘯青天揖採石。金陵遊更吳門遊，狂歌蘇臺讌虎邱。夷光殉國少伯去，江山寥落三千秋。是歲上元二年月建丑，明月在天杯在手。霜花寒點紫綺裘，長星勸汝一杯酒。菱歌清唱楊柳枝，當日讌集何無詩？蘭亭修禊亦偶耳，一敘妙壓王羲之。是時夜郎初放赦，萬里歸來意悲吒。唐宮陳蹟吳苑同，回首金門白雲謝。君不見，白香山，繞門流水叢祠開。又不見，杜少陵，朱蘭隱樹森高臺。獨有謫僊人不識，俗眼紛紛堪太息。會向池南起畫樓，煜煜長庚映天碧。（《頤道堂集》詩選卷八，清嘉慶十二年刻道光增修本）

【虎邱贈趙雲松先生】杖履扶來塔影邊，蘭陵書畫米家船。孫洪鄉里推前輩，袁蔣聲名共百年。七錄文章諸體備，三朝耆舊幾人傳？我來欲作靈光賦，鶴髮飄蕭萬柳前。（《頤道堂集》詩選卷十一，清嘉慶十二年刻道光增修本）

【贈趙芸西孝廉申嘉，甌北先生孫也】（其一）兩朝壇坫重江東，角立三家鼎峙雄。乃祖高名駕袁蔣，此君才筆敵孫洪。應詹造表詞兼美，劉勰論文體

並工。自是《陔餘》家學在，豪端容易吐長虹。（其二）南樓風月小平津，客盧厚山宮保節署。記取相逢漢水濱。世以無雙推國士，天留第一待才人。幾番白雪臺前調，行見青雲步後塵。更向吳門懷蔣詡，微雲佳婿快無倫。君爲蔣君于野館甥，故云。（《頤道堂集》詩選卷二十九，清嘉慶十二年刻道光增修本）

【沈西雛載酒訪詩圖（其三）】兩家壁壘無長慶，七子才名又建安。我已年來懺文字，讓君高會領騷壇。兩家謂簡齋、甌北。七子指酉生諸君。（《頤道堂集》外集卷十，清嘉慶十二年刻道光增修本）

裕瑞

【甌北先生八十壽詩】楓丹橘綠嶺梅紅，海內馳牋祝鉅公。樂奏八琅筵正好，春回六琯律將融。優遊服食陶貞白，歌嘯林泉陸放翁。遙指瑞星何處見，弧南斗北兩熊熊。（《西蓋趙氏宗譜·藝文外編》）

宋翔鳳

【舟過常州，趙味辛先生招同陸祁生繼輅、莊卿山綬甲讌集，齋中見《秦中留別》四詩，即次原韻奉呈（其二）】耆舊頻驚異物遷，常州老宿如迂甫舅氏、趙甌北、洪北江諸先生相繼謝世。靈光猶見兩名賢。謂葆琛舅氏暨味辛先生。著書各積一千卷，名世都逢五百年。莫謂山川能限隔，須知翰墨有因緣。吾生若遂歸耕計，願種蘭陵郭外田。（《憶山堂詩錄》卷八，清嘉慶二十三年刻道光五年增修本）

湯貽汾

【七十感舊（其五十六）】風雪逼殘臘，我行尚無期。病妻肖舅氏，舅怪行何遲。周急由自足，舅亦常寒饑。有田昨方鬻，今幸餘朱提。貸我敢嫌少？藉爲買舟資。留別恧無物，禦寒謝有衣。良辰不暇擇，登舟祀竈時。喜博贈行句，幸免儀歲儀。舟小難容多，黯然骨肉離。淮王上天遠，雞犬且不遺。難免母心傷，兒罪安能辭？丙子舅氏莊梓丹先生適鬻田，貸二百金。十二月廿三日，始得成行，母命弟婦母子留於家。趙甌北丈是年八十有三，有詩贈行，味辛丈亦譔句書緪爲別。（《琴隱園詩集》卷三十二，清同治十三年曹士虎刻本）

姚光晉

【題金忠節公遺像】余寓毘陵時，公族裔以公像索詩。卷中惟吳穀人、趙鷗北、洪稚存三先生詩，餘無題者，以其難於下筆也。不揣譾陋，按《明史》中公本傳題五十韻，以誌景仰。　　黃海鍾靈氣，先生百世師。九重褒

亮節，一卷識英姿。磊落籌邊畧，艱難報國時。存亡歸劫數，名教獨擔持。大義公無愧，前朝事可悲。芳名初及第，厄運已逢衰。公於崇禎元年登第。鸑鷟摩天健，文章薄海推。神僊香案吏，蘿桂舊山詩。雖列金門選，而當國步危。舉朝爭洛蜀，大盜起潢池。有賊皆銅馬，無城臥老羆。空陳朱佃議，誰奪白波旗。虛擲千金賞，難將一木支。中原剛鼎沸，聖主正開基。神策燕犀集，天兵鐵騎馳。明崇禎二年十一月，大兵薄都城。漫思螳斧健，特薦虎侯癡。公薦僧申甫爲總兵，出屯柳林，公參其軍。覆轍符房琯，申甫以車戰敗，陣亡。奇謀惜范蠡。公請使朝鮮，連絡東江及各洲島兵爲之聲援，以張海外形勢。朝廷以爲迂，不納。公遂乞歸鄉，葛巾野服，以待時事之變。掛冠還白嶽，拜表謝丹墀。去國身雖遠，憂時計莫施。葛巾修野服，象笏換期儀。當食猶三歎，長歌即五噫。耰鋤皆虎豹，臺閣半梟鴟。竟捲黃巢甲，誰揚赤帝麾？鼎看淪泗水，日已墜崦嵫。保障無全策，東南臠半規。不聞出師表，尙逮黨人碑。列鎭爭蠻觸，王師下虎貔。長江奚足恃？小腆豈能爲？黯慘紅羊劫，倉皇白版司。惟公持故節，仗義建靈鈺。公起兵保績溪、黃山。司馬三軍帥，唐王以公爲兵部侍郎。羊曇兩道棋。公分兵扼六嶺之險。背風非瑞箑，向日感秋葵。力盡猶援鼓，城孤尙守陴。虎賁馳閒道，蟻穴失巖坻。大兵閒道破徽州，執公以歸。士卒無生氣，將軍定死綏。都羅雙國士，慷慨一俘纍。公及弟子江天一執至金陵，皆不屈死。帝世春如海，臣心鈍似椎。凄其河嶽氣，愁絕雪霜期。取義身無恨，成仁志不移。忠魂甘就死，大節果無虧。諡重皇朝錫，乾隆時，賜諡忠節。名看太史垂。《明史》有公列傳。馨香宜俎豆，遺像見鬚眉。玉立豐神峻，冰稜骨相奇。兩眉倒生。蒼華餘兩鬢，符采煥雙頤。肝膽千秋仰，精忱九廟知。功非爭尺寸，名亦薄銖錙。血已成瑤碧，心猶痛菶菶。滄桑成往事，餖飣愧摛辭。正氣今猶懍，昭忠已有祠。靈旗何處去，遙想白雲湄。（潘衍桐輯：《兩浙輶軒續錄》卷三十一，清光緒刻本）

張祥河

【偶效甌北體】（其一）接子河頭石作梁，松閒行帳設茶湯。往前曲澗潺潺響，澗上無風也是涼。（其二）前山如導後山隨，轉轉彎彎合復離。山亦弄人高下手，愛山人特未曾知。（《小重山房詩詞全集》「北山之什」，清道光刻光緒增修本）

黃釗

【歡逝詩三首（其一）】族世父錦亭先生爲定安學博，以耳聾罷歸，用趙甌

北「與其死也不如歸」起句，作詩十二首見意。歸里後，潛究《葬經》，其墓即所擇，珠幢寶蓋形也。　　不癡便不聲，癡乃得聲趣。一官海南歸，妙能參死句。郭璞著《葬經》，寶幢識公墓。（《讀白華草堂詩初集》卷七，清道光刻本）

袁翼

【雨中行館讀《小倉山房詩集》】藏園、甌北非公敵，絕後空前筆一枝。循吏詞臣應合傳，袞宗薄宦不同時。先生大父自慈谿遷居錢塘，余家自鄞縣遷居太倉。先君子秋試時，嘗寓隨園。及余遊金陵，先生久歸道山，音問遂絕。盛名得借江山助，惠政猶深父老思。我竊集中詩一句，不相菲薄不相師。（《邃懷堂全集》詩集後編卷二，清光緒十四年袁鎮嵩刻本）

方履籛

【銅鼓歌爲趙芸西孝廉作】蠻獠奔突如駭鹿，飛首雕題滿川谷。砰訇一聲震四野，爭聽鼓聲集鼓下。狪人鑄此爲雄渠，千牛不敵青蟾蜍。雷回花篆無文字，精奇不辨何時制。我聞伏波南征矜，始得鎔鼓鑄作銅馬式。乃知此器出自秦漢間，珍異已在東京前。大者文淵小諸葛，盛名強附皆儌言。日南大守越裝少，溪洞居然不愛寶。甌北先生守鎮安時，得一鼓以歸。草堂世守有文孫，徧示同人徵麗藻。霜鐘遠動酒未傾，蠻金夐似鯨魚鳴。恍傳跕跕飛鳶曲，都作鏘鏘鐵騎聲。銅鼓灘中曾擊楫，惆悵當年鬱林石。陌頭賽舞幾春秋，我獨摩挲三歎息。（陶樑輯：《國朝畿輔詩傳》卷五十八，清道光十九年紅豆樹館刻本）

清恒

【和趙甌北觀察見贈】（其一）樹裏禪關晝不扃，隔江無數晚煙青。西風有意留僊侶，著屐同尋瘞鶴銘。（其二）樓臺無地接江濤，客喜詩鋒疾孟勞。吟到夜深秋月冷，一天星斗雁行高。（其三）詩名海內達尊三，海內奉袁、蔣、趙爲三大家。擬築蓮花聚一龕。若肯停車容問字，那能不借與茅庵！元唱云「一庵似怕人來借，先自名呼作借庵。」（徐世昌輯：《晚晴簃詩匯》卷一百九十七，民國退耕堂刻本）

譚瑩

【查初白、趙雲松集皆有《門神》詩，戲和】（其一）衣冠文武貴無加，倚傍年時算起家。嚇鬼翕然新氣象，依人均作舊生涯。頭銜合降稱司戶，手

版唯當署押衙。一例蒯緱門下客，冷官薰灼熱官差。（其二）依樣威靈降匪天，僮無三尺也昂然。壇猶上將刀弓動，廟異功臣俎豆虔。奴僕宮殊星落陷，室家墻圮汝窺先。庇人易得王翁子，寒暑都忘主特賢。（其三）作門外漢事應差，相對相當閱歲華。街卒英靈新故鬼，衙官氣焰士商家。重來易主誰還記？一瞬如君儘足誇。戶限功名關得失，錦袍玉帶任塗雅。（其四）門戶興衰卻不分，太平官府兩將軍。虎頭何必矜三絕，衛尉寧徒值幾文？中外一家偏警寇，尋常百姓例煩君。樓羅歷盡蕭閒甚，鬼亦揶揄竟不聞。（其五）塵世功名紙上觀，簪纓閥閱也單寒。模糊可入淩烟閣，靈爽誰憑禮斗壇？此輩能令連歲駐，穹官止得一年看。沿街鬼擅黎邱技，仗爾驅除卻萬難。（其六）記從麟閣繪圖形，換並桃符合有靈。防禦事難相向立，推敲句好不煩聽。朱門燕去梁新斲，瑣第花殘戶半扃。那得家家題賣宅？冠裳零落賸丹青。（其七）處士門庭畫恐差，應門有鶴儘清華。見《野獲編》。職方賤豈真如狗？侍御祥偏不比鴉。見《茶餘客話》。墨客敢煩連夜草，水僊同買及時花。高明室大彌烜赫，鬼瞰頻聞笑某家。（其八）金虜當門擬不倫，滿街都督本無因。柴扃永藉刀兵守，瓜代居然面目新。也比河汾多將相，由來宿衛等君臣。英雄種菜君知否？猶作戎裝日傍人。（《樂志堂詩集》卷七，清咸豐九年吏隱堂刻本）

李佐賢

【簡何子貞紹基、朱伯韓琦兩同年】好詩與好官，勢難兩兼之。譬如魚熊掌，取捨當自知。妙語傳甌北，去官攻詩詞。官高詎不愛？愛莫重於詩。我今掛冠日，正是高吟時。身閒無好句，未免太詅癡。《峩眉瓦屋草》，子貞詩稿。眉山今在茲。《來鶴山房稿》，伯韓有《來鶴山房稿》。風格杜陵遺。子貞與伯韓，儒雅皆吾師。攻詩兼勗我，臭味無差池。我昔年弱冠，制藝費研思。三十步芸館，奏賦獻彤墀。篇章循行墨，韻語摘瑕疵。況兼金石好，旁及竹與絲。肄書並讀畫，習射復彈棋。泛騖竟無成，雖多亦奚為？四十出典郡，簿書日紛披。退食偶嘯詠，遑計敲與推。行年逾半百，歲月如奔馳。學詩苦不早，勵志已嫌遲。白駒雖已逝，猶冀來可追。蹉跎不努力，空負師友資。兩君主風雅，壇坫相對持。左右與周旋，櫜鞬將屬誰？樹幟謝不敏，執鞭亦奚辭。（《石泉書屋詩鈔》卷四，清同治四年刻本）

陳澧

【贈友詩】嶺南名宦兼詩客，百年前數趙甌北。誰其繼者南城曾，置酒

徵詩仲翔宅。曾賓谷中丞建虞仲翔祠。其問經師專注疏，亦有名公考金石。北平儀徵爲經學考據，不專於詩，如是者凡數公，不能悉數。戴公訪粵後寥寥，戴文節有《訪粵集》。乃今喜見方方伯。方伯詩才浩瀚如江河，長風鼓盪頃刻生濤波。中有珊瑚木難吐寶氣，又復光恠倐忽騰蛟鼉。題詩判牘雙管可齊下，頓覺陳思八斗非才多。編成大集命我序，我雖脫稿猶婞婗。自慚五十學已晚，欲比高適尤蹉跎。方伯酌我金叵羅，勸我莫惜衰顏酡。春花鬭紅竹交翠，紫鳳起舞鸞能歌。園中有孔雀、火雞之屬。奇峰照影落酒盞，英石假山坐覺眼前咫尺通烟蘿。座客英姿皆颯爽，朱公高韻椒花舫，選理熟精推李善，才思湧出稱劉敞。朱子謂劉原父「有許多才思湧出來」。張公子，太史公，詩法傳自南山翁。近與方伯馳詩筒，鏘然偓樂酣笙鍾。我抱無弦琴，不辨徵與宮，只合爨底成焦桐。又聞偓祠新構王山峰，上有偓詩千字光熊熊。方伯新修鄭偓祠，賦詩百韻。有如天梯石棧一千步，老我欲上嗟龍鍾。且作狂歌揮醉墨，淋漓題上碧玲瓏。（方濬頤《二知軒詩續鈔》卷一《蘭甫賦七言長歌並以漢書地理志水道圖說漢儒通義聲律通考三書見贈即次韻奉詶》詩後附，清同治刻本）（案：原詩無題，今題係編者所加）

黃道讓

【和趙甌北先生《崑崙懷古》詩】鳳輦鼇山走陣雲，鐘聲鄒魯本相聞。三更鐵騎星橋度，萬樹銀花賊眼分。猶聽帳前行酒令，忽驚天上下將軍。明朝立馬崑崙頂，誰勒南來第一勳？（《雪竹樓詩選》，黃宏荃選編：《湘西兩黃詩——黃道讓、黃右昌詩合集》，嶽麓書社 1988 年版，第 109 頁）

樊增祥

【秋闈雜詠十五首同壽丈賦】趙雲崧有《分校雜詠》，皆內簾事，今摭外簾日行事，宜詠之以補趙之闕云。　　〔考簾次韻〕戟衛清森晝掩門，青氈結習老猶存。三方冠帶趨江表，簾員四十人，由江寧、蘇州、安徽三省檄調。半部文章用魯《論》。懸鏡定知無障翳，採蘭先要剗蕪繁。五年喚醒煎茶夢，壁上觀人任輕軒。增祥乙酉分校秦闈，今五年矣。〔原作〕大政親裁正辟門，南邦黎獻古風存。再三諄諭宜遵守，時奉諭整頓科場。四十賢人共討論。上江十六員，下江廿四員。鵬鷃高低衡鑒準，夔龍集選禮文繁。是日詩題用杜句。煎茶試院同欣賞，丹桂盈庭月滿軒。　　〔躍場〕佩玉鏘然降紫霞，簪裾齊到上清家。天臨奎璧星文朗，地入娵環福分賒。老愛八公依桂樹，忙於舉子踏槐花。他年五嶽知能徧，勝具猶堪對客誇。公周歷舉場，筋力不匱。〔原作〕憶踏名場五十年，庚

子初應鄉試。曾操寸管短簷前。星移舊事如春夢，霓詠今番集眾儔。似到月宮遊已徧，偶思江水引來便。水池水管引江水入場，梅中丞所製。予心更擬孤寒庇，廣廈還應廣萬千。號數逾二萬，人數常溢，惜限於地，不能增設。　〔入闡〕北望舳艫拜冕旒，是日恭請聖安。霓旌前導擁鳴騶。一封輶傳雙持節，謂兩主司。十里珠簾盡上鉤。天遣夷吾重江表，公奉特詔整頓科場。手提房杜上瀛洲。內簾十八人由公選定。飛虹橋下羅紋水，照見朱衣在上頭。〔原作〕（其一）簇擁雙星下紫鑾，臣僚同叩聖躬安。煌煌鉅典恩波闊，秩秩賓筵禮數寬。持節徐看千仗出，監臨最後起行。明輿須使萬人觀。仰維當陛求賢詔，力果心精早夜殫。奉諭整頓科場，有「心精力果」之訓。（其二）煎茶閒話白門秋，遙指光芒射斗牛。文萃英奇來海岱，兩主司皆山左人，明人有《海岱英奇集》。班聯學士似瀛洲。十八房。諸曹盡是琳瑯選，上國憑將杞梓收。鎖院沉沉深夜月，莫隨王粲賦登樓。四隅瞭望，樓外民居相對，向為照影傳題之所，入闡即飭封閉。　〔印卷印坐號也〕參差鱗籍各分行，細蘸猩泥妥印牀。興嗣千文憑識別，茂先萬戶好關防。一時雪雁都留爪，從此遊蜂各認房。莫負紅鈐珍重意，峩冠南面至公堂。〔原作〕印似飛鴻印雪泥，還如鳳字向門題。棋枰著子原多路，井野分廬有定棲。萬姓貫開江上下，千文編就號東西。誰從矮屋舒虹筆，頓使聲名霄漢齊。　〔點名〕紙上丹毫點注輕，玉階臚唱此先聲。旁行大似公卿表，部勒還如子弟兵。何止萬人來庇廈，直無一士不知名。三吳詩禮於今盛，非復前朝復社生。先是，朝廷以江浙士習為憂，特敕整頓。至是分三路點名，士子皆魚貫而入，無敢擁擠諠譁者。公嘗為兩江士子稱枉云。〔原作〕夢裏驚聞舉礮聲，紛趨三路聚群星。三路點名，以礮為號，林文忠遺法。龍門未許閒人入，送考不准入頭門。魚貫曾無越次行。千里迢遙如負笈，一堂授受似傳經。荷考籃領卷。雲程從此扶搖上，更有鴻臚與唱名。　〔封門〕一丸泥可閉嚴關，何況銀袍立鵠班。禁斷紙鳶通一線，森沉銅獸囓雙鐶。蛾眉春鎖三千女，駿足雲封十二閒。料得風簷動詩興，隔牆遙見孝陵山。〔原作〕四門穆穆正掄才，鎖鑰周巡日幾回。便擬泥封千里固，不妨言路一時開。閉關豈有深謀在？擊柝如防暴客來。人似群星滿霄漢，天閽未啓且徘徊。　〔歸號〕一入龍門問導師，條條深巷下簾時。浮屠駐錫無三宿，飛鳥投林各一枝。發篋更無新槧本，是科禁帶石印、陳文。拂牆或有故人詩。笑看戰士都歸伍，勝敗兵家未可知。〔原作〕正是龍門躍鯉時，登門翻訝路多歧。偶然桑下住三日，且向林閒棲一枝。虎穴風生聞遠嘯，鳳巢雲起應昌期。莫嫌矮屋規模狹，廊廟經綸此肇基。　〔發題〕（其一）萬本刊成

累萬層，小胥舉牘力難勝。校讐莫倚鈔書吏，題紙皆躬親校閱。發付都爲受牒僧。一出棘籬成故紙，遙看簾箔上疏鐙。就中亦有華胥客，敲徧闌干喚不譍。發題率以夜半，亦有高臥不起者。收句用韓致光語。（其二）熬燭同繙四子書，內簾刊斠費工夫。飛來花葉春應徧，畫就葫蘆樣不殊。武庫有兵皆授甲，銓司無吏不分符。不知眾手雷同里，操得科名左券無。（其三）偓吏傳呼受籙頻，擁衾驚起月如銀。喜於萬里家書至，嚴比三軍號令申。炊粥誰爲無米婦？賽簾多是散花人。莫言一紙功名薄，何限英流此出身。（其四）令下千營共一呼，諸生情切甚來蘇。人於門外紛投刺，散題者不得入號。士待帷中類守株。多似滿堂開梵夾，均如比戶綴桃符。士子得題紙，多粘壁上。驪龍鱗甲探俱盡，此會知誰定得珠。〔原作〕（其一）書題天姥蕊宮來，列炬傳呼鎖院開。紫墨標鈴如錦綺，主考關防用墨，監臨監試提調用紫。篇章分析似條枚。豈同溝水流紅葉？合有文章賽碧瑰。片紙投來驚夢醒，手持彩筆上蓬萊。（其二）何須更請試他題，四子唐詩刻並齊。字辨焉烏看細大，紙如飛蝶向東西。書詞洞達心懸鏡，筆畫分明爪印泥。萬號千牌人共取，是誰精思關町畦。〔散飯〕太倉紅粟漫相因，置匕親嘗玉粒新。公先期驗視米色，至是復親嘗之。王播趁齋何踴躍，陳平分肉要停勻。蘊絲未吐蠶先飽，得食相呼鹿自馴。異日鳴鍾兼列鼎，粥饘休忘秀才貧。〔原作〕帝爲粒民隆鼎養，授餐典禮起文場。廚官已飫千倉供，大府先將一勺嘗。白粲紅鮮齊入詠，吐經茹史自成章。應思天下饑出己，推食從茲飯不忘。〔放牌〕博帶褒衣納卷同，上堂已了任西東。王前何必驕盧後？枚速終當勝馬工。出場早者，可以蓄養精力，料簡考具，遲則常有不及之勢。好放蛟魚歸碧澥，莫教鸚鵡怨雕籠。從來兵法兼擒縱，賺得書生入轂中。〔原作〕陛堂濟濟士如雲，卷帙眞同雨葉紛。蠶已吐絲應下箔，馬因解轡欲空群。有奴代負登科具，市考具者門前書「登科」，必用四字帖。遇友先談得意文。一笑投籤還奪錦，棄繻堪擬漢終軍。照出籤，出門則投之。〔進卷〕翠墨丹文各易書，鏤箱催進雜瑕瑜。三神山許人人到，萬佛場原日日殊。每日進三千餘卷。西極頻煩供戰馬，南交絡繹貢明珠。官廚日致江東膾，誰解當筵味腹膄。〔原作〕葫蘆依樣畫初成，不論妍媸熊共呈。數紀三千排日進，每日進卷三千本。藝分十四待人評。王盧休更論前後，不分府州先後。章李無從識姓名。錐處囊中應脫穎，不知誰是百人英。約計人數，百卷中一。〔出闈故事：監臨不待發榜膽對事畢，即啓節還蘇。〕丹黃事了簡書催，奕奕星文動斗臺。人踏飛虹中道出，門臨軟繡兩行開。遙聽淡墨重陽榜，猶戀煎茶昨夜杯。贏得吳儂語音好，三年牙

纛此重來。(《樊山集》卷十四，清光緒十九年渭南縣署刻本)

【庚寅歲居京師，摘汪鈍翁句爲爽秋書楹帖云「丹穴乳泉皆異境，黃甘陸吉是幽人」，然不解下句之義，以問愛師、子培，亦未憭也。頃閱《避暑錄話》，乃知宋人所爲《綠吉黃甘傳》，指柑橘言，蓋仿《毛穎》而作。時愛師已下世，愴然久之，作詩寄爽秋、子培】杜陵無字無來歷，近世堯峰纍積深。別傳佳於毛氏穎，庀材碎比謝家金。古書靜坐常思誤，陸字本作「綠」，余謂當從陸姓爲是。僻典酬勞孰勸斟。趙甌北晚年每就洪北江，質一事則勞酒一壺。莫擬靈雲傳聖解，死生離別一沾襟。(《樊山集》卷二十五，清光緒十九年渭南縣署刻本)

【牡丹八首倂序】洪北江謂古今牡丹詩罕作正面文字，趙甌北輒賦八首，及明年，又作如前詩之數，北江稱譽至再。今讀其詩，適成爲甌北體耳。小園牡丹二簇，作花甚穠，以詩賞之，如趙之數。後人視樊山詩，殆如我之視甌北乎？辛丑三月朔日。(其一)知是雲翹是玉厄，花陰正午睡靈貍。華鬘世界香如海，臺閣文章妙入時。李白平章妃子貌，姚黃成就狀元詩。多因行在春風早，莫訝今年穀雨遲。清明後小園牡丹已開。(其二)紫絲步障玉紋茵，□(案：原文漫漶，不可辨)婦莊嚴有告身。七寶樓臺成片段，六朝金粉寫豐神。花中姊妹憐卿貴，世上王侯爲汝貧。回首可憐崇效寺，如今不算鳳城春。(其三)爲后爲王在浴中，品花亦自有眞龍。衣飄紫鳳天香釅，酒釃黃鵝御愛濃。芍藥教行丞相事，海棠合受貴妃封。誠齋詩：「海棠花貴妃」。雕欄玉砌尋常甚，待越黃金屋數重。(其四)天意陰晴曉未分，鈴聲幡影護香君。光風宛轉琉璃地，煙雨蒸騰樓閣雲。貴甚商周清廟器，富於唐宋大家文。爲卿別奏鈞天樂，郊島酸吟那得聞？(其五)空谷幽蘭是假王，漢宮飛燕倚新妝。寶光七尺珊瑚樹，氣味三勻瑞腦香。眞富貴人賽貂錦，殺風景語譽蠶桑。金花箋上宜宮體，肯與村梅較短長。(其六)二月園林尙淺寒，書□(案：原文漫漶，不可辨)亭畔倚闌干。花酥好喫觀音素，豔體修成至寶丹。一品衣存儒雅態，百年樹與子孫看。人生合伴鞓紅老，錦瑟傍邊夢亦安。(其七)城東菴子萬花妍，彷彿瑤臺聚八僊。錦洞天爲長夜飲，銷金鍋擲買春錢。月中玉佩承清露，屋裏香鑪溢紫煙。莫對名花誇北勝，北都葵麥太蕭然。(其八)樊川最與紫雲親，沉醉東風爲寫眞。女障子應圖舜舉，遊僊詩欲擬堯賓。世間買貴臙脂價，鏡裏妝成金翠人。一撚殷紅天寶事，至今顏色尙如新。(《樊山續集》卷十四《洛花集》，清光緒二十八年西安臬署刻本)

【疊入闈韻呈四星使(其四)】鎖院森沉晝不開，香鑪茗盌坐量才。五雲

未揭飛龍榜，九日長虛戲馬臺。叢桂舊憐霜菊晚，見趙雲崧《贈洪北江》詩。芙蓉今並露桃栽。重簾不隔鸞箋遞，頤解何須鼎自來？（《樊山續集》卷十七《煎茶集》，清光緒二十八年西安臬署刻本）

【賦得掃晴娘】積雨悶甚，憶《甌北集》有此題，戲作四首。（其一）盡日垂簷雨弄絲，裁紅翦綠出兒嬉。舜三妃淚猶沾竹，黃四娘心合是葵。多露可憐穿屋女，凌風莫作墜樓姬。兒家本分惟箕帚，未要巫雲繞夢思。（其二）暮暮朝朝十二雲，披雲手段信無倫。誰家樓上盈盈女，百尺竿頭裊裊身。皆成句。見晛那逢青女面，占年還勝紫姑神。香山老去朦朧眼，錯認瀟瀟曲里人。（其三）亦如山上望夫回，望斷朝暉又夕暉。李笠《風箏》原醜女，秦王天帚付巢妃。花鑴落地殷勤掃，絮不沾泥上下飛。可肯將身作鳩婦？晴鳩早喚雨鳩歸。（其四）箇人鬢亂復釵斜，水佩風裳致自佳。季女南山愁曉霧，靈妃洛浦怨朝霞。泣乾織女銀河水，散罷維摩丈室花。早起羅敷應有語，東南日出照秦家。（《樊山續集》卷二十四《紫薇三集》，清光緒二十八年西安臬署刻本）

楊深秀

【次韻沈雲巢方伯《重宴庚午鹿鳴紀恩之作》四首（其二）】福星灼灼照奎躔，帝念耆英徵召聯。蕋榜同升雲裏闕，蒲輪暫舍海濱田。珠圍佳士三千履，瑟鼓嘉賓廿五絃。惜抱雲崧當日事，淵源一脈接前賢。姚姬傳、趙甌北兩先生，均於嘉慶庚午科重宴鹿鳴。（《雪虛聲堂詩鈔》卷一《童心小草》，1917 年鉛印戊戌六君子遺集本）

郭曾炘

【題徐晴圃中丞《從軍圖》】睿皇初政誅驤共，諒陰不言言乃雍。川湖逋寇猶隳突，障日修羅坐養癰。詔遣重臣提禁旅，鐵騎三千盡貔虎。親承天語授機宜，妙選軍諮開幕府。舍人早直承明廬，於時讀禮亦家居。金革無避古有訓，起應徵辟從馳驅。往來黍雪多徂夏，躍馬橫戈不遑舍。轉戰曾過隴阪西，捷書頻奏甘泉夜。唾手方看掃穴巢，含香雞舌還趨朝。幾載迴翔依省闥，重來開府擁旌旄。樞垣始因西師設，頗牧時聞禁中出。平臺籌策出耘菘，征緬郵程紀蒲褐。紫光圖畫比雲臺，拓地開疆逾九垓。潢池盜弄小丑爾，昔何其勝今何衰。我亦簪毫舊從事，每讀題名想前輩。屬車豹尾屢追從，行在麻鞵餘涕淚。開元生晚羨承平，百二秦關尚苦兵。渭水終南如在眼，暮年蕭瑟庾蘭成。此圖寫真近神品，況復名賢富題詠。神武猶堪想廟謨，流傳豈但光

家乘。玉軸裝池手澤新，時艱未放退耕身。陸沉重挽神州起，整頓乾坤匪異人。（徐世昌輯：《晚晴簃詩匯》卷一百七十二，民國退耕堂刻本）

劉壽萱

【過青山莊故址】《甌北集‧青山莊歌》有「晝寢香消」、「空堂氣冷」之句，當日莊雖入官，寢堂尚在也。今則鞠爲茉園，漸成墓地，以視甌北賦詩時，又何如也？　　荒莊變墓田，人指舊平泉。即此流螢徑，曾開射鴨筵。花神無片土，見《甌北集》。園戶絕多年。興廢非天意，方知疏傅賢。（徐世昌輯：《晚晴簃詩匯》卷一百八十七，民國退耕堂刻本）

卷四　評　論

袁枚

【隨園詩話（節錄）】唐人詩話：「李山甫貌美，晨起方理髮，雲鬟委地，膚理玉映。友某自外相訪，驚不敢進。俄而山甫出，友謝曰：『頃者悞入君內。』山甫曰：『理髮者即我也。』相與一笑。」余弟子劉霞裳有仲容之姣，每遊山必載與俱。趙雲松調之云：「白頭人共泛清波，忽覺沿堤屬目多。此老不知看衛玠，悞誇看殺一東坡。」（《隨園詩話》卷二〔三四〕，王英志主編：《袁枚全集》第三冊，江蘇古籍出版社 1993 年版，第 45 頁）

【隨園詩話（節錄）】松江張夢喈之妻汪氏，名佛珍，能詩而有干才。夢喈外出，有偷兒入其室；汪佯爲不知，唶曰：「今夕賴得某在家相護，可無憂矣。」某者，其戚中之有勇力者也。偷兒聞之潛逃。夫人佳句，如《對月》云：「萬戶恍臨城不夜，千年惟有兔長生。」《對雪》云：「自攜尊酒酬膝六，莫損籬邊竹外枝。」兩子興載、興鏞，皆能詩。來江寧秋試，興載見贈云：「海內論交皆後輩，江南何福著先生？」興鏞見贈云：「絕地通天雙管擅，登山臨水一筇先。」人誇其妙，不知皆母訓也。興載云：「桐鄉有程拱字者，畫《拜袁揖趙哭蔣圖》，其人非隨園、心餘、雲松三人之詩不讀。」想亦唐時之任華、荊州之葛清耶？程字墨浦，廩膳生。（《隨園詩話》卷四〔六九〕，王英志主編：《袁枚全集》第三冊，江蘇古籍出版社 1993 年版，第 124 頁）

【隨園詩話（節錄）】甲辰秋，余在廣州，有傳蔣苕生物故者。未幾，接苕生手書，方知訛傳。到桂林，告岑溪令李獻喬明府。李喜，《口號》一絕云：「狂生有待兩公裁，未便先期一嶽摧。豈爲路逢章子厚，端明已自道山回。」

李心折袁、蔣兩家詩，與趙雲松同癖。(《隨園詩話》卷六〔五九〕，王英志主編：《袁枚全集》第三冊，江蘇古籍出版社 1993 年版，第 183 頁)

【隨園詩話（節錄）】七夕，牛郎、織女雙星渡河。此不過「月桂」、「日烏」、「乘槎」、「化蝶」之類，妄言妄聽，作點綴詞章用耳。近見蔣苕生作詩，力辨其誣，殊覺無謂。嘗調之云：「譬如讚美人『秀色可餐』，君必爭『人肉喫不得』，算不得聰明也。」高郵露筋祠，說部書有四解：或云：「鹿筋，梁地名也；有鹿爲蚊所嚙，露筋而死，故名。」或云：「路金者，人名也，五代時將軍，戰死於此，故名。」或云：「有遠商二人，分金於此，一人忿爭不已，一人悉以贈之，其人大慚，置金路上而去。後人義之，以其金爲之立祠，故名路金，訛爲露涇。」所云「姑嫂避蚊者」，乃俗傳一說耳。近見雲松觀察詩，極褒貞女之貞，而痛貶失節之婦：笨與苕生同。不如孫豹人有句云：「黃昏仍獨自，白鳥近如何？」李少鶴有句云：「湖上天仍暮，門前草自春。」與阮亭「門外野風開白蓮」之句，同爲高雅。(《隨園詩話》卷七〔二九〕，王英志主編：《袁枚全集》第三冊，江蘇古籍出版社 1993 年版，第 214 頁)

【隨園詩話（節錄）】魚門《哭董東亭》云：「然疑未定先拋淚，日月都眞旋得書。」雲松《哭韓廷宣》云：「久客不歸無異死，故人入夢尚如生。」(《隨園詩話》卷八〔九〕，王英志主編：《袁枚全集》第三冊，江蘇古籍出版社 1993 年版，第 243 頁)

【隨園詩話（節錄）】余行路見遠樹，疑爲塔尖。高翰起司馬云：「平疇見喜塍成繡，遠樹看疑塔露尖。」每見門神相對，似怒似笑。趙雲松云：「無言似厭人投刺，含笑應羞客曳裾。」(《隨園詩話》卷八〔四九〕，王英志主編：《袁枚全集》第三冊，江蘇古籍出版社 1993 年版，第 257 頁)

【隨園詩話（節錄）】乾隆癸酉，尹文端公總督南河。趙雲松中翰入署，見案上有余詩冊，戲題云：「八扇天門觖蕩開，行間字字走風雷。子才果是眞才子，我要分他一斗來。」(《隨園詩話》卷十〔五七〕，王英志主編：《袁枚全集》第三冊，江蘇古籍出版社 1993 年版，第 338 頁)

【隨園詩話（節錄）】《毛詩·伐木》章有「求其友聲」之語，杜陵有「文章有神」之句。余初不信此言，後歷名場五十年，方知古人非欺我也。戊申八月，年家子許香岩告余云：其同鄉程蘀園明府，宰武進。六月望後，苦熱移榻桑影山房，讀《小倉山房詩》而愛之。《夜夢題後》云：「吟壇甌北及新畬，盟主當時讓本初。搏古爲丸知力大，愛才若命見心虛。僊人偶戲蓬壺頂，

下士爭酣墨瀋餘。格調不能名一體，香山竊比意何如？」滿洲詩人法時帆學士與書云：「自惠《小倉山房集》，一時都中同人借閱無虛日，現在已鈔副本。洛陽紙貴，索詩稿者坌集，幾不可當。可否再惠一部，何如？」外題拙集後云：「萬事看如水，一情生作春。公卿多後輩，湖海有幽人。筆陣驅鼙展，詞鋒怖鬼神。莫驚才力猛，今世有誰倫？」此二人者，素不識面，皆因詩句流傳，牽連而至，豈非文字之緣，比骨肉妻孥，尤爲眞切耶？又有皖江魯沂者，見贈云：「此地在城如在野，其人非佛亦非仙。」卻切隨園。菽園名明懍，孝感人。時帆名式善，滿洲人。（《隨園詩話》卷十一〔一五〕，王英志主編：《袁枚全集》第三冊，江蘇古籍出版社 1993 年版，第 365～366 頁）

　　【隨園詩話（節錄）】余幼《詠懷》云：「每飯不忘惟竹帛，立名最小是文章。」先師嘉其有志。中年見查他山《贈田間先生》云：「語雜談諧皆典故，老傳著述豈初心？」近見趙雲松《和錢嶼沙先生》云：「前程雲海雙蓬鬢，末路英雄一卷書。」皆同此意。（《隨園詩話》卷十四〔六七〕，王英志主編：《袁枚全集》第三冊，江蘇古籍出版社 1993 年版，第 472～473 頁）

　　【隨園詩話（節錄）】趙雲松觀察謂余曰：「我本欲占人間第一流，而無如總作第三人。」蓋雲松辛巳探花，而於詩只推服心餘與隨園故也。雲松才氣，橫絕一代，獨王夢樓不以爲然。嘗謂余云：「佛家重正法眼藏，不重神通。心餘、雲松詩，專顯神通，非正法眼藏。惟隨園能兼二義，故我獨頭低，而彼二公亦心折也。」余有愧其言。然吾鄉錢嶼沙前輩讀《甌北集》而奇賞之，寄以詩云：「忽墮文星下斗臺，聲華藉藉冠蓬萊。探花春看長安遍，投筆身從絕域回。風雅名誰爭後世，乾坤我欲妒斯才。登壇老將推袁久，不道重逢大敵來。」（《隨園詩話》卷十四〔七五〕，王英志主編：《袁枚全集》第三冊，江蘇古籍出版社 1993 年版，第 475～476 頁）

　　【隨園詩話（節錄）】癸未聖駕南巡，尹太保欲覓任書記者，莊念農太守薦其族弟炘，尹公甚重之。亡何試京兆，不第。趙雲松送行云：「科因一士關輕重，迹有群公問去留。」想見在都文名之盛。其子伯鴻，有父風，詠《簾鉤》云：「待引春雲入檻不，高懸畫閣結青樓。心通恨隔玲瓏望，腕弱憐將窈窕收。多宛轉時能約束，未團圓處好勾留。漫言眼底除牽掛，放下依然萬縷愁。」（《隨園詩話》卷十四〔七七〕，王英志主編：《袁枚全集》第三冊，江蘇古籍出版社 1993 年版，第 476 頁）

　　【隨園詩話（節錄）】詩能令人笑者必佳。雲松《詠眼鏡》云：「長繩雙目繫，

橫橋一鼻跨。」古漁《客邸》云：「近來翻厭夢，夜夜到家鄉。」張文端公云：
「姑作欺人語，報國在文章。」尹似村《詠貧》云：「笥能有幾衣頻典，錢值無
多畫幸存。」劉春池《立春》云：「門前久已無車馬，尚有人來送土牛。」古漁
《哭陳楚筠》云：「才可閉門身便死，書生強健要飢寒。」蔣心餘詠《京師雞毛
炕》云：「天明出街寒蟲號，自恨不如雞有毛。」（《隨園詩話》卷十五〔三九〕，王
英志主編：《袁枚全集》第三冊，江蘇古籍出版社 1993 年版，第 502 頁）

　　【隨園詩話（節錄）】熊蔗泉觀察《聽雪》云：「一夜朔風急，重衾尚覺寒。
料應階下白，及早起來看。」童二樹《盼月》云：「佳絕娟娟月，秋窗逼曉開。
臥看桐竹影，漸上臥床來。」兩首格調相同。商寶意《顧曲》云：「一曲明光
三十段，自彈先要聽人彈。」趙雲松《論詩》云：「背人恰向菱花照，還把看
人眼自看。」兩首用意相反。（《隨園詩話》卷十五〔五七〕，王英志主編：《袁枚全
集》第三冊，江蘇古籍出版社 1993 年版，第 508～509 頁）

　　【隨園詩話（節錄）】詩文自須學力，然用筆構思，全憑天分。往往古今
人持論，不謀而合。李太白《懷素草書歌》云：「古來萬事貴天生，何必公孫
大娘渾脫舞？」趙雲松《論詩》云：「到老始知非力取，三分人事七分天。」
（《隨園詩話》卷十五〔五八〕，王英志主編：《袁枚全集》第三冊，江蘇古籍出版社 1993
年版，第 509 頁）

　　【隨園詩話（節錄）】昌黎云：「橫空盤硬語。」硬語能佳，在古人亦少。
只愛社牧之云：「安得東召龍伯公。車乾海水見底空。」又云：「鯨魚橫脊臥
滄溟，海波分作兩處生。」宋人句云：「金翅動身摩日月，銀河翻浪洗乾坤。」
本朝方問亭《卜魁雜詩》云：「龍來陰嶺作遊戲，雷電光中舞雪花。」趙秋谷
《秋雨》云：「油雲潑濃墨，天額持廣帕。風過日欲來，艱難走雲罅。」《大
雨》云：「日月皆歸海，蛟龍亂上天。」趙雲松《從李相國征臺灣》云：「人
膏作炬燃宵黑，魚眼如星射水紅。」趙魯瞻云：「江星動魚脊，山果落猿懷。」
（《隨園詩話》卷十五〔六八〕，王英志主編：《袁枚全集》第三冊，江蘇古籍出版社 1993
年版，第 512 頁）

　　【隨園詩話（節錄）】趙雲松太史入闈分校，作《雜詠》十餘章，足以解頤。
《封門》云：「官封恰似懸符禁，人望居然入海深。」《聘牌》云：「金熔應識披
沙苦，禮重眞同納采虔。」《供給單》云：「日有雙雞公膳半，夜無斗酒客談孤。」
《分經》云：「多士未遑談虎觀，考官恰似劃鴻溝。」《薦條》云：「品題未便無
雙士，遇合先成得半功。佛海漸登超渡筏，神山猶怕引回風。」《落卷》云：「落

花退筆全無艷，食葉春蠶尚有聲。沉命法嚴難自訴，返魂香到或重生。」《撥房》
云：「未妨蜾蠃艱生子，笑比琵琶別過船。」(《隨園詩話》卷十五〔七二〕，王英志
主編：《袁枚全集》第三冊，江蘇古籍出版社 1993 年版，第 514 頁)

【隨園詩話補遺（節錄）】趙雲松《過蘇小墳》云：「蘇小墳鄰岳王墓，英
雄兒女各千秋。」孫九成《過琵琶亭》云：「爲有琵琶數行字，荻花楓葉也千
秋。」句法相似。(《隨園詩話補遺》卷一〔六〕，王英志主編：《袁枚全集》第三冊，
江蘇古籍出版社 1993 年版，第 548 頁)

【隨園詩話補遺（節錄）】對聯之佳者：趙雲松見贈云：「野王之地有二老；
北斗以南止一人。」龍雨蒼見贈云：「羲皇以上懷陶令，山水之間樂醉翁。」
余《自題》云：「讀書已過五千卷，此墨足支三十年。」黃浩浩嘯江有句云：
「花怯曉寒思就日，柳搖春夢欲依人。」胡蛟齡蔚人有句云：「前山暖日如修
好，昨夜狂風尚賈餘。」俱新。(《隨園詩話補遺》卷二〔一○〕，王英志主編：《袁
枚全集》第三冊，江蘇古籍出版社 1993 年版，第 576 頁)

【隨園詩話補遺（節錄）】揚州諸生張本，字友堂，爲山長趙雲松所賞。
張《贈山長》云：「可能當得逢人說，從此專爲悅己容。」蘇州詩人方大章因
劉霞裳而來受業，《贈霞裳》云：「扶持玉局尋花杖，接引龍華會上人。」(《隨
園詩話補遺》卷二〔四六〕，王英志主編：《袁枚全集》第三冊，江蘇古籍出版社 1993 年
版，第 589～590 頁)

【隨園詩話補遺（節錄）】余每下蘇、杭，必采詩歸，以壯行色；性之所
耽，老而愈篤。近有聞風而來，且受業者。蔣莘，字于野，年才十九。《遊古
寺》云：「山外野僧家，孤龕半落霞。磬聲流樹杪，鈴語繞簷牙。波靜魚近鏡，
香消佛散花。我來無別事，應許問楞伽。」《山行》云：「村古藤爲瓦，溪幽
樹作橋。」《佛手》云：「天下援非易，楊枝灑未忘。有心擎法界，彈指過秋
光。」《表忠觀》云：「鐵券已分唐土地，璽書曾奉宋春秋。」皆妙。其弟名
蔚，字起霞，年才十六。《落梅曲》云：「一樹幽花世外姿，依依水淺月斜時。
無端玉骨飄零甚，不怨東風恰怨誰？」「神山昨夢夜逡巡，花底聞吹紫玉聲。
三叩素扉人不見，滿庭殘雪落無聲。」《詠王半山》云：「竟使紅羊成小劫，
幾同白馬害群賢。」《偶成》云：「細雨一簾飛燕子，春寒幾日又花朝。」兩
昆季皆未易才也。起霞愛趙雲松詩，題七古一章，奇橫譎詭，惜篇長，不能
備錄，爲錄稿寄與雲松。(《隨園詩話補遺》卷四〔四六〕，王英志主編：《袁枚全集》
第三冊，江蘇古籍出版社 1993 年版，第 644～645 頁)

　　【隨園詩話補遺（節錄）】端陽水嬉，姑蘇最盛：千船鱗列，歌吹喧闐；然嬉遊者意不在龍舟也。汪比部秀峰詩云：「暖日烘雲景物新，衣香鬢影漾芳津。少年綺扇篷窗下，不看龍舟只看人。」又，《夜午》云：「半規明月印窗紗，酒醒鄉思更覺賒。堪笑西風無賴甚，吹人殘夢落誰家？」秀峰，婺州人，生長杭州，家素饒裕，慕顧阿瑛、徐良夫之爲人，愛交名士，少即與吾鄉杭、厲諸公交往。晚刻本朝《閨秀詩》一百卷。趙雲松贈詩云：「論文及見諸前輩，刻集能傳眾美人。」（《隨園詩話補遺》卷五〔四二〕，王英志主編：《袁枚全集》第三冊，江蘇古籍出版社 1993 年版，第 669 頁）

　　【隨園詩話補遺（節錄）】「生面果能開一代，古人原不佔千秋。」此余贈趙雲松詩也。「作宦不曾逾十載，及身早自定千秋。」此雲松見贈詩也。近至揚州書院，見壁上有秀才吳楷集余第一句，配趙之第二句，作對聯贈掌教雲松，天然雅切。聞吳君亦美少年，惟其病，未得一見。（《隨園詩話補遺》卷五〔七三〕，王英志主編：《袁枚全集》第三冊，江蘇古籍出版社 1993 年版，第 685 頁）

　　【隨園詩話補遺（節錄）】《學記》曰：「不學博依，不能安詩。」博依，注作「譬喻」解。此詩之所以重比興也。韋正己曰：「歌不曼其聲則少情，舞不長其袖則少態。」此詩之所以貴情韻也。古人東坡、山谷，俱少情韻。今藏園、甌北兩才子詩，鬥險爭新，余望而卻步，惟於「情韻」二字，尚少弦外之音。能之者，其錢竹初乎？惜近日學僴，不肯費心矣。（《隨園詩話補遺》卷七〔四九〕，王英志主編：《袁枚全集》第三冊，江蘇古籍出版社 1993 年版，第 728 頁）

　　【隨園詩話補遺（節錄）】王符《潛夫論》曰：「脂蠟所以明燈，太多則晦；書史所以供筆，用滯則煩。」近今崇尚考據，吟詩犯此病者尤多。趙雲松觀察嘲之云：「莫道工師善聚材，也須結構費心裁。如何絕艷芙蓉粉，亂抹無鹽臉上來？」（《隨園詩話補遺》卷九〔五一〕，王英志主編：《袁枚全集》第三冊，江蘇古籍出版社 1993 年版，第 786 頁）

　　【隨園詩話補遺（節錄）】趙雲松觀察渡江見訪，曰：「一幅蒲帆兩草鞋，借名送考到秦淮。老夫別有西來意，半爲棲霞半簡齋。」余請其小飲，以詩辭云：「靈山五百阿羅漢，一個觀音請客難。」（《隨園詩話補遺》卷九〔六二〕，王英志主編：《袁枚全集》第三冊，江蘇古籍出版社 1993 年版，第 789 頁）

王昶

　　【蒲褐山房詩話（節錄）】趙翼字雲松，號甌北，陽湖人。乾隆二十六年殿

試第三人及第，官至貴西道。有《甌北集》。選三十首。雲松性情蕩儻，才調縱橫，而機警過人。所遇名公卿，無不折節下之。初受知於汪文端公，及入中書，直軍機處，傅文忠公尤愛其才。旋以及第改翰林，數年，簡放知府，出守廣西鎮遠（案：當爲鎮安）。時緬甸用兵，詔選鄰省幹才，助蒐軍實。君住永昌半載，會文忠將督兵深入，遣之還粵，又爲李制府所賞，調廣州，並登薦剡，擢貴西道。尋以母老留養，遂不復出，迄今幾三十年。同時與袁子才、蔣心餘友善，才名亦相等，故心餘序其詩謂「興酣落筆，百怪奔集，奇恣雄麗，不可逼視」，子才謂其「忽正忽奇，忽莊忽俳，稗史方言，皆可闌入」，洵知言也。乾隆辛亥夏，余與慶樹齋尚書奉使讞事高郵，君時主揚州書院，拏舟見訪。銜杯促膝，竟日而返。蓋其篤舊交、嗜譚藝如此。（《蒲褐山房詩話》，清稿本）

　　【蒲褐山房詩話（節錄）】張塤字商言，吳縣人。乾隆三十年舉人，官內閣中書。有《西征》、《熱河》、《南歸》諸集。選五首。善按：諸集彙爲《竹葉菴集》。商言才情橫屬，硬語獨盤，後乃學於山谷、後山，沿於文長、中郎，打油、釘絞之習，時露行墨間。然如《新豐》云：「百家雞犬英雄宅，萬歲枌榆故舊情」，《夜宴》云：「花露半晴題卻扇，人扶殘醉唱迴波」，亦殊工麗。而生平與翁覃溪、趙雲松、孔葒谷諸君友善，故考證、金石及書畫、題跋，頗爲詳贍可喜。（《蒲褐山房詩話》，清稿本）

湯大奎

　　【炙硯瑣談（節錄）】《甌北集》中七律尤工，佳句如《黃天蕩懷古》云：「歸師獨過當強寇，兵氣能揚到婦人」；《顧氏水榭》云：「竹須問主看非易，魚不留賓樂可知」；《入都依外舅劉午巖》云：「我來客路誰青眼？公在名場已白頭」；《哭杭廷宣》云：「久客不歸無異死，故人入夢尚如生」；《和海昌相國移居》云：「循牆影里人三命，廣廈胸中士萬間」；《酬袁子才》云：「才名未肯將官換，好句還應仗福消」；《呈座主休寧汪公》云：「杜門客少心如水，謀國年深鬢有霜」；《八月十六夜對月》云：「佳節又看今歲去，清光還似昨宵多」；《送蔣心餘南歸》云：「一俟猿臂原無分，何物蛾眉敢不讒」；《崖山》云：「六更漫續庚申帝，一旅難支甲子門」；《傅文忠挽詞》云：「我無私謁偏投契，公不談文乃愛才」；《桂平道中》云：「遠嶺路高人似豆，空江水落岸如山」；《歲暮出都》云：「重來似觸迴心石，欲去還同拗項橋」；《劉可型下第》云：「此客豈宜艱一第，人生能得幾三年」；《哭董東亭》云：「並無福可消貧宦，翻有

身歸葬故鄉」；《送沈卓（案：倬）其》云：「貰酒每爲無事飲，稱詩相戒不平鳴」；《挽賀舫菴》云：「命窮眞比夏畦鬼，身死未醒春夢婆」，此例不可枚舉。大率屬對必工，措詞必雋，筆無不達，意無不新。甌北眞堪比劍南也。（《炙硯瑣談》卷下，清乾隆五十七年趙懷玉亦有生齋刻本）

周春

【耄餘詩話（節錄）】庚午同年趙甌北喜余雙聲疊韻之說，見余《杜詩雙聲疊韻譜括略》，題五古一首，手錄稿以寄，即續刻《詩鈔》。余以詩謝云：「憶昔識君初，師門同侍坐。新建裘文達公。迨後官粵西，邂逅停輕舸。君之慶遠守任。別逾三十載，年光敲石火。昨得和甫書，謂趾堂。餘論曾及我。雙聲疊韻難，題詩許我可。此事成絕學，自信精亦頗。誰將玉鑰匙，開卻青銅鎖？短章還寄君，遙答雲五朵。妙義竟何如？無味醍醐果。」祝趾堂亦篤信余說，所著《悅親樓詩集》，屬余詳覈，悉改定焉。（《耄餘詩話》卷之二，上海圖書館藏清鈔本）

【耄餘詩話（節錄）】無錫王妙聞宮，江南庚午同年也，官達州州同，依小岇先生署中，以詩見投。余答云：「有以少爲貴，同年胡不然。姓名書淡墨，猶記敦牂年。寰寓十五國，其數殆逾千。屈指會面難，什僅三四焉。迄今五十載，落落晨星懸。憶見秦淮海，得聞琅邪賢。牽絲赴巴蜀，知幾早歸田。西川有杜鵑，東川無杜鵑。不覩瀟池弄，超然地行仙。頻來遊武林，愛結山水緣。江南自君外，尚有姚姬傳。吾浙自僕外，尚有趙鹿泉。北榜惟甌北，盛名尤翩翩。遭逢致不一，老壽天均憐。吟詩羨健筆，想見篋中篇。承題先兄遺照。譜誼愈珍重，辭意何纏綿？願言泛輕櫂，觀潮過海壖。風流成二老，重開耆英筵。」此詩先生極喜之，謂其音節入古。嘉慶戊午，余掌教海鹽，名其詩爲《覲鄉草》。自撰小序云：「《越絕書》云：『海鹽縣始爲武原鄉』，又云：『覲鄉北有武原，今海鹽。』觀此，則覲鄉、武原皆即海鹽也。今人但知有武原，而不復知有覲鄉矣。茲以覲鄉名其詩，俾世人知海鹽之爲覲鄉者，自余始。」小岇先生題詩云：「浙西老宿傳經叟，七十年來鬢乍蒼。海上皐比看獨擁，覲鄉即是武原鄉。」（《耄餘詩話》卷之三，上海圖書館藏清鈔本）

【耄餘詩話（節錄）】今詩家所云「梅村體」，即初唐四子體也，其音節出於《西洲曲》。余向疑梅村用韻太雜，甌北《十家詩話》中亦詆之，近細考所用，悉本吳才老通轉之法，迺知前輩未可輕議。（《耄餘詩話》卷之八，上海圖書館藏清鈔本）

吳騫

　　【拜經樓詩話續編（節錄）】武進洪稚存編修以言事謫伊犁，抵戍三月放還，有《更生齋集》詩文，道述道中經歷艱危險阨之地，幾於九死一生。《伊犁紀事》云：「鑿得冰梯向北開，陰厓白晝鬼徘徊。萬叢燐火思偷渡，盡附牛羊角上來。冰山爲伊犁適葉爾羌要道，常撥回戶二十人，日鑿冰梯，以通行人。」「幽絕城西半畝宮，古垣迤北盡長松。危樓不用枯僧上，罔兩時時代打鐘。西城外有古廟，常白晝見有罔兩迷人，人無敢入廟者。」「生羌一月病彌留，夜半魂歸戶不收。忽變驢鳴出門去，郭橋何似板橋頭？二月中，有生羌居北關外，將死，忽變爲驢，惟一足未化。人皆見之。」「達板偷從宵半過，箏琶絲竹響偏多。不知百尺冰山底，誰唱齊梁《子夜歌》？夜過冰山者，每聞下有絲竹之聲，又聞有唱《子夜歌》者，莫測其奇也。」《論詩絕句》云：「偶然落墨並天眞，前有寧人後野人。金石氣同薑桂氣，始知天壤兩遺民。」「早年壇坫各相期，江左三家識力齊。山上蘼蕪時感泣，息夫人勝夏王姬。吳祭酒偉業，爲「江左三家」之一。」「晚宗北宋幼初唐，不及詞名獨擅場。辛苦謝家雙燕子，一生何事傍門牆？朱檢討彝尊。「四十九年前一日，世間原未有斯人。二句阿文成桂《五十自壽》詩。相公奇句誰能敵？祇覺英雄面目眞。」「遊戲詩應歸苦海，性靈句實逼香山。同時老輩尤難及，只許錢、程伯仲間。」袁大令枚、錢侍郎載、程編修晉芳。稚存論詩，頗不愜於初白老人，同郡趙兵備翼輯《唐宋金七家詩話》，欲添初白爲八家，稚存固止之。其跋《七家詩話》云：「一事皆須持論平，古人非重我非輕。編成七輩三朝集，好到千秋萬世名。未免尊唐桃魏晉，欲將自鄶例元明。塵羹土飣眞拋卻，獨向毫端抉性情。」「名流少壯氣難馴，老去應知識力眞。七十五年裁定論，一千餘載幾傳人？殺青自可緣疑「援」成例，初白羌難躡後塵。只我更饒懷古癖，溯源先欲到周秦。予時亦有《北江詩話》，第一卷泛論，自屈宋起。」第二首不錄。兵備和云：「詞客低昂本不平，品題閒弄腐毫輕。但消白晝無聊日，豈阻青雲不朽名？老始識途輸早見，貧堪鑿壁借餘明。洪厓拍手從旁笑，猶是燈窗未了情。」「晚知甘苦擇言馴，一代風騷自有眞。耄學我悲垂盡歲，大名君已作傳人。幸同禪窟參三昧，不笑元關隔一塵。從此國門縣《呂覽》，聽他辨舌騁儀、秦。」（《拜經樓詩話續編》卷二，清鈔本）

李調元

　　【雨村詩話（十六卷本）（節錄）】近時詩推袁、蔣、趙三家，然皆宗宋人。子才學楊誠齋，而能各開生面，此殆天授，非人力也。心餘詩學山谷，而去

其艱澀，出以響亮，亦由天人兼之。子才亦自言：「余不喜山谷而喜誠齋，心餘不喜誠齋而喜山谷。」雲松則立意學蘇，專以新造為奇異，而稗家小說，拉雜皆來，視子才稍低一格，然視心餘，殆有過之無不及矣。（《雨村詩話》卷一，《雨村詩話校正》，詹杭倫、沈時蓉校正，巴蜀書社 2006 年版，第 33 頁）

【雨村詩話（十六卷本）（節錄）】蔣苕生工於填詞曲，獨步一時。至於詩，不但不及袁子才，亦稍遜趙雲松。而子才一見傾倒，讚不絕口，有「名動九重官七品，詩吟一字響千秋」之句，大抵以題壁詩決其必貴，而自誇眼力也。然三人不免互相標榜，子才有《題雲松甌北集》云：「集如金海自雕搜，滿紙風聲筆未休。生面果然開一代，古人原不占千秋。交非同調情難密，官到殘棋局可收。我倘渡江雙槳便，定來甌北捉閒鷗。」蓋雲松詠古人有「先我出來搶好句」句也。其挽苕生詩云：「君家花裏別君時，君起看花力不支。一慟自知無見理，九原還望有交期。應劉並逝空存我，李杜齊名更數誰？教作藏園詩稿序，已成未寄倍凄其。」蓋苕生《寄袁子才並求詩序》詩有「六代江山兩寓公」句也。子才又以其集屬苕生校定，並謝詩云：「自愛詩如百煉金，多君辛苦賜神針。姓名敢作千秋想，得失先安一寸心。天上月高花照影，海邊弦絕水知音。如何六代江山大，夢裏空存二鳥吟。」則又左祖蔣矣。而《仿遺山論詩絕句》又云：「雲松自負第三人，除卻隨園服蔣君。絕似延平兩龍劍，化為雙管鬥風雲。」則又自高身份，而俯視二君無軒輊矣。然平心而論，詞曲，袁、趙俱不及蔣；詩，蔣俱不及袁、趙。而詩詞俱兼者，斷必推丹徒王夢樓先生。子才亦有《寄懷夢樓》詩云：「未踏金鼇頂上行，中華戒外早知名。出疆海水橫身過，入夢宮花繞筆生。才子中年多學道，僊人家法愛吹笙。騷壇旗幟張多少，我覺王維是正聲。」此真公論也。（《雨村詩話》卷一，《雨村詩話校正》，詹杭倫、沈時蓉校正，巴蜀書社 2006 年版，第 41～42 頁）

【雨村詩話（十六卷本）（節錄）】陽湖趙雲松翼，乾隆辛巳探花，與中書同年也，為人頷尖面小，似猿，而胸中書氣逼人。癸未，散館引見後，上語大學士傅忠勇曰：「此人文自佳，而殊少福相。」故雲松詩云：「傳聞天語殿東頭，益愧才非第一流。已忝班行詞館綴，曾邀名字御屏留。文章似惜楊無敵，骨相兼憐廣不侯。寒士從來感知己，況蒙帝鑒更何求？」（《雨村詩話》卷一，《雨村詩話校正》，詹杭倫、沈時蓉校正，巴蜀書社 2006 年版，第 50 頁）

【雨村詩話（十六卷本）（節錄）】雲松歸里後，一日遊西湖，子才正與霞裳同舟，來謁。雲松以詩調子才云：「最羨師生共一航，曉窗聯句夜傳觴。禪

門亦有旁參法，我欲勾他叛呂防。」（《雨村詩話》卷一，《雨村詩話校正》，詹杭倫、沈時蓉校正，巴蜀書社 2006 年版，第 50～51 頁）

【雨村詩話（十六卷本）（節錄）】家居，買燈最為不急之務，及稍貧，則此物先賣矣。雲松一日買燈十二掛，示兒輩云：「想見華堂照酒樽，無端來伴我黃昏。須知是物關興替，最後登門早出門。」（《雨村詩話》卷一，《雨村詩話校正》，詹杭倫、沈時蓉校正，巴蜀書社 2006 年版，第 51 頁）

【雨村詩話（十六卷本）（節錄）】癸未，余始謁趙雲松先生於所寓椿樹三條胡同，汪文端公舊宅也。余時官中書，與雲松宅門斜對，朝夕過從，詩酒言歡。癸未會試，雲松為分校，揭曉出場，雲松排闥直至床前曰：「將軍捷第二名矣，後似也，二比，大總裁密圈無縫矣。」未幾，出守鎮安，改廣州，升江右道，假歸。其為詩千變萬化，不可以格律拘，而筆舌所奮，如諧如莊，往往令人驚心動魄。人皆推其古歌，余獨愛其近體。五律如《曉行》云：「曉星疑似月，古堠立如人」；《陶然亭上巳》云：「城中如野外，酒客盡詩人」；《鎮安》云：「四時無落葉，一雨或披裘」；《江行》云：「繞帆如不動，寒月故相隨」；《送馬亭》云：「詩多成筍束，人瘦似梅花」；《舟夜》云：「孤燈殘夢蝶，落月滿村雞」；《渡太湖》云：「漁歌秋水杳，人影夕陽高」；《東皋》云：「蛙鬧當更鼓，螢多似火城」；《即事》云：「人少將兒使，家空恣犬眠」；《屏跡》云：「杜門閒客散，攤卷古人來」；《飲晴嵐家》云：「家多佳子弟，身是老神仙」；《大風》云：「信有水皆立，兼疑山亦搖」；七律如《哭杭廷宣》云：「久客不歸無異死，故人入夢尚如生」；《洛陽梓澤園》云：「美人絕色原妖物，亂世多財是禍根」；《分校同門》云：「十數名分新雁塔，一家人聚小龍門」；《鄴城懷古》云：「自古英雄多好色，最難子弟是能文」；《哭兒》結句云：「可憐眉目清如畫，生把參苓毒死他」；《桂平》云：「遠嶺路高人似豆，空江水落岸如山」；《傅忠勇》云：「郭令身原兼將相，潞公名久動華夷」；《阿果毅》云：「可憐病到三遺矢，猶自身衝百戰場」；《遣興》云：「積歲刻成新楮葉，過時身比舊桃符」；《江干》云：「枯樹萬鴉棲似葉，荒蘆群雁宿為家。」《歸田》云：「詩就多兼唐小說，客來與作晉清談」；《韓蘄王墓》云：「勳業未來先臥虎，英雄老去亦騎驢」；《故居》云：「老再來時唯後輩，舊曾遊處似前生」；《落花》云：「過客也驚停屧齒，小鬟猶誤覓枝頭」；《漫興》云：「看戲人歸談古事，負暄叟坐述前聞」，「詩不與人爭險韻，字常倚老作行書」，「家貧婦或勞兼婢，身老兒還小似孫」，「身到罷官如敗將，詩因遇敵想交兵」，皆工。（《雨村詩話》卷一，《雨村詩話校正》，詹杭倫、沈時蓉校正，巴蜀書社 2006

年版，第51～52頁）

【雨村詩話（十六卷本）（節錄）】雲松詩有可學，有不可學。可學如《青燈》云：「爲人嘗盡寒窗味，有女曾分夜續明」；《汪文端師》云：「先生在日曾青眼，弟子如今也白頭」；《贈沈南雷》云：「投刺到門無俗客，讀書滿屋有佳兒」；《村舍》云：「老猶束帶見生客，窮尚典衣求異書」，「將酒勸人無惡意，借花獻佛也眞情」；《贈袁子才》云：「作宦不曾逾十載，及身早自定千秋」，又：「曾遊瀛苑空三島，愛住金陵爲六朝」；《歸里》云：「散遣童僕佳處住，收藏袍帶祭時披。科老將如桃廟祖，官休已似退堂僧」；《哭心餘》云：「屢移家去無黔突，再出山來已白頭」，又：「久將身作千秋看，如此才應幾代生」；《錢司寇》云：「科名一代尊沂國，絲竹千年屬謝家」；《六十》云：「子才聲名徒嚇鼠，好官滋味略如黿」，又：「尚未成僧緣食肉，久辭作吏且伸腰」；《定軍山》云：「與賊勢終難兩立，斯人功竟限三分」；《汴梁雜詩》云：「得國也從孤寡手，傳家難料弟兄腸」。而《詠美人風箏》尤妙，如云：「直上似追奔月女，孤行肯逐馭風仙」，「但愁神女來行雨，恰喜封姨肯借風」，「挽住尚煩紅線手，倦飛或墜綠珠樓」，俱工麗。不可學者七古如《十不全歌》云：「自從塑就人樣字，化工能事始畢矣。聽他夫妻父子依樣畫葫蘆，大概不出範圍裏」等類，未免以詩爲戲也。（《雨村詩話》卷一，《雨村詩話校正》，詹杭倫、沈時蓉校正，巴蜀書社2006年版，第53～54頁）

【雨村詩話（十六卷本）（節錄）】雲松詩多愛嘲笑，有句云：「惟有村童讀書聲，鬱鬱乎丈喧不已」，謂錯讀「鬱鬱乎文」之句也，則近於發科打諢矣。又集中有《夏將軍廟》，言即傳奇《醉吏夏得海》事，雖見《明史·蔡錫傳》中，亦可不必入集。（《雨村詩話》卷一，《雨村詩話校正》，詹杭倫、沈時蓉校正，巴蜀書社2006年版，第54頁）

【雨村詩話（十六卷本）（節錄）】上海趙璞函文哲，由中書升主事。三十八年再攻金川，璞函與吳鑒南從軍木果木，兵潰遇害，贈光祿寺卿，加主事。余《挽鑒南》有句云：「縹緲魂穿深箐月，嶙峋屍裏亂山雲」，趙雲松《挽璞函》有句云：「偶翻書箚猶前日，忽憶鬚眉已古人」，皆極淒婉。至云「遊魂血污空山裏，知化猿身化鶴身」，則諸人同聲一哭矣。（《雨村詩話》卷二，《雨村詩話校正》，詹杭倫、沈時蓉校正，巴蜀書社2006年版，第66頁）

【雨村詩話（十六卷本）（節錄）】夫婦皆能詩者，於常州得二人，一莊樂閒，一崔幔亭，皆毘陵趙雲松同年，俱工詩，而莊夫人董蘭谷、崔夫人錢浣青亦俱

工詩，兩家又同居一宅，閨閣韻事，近代罕有。趙雲松歸里後，郡城詩社最盛，而董、錢亦皆走詩索和，幾於筆不暇給。雲松有詩云：「旌鼓詞場各策勳，正愁應敵力難分。如何惡少雕青外，又遇一班娘子軍。」（《雨村詩話》卷二，《雨村詩話校正》，詹杭倫、沈時蓉校正，巴蜀書社 2006 年版，第 73～74 頁）

【雨村詩話（十六卷本）（節錄）】癸未，余禮闈出，夢樓先生本房祝芷塘亦在趙雲松房內。芷塘時年甫十六，同年以「祝小姐」呼之，亦猶庚辰前輩宋小巖也。先余愛學小李將軍畫，而不甚似，故人以此嘲之，幾成別號，不復呼雨村矣。一日，宴於先生書屋，酒半，先生指祝與余曰：「余有杜詩二句，可贈二君。」問何句，曰：『將軍不好武，稚子總能文』也。」一坐傾倒。故余和芷塘《接葉亭》詩有「頭銜謬許武文同」句，謂此也。（《雨村詩話》卷四，《雨村詩話校正》，詹杭倫、沈時蓉校正，巴蜀書社 2006 年版，第 111 頁）

【雨村詩話（十六卷本）（節錄）】汪文端公謹堂，先北路公會試座師，歿後，其子副憲承霈以其遺集囑門生趙雲松編校，有《感賦》句云：「真草源淵王內史，文章臺閣李東陽。」可括公生平。（《雨村詩話》卷四，《雨村詩話校正》，詹杭倫、沈時蓉校正，巴蜀書社 2006 年版，第 113 頁）

【雨村詩話（十六卷本）（節錄）】江西有兩才子：南昌彭芸楣冢宰、鉛山蔣苕生編修也，皆丁丑進士。彭出廷尉嶰峨周立厓先生本房，與余先後同門。苕生授職後，即奉其母太夫人浮家泛宅，遊於天台、雁蕩之間，曾掌教山陰，後買宅金陵，攜家往之。二人名達宸聰，芸楣為冢宰時，上屢詢及，輒歎息久之，有御製句云：「江西兩才子，惟卿官九卿。」芸楣屢以書勸出山，苕生時已歸養十年，及再入詞館，則資俸已在後輩之後，乃保送御史。已蒙上記名，而考差引見時，上俱未問及。未幾，病風，趙雲松寄詩云：「跋扈詞場萬敵摧，如何仍築避風臺？少貪酒色終償債，老訂詩文幸滿堆。木有文章原是病，石能言語果為災。可憐我亦拘攣臂，千里相忘兩廢材。」後卒，以書囑袁子才為墓誌，子才以書報雲松，復哭詩云：「斯人遂已隔重泉，腸斷袁安一幅箋。預乞碑銘如代死，久淹床笫本長眠。貧官身後唯千卷，名士人間值幾錢？磨鏡欲尋悲路阻，茫茫煙樹哭江天。」（《雨村詩話》卷四，《雨村詩話校正》，詹杭倫、沈時蓉校正，巴蜀書社 2006 年版，第 113 頁）

【雨村詩話（十六卷本）（節錄）】雲松工於懷古，《樓桑村》云：「敵強終造三分國，士少能臣第一流」；又《金門懷古》云：「前史曾傳靖難兵，摩戈從此破神京。削藩禍起書生計，負扆圖慚叔父名。一領袈裟宵出竇，九江紈綺曉翻

城。興師若不論成敗，高煦宸濠豈異情？」末二句千秋定論。(《雨村詩話》卷四，《雨村詩話校正》，詹杭倫、沈時蓉校正，巴蜀書社 2006 年版，第 114 頁)

【雨村詩話（十六卷本）（節錄）】程文恭公，雲松外舅也。公無子，以姪爲嗣，晚年常有乞身之思，以恩重不敢請。及其薨也，朝臣多爲挽章，惟雲松最爲親切，能道文恭立朝風采。詩云：「黃扉方仰贊鴻溝，何意騎箕遽返眞。上殿每陳寬大語，舉朝共服老成人。故鄉屋僅堪容膝，退直書嘗擁等身。欲識蓋棺公論定，早聞歎息遍朝紳。」「官班臺輔壽耆年，寧復餘恫抱九泉。老去香山猶望子，病來疏廣未歸田。孤寒有客傷垂淚，言行何人錄作編？慚愧向蒙元獻愛，難將薄劣繼薪傳。」(《雨村詩話》卷四，《雨村詩話校正》，詹杭倫、沈時蓉校正，巴蜀書社 2006 年版，第 115 頁)

【雨村詩話（十六卷本）（節錄）】房師王夢樓先生與雲松癸未同作房考，俱稱得人。後俱出守，罷官歸里，相訪於鎮江北固山，置酒江閣。雲松即席詩云：「握別京華十五年，故鄉垂喜履綦連。人曾觀海隨星使，家住臨江作水僊。老境風流猶顧曲，儒門淡泊忽逃禪。故應海嶽庵邊路，不可無人繼米顚。」「滇嶠歸來鬢未秋，萬簽高擁一窗幽。詩名尙愛稱才子，官位幾忘是故侯。碧海鯨魚傳麗作，楊枝駱馬遣閒愁。羨君天與無花眼，燈下蠅頭寫更遒。」語語傳神，可作繪贊。(《雨村詩話》卷四，《雨村詩話校正》，詹杭倫、沈時蓉校正，巴蜀書社 2006 年版，第 115 頁)

【雨村詩話（十六卷本）（節錄）】夢樓先生與趙雲松皆探花及第，一庚辰，一辛巳，俱由劇郡乞假歸里，而夢樓先生晚年皈佛持齋十餘年，每赴宴，必自攜庖人以往。秦西巖嘗邀同雲松治具，全用素，雲松作《素食歌》調之。一日同遊平山堂，雲松云：「有一聯恰合吾二人身份。」問何聯，曰：「後輩舊隨前輩第，在家今作出家僧。」(《雨村詩話》卷五，《雨村詩話校正》，詹杭倫、沈時蓉校正，巴蜀書社 2006 年版，第 144 頁)

【雨村詩話（十六卷本）（節錄）】雲松詩最富。余在粵東時，其子來謁，以《甌北全集》見示，雖美不勝收，而微嫌其不能割愛。今玉溪自成都回，見貽一冊，名《甌北詩鈔》，則雲松手刪，僅存什一，可謂去滓存液矣。有《自題刪改舊詩》云：「愛筍食其嫩，愛蔗食其老。愛嫩則棄根，愛老則棄杪。非人情不常，物固難兩好。何況詩文境，所歷有遲早。少時擅藻麗，疵纇苦不少。老去斯剷除，又覺才豔槁。安能美並存，病處又俱掃。晚作蔗根肥，少作筍尖小。」眞閱歷有得之言。(《雨村詩話》卷五，《雨村詩話校正》，詹杭倫、沈時

蓉校正，巴蜀書社 2006 年版，第 144～145 頁）

　　【雨村詩話（十六卷本）（節錄）】李桂官，吳伶人，嘗識畢秋帆於未魁時，委身事之。史文靖公庚辰再入瓊林，嘗戲呼爲「狀元夫人」。後畢官秦撫，往訪之，贈千金。歸販玉玩，至粵東，趙雲松爲廣東守，見之，則已老矣。爲作《李郎曲》云：「李郎昔在長安見，高館張燈文酒宴。烏雲斜綰出場來，滿堂動色驚絕豔。得郎一盼眼波留，千人萬人共生羨。人方愛看郎顏紅，郎亦看人廣座中。一個狀元猶未遇，被郎瞥睹識英雄。每當舞散歌闌後，來伴書帷琢句工。畢卓甕頭扶醉起，鄂君被底把香烘。但申齧臂盟言切，並解纏頭旅食供。明年對策金門射，果然榜發魁天下。從此雞鳴內助功，不屬中閨屬外舍。五花官誥合移封，郎不言勞轉謙謝。專恩肯作鄭櫻桃，盡喜後房多粉黛。狀元官貴擁高牙，匹馬相從萬里賒。爲聽甘涼邊曲好，當筵改學撥琵琶。主人酬贈千金橐，幸客莊嚴七寶車。送上雲程心事了，忽傷老大苦思家。思家泣與東君別，歸到姑蘇百花宅。舊時同伴見貲多，誰不咨嗟眼光赤？豈知遊興猶未已，盡倒囊金買瑤碧。捆載巾箱過嶺來，昔是玉人今玉客。謁儂恰趁放衙早，不覺相迎屣爲倒。通詞曾記託微波，欲即仍離郎太狡。往日挑琴未目成，今朝擁楫偏人老。西子重逢范大夫，非復當時浣紗好。成陰樹已感司勳，轢釜聲兼記丘嫂。回憶華年淡泊遭，褊衷那禁私相惱？生平不吃懶殘殘，偏是人間禁臠難。初日吳蓮雖已褪，晚風緒柳尙堪攀。樽前軟語聊調笑，李下何妨一整冠？」（《雨村詩話》卷六，《雨村詩話校正》，詹杭倫、沈時蓉校正，巴蜀書社 2006 年版，第 159 頁）

　　【雨村詩話（十六卷本）（節錄）】海鹽董東亭潮，余癸未館選同年，出趙雲松門下，能文，詩詞尤綺麗，工對仗，作《紅豆歌》，人爭傳誦。制義亦如之。是科會試，題爲「寧武子邦有道則知邦無道則愚」，中有以「呆犬」對「襄牛」一聯，人服其工。素有嘔心成句之病，逾年假歸，修《毗陵志》，卒於常州，可惜也。趙雲松哭之，有句云：「生無薄產常依婦，才可名山未著書」，最爲沉著。（《雨村詩話》卷九，《雨村詩話校正》，詹杭倫、沈時蓉校正，巴蜀書社 2006 年版，第 223 頁）

　　【雨村詩話（十六卷本）（節錄）】楊誠齋《宿潮州海陽館》云：「蠟前蚊子已成歌，揮去還來奈爾何？一隻攪人終夕睡，此聲原自不須多。」趙雲松用其意作《一蚊》云：「六尺匡床障皀羅，偶留微韄失幾何。一蚊便攪人終夕，宵小原來不在多」，反較明爽。（《雨村詩話》卷十一，《雨村詩話校正》，詹杭倫、沈

時蓉校正，巴蜀書社 2006 年版，第 262 頁）

【雨村詩話（十六卷本）（節錄）】京師人於上元節以泥塑鬼判，虛其腹，燃煤於中為戲。宣武門、左鐵門每年必塑，人爭觀之，甚於燈市。趙雲松戲詠云：「祿藉端資校勘工，故當炙手勢豪雄。共驚氣焰能炎上，誰識神靈也熱中。隸以夜叉應面黑，配宜旱魃稱顏紅。只愁黃胖遊春罷，碎作飛塵陌上空」，末用韓平原事，見《白獺髓》，可稱神肖。（《雨村詩話》卷十一，《雨村詩話校正》，詹杭倫、沈時蓉校正，巴蜀書社 2006 年版，第 262 頁）

【雨村詩話（十六卷本）（節錄）】程魚門以中書纂修《方略》，癸未，余亦以中書同赴春闈，余獲雋，而魚門竟落孫山。趙雲松以詩慰之，云：「眊矂春官又一回，誰從爨底識琴材？生花不落行將禿，棄甲于思忍復來。官燭空修書滿案，子錢欲避債無臺。只應一卷名山業，消爾平生磊落才。」程多髯，故云。（《雨村詩話》卷十一，《雨村詩話校正》，詹杭倫、沈時蓉校正，巴蜀書社 2006 年版，第 263 頁）

【雨村詩話（十六卷本）（節錄）】祝芷塘為余言：其師趙雲松以鎮安守調赴滇，從經略傅忠勇公征緬甸，本故吏也，呈詩云：「屈指兵興一路中，郵亭不斷戛刀弓。頻年聖主籌良將，多少蒼生望相公。關勢相傳銅鐵固，軍威兼列鸛鵝雄。腐儒篋有雞毛筆，要詠平蠻第一功。」錢充齋在經略幕下，讀至「多少蒼生」句，不覺痛哭。經略令幕僚皆屬和，遂傳遍滇南。（《雨村詩話》卷十一，《雨村詩話校正》，詹杭倫、沈時蓉校正，巴蜀書社 2006 年版，第 263 頁）

【雨村詩話（十六卷本）（節錄）】乾隆五十年五月，上以「眼鏡」題大考翰林，坐是點落者甚眾，亦由習焉不考故也。按「眼鏡」始見於前明類書，前此未聞。《言鯖》言：「明提學潮陽林公有二物，如錢大，形質薄如水晶琉璃，每看文字，目力昏倦，以此掩目，能辨細書。聞得南海賈胡，相傳出西域滿剌加國，名曰『靉靆』，老年觀書，小字看大，用骨鑲成，二片若圓燈剪，然可開闔而折疊，如市肆中戥子匣，壯歲目明者用之則反昏暗」，即今之老眼鏡也。然前賢題詠闕如，余向所見，有道藏元僧及明吳匏庵二詩，然皆依稀不甚似。至本朝，則查太史慎行有《賜玻璃眼鏡》七律詩云：「霽月光風在紫垣，海西佳製賜頻煩。潭空秋水清無底，壺貯春冰薄有痕。絕勝金鎞除脆膜，不須藜杖照黃昏。曾經隔霧看花後，老戀餘光盡主恩。」又五律云：「巧製海西傳，能爭造化權。隙光分日月，宿障掃雲煙。頓覺生虛白，猶堪續草元。一編聊秉燭，兀兀慰衰年。」袁太史子才枚有五律云：「眼光原自在，怎仗鏡為能？縱使窮千里，終嫌

隔一層。有繩先繫鼻，無淚已成冰。徐偃不忘國，瞻焉便可憎。」自注：「《荀子》：『宋偃王目可瞻焉。』謂近視也。」此皆前輩可考也。近編修趙雲松翼有《初用眼鏡》詩云：「少年恃目力，一覽數行下。能從百步外，遠讀屏滿架。因之不自惜，逞用弗使暇。螢火貯囊照，鄰燈鑿壁借。倦勿交睫眠，怒或裂皆吒。豈知過則傷，索償乃不赦。年來理鉛槧，忽驚眩眵乍。恭逢廷試期，方覬一戰霸。生平見敵勇，坐是臨陣怕。真同霧看花，幾俾晝作夜。何來兩圓璧？功賽補天罅。長繩繫雙目，橫橋向鼻跨。瑩比壺映冰，朗勝炬燃樺。平添膜一層，翻使障翳化。涼月淨無塵，澄潭堪不瀉。瞳神失所居，賃此得宅舍。空中花不存，鏡裏影逾姹。遂覺虱懸輪，可以命中射。奇哉洵巧製，豈復金篦藉？相傳宣德年，來自番舶駕。內府賜老臣，貴值兼金價。初本嵌玻璃，薄若紙新砑。中土遞仿造，水晶亦流亞。始識創物智，不盡出華夏。縶余愧結習，把卷頗嗜炙。已知老漸浸，幸有光可貫。抱茲千年冰，如刀難入把。收宜近筆床，掛豈雜弓弭？留伴炳燭餘，觀書味淡蔗。」袁子才見云：「詩令人發笑者，其詩必佳。如『長繩繫雙目，橫橋向鼻跨』是也。」余以其言不然，曾記紀曉嵐大司馬《嘲近視戴眼鏡》云：「終日耳輪拖短絳，何年鼻管謝長枷？天涯莫道無知己，磨麵驢兒是一家。」豈不令人發笑乎？詩必令人發笑，勢必流入諢諧一派，余不取也。（《雨村詩話》卷十二，《雨村詩話校正》，詹杭倫、沈時蓉校正，巴蜀書社2006年版，第270～271頁）

【雨村詩話（十六卷本）（節錄）】袁子才嘗遇相士胡炳文，決其六十三生子，七十六而終，後果如期得子，一驗，自無不驗矣。歲至七十六，遂沐巾待期者一年，既而歲除，竟不死。子才作《除夕告存詩》遍遺親友，云：「相術先靈後不靈，此中消息欠分明。想教邢璞難推算，混沌初分蝙蝠精。」「過此流年又轉頭，關心枕上數更籌。諸公莫信袁絲達，未到雞鳴我尚愁。」趙雲松戲贈云：「添丁果驗洗兒緔，預索灰釘乃不行。術者莫非司馬懿？不能料死只料生。」「眊筆閻羅未及勾，遂教天網漏吞舟。笑他袍笏風流宰，換作人間夜不收。」「割肉偷桃狡獪才，九閽都怕此人來。故應天亦難安頓，才召巫陽又召回。」「年是新年人是陳，過年只算再來人。便將來世連今世，省得輪迴又換身。」（《雨村詩話》卷十三，《雨村詩話校正》，詹杭倫、沈時蓉校正，巴蜀書社2006年版，第308頁）

【雨村詩話（十六卷本）（節錄）】袁子才住金陵六朝之地，為詩壇主，四方客至，坐花醉月，尊俎殆無虛日。一日大開東閣，客至五百人，趙雲松方

遊棲霞，招之，竟不往，貽以詩云：「名紙塡門奉砭壇，隨園豪舉欲留餐。靈山五百阿羅漢，一個觀音請客難。」袁得詩大笑。（《雨村詩話》卷十六，《雨村詩話校正》，詹杭倫、沈時蓉校正，巴蜀書社 2006 年版，第 360～361 頁）

【雨村詩話（十六卷本）（節錄）】今人字號多同音而異字，如蔣心餘，一作辛畬；趙雲松，一作耘菘；程魚門，或作漁；陳古漁，或作愚；周書昌，一作倉，皆可。然名姓則斷不可易字。楚中有刻近人詩者，於厲太鴻姓旁誤增「力」字，太鴻戲成俳體云：「展卷風前睡眼醒，何人未辨六書形？蕭生有係知非酈，溫尉如存笑帶令。旅食欲添雙鬢白，鄉書只說兩峰青。多年不得詩書力，早晚煙波買釣舲。」（《雨村詩話》卷十六，《雨村詩話校正》，詹杭倫、沈時蓉校正，巴蜀書社 2006 年版，第 361～362 頁）

【雨村詩話補遺（節錄）】陽湖趙雲松有句云：「唯聞村童讀書聲，都都乎丈喧不已。」謂村童將「鬱鬱乎文哉」讀爲「都都乎丈我」也。偶閱明錢塘瞿祐《歸田詩話》，載曹組元寵《題村學堂圖》云：「此老方捫虱，眾雛爭附火。想當訓誨間，都都乎丈我。」乃知此其所本。（《雨村詩話補遺》卷四，《雨村詩話校正》，詹杭倫、沈時蓉校正，巴蜀書社 2006 年版，第 410 頁）

【雨村詩話補遺（節錄）】庚申八月十八日，余回南村省墓，見書樓已成灰燼，長子及養子皆逃，房屋爲土賊拆毀殆盡。本州尊爲武進劉慕陔先生印全，壬辰進士，由資陽令升合州刺史，擢綿州八年，歷有廉名。余向以老病，未得展謁。未歸，曾蒙枉駕至家查問，是以土賊稍戢，不然，片瓦難存也。九月初八日，慕陔忽差人送故人趙雲松七月初五日書至，則甌北即慕陔姑丈也。其書云：「同年至好，一別三十餘年，萬里相望，無由通問。回憶春明征逐，詩酒流連，此景何可再得也！忽從姚姬傳處遞到《雨村詩話》一部，載拙作獨多，翻閱之餘，感愧交並，知足下之愛我，有癖嗜也。復念弟與足下出處，大略相同，然足下動筆千言，如萬斛泉不擇地湧出；而弟循行數墨，蚓竅蠅聲，其才固已萬不能及。足下居有園亭聲伎之樂，出有江山登覽之勝，著書滿家，傳播四海，提唱風雅，所至逢迎；而弟終日掩關，一編度日，生計則僅支衣食，聲名則不出鄉閭。以視足下之晞發扶桑，濯足滄海，又豈特楹之與筳耶？惟是年來海內故人多半零落，袁子才、王西莊俱於前歲物故，祝芷塘去多又卒於雲間，惟吾二人尙愁遺無恙，東西萬里，白首相望，不可謂非幸事也。弟所著詩集外，已刻者尙有《陔餘叢考》四十三卷，未知曾得呈覽否？近又有《廿二史箚記》三十六卷，今歲可以刻成，此後亦不能再有

所撰述矣。《雨村詩話》中有『趙雲崧子叩謁於廣東學署』一段，足下提學粵東時，小兒年僅勝衣，從未有遊粵者，此不知何人假冒干謁，遂使弟有此乾兒，可發一笑，並縷及之，想足下亦為捧腹也。聞蜀中流匪充斥，而綿州獨晏如，可為遙賀。然烽煙倥擾中，恐亦不免戒心，昔日『將軍』之稱，或將弄假成真。弟翹首西瞻，惟時時灑酒祝平安耳。州牧劉君係弟內侄，聞其居官頗有循良之譽，倘地方有守禦之事，尚祈協力佽助為禱。吳雲蜀嶺，相見何日？蘸筆縷述，不禁黯然。此上雨村觀察同年。」以三十餘年未得見之知己忽通音信，為之狂喜，遂即日作詩寄甌北云：「不恨同心各一天，只嗟書筒也茫然。粵東宦跡同鴻爪，川北民膏濺鶻拳。趙括父書偏不讀，劉宏吏紙荷常傳。是災是火俱休問，作答忙封附去船。」（《雨村詩話補遺》卷四，《雨村詩話校正》，詹杭倫、沈時蓉校正，巴蜀書社 2006 年版，第 415～416 頁）

戴璐

【吳興詩話（節錄）】章黃門寶傳字習之，號硯屏，祐菴子。壬戌進士，由中書歷吏部郎中，改御史，轉禮科給事。父子同垣，皆止是職。閔晴巖集有《同舟出都》倡和詩：「經義有誰堪作僕？詩名原自不論官。蝸同莊叟憐渠斗，鶴異羊公任客觀」，時給事成進士，未用，故云。趙耘崧翼《冬夜讌習之前輩宅》詩云：「選舞徵歌集畫堂，消寒共作少年狂。酒推大戶先衝陣，詩讓名家獨擅場。照座玉山裴叔則，勸杯金縷杜秋娘。殘多常厭更籌緩，今夜如何夜不長？」（《吳興詩話》卷七，民國五年劉氏嘉業堂刻吳興叢書本）

【吳興詩話（節錄）】太僕（紀復亨）丙戌同考房卷，獨少有遣興詩，趙耘崧翼和云：「探得芳菲聚一家，卻分林杏幾枝斜。定知一樣春妍處，愛惜偏深手種花。」「燒尾筵看一隊新，出群定數阿誰身。將兵何必多多善？只要行間有用人。」「知音雖別屬鍾期，春酒同來介壽祺。莫以敬容殘客待，有人偏感寄生時。」「一般鐵網入波深，偏是明珠轉易沉。此意至今文士感，手持敗卷惜文心。」先生衡文，一次而得劉侍郎躍雲、李臬使殿圖、秦司業潮，薦卷吳侍郎省欽、金狀元榜，亦云盛矣。（《吳興詩話》卷八，民國五年劉氏嘉業堂刻吳興叢書本）

【吳興詩話（節錄）】先室沈恭人芬，榆村先生長女。幼慧，有《暮春》一絕云：「數聲鶗鴂過，門巷罷秋韆。怕看荼蘼架，春光又一年。」于歸後，絕口不吟。余每信筆拈韻，頗能知其疏誤。五十後，持家勞悴，兼傷愛女而終。余《悼亡詩》：「荼蘼花斷少詩章，誰誦當年句有香？卻賴推敲成畏友，吟安

一字幾商量。」施太常同年極稱此絕，謂深得唐人三昧。再詢他作，其實無之。蓋自然天籟，不可解也。汪訒菴駕部選入《擷芳集》中，並摘錄《悼亡詩》，俾列名媛之後，其意可感。吳超亭同年興宗《寄慰》詩：「劇聞沉痛抱沉疴，掌上珠傾飲淚多。生女偏教憐愛甚，從夫爭奈別離何。藥鑪經卷縈新恨，禪榻茶煙感逝波。祇覺髯蘇君酷似，魏城宿草泣東坡」，「孤琴一曲幾迴腸，揮手猶矜舉案莊。卻怪杜鵑嗁血淚，漫疑蝴蝶夢荒唐。鏡分泉路奩誰啓，車挽香塵意自傷。貧賤不忘交且厚，堂前義合重糟糠。」余和答云：「半生涉歷幾羊腸，月冷空幃偶夢莊。官鼓聽時猶拓落，冰絃斷後更頹唐。窮當餅罄憑誰慰？冷待棉裝黯自傷。最是過來人語痛，貧家難得替糟糠。」昔讀趙甌北翼《悼亡》詩「貧覺糟糠替倍難」，為之心動。今身歷其境，愈覺沉痛，不堪卒讀。（《吳興詩話》卷八，民國五年劉氏嘉業堂刻吳興叢書本）

洪亮吉

【北江詩話（節錄）】……趙兵備翼詩如東方正諫，時雜詼諧……（《北江詩話》卷一，清光緒三年授經堂刻洪北江全集本）

【北江詩話（節錄）】詩有後出而愈工者，余自伊犁赦歸，有《紀恩》詩云：「一體視猶同赤子，十旬俗已悉烏孫」，人以「烏孫」「赤子」為工。後趙兵備翼見贈一聯云：「足以烏孫途上繭，頭幾黃祖座中梟」，則可云奇警矣。後同年韋大令佩金亦自伊犁赦回，余《登揚州高明寺浮圖望海並懷韋》中一聯云：「夢裏烏孫宜鬼國，望中黑子是神山」，亦為揚州人傳誦，然卒不能及趙也。（《北江詩話》卷一，清光緒三年授經堂刻洪北江全集本）

【北江詩話（節錄）】劉文正統勳不以詩名，然偶有作，必出人頭地。乾隆中，張桐城相國廷玉予告歸里，奉勅作送行詩，時門下士如趙編修翼等皆客公所，並令擬作，卒莫有稱意者。公在機廷，忽自握管為之，中一聯云：「住憐夢裏雲山繞，去惜天邊雨露多」，遂繕進呈。（《北江詩話》卷一，清光緒三年授經堂刻洪北江全集本）

【北江詩話（節錄）】乾隆中葉以後，士大夫之詩，世共推袁、王、蔣、趙矣。然其詩雖各有所長，亦各有流弊。好之者或謂突過前哲，而不滿之者又皆退有後言。平心而論，四家之傳及傳之久與否，亦均未可定。（《北江詩話》卷一，清光緒三年授經堂刻洪北江全集本）

【北江詩話（節錄）】七律之多，無有過於宋陸務觀者，次則本朝查慎行。

陸詩善寫景，查詩善寫情。寫景故千變萬化，層出不窮；寫情故宛轉關生，一唱三歎。蓋詩家之能事畢，而七律之能事亦畢矣。近日趙兵備翼亦擅此體，可爲陸、查之亞。（《北江詩話》卷二，清光緒三年授經堂刻洪北江全集本）

法式善

【梧門詩話（節錄）】辛亥夏，子才又寄書云：「記三十年前，曾遇江西相士胡文炳，說余六十三而得子，七十六而考終。爾時頗不信其言。日後生子之期不爽，則今歲龍蛇之厄，似亦難逃。故自作輓詩五章，和者如雲，以孫補山宮保、趙雲松觀察二人爲最超。今同拙作一齊抄呈，乞閣下亦賜一章，他日攜之九原，可與淵明快讀也。」余既作五絕句報之。宮保詩如「文書眯目驗吾衰，腹痛憑誰莫酒杯。囑備一奩磨鏡具，他年高會望公來」，是從對面寫法；觀察詩「君果飄然去返眞，讓儂無佛易稱尊。只愁老境誰同調，獨立蒼茫也斷魂」，「生平花月家相關，此去應結將習刪。若見麻姑休背癢，恐防又謫到人間」，是透一層寫法。（《梧門詩話》卷二，北京圖書館藏稿本）

楊鳳苞

【戩園詩集跋】《戩園詩集》十卷，程魚門晉芳譔。其詩不規規於唐人風格，頗事生新，由其不沿歸愚尙書流派，勝於吳中七子遠矣。是時錢唐袁枚、武進趙翼、長洲張塤、鉛山蔣士銓，率以打油、釘鉸之體波蕩後生，一時爲之風靡。魚門皆與之友，不染其狂習，可謂豪傑之士。中分小集九：曰《籬東》，曰《春帆》，曰《索米》，曰《刻楮》，曰《白門春雨》，曰《結夏》，曰《桂宧》，曰《小金臺》，曰《拜書亭》，始癸亥，迄丁丑，合十五年之作。時魚門年已四十，猶未第也。其入翰林以後之詩，別有編次。（《秋室集》卷二，清光緒十一年陸心源刻本）

錢泳

【摘句（節錄）】本朝七律，金聲玉振，不特勝於有明一代，直可超出宋元，而亦有高出唐人者，可謂極一時之盛。國初諸公無論矣。就余所見聞者，如王少林《大梁懷古》云：「三花樹色開神嶽，萬里河聲下孟門」，黃浩浩《秋柳》云：「小驛孤城風一笛，斷橋流水路三叉」，何南園《感懷》云：「身非無用貧偏暇，事到難圖念轉平」，黃野鴻《清明》云：「村角鳥呼紅杏雨，陌頭人拜白楊烟」，浦翔春《野望》云：「舊塔未傾流水抱，孤峰欲倒亂雲扶」，魯星村《郊外》

云：「春田牛背鳩爭落，野店牆頭花亂開」，汪澤周《賜書樓眺雨》云：「亭遠忽從烟際出，樓高先覺雨聲來」，史位存《汴梁道中》云：「雲垂平野星初上，馬走春沙夜有聲」，《有感》云：「撲蝶會過春似夢，湔裳人去水如煙」，潘汝庭《春日》云：「草不世情隨意綠，花知客意入簾紅」，石遠梅《山海關》云：「萬頃日華浮海動，九邊風色捲沙來」，湯述庭《閒居即事》云：「得句偶逢花照眼，舉杯喜見月當頭」，郭頻迦《即事》云：「月與梧桐尋舊約，秋將蟋蟀作先聲」，《春感》云：「三月落花如夢短，一湖新漲比愁多」，高爽泉《春草》云：「新愁舊恨縈三月，細雨斜陽送六朝」，林遠峰《靈隱寺》云：「靈泉百道飛涼雨，古磴千盤入亂雲」，皆妙。又如曹楝亭之「三秋月色臨邊早，萬馬風聲出塞多」，張崑南之「松間細路通僧寺，花裏微風颺酒旗」，朱子穎之「一水漲喧人語外，萬山青到馬蹄前」，石曉堂之「窺魚淺渚翹雙鷺，待渡斜陽立一僧」，邱學敏之「山連齊魯青難了，樹入淮徐綠漸多」，李嘯村之「春服未成翻愛冷，家書空寄不嫌遲」，惠椿亭之「宿酒大都隨夢醒，殘燈多半為詩留」，劉春池之「道在己時惟自適，事求人處總難憑」，凌香坪之「春風久負青山約，舊雨難尋白鷺盟」，吳尊萊之「暮雲抱郭罨紅樹，寒雨連江凍白鷗」，儲長源之「春衣乍暖飛蝴蝶，綠酒初香薦蛤蜊」，劉元贊之「三春鄉思先花發，萬里征人後雁歸」，「秋水懷人楓葉落，蓬窗臥病雨聲多」，莊印三之「青溪渡口餘三戶，黃葉聲中有六朝」，倪稼咸之「衰柳共憐殘鬢短，閒雲應笑客程忙」，吳退庵之「樹碧兩行臨曲水，天青一角見高山」，方升矣之「小艇仍維前度樹，斜陽已掛右邊樓」，湯衎之之「社雨不知春事判，東風已覺落花多」，毛洋溟之「夜永驟驂驚歸碧落，風清有鶴響空山」，林漢閣之「窺客挑燈來點鼠，移秋入戶有寒蛩」，王饒九之「兩岸白蘋秋水渡，一林紅葉夕陽邨」，吳梅原之「愁消白下鵝兒酒，人在青山燕子磯」，黃膽山之「人間萬事成秋草，我輩前身是落花」，仲松嵐之「吳楚帆檣隨樹沒，金焦山色上衣來」，鄭芸書之「絕壑凍雲棲古塔，枯僧破衲補斜陽」，宗蕙亭之「酒不能攻愁有陣，曲為自度唱無腔」，魏野塘之「有客抱琴停午至，呼僮沽酒趁花開」，顧蘭厓之「蒼苔滿逕客稀過，涼雨到門僧未知」，冒甚原之「廢苑春來花自發，空庭月落鳥相呼」，汪可堂之「三徑春歸花似雪，一齋人靜日如年」，汪周士之「徑仄秋花迎客座，夜深涼月戀人衣」，石晚晴之「瘦馬踏乾黃葉路，寒鐘敲碎白雲峰」，吳玉田之「山色和煙沉遠浦，潮聲挾雨吼滄江」，顧蘭暉之「萬種羈愁當夜集，一年鄉夢入秋多」，曹劍涵之「別浦帆歸千樹碧，隔籬人語一燈紅」，王籽園之「報喜燈花紅一夜，相思春水綠三年」，阮梅叔之「腳底白雲雙

屐滑，擔頭紅葉一肩春」，吳雲坡之「煙迷古塞晴疑雨，雲擁深山晝亦昏」，朱天飲之「娛人可愛當窗樹，留客遙看雨後山」，常謇齊之「秋從夜雨窗前聽，月在美人樓上圖」，吳蒼崖之「清夜思公惟有淚，白頭知己更無人」，徐春圃之「鍊句每存千載想，看花不放一春過」，徐德泉之「家無儲蓄期鄰富，邑有流亡望歲豐」，黃少淵之「芳草池塘尋舊夢，落花庭院算殘棋」，如此類者甚多，摘之不盡。又趙甌北先生集中有《擬老杜諸將之作》，張船山太守集中有《寶雞縣題壁》詩，長歌當哭，俱不可不讀也。(《履園叢話》卷八，中華書局 1979 年版，第 228～230 頁)

劉嗣綰

【讀蔣心餘先生《忠雅堂集》】藏園一卷企宗風，曾拜先生半畝宮。插架書還堆斷簡，當庭樹已老孤桐。眼中溝壑餘吾輩，身後邱山感寓公。趙壹、袁絲謂隨園、甌北兩先生。俱老去，誰攜長笛叫秋空？(《尚絅堂集》詩集卷二十四「中江集上」，清道光大樹園刻本)

【霽青出京時以時帆先生所選及見錄十六本寄郭頻迦附詩三絕（其二）】袁、簡齋。趙甌北。集中留雅意，蔣、清容。錢籜石。稿裏去偏心。人閒屏卻箏琵響，自出成連海上琴。(《尚絅堂集》詩集卷五十二「補蘿集」，清道光大樹園刻本)

延君壽

【老生常談（節錄）】海內近人詩，余所及讀者不下百數十種，袁子才新穎，蔣心餘雄健，趙甌北豪放，黃仲則俊逸，當以四家為冠，餘則各有好處。
(郭紹虞編選：《清詩話續編》，上海古籍出版社 1983 年版，第 1803 頁)

【老生常談（節錄）】趙甌北七律，登臨懷古之作，激昂慷慨，沈鬱蒼涼，能手也。《袁州城外石橋最雄麗相傳為嚴世蕃所作》：「飛梁橫鎖急流奔，遺惠猶傳濟洢溱。黃閣階前跨寵子，青詞燈下捉刀人。選材幾費深巖石，得地依然要路津。終欠出都騎款段，一鞭來此踏霜晨。」第六句拍題甚緊，末用徐階語，卻好。《耒陽杜工部墓》云：「生無一飽人誰惜？死有千秋鬼豈知！」《赤壁》云：「烏鵲南飛無魏地，大江東去有周郎。」《韓蘄王墓》云：「勳業未來先臥虎，英雄老去亦騎驢。」《喬公墓》云：「生有隻雞留戲笑，死猶兩女嫁英雄。」《明太祖陵》云：「千秋形勝從三國，一樣江山陋六朝。」讀之雖氣質稍粗，能淵淵出金石聲，最長人才思，啟人聰明。(郭紹虞編選：《清詩話續編》，上海古籍出版社 1983 年版，第 1840～1841 頁)

舒位

【乾嘉詩壇點將錄（節錄）】

詩壇都頭領三員

托塔天王沈歸愚德潛

及時雨袁簡齋枚

玉麒麟畢秋帆沅

掌管詩壇頭領二員

智多星錢籜石載

入雲龍王蘭泉昶

參贊詩壇頭領一員

神機軍師法梧門式善

馬軍總頭領三員

大刀手蔣心餘士銓

豹子頭胡稚威天遊

霹靂火趙甌北翼。有《甌北詩集》、《文集》。（《乾嘉詩壇點將錄》，光緒丁未九月長沙葉氏刊本）

朱景素

【侍五伯論詩三首】（其一）宋派唐音話已陳，性靈兩字力求眞。拈來妙諦頭頭是，纔信倉山技絕塵。袁子才。（其二）搏兎何曾異搏獅？西江壇坫賴撐持。少陵神骨誰能得？只許藏園筆一枝。蔣心餘。（其三）不求氣味詣深醲，輕俗心甘眾口攻。活色生香鮮荔子，別開門徑箰雲松。趙雲松。（《絮雪吟》卷四，蔡殿齊輯：《國朝閨閣詩鈔》第十冊，清道光嫏嬛別館刻本）

郭麐

【靈芬館詩話（節錄）】國朝之詩，自乾隆三十年以來，風會一變。於時所推爲渠帥者凡三家，其間利病可得而言：隨園樹骨高華，賦材雄驚，四時在其筆端，百家供其漁獵，而絕足奔放，往往不免。正如鍾磬高懸，琴瑟疊奏，極其和雅，可以感動天人，協平志氣。然魚龍曼衍、黎軒眩人之戲，亦雜出其間，恐難登於虁、曠之側。忠雅託足甚高，立言必雅，造次忠孝，讚頌風烈。而體骨應圖，神采或乏，辟如豐容盛鬒，副笄六珈，重簾復帳，望若天人，欲其騰光曼睞，一顧傾城，亦不可得。甌北稟有萬夫，目短一世，

合銅鐵爲金印，化神奇於臭腐。力欲度越前人，震駴凡俗，辟如阿修羅具大神通，舉足攪海，引手摘月，能令諸天宮闕，悉時震動，但恐瞿曇氏出世作師子吼耳。要皆各有心胸，各有詣力，善學者去其皮毛而取其神髓可矣。(《靈芬館詩話》卷八，清嘉慶二十一年孫均刻二十三年增修本)

【靈芬館詩話（節錄）】嘗聞梧門先生搜輯同時先後詩人之作，名《及見集》，卷帙甚富，然未之見也。今年霽青以之廣信太守任，道出袁浦，劉芙初太史以箚見寄云：「梧門沒後，此書在某處，凡十六帙，其中選輯尙有未盡善者」，屬霽青交付，爲之釐訂，以俟刊行云云。時霽青行滕未解，約至家見付，並自任剞劂之事，爲之躍然以喜。不特吾師闡幽發微之心得以少慰於九京，而槁項黃馘苦吟顦顇之士，有僻遠沉冥不獲傳於世者，藉以單詞隻句，託之不腐，豈非盛事耶？芙初書後附寄三絕云：「集端卷首例科名，還與方羅訴不平。六十年來詩筆好，沙中揀得是金聲。」「袁趙集中留雅意，蔣錢稿裏去偏心。自注：隨園、甌北、心餘、籜石也。人間屏卻箏琶響，自出成連海上琴。」「故人幾輩漸迢迢，展卷眞如賦《大招》。繭紙烏絲商署徧，寄君篋衍爲魂銷。」芙初以爲首列達者，未免猶有重科名之意，而四家之《詩鈔》者，未必是其上乘，欲鄙人爲別裁之也。然恐才識弇陋於梧門先生，無能爲役，奈何？(《靈芬館詩話》續詩話卷六，清嘉慶二十一年孫均刻二十三年增修本)

崔旭

【念堂詩話（節錄）】近日詩家，袁、蔣、趙同稱。(《念堂詩話》卷一)

王豫

【群雅集（節錄）】定翁詩、古文、詞負海內盛名，與袁大令簡齋、趙兵備雲松稱「三家」。(《群雅集》卷七)

吳衡照

【冬夜讀詩，偶有所觸，輒志斷句，非仿遺山論詩也。得十五首（其十三）】袁趙盛名才並大，多緣好盡味終輸。鉛山自是眞名士，誰續西江宗派圖？
(林東海、宋紅編：《萬首論詩絕句》，人民文學出版社 1991 年版，第 798 頁)

凌霄

【快園詩話（節錄）】孫淵如觀察《書朱竹君句見贈》曰：「小學劉臻吾輩

定，麗詞庾信早年成。」汪劍潭太守《書趙雲松句見贈》曰：「後世不傳應不信，古人如在復如何？」（《快園詩話》卷一，清嘉慶二十五年刻本）

陸繼輅

【輯《春芹錄》成，懷舊感知，呵凍有作並序（其一）】文王嗜菖蒲菹，孔子縮頸而食之，性有所癖，不能喻之他人也。余好食春芹，以為味在早韭、晚菘之上，豈定論哉？選六家詩成，聰應請書名，會方食芹，名之曰《春芹錄》。何者？詩不盡六家，六家詩不盡此數首。然而荔枝、江瑤柱，遠莫能致，春芹則既習而嗜之矣。後有覽者，幸毋以膾炙繩之。　　（其一）萬里遊蹤萬卷書，不師鮑謝況韓蘇？兵閒索句秋聞角，林下衡文夜有珠。公嘗甲乙同時少年之作，定繼輅弟一，大興舒位弟二。經學為公刪《劄記》，霸才隨地闢名區。顧塘自昔詩人住，里第鄰蘇文忠公故宅。想見吟魂曉夕俱。《甌北集》。（《崇百藥齋三集》卷六，清道光八年刻本）

陸鎣

【問花樓詩話（節錄）】先廣文嘗言：「長江、大河，泥沙俱下，不似井泉清潔。讀古大家集，須存此見。」近日譚者於袁、蔣、趙三家各有微辭，然鉛山雄直，甌北排奡，隨園舌如蓮，筆如劍，皆能於嶺南、江左諸家而外，獨開門戶者也。（《問花樓詩話》卷三，郭紹虞編選、富壽蓀校點：《清詩話續編》第四冊，上海古籍出版社 1983 年版，第 2320 頁）

黃培芳

【香石詩話（節錄）】甌北、子才，一時並稱。就二家論詩觀之，固以甌北為優。甌北所著《十家詩話》，能不失矩矱，不致詒悞後生，勝於《隨園詩話》矣。（《香石詩話》卷之二，清嘉慶十五年嶺海樓刻嘉慶十六年重校本）

【香石詩話（節錄）】柳宗元《封建論》：「草木榛榛，鹿豕狉狉。」按：榛榛，蕪梗也。本揚雄《反騷》「枳棘之榛榛兮」句，不知何時訛作「獉」，詩文家率用「狉獉」，承訛踵謬。字書實無「獉」字，《韻本》亦無之。近賢博雅如趙甌北長於考據，而其《水西雜紀》七絕有「華風濡染變狉獉」之句，又五律《苗人》云「獉狉略似人」，蓋亦失檢也。（《香石詩話》卷之二，清嘉慶十五年嶺海樓刻嘉慶十六年重校本）

【香石詩話（節錄）】趙甌北論七律，獨推陳元孝《鎮海樓》「五嶺北來峰在地，九州南盡水浮天」一聯為法，以為杜之畏友，可謂獨具隻眼。論國朝

詩推重查初白，甚有卓識。田西疇先生亦素持此說，暗相印合。（《香石詩話》
卷之四，清嘉慶十五年嶺海樓刻嘉慶十六年重校本）

張維屏

【論詩絕句二十四首（其十七）】大宗雖博太鴻精，袁、趙多才恰並生。
同是流傳誰耐味？百年吾愛蔣、黃、彭。杭堇浦、厲樊榭、袁簡齋、趙甌北、蔣心
餘、黃仲則、彭甘亭。（《花甲閒談》卷六，清道光富文齋刻本）

【藏園】靖節西江一老尊，群才羅列總兒孫。黃、楊以後藏園繼，江西自
山谷、誠齋後，惟心餘先生可稱大家。袁、趙之閒正派存。隨園、甌北兩集，不免遊
戲。欲借詩歌維教化，即論風骨亦高騫。銅絃九種雖餘事，筆墨都能見性根。
（《花甲閒談》卷十四，清道光富文齋刻本）

謝堃

【春草堂詩話（節錄）】世稱袁、趙、蔣三家，無分優劣，余獨不然其說。
苕生太史以詞曲勝，詩不逮二公遠矣。袁詩曰「自笑匡時好才調，被天強派
作詩人」，趙則曰「天留老筆非無意，要與熙朝寫太平」，二公谿逕，又判然
分矣。（《春草堂詩話》卷一，清刻本）

尚鎔

【三家詩話】

三家總論

近日論詩競推袁、蔣、趙三家，然此論雖發自袁、趙，而蔣終不以為然
也。試觀《忠雅堂》集中，於袁猶貌為推許，趙則僅兩見，論詩亦未數及矣。

自明七子以後，詩多偽體僻體。牧齋遠法韓、蘇，目空一代，然如危素
之文，動多詭氣。梅村、漁洋、愚山、獨漉諸公，雖各擅勝場，而才力不能
大開生面。三家生國家全盛之時，而才情學力，俱可以挫籠今古，自成一家，
遂各拔幟而起，震耀天下，此實氣運使然也。

子才之詩，詩中之詞曲也。苕生之詩，詩中之散文也。雲松之詩，詩中
之駢體也。

子才如佳果，苕生如佳穀，雲松如佳肴。

子才學楊誠齋而參以白傳，苕生學黃山谷而參以韓、蘇，竹垞，雲松學

蘇、陸而參以梅村、初白。平心而論，子才學前人而出以靈活，有纖佻之病；
苕生學前人而出以堅銳，有粗露之病；雲松學前人而出以整麗，有冗雜之病。

《雨村詩話》以三人皆學宋人，意頗不滿。而又推袁爲天授，蔣不及趙，
殆因蔣詩不數己，遂有意抑之與？

曩嘗倣敖器之《詩評》，評本朝詩人，有曰：「子才如畫舫搖湖，蕩人心
目；苕生如劍仙躍馬，所向無前；雲松如吳、越錦機，力翻新樣。」見者以
爲切中。

詩文至南宋後，文章一大轉關也。就詩而論，雖放翁以悲壯勝，遺山以
沉雄勝，道園以老潔勝，鐵崖以奇麗勝，青丘以爽朗勝，西崖以清峭勝，究
不逮李、杜、韓、白、歐、蘇、黃之全而神，大而化，況他人乎？「詩到蘇、
黃盡」，眞篤論也。漁洋自謂放翁、遺山可以企及，由今觀之，修飾有餘，才
情不足。竹垞與漁洋齊名，《談龍錄》譏其貪多。其實竹垞之詩文高在典雅，
而皆欠深入。三家兼有放翁以下諸人之長，雖醞釀之功未極深厚，然已如天
外三峰，躋攀不易矣。

子才筆巧，故描寫得出。苕生氣傑，故撐架得住。雲松典贍，故鋪張得
工。然描寫而少渾涵，撐架而少磨礱，鋪張而少鎔裁，故皆未爲極詣也。

讀三家之詩，巧麗者愛子才，樸健者愛苕生，宏博者愛雲松，取其長而
棄其短，是在善讀者。

三家分論

子才《與雲松書》曰：「我輩爭奇競巧，不肯一語平庸，要爲運之以莊，
措之以雅，而於詩文之道盡之矣。」乃雲松固欠莊雅，而己亦多蹈纖佻之弊，
何也？

苕生有生吞活剝之弊，而子才點化勝之。雲松有誇多鬥靡之弊，而才子
簡括勝之。

子才專尚性靈，而太不講格調，所以喜誠齋之鏤刻，而近於詞曲。

鳥之飛也，必迴翔而後下。水之流也，每淳蓄而後行。袁、蔣多一氣直
下，而不耐紆徐，皆少韓昌黎迎而距之一段工夫也。

子才律詩往往不對，蓋欲上追唐人高唱也，然失之率易矣。

子才與苕生唱和則效苕生體，與雲松唱和則效雲松體。蓋自以爲兼有二
人之長，視二人之詩，祇如腰間之寶劍也。觀其《論詩絕句》可見。

　　漁洋詩以遊蜀所作為最，竹垞詩以遊晉所作為最，初白詩以遊梁所作為最，子才詩以遊秦所作為最。王蘭泉《湖海詩傳》，專錄子才少年未定之作而故沒真面，似不及懷寧潘瑛《國朝詩萃》之平允也。

　　子才性好女色，而詩必牽合古人以就己。如詠羅隱廟則曰「隔簾嬌女罷吹簫」，詠銅雀臺則曰「招魂只用美人妝」，詠張睢陽廟則曰「刀上蛾眉喚奈何」，詠周瑜墓則曰「小喬何幸嫁夫君」，詠謝安石則曰「東山女伎亦蒼生」。然此猶題中所應有也，至詠郭汾陽亦必曰「歌舞聊消種蠡愁」，則太牽合矣。其詠睢陽廟有「殘兵獨障全淮水，壯士同揮落日戈」一聯，則為此題絕唱，苕生集中二首皆不及也。

　　少年聰明兒女，血氣未定，略知吟詠，罕有不喜流宕者。子才風流放誕，遂詩崇鄭、衛，提倡數十年，吳、越間聰明兒女，今猶以之藉口，流弊無窮。此為風雅之罪人。惲子居志孫韶之墓，所以極力詆之也。

　　子才古體詩多不諧聲調，而轉韻尤啞。雲松亦然。苕生則十失二三矣。昔趙秋谷著《聲調譜》，《四庫提要》極推之。然秋谷雖能作譜，而詩歌則未盡諧也。且其所舉為法者亦疏而不密，而子才譏其拘，宜其不知聲調也。

　　與子才同時而最先得名者，莫如沈歸愚。歸愚才力之薄，又在漁洋之下，且格調太入套，毋怪蔣、趙二公皆不數及也。

　　《隨園詩話》大率取清真之作，然豔詞側體太多，殊玷風雅。其極推夢樓，譏議蔣、趙之類，亦皆顛倒是非，不符公論。《續詩品》極佳，但「是新非纖」一語，便不能踐。

　　子才古文自是侯朝宗以後作者，近人因其詩之纖巧，並詆其文，惲子居至以倡狂無理斥之，皆非平心之論。

　　吳山尊《本朝八家四六》：「子才長於大題，自是一時冠冕。」山尊才力之大，庶幾可接子才，至詩之冗而笨，則不足稱三家之嗣音。以上論子才。

　　苕生詩有不可及者八：才大而奇，情深而正，學博而醇，識高而老，氣豪而真，力銳而厚，格變而隱，詞切而堅。但恃其逸足，往往奔放，未免蹈裴晉公譏昌黎之失也。

　　劉彥和有言：「彩乏風骨，則雉竄文囿；風骨乏彩，則鷙集翰林。唯藻耀而高翔，乃文筆之鳴鳳。」今觀三家之詩，袁、趙似「雉竄文囿」，蔣似「鷙集翰林」。至「文筆鳴鳳」，則自曹子建、李、杜、韓、蘇之外，唯遺山、青丘差堪接武。而苕生乃云「鳳凰好文章，鵬鶚吾何取」，恐猶未能踐此語也。

　　翁覃溪論茗生詩，比以吳天章、陸聚緱，似俱不及茗生，且亦不肖。王蘭泉則謂論詩於當代，以茗生爲首，而尤以其五七古詩爲極則。吳山尊亦謂茗生五七言詩，擺脫凡近，自然入格，而離奇變幻，無所不有。二君皆知言也。然茗生詩雖勝人，而頓挫沉深之妙，則終遜李、杜、韓、蘇矣。

　　茗生古詩好用僻韻，好次元韻，多牽強而無味。昌黎、山谷亦所不免，子才則無之也。

　　或謂茗生面目肌理俱近於粗，似不及袁、趙之細膩。不知茗生之粗在面目，至肌理則未嘗不細膩也。且體裁較袁、趙爲雅，學之者弊少。

　　茗生有《京師》、《豫章》、《固原》新樂府，《豫章》、《固原》失之直率，唯《京師》十四篇，兼元、白、張、王、鐵崖、西崖之勝。

　　歐陽文忠之詩，才力最近昌黎，而情韻較勝西江之詩，陶彭澤以後，當推第一。介甫、涪翁以刻酷抗之，然不及其自然也。其集中有以五古短篇懷人詠己者，蓋本顏延年《五君詠》。茗生《懷人》諸詩，憲章文忠，多可括諸人一生言行，而上追延年。

　　茗生論詩，於西江阿其所好，稍乖公允。至極推北地、信陽，力詆初白、樊榭，尤爲持論之偏。

　　茗生少與汪輦雲、楊子載、趙山南齊名。趙則略成體格，汪則寒瘦逼人，楊之新樂府與五古庶可肩隨茗生，惜其未能全美也。

　　茗生於廣昌何鶴年極力扶獎，然鶴年亦失之寒瘦。茗生「水氣乘間出，山身向晚分」二語，最近鶴年。

　　茗生初寓金陵，感子才訪己題壁之殷，於是作詩以題其詩、古文、駢體，極其推崇，然不存於集中，則不滿於子才也。子才知其輕己，言不由衷，故題茗生集詩，晚年亦刪第一首，而且時刺茗生爲粗才。至雲松於茗生，始曰：「跋扈詞場萬敵摧」，又哭之曰：「久將身入千秋看，如此才應幾代生？」可謂推服至矣。乃觀其集中論詩稱才子而遺己，遂題詩三首，第以才氣推茗生，而陰致不滿之意。後有知人論世者，最宜於此索隱而持平。

　　茗生詞學蘇、辛、陳其年，而較爲細膩。《九種曲》出於玉茗堂，而較爲正大。古文雖直舉胸臆，空所倚傍，然祇可接李穆堂一派，非但不及魏叔子，並讓子才出一頭地。

　　三家詩集皆有兩本，袁、趙則晚年所手定；茗生一刻於京師，再刻於揚州，皆在身後。論者多以再刻勝初刻，其實初刻經張瘦銅諸人所刪改，多足

爲茗生功臣；再刻則存其原本，且增入數十首應酬之詩，覺觸目冗濫，反爲白璧微瑕。以上論茗生。

雲松《十家詩話》，最爲具知人之識，持千古之平。但其所爲之詩，則效前人而尙少簡練。

雲松五七言古，意欲以議論之警闢，才力之新奇，獨開生面，幾於前無古人。然趁韻湊句，殊欠雅健。且茗生性好詼諧，爲詩則極嚴正。雲松逷躬以禮，而詩乃多近滑稽之雄，使人失笑，較子才而更甚，何也？豈不善學東坡而墮入誠齋惡道耶！

雲松宦遊南北數千里之外，所表見固皆不虛，而極險之境地，極怪之人物，皆收入詩料，遂覺少陵、放翁之入蜀，昌黎、東坡之浮海，猶遜其所得所發之奇，可謂極詩中之偉觀也。

雲松七律格雖不高，而語無不典，事無不切，意無不達，對無不工，兼放翁、初白之勝，非袁、蔣所能及也。

少陵《李潮八分小篆歌》，開詩中考據之端。而竹垞爲詩，每好以此等爲能事。雲松才學宏富，亦好考據以見長，然弔詭搜奇，俱覺冗蔓可厭。近日此風盛行，而詩遂同胥抄矣。

讀茗生長篇，人或嫌其單薄；讀雲松長篇，人多歎其典贍。然茗生本色極高，且精光貫注，使人不敢逼視；雲松則近於掉書袋矣。蓋茗生失在矜才，雲松失在逞博也。

張船山之詩，多近袁、趙體，亦能自出新意。其《寶雞驛題壁十八首》，力詆將帥養癰，與雲松《擬老杜諸將十首》，同一忠憤。但矯變沉雄，俱不能及老杜。

明七子如何、李、滄溟詩，雖摹古未化，然其生平之行誼，各有卓然自立之處，所以前人雖極力貶斥，詩究難泯。讀三家之詩，須知三家之大節各有可傳，不第以眞才本色鼎立一時，而雲松尤爲醇美。

過求新巧，必落纖小家數。如子才「殿上歸來履幾雙，三分天下更分香」，雲松「如此容華嫁窮羿，教他那得不分離」之類，乃晚唐、元人惡派，以之入詞曲可也。

雲松好作俚淺之語，往往如委巷間歌謠。若「被我說破不值錢」，「一箇西瓜分八片」等句，成何說話！

雲松經學不深，而《廿二史箚記》，則多揭古人之隱，以自見其識力之深

微，覺《史通》、《史糾》諸書，猶爲識小忘大。同時唯錢竹汀《廿二史考異》，異曲同工；王禮堂《十七史商榷》，殊不及其精審也。至《陔餘叢考》，則頗近於淺陋矣。

雲松於同時諸人，衹以「千秋」二字推袁、蔣、王、錢四人，蓋自以詩歌與袁、蔣鼎立，考據與王、錢鼎立也。然王禮堂尊鄭學太過，尚非千秋之人。以上論雲松。

三家餘論

曹子建《贈白馬王彪》詩第六首，忽作曠達語，彌覺沉痛難爲懷，而文勢亦倍深曲矣。少陵「家鄉既蕩盡，遠近理亦齊」，「反畏消息來，寸心亦何有」等句，當從此等脫胎。子才仿《贈白馬》詩，只知蟬聯而下，略無紆折，似全不知古人妙處。蔣、趙五古，亦罕能於此著眼學古人也。

七古如太白「錦城雖云樂，不如早還家」，少陵「明眸皓齒今何在，血污遊魂歸不得」，昌黎「將軍欲以巧伏人，盤馬彎弓惜不發」，盧陵「耳目所及尚如此，萬里安能制夷狄」，東坡「桃花流水在人世，武陵豈必皆神僊」，山谷「安知忠臣痛至骨，世上但賞瓊琚詞」，放翁「亦知興廢古來有，但恨不見秦先亡」等句，皆古人妙處。三家富於才調，此等伸縮轉換之妙，似未曾領取也。

高青丘「此時何暇化明光，去照逃亡萬家屋」，「當時不識顏平原，豈復知有張睢陽」，妙亦不減古人。

五律之妙，少陵之後，李義山最爲擅場。袁、趙力求新巧，去少陵甚遠。苕生《河口夜泊》等作，尚有少陵之遺，氣格更勝義山也。

七律亦以少陵《諸將五首》爲極則，義山、放翁、遺山爲嗣音，本朝唯梅村、竹垞間有少陵風格，三家則皆無之。學義山宜去其浮豔，學放翁宜去其滑碎。

子才長排如《禹陵》、《孝陵》、《廬山》、《王文成紀功碑》，雖錯綜變化不及少陵，以視元、白、竹垞，則勝之矣，蔣、趙未能鼎峙也。

絕句詩，蔣、趙皆宋音，然蔣猶挺拔，趙則諧俗。袁雖間學唐人，亦少雅音。蓋此體自龍標、嘉州、夢得、樊川後，唯薩雁門、王漁洋堪接跡也。

（郭紹虞編選、富壽蓀校點：《清詩話續編》第四冊，上海古籍出版社 1983 年版，第 1920～1929 頁）

潘德輿

　　【養一齋詩話（節錄）】朱竹垞指摘陸放翁復句，纍纍盈紙。近趙甌北又取元遺山復句而悉數之。然愚以爲趙之所舉，猶未盡也。今除趙所已舉者如「百錢卜肆成都市，萬古詩壇子美家」，已見於《寄辛老子》詩，又見於《過三鄉望女几追懷辛敬之》詩；「撐腸正有五千卷，下筆須論二百年」已見於《贈郝經仲常》詩，「讀書略破五千卷，下筆須論二百年」又見於《贈徐威卿》詩，「書破三千牘，詩論二百年」又見於《答李唐佐》詩；「泰山北斗千年在，和氣春風四座傾」已見於《別王使君丈從之》詩，「東南人物未彫零，和氣春風四座傾」又見於《徐威卿相過》詩；「藤垂絕壁雲添潤，澗落哀湍雪共流」已見於《望嵩少》詩，「藤垂石磴雲添潤，泉漱山根玉有聲」又見於《挈家遊龍泉》詩；「酒船早晚東行辦，共舉一杯持兩螯」已見於《寄希顏》詩，「西風先有龍門約，共舉一杯持兩螯」又見於《曹壽之平水之行》詩；「見說常山可歸隱，從公未覺十年遲」已見於《贈馮內翰》詩，「萬壑松聲一壺酒，從公未覺去年遲」又見於《贈李文伯》詩。至句字相類者更多，如「雷霆萬萬古斷鼇」，「立極萬萬古宇宙」，有「此水萬古萬萬古」，「此山行人萬萬古」，「醉鄉日月萬萬古」；「潁水嵩山又一年」，「潁水嵩山去住心」；「綠水紅蓮慚大府」，「綠水紅蓮見杲之」；「春風和氣隨詩到」，「和氣春風在眼中」，「春風和氣見眉宇」；「盧後王前盡故人」，「王後盧前舊往還」；「秋霜烈日凜如生」，「烈日秋霜今更新」；「靈椿丹桂偶相值」，「靈椿丹桂知難老」，「靈椿丹桂詩將應」；「玉潤冰清德有鄰」，「知水仁山德有鄰」；「平地煙霄副公等」，「文章正脈需公等」；「老雁叫群江渚深」，「老雁叫群秋更哀」，何其太不檢也！若以「了」字煞句尾者更多，如「人間只怨天公了」，「因君錯怨天公了」，「一瓶一鉢平生了」，「丹房藥鏡平生了」，「兩椽茆屋平生了」，「一杯盡吸東風了」，「一龜早已搘床了」，「一拳秀碧烟霞了」，「瓦盆一醉糊塗了」，「只知大事因緣了」，「只愁化作浮萍了」，「人間只說乘蓮了」，「劉郎著手乾坤了」，「莫把青春等閒了」，「栽花種柳明年了」，「生子但持門戶了」，「山林鍾鼎無心了」，「心地待渠明白了」，「學似玉山樵客了」，「故山定已移文了」，「從今弟姪通家了」，「書來且只平安了」，「但教殺鼠如邱了」，「不因脫免投林了」，「枉教棄擲泥塗了」，有意爲此，其法亦不甚新奇；無意爲此，則又不應概行忘卻也。放翁一生詩近萬首，或者不易檢尋。遺山未及十之二，而亦復沓如此，則斷不可解矣。（《養一齋詩話》卷八，清道光十六年徐寶善刻本）

【養一齋詩話（節錄）】趙甌北謂：元遺山自創一種拗體七律，拗在五六字，如「來時珥筆誇健訟，去日攀車留淚痕」，「市聲浩浩如欲沸，世路悠悠殊未涯」，「東門太傅多祖道，北闕詩人休上書」之類，不一而足。予按此體亦不始於遺山。蘇詩：「扁舟去後花絮亂，五馬來時賓從非」，南宋初，四明劉良佐《應時詩》：「青山空解供眼界，濁酒不能澆別愁」是也，特不能如遺山之多耳。然遺山七律亦有自成一體，而用之太多，則成褒衣大袑，廓落無當之調者，好用平對四實字裝之句首也。如「神功聖德三千牘，大定明昌五十年」，「皇統貞元見題字，良辰美景盡昇平」，「金初宋季聞遺事，草靡波流見古儒」，「虞卿仲子死不朽，石父晏嬰今豈無」，「淵明太白醉復醉，季主唐生鳴自鳴」，「長江大浪欲橫潰，厚地高天如合圍」，「來鴻去燕三年別，深谷高陵百事非」，「林影池煙設清供，物華天寶借餘光」，「遺編墜簡文章爛，糲食粗衣歲月長」，「陣馬風檣見豪舉，雪車冰柱得眞傳」，「狗盜雞鳴皆有用，鶴長鳧短果如何」，「禪房道院流連夜，酒榼詩囊浩蕩春」，「賣劍買牛眞得計，腰金騎鶴恐非才」，「異縣他鄉千里夢，連枝同氣百年心」，「秋風古道將誰語，殘月長庚更可憐」，「清泉白石言猶在，赤日紅塵夢已通」，「霽日光風開白晝，瓊林珠樹照青春」，「流星淡月魚龍夜，老木清霜鴻雁秋」，「荒畦斷壟新霜後，瘦蝶寒螿晚景前」，「斷雲落日天無盡，老樹遺臺秋更悲」，「槐火石泉寒食後，鬢絲禪榻落花前」，「水碧金膏步兵酒，天香國色洛陽花」，「離合興亡竟如此，淒迷零落欲安之」，「雲牕霧閣有今夕，寶瑟羅裙無此聲」，「輕舟矮馬追隨遠，翠幕青旗笑語譁」，「販婦庸兒識名姓，故鄉遺族見衣冠」。更有用之起句者，如「薄雲晴日爛烘春，高柳清風便可人」，「露菊霜華薦枕囊，石泉崖密破松房」，「遠水寒煙接戍樓，黃花白酒浣羈愁」。更有前六句全用者：「南楊北李閒中老，樂丈張兄病且貧。叔夜呂安許命駕，牧童田父實爲鄰。功名富貴知何物，風雨塵埃惜此身。」按七律此體，雖始於老杜，如「小院迴廊春寂寂，浴鳧飛鷺晚悠悠」，「清江錦石傷心麗，嫩蕊濃花滿目斑」，「書籤藥裹封蛛網，野店山橋送馬蹄」，「落花遊絲白日靜，鳴鳩乳燕青春深」，「珠簾繡柱圍黃鵠，錦纜牙檣起白鷗」，「臥龍躍馬終黃土，人事音書漫寂寥」，「楚江巫峽半雲雨，清簟疏簾看弈棋」，未嘗不疊見，而豈至如遺山無十首不一見耶？是必平日專取應用字面，寫之一紙，以待分撥，故往往才見於此，又見於彼。持此摹杜，愈近愈遠。貌即宏偉，何關妙詣哉？（《養一齋詩話》卷八，清道光十六年徐寶善刻本）

【夏日麈定軒中取近人詩集縱觀之戲爲絕句（其二）】蔣袁王趙一成家，

六義頹然付狹邪。稍喜清容有詩骨，飄流不盡作風花。(《養一齋集》卷五，清道光刻本)

張祥河

【甌北詩題後】三家袁、蔣共扶輪，繡到弓衣句子新。老學常存千古想，名花自負十分春。先生詩「名花已到十分開」。拈來雅俗天成語，乞得山林自在身。讀罷揮毫幾欲肖，亮哉尤物足移人。(《小重山房詩詞全集》北山之什，清道光刻光緒增修本)

朱克敬

【瞑庵雜識(節錄)】趙耘菘詩恣肆詼諧，為後人詬病，然如梅花詩：「古寺月明僧定夜，空林雪滿鶴歸時。」白桃花詩：「武溪水映春無色，露井風開月有痕。」亦復雅飭可誦。(《瞑庵雜識》卷二，《筆記小說大觀》二十一編第九冊，臺灣新興書局有限公司1987年版，第5457頁)

【瞑庵雜識(節錄)】趙甌北詩，才大學博，而過於縱肆，不免滄海橫流。惟能以詩說理，博辨無礙，亦一奇也。今錄其古詩云：「惠迪從逆凶，此以常理訓。若在塵劫時，未可一概論。試思一代興，殺人若屠羊。翻借誅戮慘，肇啟昇平運。揆以陰騭理，顛倒安可問。由來天地間，惟氣所摧振。當氣有衰旺，何論理逆順。李堂優月深，秦閣格天峻。悉保祿位終，世渭報施紊。豈知得氣厚，天亦難下刃。吾言偶到此，毋乃近乎忿。君子守其常，終當安素分。」(《瞑庵雜識》卷三，《筆記小說大觀》二十一編第九冊，臺灣新興書局有限公司1987年版，第5480頁)

【瞑庵雜識(節錄)】甌北詩多好戲謔，有足令人噴飯者，略舉一二，以佐談資。《後園居》詩云：「有客忽叩門，來送潤筆需，乞我作墓誌，要我工為諛。言政必龔黃，言學必程朱。吾聊以為戲，如其意所須。補綴成一篇，居然君子徒。核諸其素行，十鈞無一銖。此文倘傳後，誰復知賢愚？或且引為據，竟入史冊摹。乃知青史上，大半亦屬誣。」又《戲老》云：「龍鍾老年人，未死先作鬼。鬼者人所畏，遇輒思遠避。老人亦復然，所至令人悸，寒松骨淩兢，凍梨面垢膩，自然生威嚴，非必性情戾。兒怕責淵明，妾不媚鄒忌，一聞曳履聲，先託下帷肆。偶逢少年客，寒暄語未既，察其眉睫間，早露引退意。如況婢僕輩，聞呼強一至，勉效趨走勤，貌恭神已異。只有諸童孫，貪翁含飴飼，辟咡時一來，得食又掉臂。嗟哉老至此，眾畔親亦棄，雖

尙廉頗健，已同伯有屬，應號活死人，讕語聊自戲。」（《瞑庵雜識》卷三，《筆記小說大觀》二十一編第九冊，臺灣新興書局有限公司 1987 年版，第 5480～5481 頁）

【瞑庵雜識（節錄）】趙耘菘詩，才氣縱橫，記聞賅博，以載籍佐其馳騁，雖偭規錯矩，猶能雄視一時。後人無其才學，而專師其馳騁，則盲詞鼓曲，皆登作者之堂，風雅掃地矣。（《瞑庵雜識》卷四，《筆記小說大觀》二十一編第九冊，臺灣新興書局有限公司 1987 年版，第 5486～5487 頁）

鄭澍若

【虞初續志（節錄）】柳如是本事，澹心《板橋雜誌》極為詳備。近見《甌北集》中《題柳如是小像》，足稱河東君知己。其詩云：「女假男粧訪名士，絳雲樓下一言契。美人肯嫁六十翁，雖不鬚眉亦奇氣。姿膚雪白鬢雲烏，伴郎白鬢烏肌膚。肯同□（揆）（案：原文漫漶，此據《甌北集》補）粉稱虞侯，并陌持門勝丈夫。扁舟同過京口泊，桴鼓金山事如昨。何代青樓無偉人？可惜儂家貨主惡。早聞譙叟寫降箋，不遣朱遊和毒藥。姿勸郎死郎不膺，姿為郎死可自憑。褚公偏享期頤壽，毛惜終高節俠稱。三尺青絲畢命處，尙悲不死在金陵。畫圖今識東風面，果然絕代紅粧艷。誰知膩粉柔脂中，別有愛民心一片。君不見同時卞玉京，心許鹿樵事未成。旋識貴人為棄婦，流離含淚畫蘭英。又不見顧眉生，榮華曾擅橫波名。當其夫婦從賊日，捧泥塗面逃出城。一樣平康好姿首，青青終讓章臺柳。」（《虞初續志》卷十二，清咸豐小嬛嬛山館刻本）

羅以智

【詩苑雅談（節錄）】《忠雅堂集》中古體詩，氣骨沉雄，且得古樂府遺意，袁、趙俱不逮矣。（《詩苑雅談》卷二）

陸以湉

【昭君詩】詩人之思，日出不窮，即如詠昭君者，唐宋以來，佳篇不少，近代更有翻新制勝者，略識所見於此。「天低海水西流處，獨有琵琶堪喚語。斷絲枯木本無情，猶勝人心百千許。」胡犀威。「君王重信不重色，玉貌三千替不得。穹廬若使詔留行，金屋歡娛豈終極？一傳禍水入後宮，燕燕盡啄皇孫空。自謀則過君謀忠，畫工毋乃眞國工。」沈濂。「一辭宮闕出秦關，長得丹青識舊顏。為報君王休愛惜，漢家征戍幾人還。」顏光敏。「漢主曾聞殺畫師，畫師何足定妍媸？宮中多少如花女，不嫁單于君不知。」劉廷獻。「遠嫁呼韓豈素期？

請行似怨不逢時。出宮始覺君恩重，臨去猶爲斬畫師。」趙翼。「胭脂零落倍銷魂，急雪嚴霜泣暗吞。敢向琵琶傳怨語，至今青塚亦君恩。」那彥成。「戰骨填沙草不春，封侯命將漫紛紜。當時合把毛延壽，畫作麟臺第一勳。」許宗彥。「無金贈延壽，妾自誤平生。」沈德潛。（《冷廬雜識》卷六，清咸豐六年刻本）

林昌彝

【射鷹樓詩話（節錄）】國初萊陽宋荔裳《安雅堂詩》風骨渾雄，氣韻深厚，其七言古尤爲沈鬱，直接少陵，爲同時諸老之冠。《甌北詩話》謂荔裳全學晚唐，無深厚之力，蚍蜉撼樹，眞贅說也。光澤何金門茂才《論詩》云：「荔裳聲調匹崆峒，眞是泱泱大國風。不似晚唐家數小，雌黃休信趙雲菘。」按金門以荔裳比李崆峒，尚非其匹。余謂荔裳與崆峒詩有骨肉之分、上下牀之別耳。（《射鷹樓詩話》卷三，清咸豐元年刻本）

【射鷹樓詩話（節錄）】昔人謂詩話作而詩亡，此論未免太過。近臨川太學李君宗瀛《東粵西王少鶴》詩有「論詩口訣傳都贅」之句，亦以詩話爲不必作。蓋以唐人無詩話而詩存，宋人有詩話而詩亡。不知唐人無詩話，至晚唐風格卑弱，已幾於亡；宋人始有詩話，而宋詩至東坡、山谷、渭南，雄視一代，而蒼然入古。是詩至宋而未嘗亡，詩之存亡，關一代之運會，不關於詩話之作與不作也。近代竹垞、西河、愚山、漁洋、秋谷、確士、甌北、簡齋、雨村、四農皆有詩話。竹垞之嫻雅，四農之精確，則詩話必不可不作，是有詩話而古詩存；確士之專取風格，簡齋之一味濫收，則詩話不必作可也。簡齋詩話尤滋學者之惑，爲詩話之蠹。余謂詩話之作，其弊有五：一則無識，二則偏見，三則濫收，四則徇情，五則好異。去此五者，其於詩話之作，思過半矣。（《射鷹樓詩話》卷五，清咸豐元年刻本）

【射鷹樓詩話（節錄）】蔣、袁、趙三家詩，論者皆以蔣爲最，袁次之，趙又次之。余謂蔣詩五、七古蒼蒼莽莽，獨往獨來，爲其擅場，然豪放有餘，雄厚不足，其氣味尚嫌近薄耳。袁詩早歲丰姿駘宕，有晚唐人風格，及召試鴻博以後，倡狂恣肆，詩格日卑，其《才子歌》及《贈門人劉霞裳》詩，有礙風俗，頗失詩旨，無足取也。趙詩品格淺俗，如打油釘鉸，此調斷不可學也。（《射鷹樓詩話》卷七，清咸豐元年刻本）

【論詩一百又五首（其三十三）（其四十三）（其四十四）】偶閱近代詩家詩，戲作。其人存者不與，未見者不與，見而無容軒輊者不與。自順治至咸豐，

成一百又五首，以視遺山、阮亭，又加贅焉。（其三十三）詩藪金陵築小倉，少年綺麗晚頹唐。如何愁殺瓊枝句？竟許門生到後堂。錢塘袁簡齋枚，簡齋贈其門人劉霞裳有「似汝瓊枝來立雪，一時愁殺後庭花」之句，有傷風化。無取也。（其四十三）說孝談忠筆有神，每於精處見天眞。嗚黃莫信隨園口，誰定三家第二人？鉛山蔣苕生士銓，三家：蔣、袁、趙也。簡齋論詩以第一人自居，以苕生為第二人，殊非確論。（其四十四）全無含蓄但矜張，不按宮商柱上場。又見談詩趙仁奬，王戎墓下唱黃鸎。陽湖趙甌北翼。趙仁奬，唐人也。（《衣讔山房詩集》卷七，清同治二年廣州刻本）

姚燮

【論詩四章與張培基（其二）】往古且弗道，與子論近流。施王樹壇坫，其實皆俳優。後來草竊輩，乃有袁趙儔。譬如東遷降，於時為春秋。豈眞王道微，竟無魯與鄒？單弱不能振，群雄視為仇。日月在人心，當於萬古求。奈何捨莊步，跼體甘梏囚。（《復莊詩問》卷二九，清道光姚氏刻大梅山館集本）

史夢蘭

【庚寅重遊泮宮，賦贈新進諸生（其二）】五朝人物散雲煙，回首蒼茫海變田。難向膠庠尋舊侶，好憑文字結新緣。詩名愧我輸袁、趙，袁簡齋、趙甌北俱重遊泮宮。袁在七十二，趙在七十九。壽算從人頌偓佺。二十三科老鄉薦，諸君可許喚同年？自道光庚子至光緒己丑，歷京兆試，共二十三科。（《爾爾書屋詩草》卷五「七言律」，清光緒元年止園刻本）

【止園筆談（節錄）】趙甌北古詩有云：「人日住在天，但知住在地。天者積氣成，離地便是氣。氣在斯天在，豈有高下異？試觀露生草，蓬勃暢生意。有屋以隔之，不毛便如薙。乃知地與天，相距不寸計。人生足以上，即天所涵被。譬如魚在水，何處非水味？世惟視天遠，所以肆無忌。」案《列子》之言曰：「終日在天中行止」，張湛註曰：「自地以上，皆天也。」甌北之詩蓋本此旨，其理最為明白。歷代天文書志，必言天地相去之數，或云九萬八千里，殊不足據。（《止園筆談》卷五，清光緒四年刻本）

丁紹儀

【聽秋聲館詞話（節錄）】陽湖董曉滄庶常潮，家故貧，贅於海鹽，遂由海鹽籍登南宮，入詞垣。乞假歸，修志常州，年未四十，卒。少受業於趙甌北觀察，而詩體獨宗溫、李，以賦《紅豆》詩得名，人以「紅豆詩人」目之。

所著《漱花詞》，雖止數十闋，然如《謁金門》云：「東風早，吹綠一庭芳草。寒擁香篝深閣悄，夢和煙縹緲。　　昨夜雨聲催曉，試問亂紅多少。二十四番花信了，蝶癡鶯易老。」《相見歡》云：「燈殘夜雨重門，近黃昏，撥盡沈檀金鴨火難溫。　　東風緊，梨花冷，總銷魂。依舊一川煙草怨王孫。」《踏莎行》云：「桂影侵簾，蕉陰成幕。黃花零落如殘蠦。西風又共舊時愁，重來同赴清秋約。　　悶飲清于，慵拈紫腳。《南華》半部醫愁藥。晚來登眺獨潸然，棲鴉歸盡寒煙薄。」淒清遒逸，迥殊凡響。庶常又有《東皋雜鈔》，志所聞見，中記一事，頗足解頤：言有數士於試前扶乩請僊，僊至，自云黃山谷。眾以功名事，欲得呂純陽問之，相與更請。未幾，稱呂至，先書云：「請諸君各飲墨汁一杯。」飲既，乃大書曰：「平時不讀書，急來飲墨汁。那有呂純陽？依然黃魯直。」豈數百年後，山谷尚滑稽如是耶？（《聽秋聲館詞話》卷四，清同治八年刻本）

　　【聽秋聲館詞話（節錄）】昔有友人論及乾隆中詩人，推袁、蔣、趙爲三大家。顧毀譽各半，迄無定評。適姚君春木在座，言隨園出入誠齋、放翁二家，而善於變化；藏園以山谷爲宗，而排奡過之；甌北學蘇，而離形脫貌，獨出心裁，其氣概皆足牢籠一切，惟去唐音尚遠。少陵云「老去漸於詩律細」，「細」之一字，概似未聞。蓋未能斂才就範，是故能詩而不能詞。余於詩無所解，未敢置喙，然博雅敏給如三家，後人正未易及。心畬太史頗以工詞稱，惜所著《銅絃詞》，時雜以詩句、曲句，王氏《詞綜》衹選三闋而已。其嗣君秋竹廣文《知節詞》獨清妙，吳蘭雪《香蘇山館集》中附其題《牛圳吹笛圖》【洞天歌】（案：當爲【洞仙歌】）云：「誰家牧子，下斜陽樵徑，短笛聲清四山應。任吹來、天籟略帶宮商，渾不減、五月落梅風韻。　　知音桓子野，傾耳風前，一樣青雲動幽興。懸簿徧高門，挾瑟吹竽，難陶寫、騷人情性。便白石《南山寧生歌》，也不令斯時，涴人清聽。」可謂別具妙心，自饒雅韻。（《聽秋聲館詞話》卷十八，清同治八年刻本）

　　【聽秋聲館詞話（節錄）】閨中妝飾，如脂粉衫裙等類，詞人每寄之賦詠。獨衣紐，羌無故實，未有詠者。近見錢塘張仲雅明府雲璈《三影閣箏語》中有是題，調寄【沁園春】云：「閟翠緘紅，恰此相思，重重不寬。正半圍繡領，餘香空戀，一痕寶襪，春色長關。褪卻嫌鬆，整時偏緊，多在酥胸粉項間。眠初起，尙羅襦小袒，好夢闌珊。　　分明莫解連環，更密密排來雁柱單。似門銜屈戌，鎖殘芳怨；膒封了鳥，約住輕寒。碧玉如丸，黃金作蔕，帶結

綢繆擬共看。風懷露，笑漢宮窮袴，著意防閑。」明府詩以《簡松堂》名，意在宗法袁簡齋、趙雲松二家。當袁、趙盛時，人趨若鶩，歿未十年，無不反脣相稽，幾不容於壇坫中分一席地。明府詩不類二家，顧取以名堂，殆有慨於儇薄之徒，故爲是矯情舉耳。(《聽秋聲館詞話》卷二十，清同治八年刻本)

謝章鋌

【賭棋山莊詞話（節錄）】錢塘張仲雅雲璈《浪淘沙·長安客思》云：「紅雨撲闌干，鶯意摧殘。閒愁如草未能刪。戀盡重衾多少夢，只在鄉關。　　香冷鷓鴣斑，簾外輕寒。年年別恨說西灣。看遍綠蘿屏上畫，不是春山。」《金縷曲·詠虞姬》云：「不信天亡汝。怪千秋、英雄末路，未離兒女。此際虞兮無可奈，雪涕中宵如雨。恨一霎、嬋娟誰主？子弟八千無一在，況當年帳下閒歌舞。留蓋世，氣如虎。　　漢家也復空眉嫵。算而今、定陶塚下，共成黃土。一樣尊前翻楚調，鴻鵠聲聲偏苦。只疑事、重教懷古，駿馬已隨亭長去，問美人畢竟歸何所？此意在，倩誰補？」仲雅極推尊袁簡齋、趙雲松，名其詩集曰《簡松》，詞曰《三影閣箏語》。(《賭棋山莊詞話》卷二，清光緒十年刻賭棋山莊全集本)

【賭棋山莊詞話（節錄）】無名氏《鞓紅》云：「悄不管，桃紅杏淺」，「管」與「淺」叶；少游《夢揚州》云：「望翠樓，簾卷金鉤」，「樓」與「鉤」叶。此句法亦本《毛詩·秦風》：「于嗟乎，不承權輿乎」，與輿叶也。陶南村云：「虞邵庵宴散學士家，歌兒郭氏唱今樂府，其《折桂令》起句云『博山銅細裊香風』，一句而兩韻，名曰『短柱』，極不易作。先生愛其新奇。」《輟耕錄》。而不知古人已有之，邵庵博學，一時未悟，南村亦失考也。《折桂令》乃元人小曲，字數多少不同，其起句亦有六字。若七字，中用兩韻，則張小山「海棠嬌楊柳纖腰，綠窗紗銀燭梅花」，當時已多此體。近日樊榭之「溯空行，小艇風輕」，亦倣之。至《天籟軒詞譜》所載白无咎《百字》一首，乃補紅友之闕，係詞家雙疊格，與此名同而實異也。又按詞本有兩字即成一韻，如《河傳》之「湖上閒望」，溫庭筠。「錦裏蠶市」韋莊。者，是特未全篇耳。《輟耕錄》載邵庵《折桂令》詠蜀漢事，通體二字，三聲互叶，趙雲松翼以爲前人所未有，且引《老子》：「知足不辱，知止不殆」，《史記》：「甌窶滿篝，汙邪滿車」，以爲此體之先聲。《陔餘叢考》。然《毛詩》「于嗟乎」，「騶虞乎」，與「虞」韻，則已二字即韻矣。又雲松指邵庵所作爲詩，亦誤也。(《賭棋山莊詞話》卷十二，清光緒十年刻賭棋山莊全集本)

吳仰賢

【小匏庵詩話（節錄）】古人雖宗仰前哲，決不肯蹈其臼科。如少陵集中無古樂府，而「三吏」、「三別」即效其體；白香山《秦中吟》等篇制題仿杜，而體又不類焉。香山又有《放言》七律五首，乃約步兵《詠懷》、太沖《詠史》之旨而束之以律體，雖云「和元九」，實乃別調孤行，此古人變化出奇之法也。後來竹垞以經解為韻語，趙甌北以史論為韻語，翁覃谿以考據金石為韻語，雖各逞所長，要以古人無體不備，不得不另闢町畦耳。（《小匏庵詩話》卷一，清光緒刻本）

【小匏庵詩話（節錄）】虎邱五人墓經張天如作記表揚，遂成不朽。然其事實不可為訓。聞諸故老：純廟南巡時，紳貴乞賜褒寵，天語有「一朝義士，千古亂民」之目，事遂寢。大哉王言！垂教萬世矣。漁洋集中《五人墓》詩五古一首，著筆甚澹，但曰「生傍伍胥潮，死近要離墓。千秋忠介墳，鬼雄誓相赴」而已，此前輩作詩留意處，後來趙甌北、嚴海珊兩詩，揚厲鋪張，已落次乘矣。（《小匏庵詩話》卷三，清光緒刻本）

【小匏庵詩話（節錄）】趙甌北律詩工於對仗，如《貽洪北江》云：「足已烏孫頭上繭，頭幾黃祖席前梟」，「烏孫」、「黃祖」，無論矣。即「繭」、「梟」字，亦煉得極工。此法唐人已有之，如令狐楚詩：「何日肩三署，終年尾百僚」，以「肩」對「尾」，俱兼虛實兩義。（《小匏庵詩話》卷四，清光緒刻本）

【小匏庵詩話（節錄）】宋楊誠齋一官一集，自江湖至退休，祇釐為九。近陽湖劉芙初編修詩，分為四十三集，集各係以小序，有一年而得數集者，此編詩分卷中僅見者也。法梧門稱其少作明豔，後則沈博，如「風竹有聲畫，草蟲無字詩」，「三周路繞華不注，四面帆來無定河」，「人如風柳時三起，酒似春潮日兩回」，「西風畫出勞人樣，吹得衣裳似葉聲」，「露珠走上風荷葉，不到傾時不肯休」等聯，皆憂憂生新。鎮洋彭甘亭茂才兆蓀有《小謨觴館詩文集》，詩分六集，各係以駢體小序，與尚絅堂集同，四六亦在伯仲間，而甘亭尤以古峭勝，其《論詩》絕句云：「厭談風格分唐宋，亦薄空疏語性靈。我似流鶯隨意囀，花前不管有人聽」，讀此即可知甘亭之詩。如「本無榮願妻孥諒，漸有離心僕隸驕」，「賤謁諸侯叨上客，號稱游子實窮民」，《皖城節署》云「隨例盤飧回味少，代人文字愜心無」，皆寄不平之鳴。又云「誰於月滿花芳候，想到鍾殘漏盡時」，言下淒然。然余以為不如趙甌北云「絕頂樓臺人倦後，滿堂袍笏戲闌時」寫得十分圓滿也。（《小匏庵詩話》卷四，清光緒刻本）

【小匏庵詩話（節錄）】舒鐵雲孝廉位，字立人，大興人。誕之夕，母沈夢一僧手折桂花，從峨眉山來，故小字犀禪。祖大成，官檢討，有遺書數萬卷，發而讀之，十歲即下筆成章。幼隨父翼宦粵西，乾隆戊申，舉於鄉，年二十四。甲寅，流寓吾郡桐邑之鄉思橋，偶與友人書曰：「比張融之居建業，彼尚多此一舟；若相如之返成都，我並無其四壁。」沈青齋觀察見之，即以南花橋老屋借居。居十年，九上春官不第。父歿，遂絕意進取，奉母以居。母固吳人，因寓吳。凡士大夫開府東南者，羔雁成群，詩名益噪。母歿，以哀毀卒，時嘉慶乙亥，年五十有一。所著《瓶水齋詩集》，揚州巴光誥所刊，又有《皋橋今雨集》二卷，宋思仁觀察所刊。嘗自言人無根柢，學問必不能為；詩無真性情，即能為詩，亦必不工。陳文述謂：「乾嘉之際，詩人相望歸愚，守宗法。隨園言性靈，君以奇博剙獲橫絕一世。余所識詩人眾矣，必以君為巨擘焉。」摘其佳句如《屠琴塢大令貽是程堂詩集》云：「一官百里江淮海，三絕千秋書畫詩」；《題蔣秋浦侍御詩集》云：「三百里中黃歇浦，一千年後白香山」；《落花》云：「末路才人新寡婦，蔡文姬對卓文君」，皆意新詞警。君詩於對偶處尤用意，必力避陳因，趙甌北詩以程不識對魏無知，工矣。而鐵雲則云：「此時程不識，以下檜無譏」，對得何等活動！（《小匏庵詩話》卷六，清光緒刻本）

沈壽榕

【檢諸家詩集，信筆各題短句一首（其十四）】良醫不廢古鍼砭，大將宜遵法律鈐。後出三家稱鼎足，趙翼袁枚終遜蔣士銓森嚴。（《玉笙樓詩錄》續錄卷一，清光緒九年刻增修本）

張培仁

【才人命薄可憐（節錄）】《寄心菴詩話》云：「江都王仲清秀才漪，屢困棘闈。甲申秋，貽書友人，作別於平山堂下，赴水死。數日前，用僻韻作詩三十首，中有句云：『放顛未敢頻耽酒，沽直何須轉乞醯？書味美於新娶婦，文場拙似倒綳孩。殘書徒飽千年蠹，敝服猶懸百結鶉。寒酸況味蜂鑽紙，貧賤生涯虱處褌。』『人言佳境同甘蔗，我歎浮生似苦匏。傷心我欲投東海，撒手人都聚北邙。和靖佳兒惟白鶴，仲翔弔客有青蠅。行樂及今歌蟋蟀，偷生從古歎蜉蝣。』皆險而能工，百感茫茫，久有死志。可悲也！　予謂此人較符大令更屬可憐，因其久困名場，不能博一第以自慰也。符大令以文字見賞宗工，掇巍科，宰劇邑，可謂文字有靈矣。仲清困處窮廬，意其景況必竭

蹷不堪，乃從屈子游耶？抑別有故而爲此耶？此窮士之苦也。若修梅則達矣，乃一官落拓，不得已亦從屈子游。趙甌北詩：「腐儒爲吏拙，貧宦事人難」，良然。當此之時，士有窮達兩難之慮，豈非世道之憂？二公皆負才，倘入玉堂，定堪稱職；即爲入幕之賓，必非不舞之鶴。乃俱因抑鬱，以至於自盡。嗚呼！是誰之過歟？（《靜娛亭筆記》卷七，清刻本）

【沈方伯重赴鹿鳴】同治庚午科，天津沈雲巢方伯兆澐重赴鹿鳴，自賦七律四章。公以九十三歲之高年，詩筆如此工整，眞陸地僊人也。詩云：「鄉舉俄經甲子周，吟詩曾伴許棠流。齊探月窟雲霄上，獨閱霜華六十秋。應世文章皆得意，同年先後儼偕遊。珠簾捲處人爭笑，領袖簪花一白頭」；「詔許賓筵聽鳳笙，新從時彥結齊盟。家登秋榜傳三午，先大夫登乾隆甲午榜，先伯丙午，澐嘉慶庚午。臣幸耆年過後庚。自訊龐鴻涵厚澤，漫誇戎馬得餘生。仕途回首徒庸碌，耄矣身還拜寵榮」；「東壁光臨析木纏，藝林盛事總蟬聯。津郡重宴鹿鳴者已有五人。龍鍾病育三年艾，鶴俸優餘二頃田。娭老依然披竹簡，忘機偶爾撫琴絃。倘教仍掬江淹筆，祗恐闈中遜後賢」；「舊到蓬山振羽翰，綸音一品晉崇班。升階典重符姚、趙，嘉慶庚午，趙甌北、姚姬傳重宴鹿鳴，皆蒙恩加銜。入社年愁邁潞韓。蕊榜無名叨與宴，蓬門久息荷遷官。酬恩永頌昇平瑞，德化欣挨鳩杖觀。」（《靜娛亭筆記》卷十，清刻本）

史策先

【夢餘偶鈔（節錄）】趙雲松《簷曝雜記》載：「儀眞縣，地名。僊人掌有柳耆卿墓。王阮亭《眞州》詩云：『殘月曉風仙掌路，何人爲弔柳屯田』，指此。然《獨醒雜誌》：『柳耆卿風流俊逸，聞於一時。既死，葬於棗陽縣花山。每遇清明，人多載酒殽飲於墓側，謂之弔柳會。』然則柳墓不在眞州也。」雲松《過僊人掌》詩云：「一邱兩地共爭高，只爲塡詞絕世豪。漢上有墳人弔柳，漳南多塚客疑曹。金莖名竟移沙渚，鐵板聲休唱浪淘。我趁曉風殘月到，縱無魂在也蕭騷。」觀此，則柳墓在棗陽無疑。按花山在縣東南三十里，才人故蹟，半墮微茫，若好事者爲之，鑱石以誌其處，亦詞苑之美談也。余賦詩云：「章陵軼事說清明，都向花山拜柳卿。殘月曉風何處岸？荒煙蔓草此間塋。紅牙共唱銷魂曲，金掌偏留弔古情。《獨醒》一篇廬陵曾達臣撰。眞據在，從今兩地不須爭。」（丁宿昌輯：《湖北詩徵傳略》卷三十七，清光緒七年孝感丁氏涇北草堂刻本）

汪琭

【贈吳星儕孝廉炳南，即題其《華谿集》後四首（其二）】一卷《華谿集》，南中獨擅場。派殊袁趙蔣，格變屈陳梁。清絕芙蓉水，微參蒼葍香。爲君圖主客，低首拜漁洋。（《隨山館稿》猥稾卷三「詩丙」，清光緒年刻隨山館全集本）

李慈銘

【越縵堂詩話（節錄）】閱洪氏《北江詩話》，凡六卷，稚存於詩本非專門，故所論多未確。其詩頗逞才氣，涉風情，而時不免叫囂淺直之病，故此編亦頗推崇袁、趙，至以陸放翁、查初白、趙甌北三家七律並稱，又時時自舉其作，實皆不能工也。其仿鍾嶸《詩品》評同時自錢宗伯載、紀尚書昀、王方伯太岳以下，至方外、閨秀，共一百三人之詩，據予所見者按之，亦多不合。然學有根柢，才悟絕群，如謂邯鄲淳《曹娥碑》文筆平實，蔡中郎《郭有道碑》絕無異人處，蓋東京文體之衰，此二碑又東漢之平平者，向日盛傳，皆係耳食，爲古人所欺。又謂有唐一代，詩文兼擅者，惟韓、柳、小杜三家。小杜文有經濟，詩有氣勢，分其所長，足了數子。又謂歐陽公善詩而不善評詩，所推蘇子美、梅聖俞，皆非一代之才。自詡《廬山高》一篇，在公集中亦屬中下。又謂南宋之文，朱仲晦大家；南宋之詩，陸務觀大家。又謂皮、陸詩能寫景物而無性情。又謂詩人所遊覽之地與詩境相肖者，惟大、小謝。溫、臺諸山，雄奇深厚，大謝詩境似之；宣、歙諸山，清遠綿渺，小謝詩境似之。又謂作家書最難，魏文帝《典論》引里語曰：汝無自譽、觀汝作家書，常以此觀親戚朋友，其家書之簡淨明晰者，必善爲文。所論皆具有卓識。又謂最愛明張夢晉一絕云：隱隱江城玉漏催，勸君且盡掌中杯。高樓明月清歌夜，知是人生第幾回。有思之惘惘、盡而不盡之致。此尤極與予意合。

其標舉近人之詩，如謂沈文慤《七夕悼亡》云：只有生離無死別，果然天上勝人間。其全集中無過此二語者。吳門汪布衣縊詩曰：斟酌橋西舊酒樓，樓中夜夜唱梁州。棗花簾外初圓月，一度銷魂便白頭。以爲不減張夢晉一絕。白門凌秀才霄《秦淮春漲》詩云：春情從此如春水，傍著闌干日夜生。寫情云獨到。方上舍正澍詩云：紅豆樓窗懸小影，年年一度忌辰開。鬼氣逼人。績溪章炯（案：當作「烱」字。酌亭與凌次仲友善，見《校禮堂集》）詩，酷嗜昌谷，有神似者，如娉婷鬼女夜行役，漆鐙照見雙履跡。土花蝕而不分明，猶帶生前小桃色。年甫三十，卒，信爲鬼才。管部郎學洛《雨中牡丹》詩云：小窗

燈影照無眠，簷漏聲聲欲曙天。更比落紅還可惜，倚闌人不似當年。可云豐神絕世。此等品題皆當。

其間記故事，如記一甲三人同時至八座者：康熙癸丑狀元韓菼爲禮書，榜眼王鴻緒爲戶書，探花徐秉義爲吏侍；乾隆乙丑狀元錢維城爲刑侍，榜眼莊存與爲禮侍，探花王際華爲戶書，又皆直南書房。其鼎甲俱不利者：康熙丁丑狀元李蟠，以科場事流徙奉天；榜眼嚴虞惇，以子弟中式降調；探花姜宸英，以科場事牽涉，卒於請室；康熙癸未狀元王式丹，以江南科場事牽涉，卒於非所；榜眼趙晉，以辛卯江南主試，賄賂狼藉，伏法；探花錢名世，以年羹堯黨，世宗特書「名教罪人」四字賜之；乾隆乙未狀元吳錫齡、探花沈清藻，皆及第後未一年即卒；榜眼汪鏞，以臚傳不到，未受職，先罰俸，官編修幾三十年，垂老始改御史。殿試卷例以前十本進呈，惟乾隆庚辰年秦尙書蕙田以十本外尙有佳卷，特旨許以十二本進呈；於乙卯年恩科，大學士伯和珅以無佳策，止取八本呈覽。今殿試傳臚日，鴻臚寺官立殿下唱第，引聲甚長，唱一甲三人，二甲第一人，三甲第一人，必移時始畢，蓋古法也。宋蘇子容詩「把麻人眾引聲長」，蘇子由詩亦云，「明日白麻傳好語，曼聲微繞殿中央」，蓋唐宋時宣麻制，皆曼延其聲，如歌詠之狀。又一甲二人唱名至三次，亦寓愼重之意，皆足以資掌故。

又一條云：「藏書家有數等：得一書，必推求本原，是正缺失，是謂考訂家，如錢少詹大昕、戴吉士震諸人是也；次則辨其版片，注其錯譌，是謂校讐家，如盧學士文弨、翁學士方綱諸人是也；次則搜採異本，上則補石室、金匱之遺亡，下可備通人博士之瀏覽，是爲收藏家，如鄞縣范氏之天一閣、錢塘吳氏之瓶花齋、崑山徐氏之傳是樓諸家是也；次則第求精本，獨嗜宋刻，作者之恉意，縱未盡窺，而刻書之年月，最所深悉，是謂賞鑑家，如吳門黃主事丕烈、烏鎮鮑處士廷博諸人是也；又次則於舊家中落者賤售其所藏，富室嗜書者，要求其善價，眼別眞贗，心知古今，閩本、蜀本，一不得欺。□（宋）槧□（元）槧（案：此處「宋」、「元」二字，據《北江詩話》卷三，清光緒三年授經堂刻洪北江全集本補），見而即識，是謂掠販家，如吳門之錢景開、陶五柳、湖州之施漢英諸書估是也。」其言足爲藏書家定評。又一條論「餻」字云：「今人以『餻』字爲俗，並附曾□唐劉夢得作《九日》詩，不敢用『餻』字，此說未確。《方言》：『餻謂之餌，廣疋餻餌也。』惟《說文》不收此字。然詩人所用字，豈能盡出《說文》耶？」又一條云：「虎邱泛舟，以朱翠眩目勝；秦淮泛舟，以絲竹沸耳勝；平山堂泛舟，

以園林池館勝；若西子湖、鑑湖，則以上二者，春秋佳日，時時有之，又加以山水清華，洞壑奇妙，風雲變化，烟雨迷離，覺可以娛心志、悅耳目者，無逾此也。外如鴛鴦湖之百重楊柳、消夏灣之十里芙蕖，亦其次也。」又云：「山陰鏡湖之舟船，船皆畫，則又令輭紅塵土中，鄉思倍深矣。」十八冊，八十六頁。同治十二年六月初五日。(《越縵堂詩話》卷中，民國本)

李嘉樂

【作詩】少小鍵書舍，暇即喜吟詩。既長列詞館，日被官書羈。典郡青與濟，此事益長辭。備兵到兗日，彌月半暇期。閒極循舊軌，稍復一為之。冥情輒閉目，得句屢撚髭。牘來姑舍是，客到若弗知。詩本通於政，今胡相背馳？戒詩官自好，當官詩必卑。二者孰去留？難斷如亂絲。國朝袁、蔣、趙，詩名鼎足垂。推原得力處，懸車皆壯時。我意官可棄，又愁詩難為。庶幾兼勳業，千載仰皋夔。(《仿潛齋詩鈔》卷十五《備兗集》，清光緒十五年刻本)

王闓運

【袁蔣趙】酬應詩中別一家，元明唐宋路全差。無人肯詠乾蝴蝶，猶勝方家凍豆花。(馬積高主編：《湘綺樓詩文集》，嶽麓書社 1996 年版，第 1892 頁)

陳康祺

【郎潛紀聞（節錄）】稚存太史《北江詩話》有仿鍾嶸《詩品‧畫品》一則，評騭同時詩人，頗極允當，亟錄之。「錢宗伯載詩如樂廣清言，自然入理；紀尚書昀詩如泛舟茗雪，風日清華；王方伯太岳詩如白頭宮監，時說開元；陳方伯奉茲詩如壓雪老梅，愈形倔強；張上舍鳳翔詩如倀鬼哭虎，酸風助哀；馮文蕭英廉詩如申韓著書，刻深自喜；蔣編修士銓詩如劍俠入道，猶餘殺機；朱學士筠詩如激電怒雷，雲霧四塞；翁閣學方綱詩如博士解經，苦無心得；袁大令枚詩如通天神狐，醉即露尾；錢文敏維城詩如名流入座，意態自殊；畢宮保沅詩如飛瀑萬仞，不擇地流；舅氏蔣侍御和寧詩如宛洛少年，風流自賞；吳舍人泰來詩如便服輕裘，僅堪適體；錢少詹大昕詩如漢儒傳經，酷守師法；王光祿鳴盛詩如霽日初出，晴雲滿空；趙光祿文哲詩如宮人入道，未洗鉛華；王司寇昶詩如盛服趨朝，自矜風度；嚴侍讀長明詩如觸目琳瑯，率非己有；王侍讀文治詩如太常法曲，究係正聲；施太僕朝幹詩如甘讒鼎銘，發人深省；任侍御大椿詩如灞橋銅狄，冷眼看春；鮑郎中之鍾詩如崑崙琵琶，

未除舊習；張舍人塤詩如廣筵招客，閒雜屠沽；程吏部晉芳詩如白傅作詩，
老姥都解；曹學士仁虎詩如珍饌滿前，不能隔宿；張大令鶴詩如繩樞甕牖，
時發奇花；湯大令大奎詩如故侯門第，樽俎尚存；張宮保百齡詩如逸客遊春，
衫裳偪僺；舅氏蔣檢討蘅詩如長孺戇直，至老益堅；汪明經中詩如病馬振鬣，
時鳴不平；錢通副澧詩如淺話桑麻，亦關治術；李主事鼎元詩如海山出雲，
時有可采；姚郎中鼐詩如山房秋曉，清氣流行；吳祭酒錫麒詩如青綠溪山，
漸趨蒼古；黃二尹景仁詩如咽露秋蟲，舞風病鶴；顧進士敏恆詩如半空鶴唳，
清響四流；瞿主簿華詩如危樓斷簫，醒人殘夢；高孝廉文照詩如碎裁古錦，
花樣尚存；方山人薰詩如獨行空谷，時逗疏香；趙兵備翼詩如東方正諫，時
雜詼諧；阮侍郎元詩如金莖殘露，色晃朝陽；凌教授廷堪詩如畫壁蝸涎，篆
碑蘚蝕；李兵備廷敬詩如三齊服官，組織輕巧；林上舍鎬詩如狂飆入座，花
葉四飛；曾都轉燠詩如鷹隼脫韝，精采溢目；王典籍芑孫詩如中朝大官，老
於世事；秦方伯瀛詩如久旱名山，尚流空翠；錢大令維喬詩如逸客餐霞，惜
難輕舉；屠州守紳詩如栽盆紅藥，蓄沼文魚；劉侍讀錫五詩如匡鼎說詩，能
傾一坐；管侍御世銘詩如朝正嶽瀆，鹵簿森嚴；方上舍正澍詩如另闢池臺，
廣饒佳麗；法祭酒式善詩如巧匠琢玉，瑜能掩瑕；梁侍講同書詩如山半鐘魚，
響參天籟；潘侍御庭筠詩如枯禪學佛，情劫未忘；史文學善長詩如春雲出岫，
舒卷自如；黎明經簡詩如怒猊飲澗，激電挼林；馮戶部敏昌詩如老鶴行庭，
舉止生硬；趙郡丞懷玉詩如鮑家驄馬，骨瘦步工；汪助教端光詩如新月入簾，
名花照鏡；楊大令倫詩如臨摹畫幅，稍覺失真；楊戶部芳燦詩如金碧池臺，
炫人心目；布政揆詩如滄溟泛舟，忽得奇寶；孫兵部星衍少日詩如飛天偓人，
足不履地；呂司訓星垣詩如宿霧埋山，斷虹飲渚；張檢討問陶詩如騏驥就道，
顧視不凡；何工部道生詩如王謝家兒，自饒繩檢；劉刺史大觀詩如極邊春色，
仍帶荒寒；吳禮部蔚光詩如百草作花，艷奪桃李；徐大令書受詩如范睢宴客，
草具雜陳；趙大令希璜詩如麋鹿駕車，終難就範；施上舍晉詩如湖海元龍，
未除豪氣；伊太守秉綬詩如貞元朝士，時務關心；方太守體詩如松風竹韻，
爽客心脾；張司馬鉉詩如鑿險縋幽，時逢異境；張上舍崟詩如倪迂短幅，神
韻悠然；劉孝廉嗣綰詩如荷露烹茶，甘香四徹；金秀才學蓮詩如殘蟾照海，
病燕依樓；吳孝廉嵩梁詩如仙子拈花，自饒風格；徐刺史嵩詩如神女散髮，
時時弄珠；吳司訓照詩如風入竹中，自饒清韻；姚文學椿詩如洛陽少年，頗
通治術；孫吉士原湘詩如玉樹浮花，金莖滴露；唐刺史仲冕詩如出峽樓船，

帆檣乍整；張大令吉安詩如青子入筵，味別百果；陳博士石麟詩如晴雲舒紅，媚此幽谷；項州倅壎詩如春草乍綠，尚存冬心；邵進士葆祺詩如香車寶馬，照耀通衢；郭文學譽詩如大堤遊女，顧影自憐；張上舍問簪詩如秋棠作花，淒艷欲絕；胡孝廉世琦詩如陟險驊騮，攫空鷹隼；羅山人聘詩如僊人奴隸，曾入蓬萊；僧慧超詩如松花作飯，不飽獼猴；僧巨超詩如荇葉製羹，藉清牢體；僧小顛詩如張顛作草，時覺神來；僧果仲詩如郭象注莊，偶露才語；僧寒石詩如老衲升壇，不礙真率；閨秀歸懋昭詩如白藕作花，不香而韻；崔恭人錢孟鈿詩如沙彌升座，靈警異常；孫恭人王采薇詩如斷綠零紅，淒艷欲絕；吳安人謝淑英詩如出林勁草，先受驚風；張宜人鮑茞香詩如栽花隙地，增種桑麻。余所知近時詩人如此，內惟黎明經未及識面，或問：『君詩何如？』曰：『僕詩如激湍峻嶺，殊少迴旋。』」按太史箋經補史，譔著裦然，若《卷施閣文》、《更生齋集》，以及乾隆府廳州縣志等，均刊行，獨《詩話》未出，後華亭張溫和公祥河方為鐫布，溫和跋此書云：「『激湍峻嶺』八字，蓋先生之謙詞。先生詩惟妙於迴旋，乃益見激峻之不可及。」可謂北江知己矣。又按張跋稱末條自評其詩，今評詩在首卷第十二條，且如《姮娥蟾蜍》條、《蟬曳殘聲》條，及錄燕秀才「神仙怪底飛行速，天上程途不拐灣」之句，議論膚淺，恐非先生手定本也。（《郎潛紀聞》卷十三，清光緒刻本）（案：張培仁《靜娛亭筆記》卷三《洪稚存論詩》條所錄同此，茲不復贅）

朱庭珍

【筱園詩話（節錄）】沈歸愚先生《說詩晬語》，趙秋谷《聲調譜》、《續譜》，王阮亭《古詩平仄定體》，翁覃溪《小石帆亭著錄》，及洪稚存《北江詩話》，趙雲松《雲松詩話》，此本朝人詩話之佳者。（《筱園詩話》卷一，清光緒十年刻本）

【筱園詩話（節錄）】《隨園詩話》持論多無稽臆說，所謂佞口也。如謂律詩如圍棋，古詩如象棋。作古體，不過兩日，可得佳構；作律體，反十日不成一首，是視律難於古也。渠意謂古詩無平仄對偶，法度甚寬，故以律詩為難，而不知古詩有平仄，有對偶，其法倍嚴，特非袁、趙輩所可夢見耳。（《筱園詩話》卷二，清光緒十年刻本）

【筱園詩話（節錄）】《雲松詩話》舉梅村、初白以足十家，繼唐、宋、元、明諸大家之後，若統緒相傳，昭代衹此二家，足為正宗者然。宜稚存非之。而人多議其阿好溢美，實無當於公論也。十家者，太白、工部、昌黎、香山、東坡、

放翁及金之元遺山、明之高青丘，國初則吳、查二人也。（《筱園詩話》卷二，清光緒十年刻本）

【筱園詩話（節錄）】趙雲松翼，則與錢塘袁枚，同負重名，時稱「袁趙」。袁既以淫女狡童之性靈爲宗，專法香山、誠齋之病，誤以鄙俚淺滑爲自然，尖酸佻巧爲聰明，諧謔遊戲爲風趣，粗惡頹放爲雄豪，輕薄卑靡爲天眞，淫穢浪蕩爲豔情，倡魔道妖言，以潰詩教之防。一盲作俑，萬瞽從風，紛紛逐臭之夫，如雲繼起。因其詩不講格律，不貴學問，空疏易於效顰。其《詩話》又強詞奪理，小有語趣，無稽臆說，便於藉口。眼前瑣事，口角戲言，拈來即是詩句。稍有聰慧之人，挾彼一編，奉爲導師，旬月之間，便成詩人；鈍根人多用兩月工夫，亦無不可。於彼教自雄，誠爲捷徑矣。不比正宗專門，須有根柢學力，又須講求理法才氣，屢年難深造成功，用力之久且勤也。是以謬種蔓延不已，流毒天下，至今爲梗。趙翼詩比子才雖典較多，七律時工對偶，但詼諧戲謔，俚俗鄙惡，尤無所不至。街談巷議，土音方言，以及稗官小說，傳奇演劇，童謠俗諺，秧歌苗曲之類，無不入詩，公然作典故成句用，此亦詩中蟊賊，無醜不備矣。袁、趙二家之爲詩魔，較前明鍾、譚，南宋江湖、九僧、四靈、江西諸派，末流之弊，更增十百，實風雅之蠹，六義之罪魁也。至西川之張船山問陶，其惡俗叫囂之魔，亦與袁、趙相等。若李雨村調元，則專拾袁枚唾余以爲能，並附和雲松，其俗鄙尤甚，是直犬吠驢鳴，不足以詩論矣。學者於此等下劣詩魔，必須視如砒毒，力拒痛絕，不可稍近，恐一沾餘習，即無藥可醫，終身難湔洗振拔也。予固知今人多中彼法之毒，其徒如林，此論未免有犯眾忌，將爲招尤之鵠。然爲詩學計，欲扶大雅，不能不大聲疾呼，痛斥邪魔左道，以警聾瞶而挽頹波，實有苦心，原非好辯。其詞亦係對症藥石，並未過苛過激。當代詩壇同志君子，自能諒之信之。（《筱園詩話》卷二，清光緒十年刻本）

【筱園詩話（節錄）】溫柔敦厚，詩教之本也。有溫柔敦厚之性情，乃能有溫柔敦厚之詩，本原既立，其言始可以傳。後世輕薄之詞，豈能傳哉？夫言爲心聲，誠中形外，自然流露，人品、學問、心術，皆可於言決之。矯強粉飾，決不能欺識者。蓋違心之言，一見可知，不比由衷者之自在流出也。古今以來，豈有刻薄小人倖成詩家，忝入文苑之理？如陰參軍已爲宋臣矣，而陶淵明送之，但曰「才華不隱世，江湖多賤貧」，何等忠厚，何等微婉？若出後人手，不知如何淺露矣。少陵《哭房琯》、《送嚴公》、《夢李白》、《寄王

維》、《別鄭虔》，其詩無一不深厚沉摯，情見乎詞，友朋風義，何其篤也？昌黎於柳州、東野，一往情深。有陶、杜、韓三公之性情，自宜有陶、杜、韓三公之詩文也。自宋以降，世風日下，文人相輕，漸成惡習。劉祁作《歸潛志》，力詆遺山，自護己短。李空同與何大復書箚相爭，往復攻擊。李于鱗因謝茂秦成名，反削其名於吟社，以書絕交。趙秋谷因不借《聲調譜》之故，集矢阮亭，至作《談龍錄》以貶之。袁枚與趙翼互相標榜，亦互相刺譏，趙作四六文以控袁，雖云遊戲，而筆端刻毒，與市棍揭帖、訟師刀筆無異。此等皆小人之尤，適以自獻其醜，於人終無所損。君子之交，斷不出此。才人當以為大戒也。（《筱園詩話》卷三，清光緒十年刻本）

【筱園詩話（節錄）】吳梅村詩善於敘事，尤善言閨房兒女之情，熟於運典，尤熟於漢、晉、南北史諸書。身際鼎革，所見聞者，大半關係興衰之故，遂挾全力擇有關存亡可資觀感之事，製題數十，賴以不朽。此詩人取巧處也。其詩雖纏綿悱惻，可泣可歌，然不過《琵琶》、《長恨》一格，多加藻采耳，數見不鮮。惜其僅此一枝筆，未能變化；又惜其瑂金瓊玉，縱盡態極妍，殊少古意，亦欠自然，倘不身際滄桑，不過多郎香奩之嗣音，曷能獨步一時？趙雲崧題其集云「國家不幸詩家幸，一到滄桑句便工」，亦實語也。（《筱園詩話》卷三，清光緒十年刻本）

【論詩四十九首（其一）（其二）】（其一）七古縱橫樂府齊，豫章流派杜韓詩。稚威健筆心餘匹，袁趙何堪並一時？（其二）隨園毒瘴藝林昏，甌北、船山逮雨村。風雅凌遲嗟久矣，誰披雲霧待朝暾？（林東海、宋紅編：《萬首論詩絕句》，人民文學出版社 1991 年版，第 1050 頁）

盛昱

【論詩絕句（其三）】江外文章袁蔣趙，就中吾較服雲崧。劍南才思誠齋格，蔚作中天一大宗。（《鬱華閣遺集》卷一，清光緒三十四年刻本）

陳廷焯

【白雨齋詞話（節錄）】《小倉山房集》佳者尚可得百首，《忠雅堂詩》、《甌北詩鈔》百中幾難獲一。蓋一則如粗鄙赤腳奴，一則如倚門賣笑倡也。近人懾於其名，以耳代目。彼不知駝峰熊掌為何物，宜其如鴟之嚇腐鼠也。哀哉！（《白雨齋詞話》卷八，清光緒二十年刻本）

【白雨齋詞話（節錄）】袁、趙、蔣盛負時名，而其詩實無可貴。洪稚存、

吳穀人等詩，愈趨愈下，盡可不觀，無足深論。（《白雨齋詞話》卷八，清光緒二十年刻本）

丁宿章

【湖北詩徵傳略（節錄）】蕭炳甲。字東侯，貢生。　　東侯詩不假雕飾，意味深長，流利芊綿，獨標神韻。自是詩中飛將，固宜掉鞅詞壇，所向披靡也。《遣興》云：「蕭相蚤知淮陰侯，李白願識韓荊州。劉巴不共兵子語，幼安恥與華歆遊。英雄結契肯眞賞，豈在聲譽相標榜。大兒孔文舉，小兒楊惪祖，餘子皆碌碌，非吾儕與侶，何況世情反覆同雲雨？黃金不多交不深，君不見彥昇死後卣華貧，寒冬猶衣葛練裘？」《閒居感懷戲用險韻》云：「且學傳經向，終成不藝蕡。書還容我讀，田祇爲人芸。講易疊巫象，鈔詩手欲龜。任它深巷裏，眾犬吠猙猙。更嫌茆屋裏，幽事一庭儲。久坐香添鴨，濃書墨似豬。窗虛宜月印，簾韡任風梳。倘有詩人至，猶堪剪韭蔬。」《落花》云：「瘦到紅時綠已肥，故園回首憶芳菲。不堪春與香俱杳，可惜開時我未歸。門掩只餘亭館靜，枝空不礙鵾鶊飛。呼童幾度殷勤埽，有客來敲白板扉。」《睡起》云：「金猊香燼午雞啼，簷景初斜日未西。解語鸚哥呼婢慣，學飛燕子趁人低。偶從筐笥尋詩艸，愛揀圖章試印泥。靜裏閒情誰領畧？拈毫重改舊時題。」《美人風箏》云：「阿嬌金屋許深藏，底事風前鬥麗粧？喜伴封姨昇上界，羞同處子隱東牆。時無紅葉傳消息，繫有朱絲乍主張。看遍春城花落處，歸來猶帶滿身香。」《桃花扇劇本題詞》云：「愛唱琵琶絕妙詞，秦淮水榭晚春時。甘心願報侯公子，血染桃花扇上詩。」「南朝天子總無愁，妙選傾城一顧休。憶自宮門深鎖後，春風不到媚香樓。」「玉樹謌殘國便亡，南朝事已閱滄桑。都將三百年來恨，付與漁樵話夕陽。」《古意》云：「休從金谷惜芳菲，春未歸時客已歸。不怨郎心同落葉，但愁妾命似花飛。」《佳句》如「鳥迎曾到客，蜨戀半殘花。弍畦諸葛菜，卅載晏嬰裘。窮巷愁多雨，衰年怯晚飧。一生徒負負，眾口太囂囂。榻懸徐孺子，塵滿庾元規。途窮文字賤，世亂死生輕。艸隨春雨長，麥雜菜花多。」《落花》云：「開到十分愁太艷，去無一語竟何之。前度尚呼童抱甕，昨宵才共客銜杯。竟將卣子歸何處？翻怨東風爲早開。飛徧春城增美滿，聚來水面即文章。高閣再來人跡少，小樓昨夜雨聲催。侶憐遊客黏烏帽，慣把餘香送馬蹄。春心著意唯芳艸，深院無人正晚晴。」佗如「萬事已空蕉鹿夢，弍鐙相伴艸蟲吟」，「遠岸疏鐙明渡口，荒雞涼月夢家山」，「生當亂世毫無補，老見奇書手尙披」，「愛好

頻繙《甌北集》，感懷且儗劍南詩」，皆清空如話，一片性靈。（《湖北詩徵傳略》卷十四，清光緒七年孝感丁氏涇北草堂刻本）

呂光錫

【桃花源詩話（節錄）】其（案：指羅人琮侍御）論性靈推闡入微，與袁簡齋《趙甌北集序》及《何南園詩集序》若合符節。近人論詩，言性靈必推簡齋，而無語及侍御及菉蘿者，可悲也。（《桃花源詩話》，民國袖珍本）

況周頤

【秋碧吟廬詩鈔序（節錄）】……其（案：指《秋碧吟廬詩鈔》作者久保天隨）爲詩奄有眾美，不名一家。以格調論，大致得力明七子，假途宋之「四靈」，而躋於盛唐。所謂端莊雜流麗，剛健含婀娜。方之吾國康乾諸名輩，其殆隨園、甌北之仲叔乎？……（《秋碧吟廬詩鈔》）

劉錦藻

【清朝續文獻通考（節錄）】士銓以詩名與袁枚、趙翼有「三家」之稱，其結構華贍處不逮袁，組織精緻處不逮趙，而識高味厚，品潔才豪，忠孝之言，皆從肺腑中流出，出語一二，抵人千百，則非袁、趙所能到矣。（《清續文獻通考》卷二百七十七《經籍考》二十一，民國影印十通本）

王禮培

【小招隱館談藝錄初編（節錄）】王阮亭論詩，有取於嚴滄浪以禪喻詩之旨，謂：「詩有別材，非關學也；詩有別趣，非關理也」，遂倡爲「神韻」之說。承其弊者，大率空疏膚淺，藉口爲藏拙之計。王、孟之蕭散，儲、韋之閒淡，皆可藉以文其淺陋，幾以吟詠爲別是一事。若是者，謂之假王、孟爲詩道之魔障。「神韻」之說，階之屬也。然滄浪固申之曰：「非多讀書，多窮理，則不能極其所至。」並非教人以不學，阮亭亦非不學，乃若其說，不啻爲不學者別啓途徑，不惜以別材、別趣之片辭，厚誣古人，貽誤來者。阮亭淵雅，尚能鋪排局面，但少清眞之致。所選《盛唐三昧集》、《古唐詩選》、《十種唐詩選》、《唐人萬首絕句選》，類皆自扶藩籬，曲徇其「神韻」之說。諸選中往往裁棄前人之所長，悉入一己之嗜欲，其於唐賢之精神理趣，未遂有合也。「不涉理路，不落言筌」者，竟若是其無據乎？夫有《周》、《召》、《鄭》、

《衛》之抒懷景物，則必有《魯頌》、《秦風》之堆壋故實，詩之爲教，廣矣大矣，斷非一方一節之用。司空表聖「不著一字，盡得風流」之旨，爲二十四品之一，豈可據以概作詩之全？且阮亭之旨，不過於聲調求其圓適，以云「神韻」，十不一二。抑餘更有進者，則是「神韻」原不能定爲一宗。蓋「神韻」二字，麗於虛者也，絕句小詩所尙。若夫體格也、局勢也、鋪敍也、停蓄抽放也、句律字法也，無一不麗於實之一境，果何者而可以「神韻」概括？其全麗於虛者，自不能立爲一宗；而實則虛之所麗，詎曰「虛爲實之所麗」乎？嚴羽卿以禪喻詩，似矣，然禪家自有漸、頓二義，嚴氏祇是頓悟，阮亭亦是頓悟，盛唐卻不是頓悟。翁覃溪曲祖阮亭，謂其能合豐致、格調爲一而渾化之，爲集大成。豐致、格調爲一，已近於不辭，乃云集大成，豈豐致、格調遂爲能集大成者乎？阮亭名位既高，聲氣日廣，執牛耳以叱咤中原，莫敢異議。然其燄及身而熄，當時僅一趙秋谷作《談龍錄》，祇其見首不見尾之謬論，余謂秋谷猶未能發其塚而控其頤也。自明七子以虛弦驚人，人知七子之失爲優孟衣冠，而不知阮亭之失猶夫優孟衣冠也。七子從盛唐之面貌以求之，阮亭亦未能鞭闢近裏，其於七子同而異、異而同者也。貽害詩教，自扶藩籬，亦詐而已矣。人攻七子，吾攻阮亭，彼不落邊際之說，嘲弄風月可耳，語以清廟明堂之大，典章文物之盛，則廢矣。李于鱗不敢正議杜公，屏其詩不錄；阮亭選太白，逐別爲古調、唐調，集中《古風》五十首，祇錄其近選體者，是則猶夫于鱗所謂「唐無五言古詩」之說，以巧避一世之譏彈，而陰襲其迹。學者承訛習謬，奉爲圭臬。秋谷評竹垞、漁洋之詩曰：「朱貪多，王愛好。」愛好者，徇人者也，已落第二義。《帶經堂集》七絕差具風調，其去神韻，尙隔一程，不過與牧齋、定遠伯仲。《秋柳詩》發端云：「秋來何處最銷魂？殘照西風白下門」，抑何庸腐乃爾？清代學宋體者，有查初白、厲太鴻兩家。初白習北宋，而膚廓庸鈍，殆無其匹；太鴻襲取南宋之靡，不能振刷恢豁。是時宋體方爲一世詬病，學之者鮮，知之者亦稀。乾嘉之際，更有考訂家喜作辨識金石之詩，湊韻衍辭，一唱百和，何不逕作《考證》一篇，騁其辯說，而必爲此類似有韻之文，令人嘔噦。果奚爲者？前乎此，有宋人樓大防好爲考證故實之詩，亦墮寒乞。自理學盛而語錄、白話入詩矣，釋道興而符籙、頌偈又入詩矣。趙甌北以用故實而俗，袁簡齋以言性靈而又俗。村夫販婦，自適其適，於詩教夫何與？（《小招隱館談藝錄初編》卷三，民國本）

楊鍾羲

【雪橋詩話（節錄）】宣武門內天主堂，即首善書院，有樓爲作樂之所，趙耘松《同顧北墅、王漱田觀西洋樂器》詩云：「郊園散直歸，訪奇番人宅。中有虬髯叟，出門敬迓客。來從大西洋，官授義和職。欽天監正劉松齡、高愼思等，皆西洋人。謹案：高宗《乾隆乙未題影宋鈔新儀象法要》詩注：璣衡雖昉自堯時，其製法今昔異同，則不可深考。後世儀象若洛下閎、若張衡、若李淳風、若一行，皆有所作，而賈逵、蔡邕、王蕃、陸績、何承天輩，議各不一。自元時郭守敬造爲渾儀，後人因之，相沿不改。若西洋法，明中葉即入中國，頗有宗其說者，而徐光啓、李之藻推之尤至，率格於眾議，不果行。我皇祖洞見西法之精審，學焉而會通之，益知其可垂永久，迺勑靈臺專行弗失。既而欽定《數理精蘊》、《儀象考成》諸書，寔足爲天下後世法。予雖未習其事，然幼聞皇祖閎論，因得篤信而敬守之。即如明以前之法，每日以百刻計，而西法則以九十六刻計。夫一時八刻，其理明簡易曉，不待智者而知之。聞本朝初曾有訟西洋人私竊四刻者，時刻乃一定之數，竊將安往，不亦大可笑乎？或云：堯時璣衡之法，西洋得之。年深習漢語，無煩舌人譯。引登天主堂，有像繪素壁。靚若姑射仙，科頭不冠幘。云是彼周、孔，崇奉自古昔。所供耶穌如美少年。再遊觀星臺，爽塏尚無罥。玻璃千重鏡，高指遙天碧。日中可見斗，象緯測晨夕。斯須請奏樂，虛室生靜白。初從樓下聽，繁響出空隙。噌吰無射鍾，嘹喨蕤賓鐵。淵淵鼓悲壯，坎坎缶清激。錞于丁且寧，磬折拊復擊。瑟希有餘鏗，琴澹忽作霹。紫玉鳳喉簫，煙竹龍吟笛。連枃栟椌底，頻櫟鉏鋙脊。鞉耳柄獨搖，笙石炭先炙。吸噓竽調簧，節簌筊赴拍。麗疑老嫗吹，築豈漸離擲？琵琶鐵撥彈，篆箏銀甲畫。空泉澀箜篌，薄雪飛篳篥。孤唱輒群和，將喧轉稍寂。萬籟繁會中，縷縷仍貫脈。方疑宮懸備，定有樂工百。豈知登樓觀，一老坐搦擘。一音一鉛管，藏機捩關膈。一管一銅絲，引線通骨骼。其下轞風橐，呼吸類潮汐。絲從橐縴紲，風向管孔迫。眾竅乃發響，力透腠理堛。清濁列若眉，大小鳴以臆。韻仍判宮商，器弗假匏革。雖難繼韶濩，亦頗諧噭譯。白翎調漫雄，朱鷺曲未敵。案：《簷曝雜記》云：「其法：設木架於樓架之上，懸鉛管數十，下垂，不及樓板寸許。樓板兩層，板有縫，與各管孔相對。一人在東南隅，鼓轞以作氣，氣在夾板中，盡趨於鉛管之縫，由縫直達於管，管各有一銅絲繫於琴絃，虬髯者撥絃，則各絲自抽頓其管中之關捩而發響矣。鉛管大小不同，中各有竅，竅以象諸樂之聲。故一人鼓琴而眾管齊鳴，百樂無不備。」奇哉創物智，乃出自蠻貊。緬惟華夏初，神聖幾更易。鷟鸑肇律呂，秬黍度寸尺。嶰谷截綠筠，泗濱採浮石。元聲始審定，萬古仰剞劂。

迢迢裨海外，何由來取則？伶倫與后夔，姓名且未識。音豈師曠傳？譜非制氏得。始知天地大，到處有開闢。人巧誠太紛，世眼休自窄。域中多壚拘，儒外有物格。流連日將暮，蓮漏報酉刻。歸將寫其聲，畫肚記枕席。」耘松嘗謂：「詩看用事，書看用筆，畫看用墨。」此詩全不用事，趙味辛所謂冥心狀物，尤爲眞實本領。由貴西道請歸養，年裁四十六，所撰《廿二史箚記》等書，爲袁、蔣所無。王蘭泉侍郎詩：「清才排拗更崚嶒，袁、趙當年本並稱。試把《陔餘叢考》讀，隨園那得比蘭陵？」亦定評也。（《雪橋詩話》卷七，民國求恕齋叢書本）

　　【雪橋詩話續集（節錄）】劉海峰詩：「死別漸欺初日諾，長貧難作託孤人」，趙甌北詩：「久客不歸無異死，故人入夢尙如生」，「一紙寄家言未盡，萬山圍路夢難歸」，「身去空留詩句好，命窮眞到子孫微」，皆極眞摯。（《雪橋詩話續集》卷五，民國求恕齋叢書本）

　　【雪橋詩話三集（節錄）】高念東《青州懷古》云：「寄奴南來氣如虎，隻手席卷青齊王。大峴關空戰鼓鳴，降王檻車送吳楚。西擒姚羌掃咸陽，水仙南竄如奔羊。草澤英雄乃爾爾，功成何不身早死？始也桓文竟莽操，蛇足五年作天子。漫興云：景升兒，豚犬耳！荊州拋擲輕於紙。阿瞞一一好兒郎，奪取山陽帝洛陽。仲謀嘖嘖羨阿瞞，那識渠家亦可憐。長沙桓王長沙守，父兄都死他人手。兒好兒劣何關人，高陽苗裔今幾存？」詩如衝口而出。後來袁、趙、蔣，多學此種。其《擬贈郝雪海》云：「投鼠誠知罪，寒蟬媿不鳴。師燔蜀地慘，疏入漢臣驚。議貴輕編管，全生賴聖明。盈廷方切齒，豈易舊京行。」「大有崔亭伯，柴門幸接聯。白衣三事衲，青海五鐙禪。舊疏邊人問，新詩過客傳。傷心精衛比，敢望賜環年。」「燕趙仍吾土，翩翩劍履新。中山城下路，淇水夢中身。香火酬前願，存亡問故人。翻思遼海事，千載令威眞。」「萬死身猶在，投荒幸少年。談兵元爾素，報國更誰先。一節監諸校，孤軍定兩川。書生堪授鉞，淮蔡有前賢。」沈鬱頓挫，集中最爲上乘。三桂反後，雪海起撫粵西，如念東言。（《雪橋詩話三集》卷一，民國求恕齋叢書本）

　　【雪橋詩話三集（節錄）】趙甌北《輓外舅程文恭》詩：「名歸青史無瑕指，地過黃壚有淚流。」文恭以己巳入直上齋。戊寅，民人潘澋，控天津鹽商牛兆泰欠引地價銀，鹽道王愷伯之婿張曾效持京箚爲兆泰屬託。文恭箚中有：承乏中樞，晨夕內廷，殊多曠廢。今秋未與木蘭之役，稍得專心職業云云。高宗謂，尋常書箚往來，原與本案無涉。但此語致無可致之殷勤，訴中情之

充詘。大約小翰林方進衙門，以內廷爲捷徑，及積久滿志，又以晨夕入直爲苦，此韓愈所謂「丁寧婢子」者也。因解退書房，俾專部務。其後簡任綸扉，亦無可紀之績。(《雪橋詩話三集》卷六，民國求恕齋叢書本)

【雪橋詩話三集（節錄）】董東亭工儷體文，書法得靈飛之遺，畫學黃大癡、舒雲亭。季試，武原拔取之。自比劉文房攝縣，得橫山顧山人及陸灃、徐二十以爲樂。丙子鄉薦，座主爲莊方耕。癸未成進士，出趙甌北之門。改庶常，以營葬假歸，主修《毘陵志》，未成而卒。在京師，日與吳白華、曹習菴、阮吾山、程葥園、汪康古、趙璞函、嚴多友、陸耳山爲聯句會，張目兀坐，得一二句，舉坐驚歎，不能搖撼隻字。其詩瓣香新城，李申耆稱其言必稱情，藻必當物。《韓魏公料敵塔》云：「亂山雲氣碧崚嶒，孤塔凌空杖策登。戍捲寒沙騰櫪馬，城荒晚角下秋鷹。烽煙舊鎮餘雄略，鐙火虛堂只病僧。想像軍中韓太尉，錦袍高宴月初升。」《渡滹沱河》云：「恆陽一夜奔騰雨，陡闊滹沱十丈波。人影點沙疑鸛鷺，馬蹄穿浪蹴黿鼉。壯懷涉險神逾淡，客路驚心歷已多。記得雪凌銛似戟，扁舟如葉渡黃河。」嘗爲顧古湫作《芙蓉莊紅豆樹歌》，果恭郡王見而賞之，贈玉章一方，曰「紅豆詩人」，因以名集。小詩如《題畫送沈器堂南歸》云：「倦遊笑我青藤篋，歸計輸君赤馬船。一抹秋光帆幾葉，鯉魚風緊蛤紋天。」《舟行雜詩》云：「隄邊霜信柳千絲，暮趁寒潮繫纜遲。水鳥群呼掠沙去，滿川風葉雨來時。」亦雅得漁洋詩意。嘗謂新城禮部集《讀三國志》三十首，如「二喬得佳婿，不是洛川神」，諷刺深婉，中含不盡，駸駸乎老鐵之井中人不死，重帶美人來。甲戌讀《南史》，得小樂府五十首，自謂不負長夏云。(《雪橋詩話三集》卷七，民國求恕齋叢書本)

【雪橋詩話餘集（節錄）】王少林《德州感舊》云：「德水懷耆舊，城隅忍再過。生芻空有約，喬木竟如何？夢斷山陽笛，霜凄《薤露》歌。蒼茫宵喚渡，風急起寒波。」「孔、李通家誼，曾爲座上賓。文名原不忝，吏事更如神。秉燭縹書慣，臨場顧曲頻。憐才風義古，末俗竟誰陳？」「豈昧垂堂戒，其如筦利權。生還猶壯歲，遺憾到衰年。化鶴餘華表，眠牛少墓田。羊曇無限淚，駐馬一潸然。」「剛樸題嘉樹，堂前有羌桃一株，顏曰「剛樸」。亭亭認故居。門前珠履散，堂後管絃虛。荒誕千年藥，飄零萬卷書。凄然無可問，臺榭已邱墟。」《甌北談祁陽往事有感》云：「黃粱夢裏記曾遊，爭羨陶公督八州。燕去空堂巢已覆，鶴歸華表塚難求。論詩跌宕鬚眉在，話舊淒涼涕泗流。同是故人兼故吏，相看霜雪各盈頭。」與徐禮華束髮相知，禮華以罪謫遠戍，少林數至興化慰問其母，

可謂篤於交舊。（《雪橋詩話餘集》卷五，民國求恕齋叢書本）

　　【雪橋詩話餘集（節錄）】翁覃溪《粵東金石略》附記《蘇佛兒》一條云：「方綱，乾隆三十五年，涖瓊南試竣，謁蘇文忠祠。有青衿迎者，稱文忠後人，持家譜一帙云：『公在儋耳，娶符三婆，生一子名佛兒，留海南。今其後也。』然無由直斷其僞。今年秋，學官來省，曰：『此人所持譜，內一語與王氏年譜合，曰「蘇公渡海歸，至廉州，於合浦清樂軒，有《寄蘇佛兒》語」耳。』方綱因檢王氏年譜，非『寄』字，乃『記』字。檢公集，此文是八十老人蘇佛兒來與公論契，而公記其語。豈公之兒哉？以其人奉祀已久，寬不加罪，而禔其衣頂，予奉香火之役。」張商言詩：「八十老人綳作孩，林逋梅萼不空胎。符三婆子爲何物？定合兒呼符秀才」，「六如亭下有孤墳，乳脹人亡只憶君。容得蘇家遺胤在，佛兒寒食拜朝雲」，讀之不覺失笑也。邵闍谷之夫人，善煮鱘鰉魚頭，張商言與趙雲松半夜買魚排闥叫梟。闍谷夫婦已寢，夫人不得已，起治庖，魚熟命酒，東方爛然矣。法梧門《病中雜憶》云：「吳肺谷人善製豬肺趙魚味辛善製黃魚更汪鴨杏江善製東鴨，一冬排日設賓筵。丹徒翅子論山法，鮑雅堂製魚翅法最精。臛與詩龕糝玉延。雅堂言：京城白菜和玉延切碎，雜魚翅煮之，美不可言。」「莫氏捶雞比燕窩，青友。松花團子擅誰何？秦小峴、何緩齋家皆擅此。元杯宋碗周秦鼎，蔬筍香中古趣多。緩齋器具多古制，且無重複。」此類皆可見承平時京師士大夫燕衎之樂。（《雪橋詩話餘集》卷五，民國求恕齋叢書本）

　　【雪橋詩話餘集（節錄）】趙甌北、那繹堂均有《內簾》諸詠，海豐吳竹泉吏部侍郎曾有《外簾》八首云：「棘闈卿月有輝光，明遠樓高控院牆。號列東西尊北斗，簾分內外鎮中央。大官供饌支頭等，小吏傳聲立兩行。自是掄才關鉅典，夜深猶坐至公堂。」《監臨》。「列坐巍然獬豸冠，防維從古借臺端。龍門按簿稽名細，魚貫循行亂號難。約法章頻超漢制，族談禁更仿周官。由來課士深嚴地，賴有森森鐵面寒。」《監試》。「紀綱誰領簿書繁，律例條條京兆存。納卷已先司士籍，出闈獨後絕群喧。鴒行賓侶推東道，魚鑰深沉護北門。卻笑看人種桃李，自收落葉到黃昏。」《提調》。「三條燭盡漏聲殘，交卷紛紛出柵欄。郎署官剛容一坐，禹門浪已擁千攢。照籤未領頻頻喚，貼例先防細細看。此役過多功最少，況兼幾度廢晨餐。」《受卷》。「莫厭多方令甲重，糊名例最重彌封。冬烘頭腦猜難著，姓氏親朋辨豈容？隱隱崑山藏玉石，茫茫大海混魚龍。憑教握尺量才者，摸索都從暗裏逢。」《彌封》。「珠主泥沙卷幾千，易書後便判人天。純青即是

成丹候,欲赤何妨近墨前?絳帳應愁迷目易,朱衣恰是點頭便。只憐無數鈔胥苦,五夜燈紅滴露研。」《謄錄》。「可是然藜夜校書,吚唔坐對一窗虛。荒傖半已成燕燭,訛字猶爲辨魯魚。文到驚人空擊節,語堪捧腹且軒渠。如何筆染鵝黃色,疑取梅花點額餘。」《對讀》。「籤分南北按房收,堆案時如束筍投。未許別裁區價鼎,先教朱墨劃鴻溝。我空守墨盈千卷,誰定出藍勝一籌。就裏升沉緣底事?煙雲過眼總悠悠。」《收掌》。(《雪橋詩話餘集》卷七,民國求恕齋叢書本)

【雪橋詩話餘集(節錄)】湘潭歐陽功甫,師事新城二陳。曾文正序《秋聲館遺集》,爲言桐城派別甚悉。二陳客功甫家,廣臾談論古今,自道心得,娓娓能開人心智。懿叔性簡默,而爲功甫言詩、古文義法甚詳。二陳夙爲從祖石士侍郎所賞愛,在京師與梅伯言談藝最洽。功甫《寄吳南屛》詩有「頗聞同調神仙尉,我亦私心奉瓣香」之句。其《與羅秋浦書》,謂伯言論學詩之法,初從荊公、山谷,入則庸熟繁蔓,無從擾其筆端,俟其才氣充沛,法律精熟,然後上薄諸大家,而融洽變化,以自成其面目。袁、蔣、趙才力甚富,不屑鍊以就法,故多淺直俚諢之病,不能及古,而見喜於流俗。獨姬傳姚氏,確守矩矱,由摹擬以成眞詣,爲七子所未有,亦見其端序之有自也。(《雪橋詩話餘集》卷八,民國求恕齋叢書本)

李寶嘉

【詩用生死二字】《趙甌北集》中挽句,每好用生死二字,蓋心摩力追陸放翁也。《詠韓侂胄》:「生前珠翠千行繞,死後頭顱萬里行。」《挽王夢樓》:「生有笙歌矜馬帳,死猶詩句在雞林。」《哭洪稚存》:「生爲狂言投萬里,死猶遺稿待千秋。」諸如此類,不可勝數。(《莊諧詩話》卷一,《南亭四話》,薛正興校點,江蘇古籍出版社 2000 年版,第 30 頁)

【偷被詩】趙甌北先生善諧謔,嘗有《冬夜布被爲偷兒所竊歌》,讀之令人忍俊不禁。詩曰:「歲事逼人暮不歸,荒村燈火猶鳴機。到家欲睡忽失被,偷兒已去月在幃。起看書簏亦狼藉,破硯未碎紙亂飛。此中那得有長物?知汝應笑所願違。可憐布被冷於鐵,補綻已成百衲衣。明朝還擬入質庫,不敢禦寒聊救饑。忽經肶篋卷而去,晨炊何以供親闈?黃虀半瓶尙無恙,手自藏護謹掩扉。夜闌無人三歎息,不謂黔婁尙遭竊。恃陋不備吾誠疏,擇肥不暇汝亦嘔。忍寒翻自笑多資,爲有青氈盜乃窺。今朝一絲眞不掛,好作袁安臥雪奇。」(《莊諧詩話》卷三,《南亭四話》,薛正興校點,江蘇古籍出版社 2000 年版,第

167～168 頁）

【劉石庵聯】趙甌北先生早賦歸田，不與外事，惟以著作自娛。劉石庵先生手書贈聯云：「務觀萬篇，半皆歸里作；啓期三樂，全是達生言。」得之甚喜。（《莊諧聯話》卷六，《南亭四話》，薛正興校點，江蘇古籍出版社 2000 年版，第 346 頁）

邱煒萲

【五百石洞天揮麈（節錄）】詩之平衍如寶應王懋竑。薌谿乃進之秀水朱竹垞、陽湖洪稚存之列，以不喜隨園詩之故，因以及其文，散文。並以及其友，甌北。昌言攻擊，幾無完膚。甚矣哉！著書人之不能無偏見，固如是夫！（《五百石洞天揮麈》卷二，清光緒二十五年邱氏粵垣刻本）

【五百石洞天揮麈（節錄）】不到京師，不知天下人才之大。不到京師，不知天下人才之少。此言也，爲宿學晚達者言也。余因推論：夫詩，不多讀書，不知古人成名之難；不多讀書，不知古人成名之易。陽湖趙甌北先生云：「先出世來佔好句」。（《五百石洞天揮麈》卷三，清光緒二十五年邱氏粵垣刻本）

【五百石洞天揮麈（節錄）】趙雲松翼謂：「杜句如『錦江春色來天地，玉壘浮雲變古今』，換『錦江』、『玉壘』等字，仍可移置。若陳恭尹《題鎮海樓》云『五嶺北來峰在地，九州南盡水浮天』，大而能切，老杜當推畏友。」（《五百石洞天揮麈》卷三，清光緒二十五年邱氏粵垣刻本）

【五百石洞天揮麈（節錄）】乾嘉時稱袁、趙、蔣三家，袁第一，趙次之，蔣又次之。斯文直道，三代猶存。或欲爲之翻案，次袁、趙於蔣之後，則惑矣。（《五百石洞天揮麈》卷四，清光緒二十五年邱氏粵垣刻本）

【五百石洞天揮麈（節錄）】袁、趙、蔣三家，乃就袁、趙、蔣三人而言，非其時天下文章莫大乎是。前人有所謂「七子」、「十子」之目，亦是如此。（《五百石洞天揮麈》卷四，清光緒二十五年邱氏粵垣刻本）

【五百石洞天揮麈（節錄）】以話論詩，不如以詩論詩。晉人所謂「吉甫作誦，穆如清風」也。《射鷹樓詩話》引李古陶孝廉賡堯作云「我不樂吟詩，佳句忽然至。我方樂吟詩，凝思無一字。當其已吟時，了與未吟異。顛倒詩人心，造化眞遊戲」，《柳堂師友詩錄》載劉蜀生太守湛年作云「言我欲言耳，偶然名以詩。情生最近處，味想愈深時。龍鶴此翔翥，風雲兼合離。此中難索解，解者是吾師。」余按兩作之義，皆本昔賢而不覺其陳腐者，良由意理

既合於人心，由他怎的措詞，亦是入妙。至李作似學甌北，劉作自近隨園，則復盡人共見者矣。（《五百石洞天揮麈》卷五，清光緒二十五年邱氏粵垣刻本）

【五百石洞天揮麈（節錄）】乾嘉盛時，袁、趙、蔣三家自爲標榜。三家同時，如武進黃仲則景仁、遂寧張船山問陶、陽湖洪稚存亮吉，皆摩肩而過，力可與之抗衡者也。其稱三家，不過常相倡和，如元之於白云爾，非盡當時之詩人而有此三家。余志學後，始購閱三家之詩，於袁則愛其七言律、絕，於趙則愛其五言古、七言律，於蔣則愛其五、七言古。袁之詞怡爽脆，趙之筆趣跳盪，殊覺開拓心胸，一讀一快。蔣雖不及袁、趙之大，細按之，其規模較好，可無袁、趙流弊。是知既讀袁、趙詩者，不可不兼讀蔣詩也。（《五百石洞天揮麈》卷五，清光緒二十五年邱氏粵垣刻本）

【五百石洞天揮麈（節錄）】《甌北詩鈔》五言古體，以入情入理之筆，播爲有聲有色之章，自闢町畦，獨有千古。七言近體亦然。句如「宵小原來不在多」，「生齒繁應有劫來」，「千秋自有無窮眼」，「無官豈必皆高士」，「久客不歸無異死」，「清愛人知己近名」，「仕途未可恃文章」，皆屬人人心中所欲言，一經拈出，便覺奇警，至不可思議。袁簡齋曰：「唐李長吉人稱『鬼才』，其詩專從不可解處落想；今甌北詩又無一語不從可解處落想。」得甌北作詩之旨矣。（《五百石洞天揮麈》卷五，清光緒二十五年邱氏粵垣刻本）

【五百石洞天揮麈（節錄）】張南山先生論學，極服顧亭林《日知錄》、趙雲崧《陔餘叢考》，以其識體要也。論詩喜及蔣苕生《忠雅堂集》、袁簡齋《小倉山房集》，以其具性眞也。故所爲文多妥貼排奡，爲詩則深醇蘊釀。近稱大家，宜哉！（《五百石洞天揮麈》卷五，清光緒二十五年邱氏粵垣刻本）

【五百石洞天揮麈（節錄）】袁簡齋先生自以其詩近唐之白居易，論者則謂宋之楊萬里爲宜。余按先生居恒論詩，不喜唐宋分界之說，而要主於性情，是其於唐宋諸家，皆所祖述，而性之所近，偶合於楊耳。後輩承風，百年來宋詩大行於世，不知袁氏之前，查初白先生實開其派。《欽定四庫提要》論《敬業堂集》有云：「王士正《序》稱黃宗羲比其詩於陸游，士正則謂奇創之才，愼行遜遊；縣至之思，遊遜愼行。又稱其五、七言古體有陳師道、元好問之風。今觀愼行近體，實出劍南，但遊善寫景，愼行善抒情；遊善隸事，愼行善運意，故長短互形。」士正所評良允。至於後山古體，悉出苦思，而不以變化爲長；遺山古體具有健氣，而不以靈敏見巧，與愼行殊不相似。覈其淵源，大抵得於蘇軾爲多。觀其積一生之力，補注蘇詩，其得力之處可見矣。明人喜稱唐詩，自

國朝康熙初年，窠臼漸深，往往厭而學宋，然粗直之病亦生焉。得宋人之長，而不染其弊，數十年來，固當為愼行屈一指也。趙雲崧先生《甌北詩話》則云：「初白功力之深，香山、放翁後一人而已。」又云：「放翁多自寫胸臆，非因人因地，曲折以赴；初白則隨事隨人，各如其量，肖物能工，用意必切。其不如放翁之大在此，而較放翁更難亦在此。」張南山先生《聽松廬詩話》則云：「初白先生詩極清真，極雋永，亦典切，亦空靈，如明鏡之肖形，如化工之賦物，其妙祇是能達。」又云：「查悔翁於人情物理，閱歷甚深，發而為詩，多所警悟，余每有味乎其言，合觀以上」云云。數經論定，毫無遺義，而查氏之詩，亦可得其大凡矣。余以查、袁皆主性情，詩境亦復相似。嘗取兩家之集而互勘之，查則能熟而又能生，袁則不生而乃病熟，則查又未嘗不勝乎袁也。（《五百石洞天揮塵》卷五，清光緒二十五年邱氏粵垣刻本）

　　【五百石洞天揮塵（節錄）】金一士廣文，少猶及見其鄉先輩趙甌北先生。詩主性靈，敘事曲達，故亦存甌北風範。遺稿經庚申兵燹喪佚，文孫粟香太守武祥刻為《篤愼堂爐餘詩稿》上下卷，僅一百餘首，而稱揚忠烈之作，每三致意焉。古體尤奕奕有神。《書壯烈伯李忠毅公長庚小傳後》云：「大將報國捐軀亦何恨？聖主酬庸而士卒咸奮。君不見忠毅公聲名天下震？一解。公泉州人，寄籍臺灣，幼負奇氣，自命非凡。入塾弄筆，大書「天生我才必有用」，果然一生得此七字橫胸間。二解。漲海奔騰通絕域，嗟爾蟻蠓敢為鬼為蜮？天子命公，統領之職，公拜稽首，誓殺此賊。三解。堂堂出令，既嚴且明。旂分五色，壁壘一新。四解。既統水師，更善火攻。火藥火薪，載以艨艟。連環船，子母船，不若此船完固，所向無前。五解。焚賊巢，斃賊黨，中有貨物，首功者給賞，軍民讙如雷。賊不就戮何待哉？六解。賊計窮，走山東，將軍追之疾如風。賊叩顙，入兩廣，將軍迫之密如網。七解。朔風烈烈黑洋水，飛沫驚濤溯洑起。挺身殺賊不怕死，不擒巨憝勢不止。賊船圍在我船裏，公復乘船躡其尾。大呼縛賊，直指顧間耳。八解。撲面一礮衝雲霄，大星下墜天門高。將軍死矣兵號咷，一手尚執盾，一手尚持刀，瞪目直視，凜然生氣臨洪濤。賊乃迴望，魂銷膽喪。九解。總制奏九天，重瞳屢顧心哀憐。憐其毅，哀其忠，不惜破格恩，恤爾丹衷。十解。顯爵封授，誥命輝煌。專祠祭祀，俎豆馨香。將弁兵丁，感涕不遑。十一解。危坐讀公傳，慷慨無悲酸。將相成功一時易，君臣遇合千秋難。十二解。小丑雖兔脫，大憝必鯨封。英魂來往怒潮起，時作金戈鐵馬聲洶洶。十三解。」《朱烈婦》詩云：按：原序稱朱庭謨字楷堂，涇縣諸生。

體素贏，娶婦某氏，夫疾革，引刀自刺，願以身代。遇救得生。夫歿，撫孤成立，今已遊
庠。道光癸巳年，其從兄晉齋孝廉以烈婦事實徵詩。「夫如生，妾可死。籲天瀝血深
閨裏。夫已死，妾宜生。哺雛翼卵涕泗橫。青燈熒熒藥爐小，當年艱苦誰能
曉？仰天難覓返魂香，顧影惟餘拔心艸。引刀自刺何從容？不知有刀，但知
有儂。以身代某天頻呼，不知有儂，但知有夫。籲嗟乎！鼻可割，臂可折，
祇恃區區此心決。君不見撫孤今日搏扶搖，報答重泉恨暫消。閒來試把霜鋒
看，轉覺芒寒不敢操。」菽園按：李忠毅海上擊蔡牽事，當世士夫多有紀載，
以余聞於鄉父老，則微與所傳者異。然其事秘，究未敢據以爲信。惟當大勳
將集，而身先死，朝廷破格酬庸，鼓勵來者。伯爵之封，至優極渥。咸同中
興百戰功臣，宜亦無以過此。爲忠毅者，其亦當含笑九京矣。此詩第十二解
「將相成功一時易，君臣遇合千秋難」二語，余每誦之，迴環至再，輒不覺
慷慨激奮也。至朱烈婦，本可無死，而幾瀕於死，引刀一刺，君子或且以不
知禮譏之，觀其後撫孤成立，苦耐冰霜，有守有爲，知非蠢如一物惟知以死
塞責者。人情當疾痛慘怛之際，急何能擇？此詩中「不知有刀，但知有儂；
不知有儂，但知有夫」四語，能將當局神理一一體出，的是淋漓寫生手。(《五
百石洞天揮麈》卷五，清光緒二十五年邱氏粵垣刻本)

　　【五百石洞天揮麈 (節錄)】余欲評贊趙甌北先生詩，輒苦無的當注腳。後
閱朱弁《風月堂詩話》，至「參寥嘗與客評詩，客曰：『世間故實小說，有可以
入詩者，有不可以入詩者。惟東坡全不揀擇，入手便用。如街談巷說、鄙俚之
言，一經其手，似神仙點瓦鑠爲黃金，自有妙處。』參寥曰：『老坡牙頰間，別
有一副爐鞴也。他人豈可學耶』」一段，乃掩卷起曰：「今而後，有以評甌北先
生之詩矣。」(《五百石洞天揮麈》卷七，清光緒二十五年邱氏粵垣刻本)

　　【五百石洞天揮麈 (節錄)】《揮麈》卷三嘗引趙甌北先生語「先出世來佔
好句」，以爲古人之便宜。繼而思之，古人之前，亦有古人，人人先其所先，
究竟何所終極？必至廢書焚硯，歛手擱筆，學大雄氏以不立文字爲宗派而後
可？何以古往今來，名輩踵出，不相襲亦不相掩？要知人各有我，我能認定
我之面目、我之性情，處處還他箇實在，則古人不能我軋，反爲我用矣。洪
稚存先生曰「九州各有開天聖」，此是何等大識！(《五百石洞天揮麈》卷七，清
光緒二十五年邱氏粵垣刻本)

　　【五百石洞天揮麈 (節錄)】送春詩多矣，毋非作女郎語，未有遇秋而能送
者，悲哉，秋之爲氣也。我輩文人，「一生秋氣得來多」，七字，菽園舊《詠菊》句。

固不必送，然因秋而窮，是所送者窮也，非秋也。秋不可送，窮可送也。不必送之秋，而竟不可以久留，是又不得不送者秋也，非送窮也。因秋而窮，秋去而窮愈甚，物猶如此，人何以堪！余所以讀臨川湯茗孫舍人儲璠《送秋》詩而掩卷三歎也。其一：「送春猶可過，送秋將奈何？我與春風苦無分，唯秋與我同轍軻。而今並此舍之去，籲嗟吾意其蹉跎。」其二：「即今眼前論離別，我是主人秋是客。我生況無百年身，秋還作主我作賓，非人送秋秋送人。花天狂艷不可當，秋風一掃生清光。涼月娟娟出海嶠，不照繁華照枯槁。古來惟有楚大夫，不識此時風月好。」其三：「登山臨水發悲歌，先生感慨何其多？遂令金天少顏色，籲嗟秋兮奈爾何？我今飄泊何所成？扣舷但欲為商聲。惟有秋風不世情，昨來江上相和鳴。落葉哀蟬亦歎息，逐臣嫠婦皆涕零。此時月白霜露清，我心所感猶和平。但愁過此多冰雪，其聲凜栗難為聽。」菽園按：三詩佳處自不待言。昔者隨園稱甌北以詩為文，又言東坡之詩，即東坡之文。今觀湯先生，亦何歎耶？（《五百石洞天揮麈》卷九，清光緒二十五年邱氏粵垣刻本）

【五百石洞天揮麈（節錄）】古往今來，詩集何止汗牛充棟？以陽湖趙雲崧觀察翼之綜博百家，嘗謂書賈以明人詩求售，其中姓氏，為各詩選所未及，而己亦有不知者不下二百餘人。此事與歐公讀書中秘，見殘闕書目不識姓名，正復相類。前此後此，更宜付諸茫茫而不可知矣。番禺張南山太守維屏《論詩》云「作者牛毛，成者麟角」，正是慨乎其言，非輕易一概抹殺。（《五百石洞天揮麈》卷十一，清光緒二十五年邱氏粵垣刻本）

【五百石洞天揮麈（節錄）】言情如……陽湖趙雲菘翼，乾隆進士，官貴西道，有《甌北詩鈔》云：「倉皇臨大變，智勇出良知。」《樟樹鎮》。（《五百石洞天揮麈》卷十二，清光緒二十五年邱氏粵垣刻本）

【五百石洞天揮麈（節錄）】寫景如……「曉星明似月，古堠立疑人」，「月華涼在水，山影淡於雲」，「一軍皆甲晨聽令，萬馬無聲夜踏邊」，「潮定未分消長水，風橫兼使往來帆」，則趙雲菘翼句也。（《五百石洞天揮麈》卷十二，清光緒二十五年邱氏粵垣刻本）

【五百石洞天揮麈（節錄）】舊於桂林倪雲癯（案，當作耘劬）司馬鴻所著《桐陰清話》中，見有大興舒鐵雲孝廉位《和尚太守謠》七言長古一首，筆情奇恣，徵引繁博，以為《甌北集》後久無此才。茲乃得其全刻《缾水齋詩集》讀之，綜二千首有奇，七古自是第一，波譎雲詭，藻合星稠。後有作者，惟益陽湯海秋太史鵬可與抗行。同時法梧門學士舉君與孫子瀟、王仲瞿並稱，目為「三

君」，作《三君詠》。其實，子瀟才氣不及君遠甚，即仲瞿亦第肖其縱橫，而未能爲其節制也。夙與仲瞿文字唱和，交相友善，以嘉慶二十年自定其詩，明歲喪母，哀毀卒。年五十有一。仲瞿爲序，並述出處、行誼，言君入河間太守王疏雨名朝梧，時擢黔西兵備道。幕，從徵貴州狪苗，事甚詳，可補行狀、志、傳之未及。先世固燕人，伯父希忠，官江南；父翼，偕行，寄居吳門而生君，有夢桂之祥，故小字樨襌。十歲能文章，十四歲隨父廣西永福縣丞任，愛署後鐵雲山，取以自號。安南貢使至，賦《銅柱》詩相遺，流傳域外。登乾隆戊申恩科賢書，屢上春官，皆不得意。父卒寡遺，早年久宦，歸已無家。母固吳人，亦憚北返，遂奉母居吳，去作諸侯賓客，歲時還省，甘旨無缺。貴州從軍之役，大將軍威勤侯勒保知其才名，欲加羅致，君辭不任。苗女從征者名龍麼妹，苗條姣晳趫健，能積戰功，有軍中木蘭之目，按：即君詩所稱「上馬一雙金齒屐，乘鸞十八玉腰奴」者是也。妹十八歲，土司龍躍之妹。麼，苗言稚也。侯又欲以歸君，後雖不果，而其事自艷絕矣。君兼通內典，慧心絕世，每於詩中闢新町畦。善八分隸及各體書，倉卒點畫不苟。能吹笛、鼓琴、度曲，不失累黍，所作樂府、院本，纔脫稿即可付老伶歌之，固一世之驚才也。(《五百石洞天揮麈》卷十二，清光緒二十五年邱氏粵垣刻本)

【五百石洞天揮麈（節錄）】昔人謂「詩雜僊心」，又謂「得句先呈佛」，如定公當之，可以無媿。定公文又嘗以李青蓮詩兼儒、俠、僊之長，千古無出其右，此語亦不啻自爲傳贊也。間嘗論之，定公以透頂之聰明，每立透頂之議論，其詩則誠善談名理，著聞晚近。而刻劃物情，驅遣典籍，雖不似舒、王二子，而怡魂悅顏，一唱三歎之音，吾於是謂定公之歌聲尤善也。舒（位）如袁簡齋，王（曇）如趙甌北，龔（自珍）如蔣藏園，超脫沉著，會於無字句尋之。六子誠乾嘉以來豪士，而袁、趙、舒、龔又皆各闢町畦，斬新日月，不爲唐宋作家所限。蔣精佛理，龔且過之。(《五百石洞天揮麈》卷十二，清光緒二十五年邱氏粵垣刻本)

謝朝徵

【白香詞譜箋（節錄）】《避暑錄話》：柳永爲舉子時，多遊狹邪，善爲歌詞。教坊樂工，每得新腔，必求永爲詞，始行於世。於是聲傳一時。「永初爲《上元》詞，有『樂府兩籍神僊，梨園四部管絃』之句傳禁中，多稱之。後因秋晚張樂，有使作《醉蓬萊》詞以獻，語不稱旨，仁宗亦疑有欲爲之地者，

因置不問。永亦善爲他文詞，而偶先以是得名，始悔爲己累，後改名『三變』，而終不能救。擇業不可不愼。余仕丹徒，嘗見一西夏歸朝官云：『凡有井水飮處，即能歌柳詞』，言其傳之廣也。永終屯田員外郎，死，旅殯潤州僧寺。王和甫爲守時，求其後，不得，乃爲出錢葬之。」趙翼《甌北詩鈔・仙掌露》云：「一邱兩地各爭高，只爲塡詞絕世豪。漢上有墳人弔柳，漳南多塚客疑曹。金莖名竟移沙渚，鐵板聲休唱浪淘。我趁曉風殘月到，縱無魂在亦蕭騷。」題下自注云：「眞州，地名。相傳柳耆卿墓在焉。故王阮亭《眞州》詩有『殘月曉風仙掌路，何人爲弔柳屯田』之句，然曾達臣《獨醒志》：『耆卿死葬棗陽之花山。每歲清明，詞人集其下，爲弔柳會。』則柳墓不在眞州也。或訛傳耳。」（《白香詞譜箋》卷一「柳永」，清光緒刻半廠叢書本）

單學傳

　　【海虞詩話（節錄）】陳文學錫桂，字藥仙，家東徐市。少年警敏，惜不永年。《雜言》云：「西漢文帝時，人獻千里馬。下詔親卻之，風聲動朝野。我思文帝年，烽煙數擾邊。將軍善騎射，才氣銳無前。顧此千里馬，與之良有緣。帝不受獻馬去矣，北平太守心茫然。馮唐乘閒直言諷，雖得廉牧弗能用。」《讀書》云：「同讀一卷書，心各領其要。同解一書理，用各隨其妙。什伯千萬人，無一或相肖。人各有一心，心各有其竅。即以一己論，壯便不如少。往日得心處，今日思之笑。今日得心處，必遺後日誚。一己且無定，他人詎可料？苟不詭於理，雖異亦同調。」又：「但讀不如看，但看不如思。思之不能得，還當姑舍之。偶於遊覽處，或在默坐時。不召而自來，暗中疑有司。嗚呼天下事，大抵皆如斯。」又：「徒步出門去，道逢油碧車。云是貴官人，其初亦窮廬。讀書早宦達，功成林下居。私心竊豔之，謂我胡不如。歸來憬然悟，此事甚干余。茫茫大千世，立身自有餘。心苟慕乎外，已非眞讀書。」靈通活變，說事精實，可與趙甌北之作並驅。（《海虞詩話》卷十一，民國四年銅華館本）

　　【海虞詩話（節錄）】鮑女士印，字尊古，適邵孝廉廣融，《題趙甌北詩集》云：「先生才足高千古，下筆如龍復如虎。九天珠玉咳唾成，無縫天衣不須補。拜袁哭蔣尙未然，餘論紛紜何足數？先生得名不知榮，先生作詩不知苦。但覺山水秀靈氣，取之無礙任我取。詞源浩湧翻水瓶，才思捷打催花鼓。讀之未竟更漏盡，燭花紅焰爲詩吐。先生先生詩必傳，今之甌北古老杜。」《甌北集》有和韻一作，此亦附載。因其集無鐫本，故錄之。（《海虞詩話》卷十一，民

國四年銅華館本）

方恒泰

【橡坪詩話（節錄）】茗生七律，超逸不如子才，健技不如甌北，而俊爽之氣撲人眉宇，二公亦不如也。（《橡坪詩話》卷九）

羅可桓

【趙甌北有「世要詩何用」句，代作答語】趙云世要詩何用，我道詩如應候花。蔽以一言《駉》句外，韓文更有正而葩。羅可桓，字公玉，介休人。有《稷東寓公詩鈔》。（林東海、宋紅編：《萬首論詩絕句》，人民文學出版社 1991 年版，第1068～1069 頁）

《甌北詩鈔》評語

【《甌北詩鈔》評語】

《古詩十九首》袁枚評語：《擊壤集·讀書樂》，一經儒家說理，便有頭巾氣。甌北此等詩，穿天心，入月脅。說理愈精，英光愈覺迸露，真足為天壤間另開一生面。（《甌北詩鈔》「五言古一」）

《讀史二十一首》袁枚評語：古文家多論古以抒己見，甌北乃移其法於韻語，便覺斬新開闢，此正其狡獪處。然立論精確，自是不磨。（《甌北詩鈔》「五言古一」）

《雜題八首》祝德麟評語：奇思警語，是非仍不詭於聖人。是天地間有數文字。（《甌北詩鈔》「五言古一」）

《偶得十一首》張舟評語：諸作多醒世名言。筆極蒼辣，昆吾之刀，切玉如泥。（《甌北詩鈔》「五言古一」）

《閒居四首》李保泰評語：此在汪文端澄懷園所作，靜中故多悟境。（《甌北詩鈔》「五言古二」）

《題許松堂亡姬小像》袁枚評語：生趣溢紙。（《甌北詩鈔》「五言古二」）

《後院居詩》（其二）袁枚評語：趣極。（《甌北詩鈔》「五言古二」）

《後院居詩》（其三）李保泰評語：千古陳案，一語翻盡。（《甌北詩鈔》「五言古二」）

《赴滇從軍作》袁枚評語：事到真處，白描勝於著色。（《甌北詩鈔》「五言古二」）

《錢充齋觀察遠餉永昌麵，作餅大嚼，詩以誌惠》張舟評語：力量。(《甌北詩鈔》「五言古二」)

《署齋偶得》袁枚評語：三詩眼光燭天。(《甌北詩鈔》「五言古二」)

《哭鐵騄》祝德麟評語：沉刻處筆力透紙背。(《甌北詩鈔》「五言古二」)

《舟發潕陽》張舟評語：香山所不能到。(《甌北詩鈔》「五言古二」)

《小孤山》張舟評語：樸老入杜。(《甌北詩鈔》「五言古二」)

《編詩》袁枚評語：眞詩人之言，先得我心矣。(《甌北詩鈔》「五言古二」)

《戲題蛛網》袁枚評語：如此小題，而刻畫鋪張以至於此。每讀必歎曰：「奇才，奇才！」(《甌北詩鈔》「五言古二」)

《放言》李保泰評語：一部《山海經》有此奇恣，無此工整。(《甌北詩鈔》「五言古二」)

《秋園預製殮具，詩以調之》袁枚評語：生趣橫溢。(《甌北詩鈔》「五言古二」)

《齒痛》袁枚評語：善於語言，極才人之能事。鄙人《齒痛》一首，差可附後塵。(《甌北詩鈔》「五言古三」)

《書所見》李保泰評語：比昌黎立論愈粗愈精，乃知名理固不在深言也。(《甌北詩鈔》「五言古三」)

《游孝女測字養親詩》李保泰評語：原原本本，無一字苟作。(《甌北詩鈔》「五言古三」)

《老境》張舟評語：快論獨闢千古。(《甌北詩鈔》「五言古三」)

《王文成公記功碑》袁枚評語：諸詩皆簡潔蒼鍊，不能增損一句，是此公老境。(《甌北詩鈔》「五言古三」)

《春間晤西莊於吳門，因其兩目皆盲，歸作反矐目篇，祝其再明。詩成尚未寄，秋初接來書，知目疾竟已霍然，能觀書作字。鄙人不禁沾沾自喜，竊攘爲拙詩頌禱之功，再作詩以貽之，西莊當更開笑眼也》李保泰評語：一詩遂成千古佳話。(《甌北詩鈔》「五言古三」)

《靜觀二十五首》李保泰評語：詩以道性情，罕有說理者。甌北五古論事論史，已獨闢一境；茲更以詩說理，橫說豎說，皆未經人道，而昆刀、並剪，無一腐語，無一俚詞，尤是獨絕處。(《甌北詩鈔》「五言古四」)

《十不全歌》袁枚評語：奇恣乃爾，千古絕作。(《甌北詩鈔》「七言古一」)

《青山莊歌》袁枚評語：極似梅村彷長慶體，而精麗過之。(《甌北詩鈔》「七言古一」)

《題閻典史祠》李保泰評語：刻摯處何止入木三寸。（《甌北詩鈔》「七言古一」）

《寒夜澄懷園步月》祝德麟評語：清興獨絕。（《甌北詩鈔》「七言古一」）

《漂母祠》李保泰評語：結處警切。（《甌北詩鈔》「七言古一」）

《戴琬草根鬭蟀圖》張舟評語：生動警刻，吳道子畫所不到。（《甌北詩鈔》「七言古一」）

《食田雞戲作》李保泰評語：遊戲爲文，波瀾層出，足覘腹笥便便。（《甌北詩鈔》「七言古一」）

《行圍即景》袁枚評語：題新詩新，可備國朝典故。（《甌北詩鈔》「七言古一」）

《題柳如是小像》袁枚評語：河東君知己。（《甌北詩鈔》「七言古一」）

《贈相士彭鐵嘴》張舟評語：瀾翻不窮。（《甌北詩鈔》「七言古一」）

《翰林院有土地祠，相傳祀韓昌黎，詩以解嘲》祝德麟評語：一經數典，千卷書都到筆底，此豈寒儉所能。（《甌北詩鈔》「七言古一」）

《汪水雲硯歌》李保泰評語：淋漓頓挫，可與竹垞《玉帶生歌》並傳，而結句更覺健舉。（《甌北詩鈔》「七言古一」）

《途遇大雪》袁枚評語：雋妙乃爾。（《甌北詩鈔》「七言古二」）

《五人墓》袁枚評語：子才此題亦有一首，專以偏師勝。此從大處立論，故是堂堂正正之旗。（《甌北詩鈔》「七言古二」）

《岳忠武墓》李保泰評語：鬱勃頓挫，岳墓詩斷無有出其右者。（《甌北詩鈔》「七言古二」）

《大石佛歌》袁枚評語：每於徵引處賣弄家資，實亦由腹笥便便，故絡繹奔赴。（《甌北詩鈔》「七言古二」）

《鬢華山殺賊歌》祝德麟評語：二詩白描處精神百倍，正如史家敘鉅鹿、昆陽之戰，千載下猶有生氣。（《甌北詩鈔》「七言古二」）

《高麗貢山歌》袁枚評語：奇境待雲崧來開生面。（《甌北詩鈔》「七言古二」）

《元祐黨碑在桂林者今尚存，沈魯堂太守搨一本見示，援筆作歌》李保泰評語：用書不下數十種，毫無補綴痕跡，是其心思筆力鎔鑄之妙。（《甌北詩鈔》「七言古二」）

《李郎曲》袁枚評語：絕世風情。（《甌北詩鈔》「七言古二」）

《柳州》張舟評語：快論。（《甌北詩鈔》「七言古二」）

《關索插槍巖歌》李保泰評語：結句千古名理，一語破的。（《甌北詩鈔》「七言古二」）

《白雲山羅永菴相傳爲明惠帝遯跡之所》張舟評語：議論精覈，筆力謹嚴。（《甌北詩鈔》「七言古二」）

《蟂磯靈澤夫人廟》祝德麟評語：一聲《河滿》，江空月明。（《甌北詩鈔》「七言古二」）

《戲爲疊字體寄邵耐亭》祝德麟評語：偶然遊戲，遂創千古奇格。（《甌北詩鈔》「七言古三」）

《曉僮謠》袁枚評語：李長吉專從不可解處作奇語，人不能學。此卻從可解處作奇語，人亦不能學。兩人才分，未知孰優。（《甌北詩鈔》「七言古三」）

《陳灣山下大銀杏樹歌》袁枚評語：語必驚人，老杜一生秘訣被雲崧看破，故無一語落平。（《甌北詩鈔》「七言古三」）

《西巖齋頭自鳴鐘分體得七古》李保泰評語：功力完足。（《甌北詩鈔》「七言古三」）

《西巖招同沈既堂、王夢樓兩前輩讌集，既堂以臀癬不能坐，長跪終席，戲用西巖語作詩奉粲》袁枚評語：風趣橫生，辨才無礙。（《甌北詩鈔》「七言古三」）

《兩臂風痺復發，自春及秋療治不效，殆將痼疾矣》祝德麟評語：生趣方橫溢，末疾豈能爲累？（《甌北詩鈔》「七言古三」）

《剝皮山》袁枚評語：題奇詩奇，此公故不肯放過。（《甌北詩鈔》「七言古四」）

《題百體壽字》李保泰評語：縷述原本，徵引典核，足見腹笥繁博。（《甌北詩鈔》「七言古五」）

《東坡洗硯池歌》佚名評語：此先生廿二歲所作也。後此池從蔣氏宅移出城外艤舟亭，先生又有詩，皆刻在《甌北集》，今《詩鈔》補刻一首。（《甌北詩鈔》「七言古五」）

《汪文端師歿已數月，每欲一述衷情，卒卒未暇也，輒直樞曹，閒居無事，甫得和淚漬墨，以詩哭之，凡一千字》袁枚評語：君古學多得力於文端，感恩知己，故不覺眞切詳贍。（《甌北詩鈔》「五言律一」）

《愍忠寺石壇相傳唐太宗征高麗回瘞戰骨處》李保泰評語：功力完足，無一懈筆。（《甌北詩鈔》「五言律一」）

《再出古北口》佚名評語：氣格。（《甌北詩鈔》「五言律一」）

《春蠶作繭》張舟評語：試帖中有此神化之句。（《甌北詩鈔》「五言律一」）

《接同年黃翠望書知其以暗疾去官，來主韶州講席，賦答》袁枚評語：
二詩字字切暗疾，雋妙乃爾。（《甌北詩鈔》「五言律二」）

《祭南海廟禮成二十韻》袁枚評語：莊重稱題。（《甌北詩鈔》「五言律二」）

《澪灣曉發》袁枚評語：傑句突過盛唐，誰謂雲崧不講格律也。（《甌北詩
鈔》「五言律二」）

《述菴到常，適袁子才亦至，遂並招蓉畬、緘齋、魯斯讌集寓齋，即事》
李保泰評語：好句欲僊。（《甌北詩鈔》「五言律二」）

《渡太湖登馬蹟山》張舟評語：唐句。（《甌北詩鈔》「五言律二」）

《屛跡》張舟評語：好句天成。（《甌北詩鈔》「五言律二」）

《太湖口守風》佚名評語：雄傑。（《甌北詩鈔》「五言律二」）

《梅花》袁枚評語：古今詠梅詩多矣，工切渾脫，應以此爲第一。（《甌北
詩鈔》「七言律一」）

《淮陰釣臺》李保泰評語：此詩便可作千秋定案。（《甌北詩鈔》「七言律一」）

《土城懷古》（之一）李保泰評語：新警之極。（《甌北詩鈔》「七言律一」）

《哭杭廷宣之訃》（三首之一）佚名評語：沉摯。（《甌北詩鈔》「七言律一」）

《丙子元日早朝即輪值內閣》祝德麟評語：有唐人《早朝》詩遺韻。（《甌
北詩鈔》「七言律一」）

《遊檀柘寺》佚名評語：新絕。（《甌北詩鈔》「七言律一」）

《擬秋獮應制》袁枚評語：氣格逼唐。（《甌北詩鈔》「七言律一」）

《西場觀煙火》袁枚評語：好句天成，難得如此雄傑。（《甌北詩鈔》「七言
律一」）

《移寓椿樹胡同》袁枚評語：三詩情文綿邈，百讀不厭。（《甌北詩鈔》「七
言律一」）

《悼亡》張舟評語：沉痛入骨。（《甌北詩鈔》「七言律一」）

《過文信國祠同舫莽作》祝德麟評語：三詩警切精鍊。（《甌北詩鈔》「七
言律一」）

《大雨倒牆戲筆》袁枚評語：二詩逸態橫生。（《甌北詩鈔》「七言律一」）

《南苑大閱恭紀》張舟評語：高文典策用相如。（《甌北詩鈔》「七言律一」）

《西陽門》袁枚評語：七言傑句，古來以少陵「五更」、「三峽」一聯爲

絕唱，然猶第寫景也。此獨從議論中迸出光燄萬丈，是何等神力！（《甌北詩鈔》「七言律一」）

《秋闈分校即事》袁枚評語：仁人之言。（《甌北詩鈔》「七言律一」）

《九日陶然亭同人小集》祝德麟評語：三四一聯若作亭中楹帖，一字不可易。（《甌北詩鈔》「七言律一」）

《從吳民部寓齋借觀商寶意太守詩集，爲題長句》袁枚評語：熟生巧，的是寶意詩。（《甌北詩鈔》「七言律一」）

《戲詠火判官》（之二）李保泰評語：三四運古入化，世間有此爐錘否？（《甌北詩鈔》「七言律一」）

《漫興》袁枚評語：君自言是年已動歸心，蓋非虛語也。（《甌北詩鈔》「七言律一」）

《友人以〈鄴城懷古〉詩見示，但侈陳魏瓦齊磚，而於歷朝割據建都之跡，殊多掛漏，爲補成八首》袁枚評語：氣力沉雄，聲情激越，雲崧詠古詩，實是千古絕作。（《甌北詩鈔》「七言律一」）

《西湖詠古》袁枚評語：西湖雜事詩多矣，有此雄麗沈鬱否？（《甌北詩鈔》「七言律二」）

《耒陽杜工部墓》李保泰評語：三、四一聯，《天問》、《招魂》無此沉痛。（《甌北詩鈔》「七言律二」）

《蓮花九崟》袁枚評語：峭刻，是雲崧獨開之境。（《甌北詩鈔》「七言律二」）

《白雲庵遇故總兵華珠將赴軍效用》袁枚評語：求工必落纖巧，雲崧詩愈工愈覺沉厚，所以獨步一代。（《甌北詩鈔》「七言律二」）

《春和相公經略來滇，余以故吏仍直幕府，敬呈四律》（之一）佚名評語：通首高華。（之三）祝德麟評語：錢充齋觀察在經略幕下，讀至「多少蒼生」句不覺痛哭。經略命幕僚皆屬和，遂傳遍滇南。情文眞摯，自沁入肌骨也。（《甌北詩鈔》「七言律二」）

《留別經略》張舟評語：精切渾成，筆如鐵鑄，虞伯生謂老吏斷獄手也。（《甌北詩鈔》「七言律二」）

《都勻道中》張舟評語：一幅趙千里關山小景。（《甌北詩鈔》「七言律二」）

《碧雲觀》佚名評語：幽澹中出警句，大奇。（《甌北詩鈔》「七言律二」）

《施秉縣》張舟評語：奇絕，警絕。（《甌北詩鈔》「七言律二」）

《赤壁》袁枚評語：此題絕唱。（《甌北詩鈔》「七言律二」）

《金川門懷古》李保泰評語：使事精切，難得如此工整。(《甌北詩鈔》「七言律二」)

《歸田即事》(之一)張舟評語：千古名句。(《甌北詩鈔》「七言律三」)

《哭璞函之訃》祝德麟評語：痛絕。(《甌北詩鈔》「七言律三」)

《和友人落花詩》(之四)佚名評語：新絕。(《甌北詩鈔》「七言律三」)

《小倉山房集中有詠物九首，戲用其韻》李保泰評語：諸作與原倡可稱勁敵。(《甌北詩鈔》「七言律三」)

《贈莊似撰》張舟評語：千古同歎。(《甌北詩鈔》「七言律三」)

《答友》佚名評語：名句。(《甌北詩鈔》「七言律三」)

《刊刻汪文端師集既就，兒輩勸以拙集付梓，勉徇其請，書以誌愧》袁枚評語：甘苦自喻。(《甌北詩鈔》「七言律三」)

《王述菴從軍滇蜀，凱旋後超擢廷尉。茲乞假歸葬，事畢還朝，道經毗陵，停舟話舊，賦贈》祝德麟評語：三四一聯精切工雅，傳誦京師，不虛也。(《甌北詩鈔》「七言律三」)

《大學士雲巖阿公平金川後，治河豫省事畢，趨赴行在，道經淮城，相見話舊，敬呈》李保泰評語：甘苦共嘗，故不覺其言之親切。(《甌北詩鈔》「七言律三」)

《渡江》張舟評語：「潮定」一聯新絕。(《甌北詩鈔》「七言律三」)

《晚泊京口》袁枚評語：通首雄渾。(《甌北詩鈔》「七言律三」)

《村舍即事》(之四)張舟評語：結句風趣獨絕。(《甌北詩鈔》「七言律三」)

《途次先寄京師諸故人》(之四)袁枚評語：「身老」句可移贈子才。(《甌北詩鈔》「七言律三」)

《將至臺莊，忽兩臂頓患風痺，客中無醫，徹夜酸痛，回舟歸里，感成三律，情見乎辭》(之二)張舟評語：警絕。(《甌北詩鈔》「七言律三」)

《養疾未愈書感》(之二)佚名評語：蒼涼。(《甌北詩鈔》「七言律三」)

《題吳梅村集》李保泰評語：梅村得此可以無憾矣。(《甌北詩鈔》「七言律四」)

卷五　序　跋

汪由敦

　　【趙雲崧甌北初集序】余主庚午京闈，得一五經卷，才氣超軼，兼數人之長。二場所擬詔誥，復極典雅，心知爲才士，亟取入解額。及榜發，則陽湖趙生雲崧也。謁見時布衣徒步，英氣逼人，目光爛爛如岩下電。叩其所學，自秦漢以來詩、古文源流，已皆窺涉津奧，遂延課兩兒子。余筆墨塡委時，間亦屬具草。初猶逞跅弛才，不就繩檢，繼乃益肆力於古。嘗見其閱前人集，一過輒不復省視，然其中眞氣息、眞境地，已無不洞燭底蘊，間出一語評騭，輒如鐵鑄，覆按之，卒無以易也。以是所見愈擴，每數日輒獲一進境，昔人所云「三日刮目」，殆無以過之。已而官中書舍人，入直樞要，詔命奏箚，援筆立就，無不中竅會。余深倚其伙助。然生不自以爲能，退直之下，益沉思旁訊，以古作者自期。嘗一月中作古文三十餘篇，篇各仿一家，示余，余爲指其派系所自，生輒以爲不謬，每相視而笑。計自庚午多客余邸，至今七八年，其所進，有他人數十年功力所不能及者。余所閱天下士多矣，若其心悟神解、舍筏登岸，則未有如生之捷且易者也。茲裒輯其數年所作詩爲《甌北初集》，乞余弁其簡首。昔歐陽公一見蘇子瞻，即許以出一頭地。度其時坡公所挾，不過如今所傳《初發嘉州》諸什，非有後來奇恣橫絕之觀，然已傾倒若是。蓋珠光劍氣，一見自有不能掩者。生以數年，即足勝人數十年功力，英年茁發，來日方長，勿輕其勤，勿滿其志，吾安能測其所至哉！余屛劣，豈敢以盧陵自命？而生之取益多師，累進益上，則正未可限。他日才益老，學益厚，萬斛之泉不擇地湧出，行將卓然成不朽業，如陳後山所云「一代蘇長公，四海名不已」者。此集猶特其《初發嘉州》時也。乾隆二十二年丁丑

二月，通家生休寧汪由敦撰。（《松泉集》卷九，《文淵閣四庫全書》本）

袁枚

　　【趙雲松甌北集序】晉溫嶠恥居第二流，而雲松觀察獨自負第三人，意謂探花辛巳，而於詩則推伏余與蔣心餘二人故也。夫以雲松之才之高，而謙抑若是，疑是譎語，不足信。今年以《甌北集》來索序，擷之，衹心餘數行，而他賢不與焉。然後知雲松於余果有偏嗜耶？抑其詩別有獨詣之境，己不能言，他人不能言，必假余與心餘代為之言耶？嘻！余與心餘之詩之所以然，俱不能自言也，又烏能言雲松哉？然去春過南昌，心餘病，握余手，誰誶詩序，一如雲松。擷卷首，一序並無。然後知此二人者，交滿海內，而孤睞隻視，惟余是好。然則余雖衰，殆不許其嘿嘿然，竟以不言已也。今夫越女之論劍術曰：「妾非受於人也，而忽自有之。」夫自有之者，非人與之，天與之也。天之所與，豈獨越女哉！以射與羿，弈與秋，聰與師曠，巧與公輸，勇與賁、育，美與西施、宋朝。之數人者，俱不能自言其所以異於眾也。而眾之人，方且彎弓、鬥棋、審音、習斤、學手搏、施朱粉，窮日夜追之，終不克肖此數人於萬一者，何也？雲松之於詩，目之所寓即書矣，心之所之即錄矣，筆舌之所到即奮矣，稗史、方言、龜經、鼠序之所載，即闌入矣。李衛尉之營陣，隨處可置也；熊宜僚之丸，信手可弄也。而忽正忽奇，忽莊忽俳，忽沉鷙，忽縱逸，忽叩虛而逞臆，忽數典而鬥靡。讀者遊心駭目，磈磈然不可見町畦。或且規唐摹宋，千力萬氣以與之角，卒之騏驥追日，未暮而日已在其前。所以然者，又何也？嗚呼！此皆羿與秋、師曠、公輸、賁、育、西施、宋朝之所不能言，而惟越女能言之者也。余之為雲松言者，亦止此而已矣。或謂雲松從征西滇，官海南、黔中，得江山助，故能以詩豪。余謂不然。世之行萬里，歷險艱者，或十倍焉，而無加於詩如故也。或惜雲松詩雖工，不合唐格，余尤謂不然。夫詩寧有定格哉？《國風》之格，不同乎《雅》、《頌》；皋、禹之歌，不同乎《三百篇》；漢、魏、六朝之詩，不同乎三唐。談格者將奚從？善乎楊誠齋之言曰：「格調是空間架，拙人最易藉口。」周櫟園之言曰：「吾非不能為何、李格調以悅世也。但多一分格調者，必損一分性情，故不為也。」玩此二公之言，益信雲松之所以長處，余不能言；雲松之所以短處，余轉能言之。此即雲松之所以謝卻他人，而必亟亟焉以詩序見屬之本意也。（袁枚：《小倉山房詩文集》，周本淳標校，上海古籍出版社1988年版，第1755～1757頁）

盧文弨

　　【皇朝武功紀盛序】本朝用師之盛，如疾雷之破山，驚風之卷籜，當之者無不糜碎殲滅。曠古以來，罕有倫比。世祖定鼎之初，蕩流寇而除小腆，出斯民水火之中，登之袵席之上。雖草野傳述不詳，猶可於《明史》中得窺見一二崖略焉。聖祖、世宗咸以英明神武之姿，端拱指揮，凡叛逆者，罔有不誅；侵犯者，罔有不創。傳至我皇，綏靖海內，益務休養，本未嘗有開邊拓境、觀兵耀武之意。而乃有蠢然自外於王化者，誠不得已而應之。紀律明，賞罰必，發蹤指使，人百其勇，所至率冰解的破。覿揚之烈，實並美於列聖焉。自來武功告成，咸有方略紀載，而郡國人士，多願見而不可得。今皇上頒發《四庫全書》於江浙，許學者得以縱覽，而方略亦在其中。欲知昭代武功之盛，幸於此得見其全，而不致惑於傳聞之誤。顧卷裒浩繁，逾旬朔閱之，猶未能徧也。陽湖趙觀察雲崧，夙具史才，起家中書舍人，入直軍機房，旋以高第登館閣。緬甸之役，奉命赴滇，參軍中幕畫。既又歷歷封疆。解官後，大臣之剿臺灣者，猶強挽之與俱。其素來既博徵典故，隨事紀載，而近事尤親得之見聞。頃來掌教揚州，《四庫全書》之頒也，其郡當謹藏於行宮內之文匯閣，一切整齊次比，實與其事。故自聖祖之平定三逆以暨今上臺灣之役，凡夫歲年月日，以及山川道里，與夫在事諸臣之功過，得所徵信，一一皆有據依。於是以四卷之書括之，其事則詳，其文則約，其顛末曲折，無不朗若列眉，使人一見之而驚歎神謨妙算，為黃帝以來所未有。向者見群臣所上賦頌，雖皆揚厲偉烈豐功之盛，究未若斯編為能洞悉事之原委，因得仰窺列聖之明睿果斷、智炳幾先而神周萬里者，一一彪炳於楮墨閒，若揭日月而行，誠足以昭示無極也。夫善敘事者，莫過於馬班，要在舉其綱領，而於糾紛蟠錯之處，自無不條理秩如。今是編也，馭繁以簡，舉重若輕，深得《史》、《漢》之義法。而尤有不可及者，其於兵勢地形之利害，言之悉中窾要，是不獨史才，且將才也。徒弄三寸毛錐子者，能如是乎？至若緬逆之難，明將軍瑞盡節而死，人知之，而其功則未有言之者。得是編為表章，明將軍不死矣。異日修國史者，其必考信於是。（《抱經堂文集》卷四，清乾隆六十年刻本）

金兆燕

　　【趙甌北詩集序】古人謂：胸中有萬卷書，足下行萬里路，然後可以下筆為文。是二者，一可以自己為之，一不得自己為之者也。窮約之士，有志

讀書，懷餅就抄，坐肆借閱，無所不可至；欲千里裹糧，則力絀矣，且俍俍安所之乎？故「四牡皇華」，大抵非北門詩人所能賦也。甌北先生於書無所不讀，徵引故實，如數家珍，溝猶瞀儒讀之，舌撟而不能下。扈蹕長楊，北逾邊塞；從軍洱海，南越滇黔。擁麾百粵之地，叱馭五嶺之鄉，沉在行間，謀參機要。凡夫山川、阨塞、林箐、險阻，氣候寒燠之殊，風俗剛柔之別，靡不見諸吟詠，大放厥詞。萬卷之書既足以供其驅遣，而耳目未歷之境，雲詭波譎，又足以震疊而張皇之。然則天之所以昌其身而昌其詩者，豈人之所能望，而亦豈先生之所能自主者乎？昔宗炳晚歲，張名山之圖而臥遊之；今先生悅志林泉，遊屐不出數百里外，手此一編，時自省覽，即以爲臥遊之圖可也。後世子雲未易可得，千家注杜，百家注蘇，是所望於來者矣。（《棕亭古文鈔》卷五，清道光十六年贈雲軒刻本）

王鳴盛

【甌北詩鈔序】曩庚辰，與耘菘訂交塞山行幄中，握手談藝甚歡。明年，耘菘第三人及第，領史職，公私事冗，不得恒會合。比予奉諱南歸，別已二紀矣。耘菘則從詞垣特簡爲廣西鎮安郡守。會大軍征緬甸，又奉命從大將軍果毅阿公出邊。及回任，調守廣東之廣州府，又擢貴州貴西道觀察。歸田以來，編刻所爲詩約二千篇寄予序之。予雒誦一周，其在朝之作，所交之友皆吾友，所歷之境皆吾境，予語所不能道者，耘菘若代吾道之。老病局縮鄉里，顧瞻玉堂，如在天上，今乃舊遊歷歷，影現心目，省憶生平，欣然以喜。其出塞之作，境奇詩益奇，皆人耳所未聞，目所未睹，恍挾我之尻輪神馬，而翱翔乎萬里之外。快矣哉！鄙吝爲之頓消，而神智爲之頓擴也。吁！詩之道大矣，非才與境相遭，則無以發之。耘菘之才俊而雄，明秀而沉厚，所得於天者高，又佐以學問，故言之短長與聲之高下皆宜。略言之，不見其促；繁言之，不見其碎；淺言之，不見其輕浮；深言之，不見其鬱悶。當其得意，如關河放溜，瞬息無聲；又如太阿出匣，寒鋩百道。茲非其才爲之與？而不知其妙緒獨抽，排粗入細，正多膩旨妍思，溢乎文句之外，而未嘗徒以馳騁爲能事也。且耘菘之境，則又異甚。夫在廊廟臺閣，則有應奉經進、頌禱密勿之詩；在軍旅封圻，則有贈酬告諭、紀述揚厲之詩；在山林田野，則有言情詠物、閒適光景之詩。茲數境者，人鮮克兼之，若耘菘既兼之矣。承恩優渥，敫歷中外，出處兩得，有境以助其才，有才以寫其境，而耘菘之詩出焉，

能不爲近詩一大宗哉！予胸臆結約，固無奇也。投老一壑，泥水自蔽，日以頹惰，爲之曳叟卻走，退舍避之矣。若夫水邊林下，扶杖逍遙，與耕夫漁夫，歌詠太平，此予近年所得也。而今此境則又爲耘菘所兼，予又何能測耘菘之所至耶！乾隆乙巳夏，同學弟王鳴盛西莊氏拜譔。（《甌北集》下冊「附錄三・序跋」，上海古籍出版社 1997 年版，第 1441～1442 頁）

蔣士銓

【甌北集序】吾友趙甌北觀察自黔中解官歸，閒居奉母，以其暇衷輯平生所爲詩約二千首，將付梓，郵寄示余，屬爲其序。嗚呼！君可傳者不止此，而天下後世苟資其言尚論，捨是亦無以相見。君少負逸才，年二十餘，以諸生入京師，聲籍甚。旋舉京兆，官中書舍人，入直樞要，進奏文字多出君手。每歲秋扈從出塞，戎帳中無几案，君伏地起草，頃刻千百言不加點。辛巳第三人及第，入翰林，名益爆。丐詩文者戶屨恒滿，君濡墨伸紙，無不滿其意而去。如李衛公行雨，手中一滴，平地一尺。又如左元放斗酒束脯，萬人皆得周足，而器中酒脯自如。世咸以此服君。然君瘠而木強，雖以才爲諸鉅公所欽慕，而杜門一編，翛然自遠，其於榮利，泊如也。既而出守鎮安，調廣州，擢貴西道，所至絕苞苴，勤撫字，能不負所學。中間嘗奉命赴滇，在征南幕下參軍事，短衣匹馬，出入蠻煙瘴雨中，帷幄借籌，多所贊畫。事竣回任，口不言勞。及以讞獄事罣吏議，天子稔君才，特命引見。而君母太恭人春秋高，乞假歸里，修潔白之養，今且五六年，不汲汲於仕進。統君生平出處，蓋庶幾不愧爲完人，此豈僅僅以詩文自表見者哉！然君詩則自出都後益工。蓋天才踔厲，其所固然，而又得江山戎馬之助，以發抒其奇。當夫乘軺問俗，停鞭覽古，興酣落筆，百怪奔集，故雄麗奇恣，不可逼視，雖欲不傳，不可得也。余與君相識在甲戌會試風簷中，已而同官中書，先後入詞館。九衢人海，車馬喧闐，吾兩人時復破屋一燈，殘更相對，都無通塞升沉之想。今握別十餘年，而大集之序，不以他屬而以屬余，蓋以酸鹹之嗜，兩人有同味焉。關河迢阻，良晤爲難，何日更得剪韭細論，開口而一笑也。時乾隆四十二年丁酉二月，同年弟鉛山蔣士銓拜撰。

（《甌北集》下冊「附錄三・序跋」，上海古籍出版社 1997 年版，第 1438～1439 頁）

錢大昕

【甌北集序】昔嚴滄浪之論詩，謂「詩有別材，非關乎學。詩有別趣，匪關乎理」。而秀水朱氏譏之云：「詩篇雖小技，其原本經史。必也萬卷儲，

始足供驅使。」二家之論，幾乎柄鑿不相入。予謂皆知其一而未知其二者也。滄浪比詩於禪，沾沾於流派，較其異同，詩家門戶之別，實啓於此。究其所謂「別材」、「別趣」者，祇是依牆傍壁，初非眞性情所寓，而轉蹈於空疏不學之習，一篇一聯，時復斐然，及取其全集讀之，則索然盡矣。秀水謂「詩必原本經史」，固合於子美「讀書萬卷，下筆有神」之旨，然使無眞材逸趣以驅使之，則藻采雖繁，臭味不屬，又何以解祭魚、點鬼、疥駱駝、掉書袋之誚乎？夫唯有絕人之才，有過人之趣，有兼人之學，乃能奄有古人之長，而不襲古人之貌，然後可以卓然自成爲一大家。今於耘菘先生見之矣。耘菘天才超特，於書無所不窺，而尤好吟詠。早年登薇垣，直樞禁，遊翰苑，應制賡和，頃刻數千言，當寧已有才子之目。及乎出守邊郡，從軍滇檄，觀察黔西，簿書填委，日不暇給，而所作益奇而工。歸田十數年，模山範水、感舊懷人之詞，又日出而未有艾也。最耘菘所涉之境，凡三變，而每涉一境，即有一境之詩以副之。如化工之賦艸木，千名萬狀，雖寒暑異候，南北殊方，枝葉無一相肖，要無一枝一葉不栩栩然含生趣者。此所以非漢魏、非齊梁、非唐、非宋，而獨成爲耘菘之詩也。或者以耘菘老於文學，在京朝，循資平進即可升秩槐棘；且在方面有循良聲，不久當膺開府之寄。乃退而以詩自明，疑若未展所抱者。予謂古人論「三不朽」，以「立言」居「立功」之次，然功之立，必馮藉乎外來之富貴；無所藉而自立者，德之外唯言耳。姚、宋、郭、李諸公，非身都將相，則一田舍翁耳。吾未見「言」之次於「功」也。「書有一卷傳，亦抵公卿貴」，耘菘嘗自道之矣。知難而退，從吾所好，耘菘蓋自知其材其趣其學之足傳，而不欲兼取，以託於老子之「知止」焉耳。試質之耘菘，其以吾言爲然乎否？詩必書卷興趣兼到，最爲篤論，然雲松詩得失，又別有在。予論之詳矣，茲不贅。（《潛研堂文集》卷二十六，清嘉慶十一年刻本）

【廿二史箚記序】甌北先生早登館閣，出入承明，碩學淹貫，通達古今，當時咸以公輔期之。既而出守粤徼，分臬黔南，從軍瘴癘之鄉，布化苗、瑤之域，盤根錯節，遊刃有餘。中年以後，循陔歸養，引疾辭榮，優遊山水間，以著書自樂。所撰《甌北詩集》、《陔餘叢考》，久已傳播士林，紙貴都市矣。今春訪予吳門，復出近刻《廿二史箚記》三十有六卷見示。讀之竊歎其記誦之博，義例之精，論議之和平，識見之宏遠，洵儒者有體有用之學，可坐而言，可起而行者也。乃讀其自序，有「質鈍不能研經，唯諸史事顯而義淺，爰取爲日課」之語，其撝謙自下如此。雖然，經與史豈有二學哉？昔宣尼贊

修六經，而《尚書》、《春秋》實爲史家之權輿。漢世劉向父子校理秘文爲《六略》，而《世本》、《楚漢春秋》、《太史公書》、《漢著紀》列於春秋家，《高祖傳》、《孝文傳》列於儒家，初無經史之別。厥後蘭臺、東觀，作者益繁，李充、荀勗等創立四部，而經史始分，然不聞陋史而榮經也。自王安石以倡狂詭誕之學要君竊位，自造《三經新義》，驅海內而誦習之，甚至詆《春秋》爲斷爛朝報。章、蔡用事，祖述荊舒，屏棄《通鑒》爲元祐學術，而十七史皆束之高閣矣。嗣是道學諸儒講求心性，慮門弟子之氾濫無所歸也，則有訶讀史爲玩物喪志者，又有謂讀史令人心粗者。此特有爲言之，而空疏淺薄者託以藉口，由是說經者日多，治史者日少。彼之言曰，經精而史粗也，經正而史雜也。予謂經以明倫，虛靈玄妙之論，似精實非精也。經以致用，迂闊刻深之談，似正實非正也。太史公尊孔子爲世家，謂：「載籍極博，必考信於六藝」；班氏《古今人表》尊孔、孟而降老、莊，皆卓然有功於聖學，故其文與六經並傳而不愧。若元、明言經者，非剿襲稗販，則師心妄作，即幸而廁名甲部，亦徒供後人覆瓿而已，奚足尚哉！先生上下數千年，安危治忽之幾，燭照數計，而持論斟酌時勢，不蹈襲前人，亦不有心立異，於諸史審訂曲直，不揜其失，而亦樂道其長，視鄭漁仲、胡明仲專以詬罵炫世者，心地且遠過之。又謂稗乘肔說間與正史歧互者，本史官棄而不採，今或據以駁正史，恐爲有識所譏，此論古特識，顏師古以後未有能見及此者矣。予生平嗜好與先生同，又少於先生二歲，而衰病久輟鉛槧，索然意盡。讀先生書，或冀涊然汗出而霍然病已也乎。嘉慶五年，歲次庚申，六月十日，嘉定錢大昕序。（王樹民校證：《廿二史劄記校證》，中華書局 1984 年版，第 885～886 頁）

吳省欽

【甌北詩集序】成詩易，成家難；成名家易，大家難。一篇、一聯、一語之傳，流播人口，有發篋而視之者，漸然盡矣。小集、中集、總集之傳，抄撮人手，有奪幟而樹之者，退然沮矣。有如海之才，而又深之以學，讀萬卷，行萬里，耳目睹記之所及，心思智計議論之所發皇，推倒開拓，惟我所向。一編既出，使人不名我以家而不得，亟名我以家而不得，而家於是乎成，成於是乎大。陽湖趙君雲崧，爲予館閣前輩，壇坫所至，辟易萬夫。間闊以來，兩更歲甲，其間江山之涉歷，風土之揚搉，士馬芻糧之諏議，與夫量移、遷擢、諗養、歸棲之跡，一一發之於詩。因合向所爲詩曰《甌北集》者，刻

成示予，而徵序至再。予以君有「老年不向人求序」之句也，又以松泉少師序之二十九年以前，心餘編修序之九年之前，既傾倒推挹，而無可以贅說也，姑以其名集之議測之。或曰：交阯，周駱越，秦時曰「西甌」。或曰：今珠厓、儋耳，古謂之甌人。君以領郡兩粵間，勞心撫字，不忍忘其地。或曰：古卜相故事，書姓名覆之金甌而探之，君早直機庭，嫻內制，既入翰林，天子稔其名姓，俾守鎮安，贊定邊將軍永昌幕府，調廣州，擢貴西道，故雖以疾告而不敢忘其用。予曰：唯唯。否否。君智計如鴟夷，談吐如滑稽，其以名集，猶之缶鳴甌甄洞，而甌北則猶之硯北也。甌之材，征諸土，候諸火。其以為深盌者，從《方言》：「陳、魏、宋、楚之間謂之甄，自關而西謂之甌，其大者謂之甌也」；其以為小盆者，從《方言》：「䓣甄謂之盎，其小者謂之升甌也」。甌於缶為大，而許叔重專以容升之甌當之，猶《爾雅》「甌瓿謂之瓵」注：「瓿甄，小罌；長沙謂之瓵。」不知瓿甄固部婁之轉，而甌從區，區實四豆，豆實四升，不得概以謂小。若甒，若罌，若瓶，雖屬缶而亦冶金為之。在埴之土，惟陶者之所甄；在熔之金，惟冶者之所鑄。君之為詩，各隨乎濃淡、奇正、短長、高下之宜，而有以極其致。屈步之蟲、漫畫之鳥，予方內愧而不敢以報焉，然予不能有大家之才之學，而心易夫名家。讀近時諸家詩，如君者，不一二數矣。茗香酒熟，手是編而細論之，君其不以予為甌脫而棄之也夫！（《白華後稿》卷九，清嘉慶十五年刻本）

張舟

　　【甌北詩鈔跋】己卯歲，別雲崧先生於都門，忽忽三十餘年。今來相晤揚州，得盡讀先生所刻《甌北詩集》三十三卷。奇思壯采，驚心動魄，無一意不創，無一語不新，信古來未闢之詩境也。而先生以卷帙繁多，屬余料簡。余惟先生詩引人入勝，讀者方恐其不多，奚事過為刪節？惟斯集乃隨年編次，古今體散佈於卷帙中，長短篇參差錯出，尚難使各體精神一一顯露，不如分體刻之，則一體有一體之功力，承學之士得易識指歸。且交遊中如袁簡齋明府、祝芷堂侍御、李薔生郡博，皆於斯集有深嗜，加以評點，語極精當，應並刻之，以誌一時詩文交契之雅，兼令讀者益醒眉目也。先生欣然諾之，遂命余與校訂之役。刪存舊刻十之五六，分體重編，名曰《甌北詩鈔》，並載諸君子評語，而鄙見謬商之處，亦附一二焉。刻既成，謹誌其顛末。鉛山張舟廉船謹跋。（《趙翼全集》第四冊，曹光甫校點，鳳凰出版社2009年版，第18頁）

翁方綱

　　【甌北詩集序】語曰：「心之精微，口不能言也，豈以時易過而境不留耶？」吾嘗疑之矣。白傅之於元相也，格調既合，功力亦相埒，而其言曰「伐石者觀劖跡，發矢者聽弦聲」。兩公之心力，必有常至微眇而不易以告人者矣。歲己卯、庚辰間，予與耘菘鄰居寄園舊址，日夕過從譚藝。癸未春，同校藝禮闈，夜聞君吟嘯聲，與諸桐嶼聯句至百韻，達旦相示，才氣橫溢，辟易萬夫。比出闈旬日，耳側猶作硏訇砑砉聲，欲出一二語以舉似之，而竟未得閒。後八年，予視粵東學政，而耘菘守廣州。辛卯秋，遷貴州兵備道。將受代，未行，一日獨與畫師吳水雲買小舟探羅浮、華首、沖虛諸勝。予時試諸郡畢，日坐使廨藥洲上，想君詩思肋肋，在海天雲石之外，亦欲於贈行時題記數語，又未得遂也。今耘菘之詩裒然成帙，既登於梓者二十七卷，郵寄示予，且屬以一言。君方掌教邗江，而予於二千里外，披誦前後諸什，坐臥不能去，宜有以發揮集中之所得矣。然旬日以來，把卷馳溯，如見君雙眸射人、搖膝撚髭於煙月間，而其詩境硉兀奇宕，音在空外，吾安得執一解以印定之？豈得以時與境不相值焉辭，又豈得以良工藏璞之秘自擬乎？他日晤耘菘，對案伸紙，必有所以相質者矣。（《復初齋文集》卷四，清李彥章校刻本）

祝德麟

　　【甌北詩鈔序】房師趙雲菘先生，刻向者所爲詩二十四卷成，名曰《甌北集》，於己亥春郵示。越三年，又益以近槁三卷，命德麟事校讎之役。竊惟先生生平所歷，當其直樞要，遊翰林，致身清華，虜颺盛際，以及謐養歸棲，絜膳之暇，歌詠太平，其詩之工且多，宜也。若夫出守兩粵，備兵黔中，從軍滇徼，簿書填委，戎馬倥傯，而亦不廢詩，若寢饋之於人，有一日不可離者。嗚呼！可謂好之篤，爲之專矣。既三復卒業，客有過余而論先生之詩。余告之曰：「先生之詩，茂矣美矣，廣矣大矣。夫其鎔鑄訓典，翔集子史，原本山川，極命草木，先生之閎也；毛嬙西施，去之鉛黛，名葩異萼，助之月露，先生之麗也；論世知人，雕繪萬象，依經立義，折服五鹿，先生之辨也；司契因心，鍊剛繞指，彎弓不廢，惜墨如金，先生之謹也；其志廉以潔，其辭安以舒，其風骨藻耀而高翔，其神采綺交而脈注。今之作者，蓋莫之或及也。」客曰：「今之作者如何？」余曰：「方今矢詩遝歌，雅材輩出，人人握靈蛇之珠，家家抱荊山之璞。然其弊有二：一在好奇，一在鬭靡。好奇者，

索隱行怪，往蹇來連，妃豨膠吻，腐鼠嚇雛，則失之愚也；鬬靡者，飣言餂韻，假寵乞靈，樹蘭不芳，刻木無氣，則失之僞也。先生之詩，有一於是哉！」客曰：「子得毋獻諛師門乎？夫連城之璧，或指微瑕；千里之駒，亦聞蹶足。甌北之詩，傳則必傳矣，而亦不無可議者，子何揚榷之甚也！」余請其說。客曰：「甌北之詩，好見才。」余曰：「韶濩之樂，不以孤籟成均；富貴之花，不以單跗耀采。先生非好爲馳騁也，博乎文而已。」客曰：「甌北之詩，好論駁。」余曰：「孟子之言：『書盡信，不如無書。』莊生之論：『以指喻，不若非指。』先生非好爲攻擊也，主乎理而已。」客曰：「甌北之詩，好詼笑。」余曰：「左氏作傳，不盡莊言；東方載牘，善於諧謔。先生非好爲嘲弄也，涉乎趣而已。」客曰：「是則然矣。然甌北之詩，雖沿溯乎漢、魏、六朝、三唐，而其得力，則似專在宋人焉。」余曰：「若子之言，是眞非能知先生者。夫詩本性情，不尙流派。學宋人詩者，大率多纖縟滑利之習，粗厲噍殺之音，其於三百篇溫柔敦厚之旨，或遠焉。今先生之詩具在，子試取而讀之。館閣諸什，非《卷阿》之矢音乎？軍旅諸什，非新田之起興乎？貴西諸什，非《四牡》之懷歸乎？歸田諸什，非《衡門》之樂饑乎？至於風雨以思君子，伐木以求友聲，鶴和以納規誨，原本《三百篇》，出其和平大雅於群音繁會之日，不斤斤求合古人而自無不合，且有超古人之意表者，何必漢、魏、六朝、三唐？又何必不漢、魏、六朝、三唐也？」客始不能對，逡巡辟席曰：「微子之言，無以開鄙人之惑。某雖不敏，願終身而事之。」客既退，敬書所論列者，跋於先生集之後。乾隆乙巳秋八月既望，受業祝德麟謹序。（《趙翼全集》第四冊，曹光甫校點，鳳凰出版社 2009 年版，第 14～15 頁）

李保泰

【廿二史劄記序】經者治之理，史者治之跡。三代以上明於理，而經立；三代以下詳於跡，而史興。世愈積，事愈多，其於天下之情變，古今之得失，蓋有不可枚舉者矣。立乎今日，以溯古人，遼闊數千年，世盡狃於目前之近，沿流既遠，前後迥判，不特封建井田之制爲夐乎其不可返也。昔三代忠、質、文之運，遞相救也，亦遞相因，往往有此一代之所趨，而前代已啓其端；有彼一代之所開，而後代遂衍其緒。世第紛然交眩於成敗廢興之跡，回惶變易，而卒不得其所以致之者。後之讀史者，排比事類，商榷倫物，不過取一人一事而予奪之、毀譽之，蓋皆未離乎經生之見也。陽湖趙甌北先生，以經世之

才，具冠古之識，自太史出守，擢觀察，甫中歲即乞養歸，優遊林下者將三十年，無日不以著書爲事，輯《廿二史劄記》三十六卷。方先生屬稿時，每得與聞緒論，及今始潰於成，竊獲從編校之役，反覆卒讀之。嗟夫！自士大夫沉涸於舉業，局促於簿書，依違於格令，遇國家有大措置，民生有大興建，茫然不識其沿革之由、利病之故，與夫維持補救之方。雖使能辨黃初之僞年，收蘭臺之墜簡，於以稱博雅、備故實可矣，烏足以當經世之大業哉？然則使先生翶翔木天，徑簉青雲，以備經筵之啓沃，必能援古證今，指陳貫串；否則敭歷外臺，建牙仗節，斟酌時宜，折衷往昔，其所裨於斯世者不少，而惜乎其僅託之此書以傳也。昔趙中令自謂以《論語》一部理天下，夫中令則何能，然讀是書而有會焉，洵乎其得史學之大且重者，舉而措之，天下無難也。世嘗謂宰相須用讀書人，豈不諒哉！爰承先生之督序，而謹述之如此。嘉慶五年五月，寶山後學李保泰拜書。（王昶輯《湖海文傳》卷二十五「序」，清道光十七年經訓堂刻本）

　　【甌北詩鈔跋】雲崧先生既刻其《甌北集》三十三卷成，海內爭先快睹，既不脛而走矣。門下承學士，復請先生之詩之論定於當世者並剞劂之，以標向往指示之準。先生重違多士意，裒集編次，得全集十之五，而分體錄之，並命保泰繫以言。保泰學殖淺陋，不足知先生之深。而一時巨公長者揚扢先生之詩弁諸集端者，推挹先生之才之學甚備，保泰何足爲先生言？然先生先後主安定講席數年，保泰得晨夕過從，從容談藝，與聞揚扢之旨，因以窺先生之用心，不直進古人不止也。今夫大輅之不復爲椎輪也，膏粱酒醴之不復茹毛飲血也，上棟下宇之不復穴處也，夫人知之矣。天地之運，積而不窮；風氣之新，推而日出。試以三百篇律漢、魏，則漢、魏異矣。又以漢、魏、六朝律唐、宋作者，則唐、宋又異矣。日月終古，光景常新，新之一言，亦文章氣運之不得不然者也。優孟之似叔敖，虎賁之似中郎，叔敖、中郎卒不可得，使天下相率而爲優孟、虎賁之續，豈待五尺童子而後識其非哉！歷觀前代詩，其卓然能名一家者，莫不各有精神貫注，而面目各不相襲。先生綜括源流，默識神理，大指在自出新意，不斤斤於格調，正如李伯時畫馬，所謂天閑萬廄，皆吾師也，而實無一字蹈襲。嘗有論詩三言曰：句中有意，句外有氣，句後有味。亦可知先生詩之所自矣。分體成集，屢見前代，王、李諸家，類各爲體，體自爲卷。如牆而進，層見迭出，不回易於耳目之前，而其中得失醇疵，毫不能掩，則又有因難見巧者。集中七律尤多，是編持擇特嚴。心之精微，口不能言也。讀者合《甌北全

集》觀之，知先生精心孤詣，直躋古作者堂奧。白太傅老嫗能解，蘇長公嬉笑
怒罵，當別得之牝牡驪黃外，而於世之譽先生與議先生者，均無與也。然非眞
能讀先生詩者，又鮮不以爲貢諛也夫？乾隆五十六年歲次辛亥，四月望後三日，
寶山後學李保泰拜跋。(《趙翼全集》第四冊，曹光甫校點，鳳凰出版社 2009 年版，第
16～17 頁)

吳錫麒

　　【趙雲崧前輩陔餘叢考序】夫良弓九合，斯稱鉅黍之名；大樂六成，乃著
總干之象。故蘇世之學，兼蓄乎支渠；載道之文，不局於矩步。履豨削鐻，能
助方聞；考縷剡麻，胥歸淳制。用以盧车往載，被飾前謨，聚大魁而爲笙，結
春芳而崇佩。若雲崧先生者，其今世之深寧叟乎？先生味道之腴，食古而化，
三長兼擅乎史氏，九能可以爲大夫。凡夫斗簡觚編，龜枚鳥卜，天儀軌象，地
節堪輿，《凡將》、《元尙》之篇，乘方割圓之術，以及《青囊》之秘策，黃石之
內書，莫不星宿森羅，雲霞亂費，同撐腹笥，妙決言泉。東王投千二百驍，但
聞天笑；侍中奪五十餘席，誰及瀾翻？於是奏罷《長楊》，便隨《羽獵》；吟餘
紅藥，更上蓬萊。坐第七車，承玉音之問答；給尙方箚，作官樣之文章。豈不
論可粲花，口將吐鳳？而乃一麾出守，數載從軍，參上將之韜鈐，騁書生之筆
舌。斯時也，大旗日落，萬馬無聲；古塞雲屯，荒燐四起。盾鼻磨墨，弩牙發
機，胸羅破陣之圖，翰灑洗兵之雨。直欲曲鳴枹鼓，碑借崑崙；固未暇覘縷陳
編，鑽研舊業，密爾自娛於斯文也。士各有志，水亦知歸；乍釋戎容，遽懷初
服。雖福星一道，冀慰蒼生；而壽母七旬，敢違白首？鱸魚有味，萱草忘憂；
岫幌依然，椷書無恙。爰於愛日之暇，彌勵惜陰之心。七層支白傅之陶瓶，十
手佐蘇公之筆錄。源通河漢，環流太極之泉；藥合刀圭，高築軒光之竈。郵能
考異，契乃參同，萌柢百家，喉衿群籍。成《叢考》四十三卷。標以「陔餘」，
紀實也。今夫土夫木伯，俗見易營，而守經者非之；《折楊》、《皇華》，里耳傾
聽，而審音者笑之。自《志》別九流，書沿五體，語焉莫知所本，述者但撮其
文。遂至朱紫相淆，焉烏失據。黃車使者，小說託於《虞初》；白水眞人，部居
失乎《漢紀》。使非擊麟皮之鼓，巖處同宣；燃鳳髓之燈，昏衢畢照。正恐佩無
迷穀，寶但康瓠，誰復登道筏而溯洄，仰謨觴而斟酌乎？先生以茂先之博，濟
公彥之勤；以夏侯之顓門，衍江生之師法。經疾史恙，洞中其支蘭；書雋言鯖，
各飫其滋味。每伸一解，則吻縱濤波；或下一籤，則意窮冥漠。貴遊畏其折角，

時輩聽之解頤。斥憑虛公子之辭，傳公是先生之記。拈毫獨笑，弄墨忘疲。滄海瀾回，入尾閭而競納；泰山雲起，積膚寸以成奇。即此一編，已堪千古。麒水端莫見，宙合難窺。乃以鴻筆之如椽，下付鮒生而作序。歸田可樂，正將山水從君；記事有珠，先以光明照我。愧讀書未能見道，失已東隅；喜問字特許叩門，禮應北面。自忘蠡酌，願附驥旄。如謂公衰之才，尚堪俳偶；長謙之業，亦有條抄。則樞貌僅存，蓮心未洗，是猶棘林螢耀，而與夫欓木龍燭也。乾隆五十六年辛亥四月望前三月，同館後學吳錫麒拜纂。（《有正味齋駢體文》卷七，清嘉慶十三年刻有正味齋全集增修本）

趙懷玉

【甌北集序】夫奕秋對局，思汨聽於吹笙；綠首握竿，戒紛心於擬鵠。欲求舉世之賞，必有專門之詣。然崇巖蘊靈，良珠不因而託體；陽風扇和，穜葩詎從而舒色。冰水疊化，質殊凝釋；鐘鼓既考，感分憂怒。薑鹽入羹，雖濟五味之用；元黃布采，各成三就之功。彼能傳之無疑，皆得性之所近。詩歌之道，不其然與？吾族雲松先生，天生異才，少有奇氣。成都糴一壜之業，厭次足三冬之用。租船詠史，奚囊貯詩。馬卿遊梁，著《子虛》而始顯；蕭生射策，得甲科而斯稱。迴翔西掖之遼，出入東觀之祕。紅藥翻砌，香芸在書。分其餘藝，足了十人；出其新弖，盡傾一座。中禁亦聞詞藻，當寧旋試吏才。叱馭天關，紆紱地軸。一麾出守，方興謠於袴襦；六月行師，快從戎於書劍。上公虛席，賓佐盍簪。禰正平之筆箚，實獲我心；劉穆之之視聽，不疲肆應。墨常浮於盾鼻，句已滿乎弓衣。彬彬乎有折衝之風焉，經緯之晷焉。露版載宣，薦牘交上，過貪泉而便酌，約羅浮而終到。不為邽都之鷹，惟隨閬道之鶴。七十二峰之寺，幾遍紗籠；九十九溪之水，遂臨繡服。蓋仕至六察，官不為不高；績考六載，時不為不久也。俄以鞫獄舊讞，微罣吏議，天子眷念洒勳，方切嚮用，而先生念太夫人春秋高，遽請歸養，年裁四十六爾。陵華彌絜，逡鞠無悆。侍奉之暇，怡情枕葄。著有《陔餘叢考》一書，頗極蒐討之富，然雖隨方以滲漉，而尤究意於比興。第其詩集，都為若干卷，先付剞劂焉。冥心狀物，精義入神，濤瀾倒海，四瀆不能息肩；奴僕命騷，六經皆我注腳。臨淮將兵，忽新壁壘；士行取材，無遺竹木。碎金必更鼓輔，積玉遂以成山；得諸助者既優，入於古也獨至。昔樂天揚聲於唐室，務觀奮跡於宋朝，先生揖讓其間，殆堪鼎足乎？後進之士，翕然從風，有目咸賞，不脛而走。書之萬本，禿兔穎以何辭；傳之四方，

入雞林而增價，可謂斯道之龍鸞，別集之冠冕矣。或曰：世人論詩，多宗初盛。先生不卑宋格，自名一家，廑得乎中，將非其至。不知子質姬文，繇乎運會；楚謠漢風，發乎胸臆。襲中郎之貌，猶然虎賁；畫雲臺之人，詎規麟閣？豈許身稷、契，遂誇草堂復新，託意神仙，便謂長庚不死哉？或曰：儒者不朽，首期立功。先生身出樞要，久膺昕遇，使其數歷，當致節旄。而洒彊仕歸田，坐消耆艾，篇章雖贍，居諸可惜。是又不然。令名壽考，古有難兼；山林鼎鍾，事非一致。沈仲達之知命，恨其泰遲；王叔朗之宦情，思之爛熟。讀十年之書，富於陶、頓；傳一卷之文，榮於令、僕。孰得孰失，夫人辨之也！某識謝綆汲，力辭莛撞。鄭莊少喜交遊，及攀大父之行；泉明樂數晨夕，幸接比鄰之近。語君臣之際，書慚負腹；共酸鹹之好，編時在手。謂堪適道，繆許定文，既辱諉託，遂逾歲月。千稐業就，自有名山之藏；一辭贊窮，竊為青雲之附云爾。（《亦有生齋集》文卷三，清道光元年刻本）

張玉溪

【甌北選集序】昔東坡嬉笑怒罵皆成文章，後之學者遂專仿其體，不知此所謂「東施效顰」也。坡公天才本大，偶一為之，正詩所謂「善戲謔兮，不為虐兮」者，非概為此體也。然非腹有萬卷，筆有千鈞，學之正自不易。雲松先生少有神童之目，長有才子之名，名登鼎甲，觀察貴西，出入兵車戎馬，遍歷猺峒苗彊，因得展其胸中之奇。凡有所遇，一寓之於詩，以吐其磊落抑塞之氣，故其為詩似謠似歌，若訕若笑。其落筆不與坡公期而自與坡公合，遂自成一體，此非具有天才而能若是乎！先生雖不學蘇詩，而聲音笑貌亦居然蘇矣。先生原有《甌北集》，晚居林下十餘年，又自刪為《甌北詩鈔》，今就其鈔之全，以錄其半，名曰《甌北選集》，雖不足盡先生之集，而先生之真面目盡在於是矣。嘉慶元年十月既望，廣漢張懷湛玉溪撰。（華夫主編：《趙翼詩編年全集》第一冊，天津古籍出版社 1996 年版，第 81 頁）

方履籛

【趙甌北先生重赴鹿鳴圖序】蓋聞秀翹振穎，枯菀殊時；勁楚閟芳，榮悴一致。何則陽彩陰條，有偏植之氣；春華秋實，無錯美之英？故士之握奇標譽，詮藝昭能，莫不晞發軌於星衢，望駢迹於雲漢。而或荊璞不剖，郢歌莫揚，韋布棲躬，窮經終老者，有之矣。至於策名青瑣之上，結綬金馬之庭，披翼灑翰，跨眾陵匹，則又感軒輊於青途，角遲迅於數歷。汨其心志，擾擾

華簪；捐其歲年，玥玥飛蓋。有以位不副德，才不逮時，俯仰興嗟，薄暮太息。乃思夫拔幟彤闈，掉鞅文畹，譬之假道，視若浮雲。然後知上第之階，洊升而已，渺達尊之表，異數所獨鍾也。甌北先生契鼐消緯，降綜鴻符，吐論含毫，天下比之鍾琚；辭宗學府，衣冠以爲領袖。蓋自綺齡而推甲，觀皓髮而守元。經侍從承明之廬，雍容建禮之闥。入則銓衡俊雅，出則膏化林蒸。架學寰區，飛才甸域。日車之首，乃有武功；斗壁之陽，聿聞詩教。慕疏氏拂衣之志，歸蔣生荒徑之居；仰屋纂勤，閉關養素。千里之外，碩望重其晨星；卅年之中，閭郡尊爲祭酒。維時昌寓醲和，環瀛介福，蒲輪錫采，芝檢徵賢。戶闕稽古之榮，野多王澤之壽。霓旌則寵答幽耆，鳩玉則惠殊前彥。惟先生以乾隆庚午之歲薦於鄉，至嘉慶十五年，而紀洽敦牂，運隆選士，於是有重宴鹿鳴之盛舉焉。天子乃垂咨名耇，恩禮儒臣，車服顯庸，饗幣增秩。時則蕊榜鸞開，青袍鵠立，主司遜席，修後進之儀；群士陳賤，獻靈光之頌。簪花非故，如酬絳縣之年；棘罍猶新，疑見令威之化。不特昇平之僅事，抑亦曠古之煒談也。雖使史宬著筆，已屬創聞；儒生徵典，莫躡前烈。此豈持羔雁之技者，詡片玉於崑山，款閶闔之門者，矜看花於日下所能媲影？不啻望塵。先生賦紀事詩四章，海內詩人爭屬和之。公子廷俊復繪以圖，而列諸作於後。丁丑之夏，余與先生之孫孝廉申嘉晤於京師，命係之以序。余以居連芳社，道景高山，根矩游學，反違通德之鄉；文舉成童，已愴典型之遠。飫聆盛美，敢廢揄揚？爰陳希世之麻，可襄志乘之闕。雲垂蓬島，拂巾帶以如遙；日掩箕躔，合笙歌而不復。竟陵先賢之象，丹采依然；襄陽耆舊之篇，風流誰嗣？述斯榮遇，益感前修矣。（《萬善花室文稿》卷七，清畿輔叢書本）

恒訓

　　【趙甌北全集序】書有刻板，自五代馮道始。歷宋元明以迄於今，學者便焉。然往往有散亡之恨。歷考載志所登著作家數類多，購其書而不得，蓋已付之劫灰矣。我國家值粵匪之亂，毒流寰宇，竄及四川，烽煙蹂躪，又典籍之一劫也。澤坡軍門，素嫺韜略，陷陣登先，擒其渠帥，蕩平餘孽。既已助成中興之功，而遂終軍弱冠之志矣，遂乃懸車息影，肆志藝林，癖嗜古書，過於趙璧。夫自左氏、屈子以文章自爲一家，而實附經而立。自時厥後，漢魏六朝作者如林，支分派別，雖其學各有淵源，要皆變化馳騁，銜華佩實，洵乎學者之山淵矣。至於麟經而後，歷代史書，汗牛充棟，卷帙浩繁，讀者

幾難遍識。《劄記》一書，貫穿史乘，薈萃成編，俾上下數千年瞭若指掌。他如《叢考》、《雜記》、《詩鈔》等類，皆足廣見聞而資諷詠。至《皇朝武功紀盛》一編，其中廟謨將略，以及地方形勢，頗爲詳盡，實足爲行軍考鏡之資，而補史傳之所不足。則甌北之有功來學，豈淺鮮哉！澤坡憫其板之毀也，乃募其全集而與漢魏六朝百三名家先後付之手民，以公諸世。嗚呼！以周勃、霍光之賢，雖有勳伐，而不好儒術。今澤坡軍門獨於承平之暇投戈講藝，與其弟心舫刺史搜尋殘簡，朝夕研求，訓課子姪，且公棃棗，嘉惠士林，豈不彬彬乎古儒將風哉！板既成，囑序於余。余不敏，何敢妄贅簡端？然又恐吾友之美弗彰，因不揣鄙陋，而爲之序。光緒三年，歲次丁丑。十月既望，詁亭恒訓書於成都軍署。（佚名編：《甌北先生年譜》，清光緒三年刻本）

丁寶楨

【重刻甌北全集序】考據之學，至我朝諸大儒出而既精且備。蓋自亭林先生爲之倡，而後之踵起者，或卒畢生之精力專攻一經，或集群書之粹美，博究一藝，大抵皆大含眾有，細入無間。若閻、若朱、若紀、若錢諸先生，雖起鄭、孔於今日，亦不能不畏後賢矣。其餘諸賢，指不勝僂。獨甌北趙先生長於史學，著《廿二史劄記》及《叢考》、《雜記》等七種。向時江南刻有全集，海內承學之士奉之。自兵亂之後，版已散失。蜀中求本，頗不易得。澤坡軍門既刻百三名家文，復重梓而行之。誠盛舉也！昔薛仁貴注《周易》，戚南塘令軍士皆讀《大學》，以軍門較之，其庶幾無愧歟？於其刻竣也，因爲弁言其首云。光緒三年，歲在丁丑，日南至平遠，丁寶楨拜序。（佚名編：《甌北先生年譜》，清光緒三年刻本）

伍肇齡

【重刻趙甌北全集序】澤坡軍門，滇中豪傑士也。咸豐間，隨節相駱文忠公剿平蜀中寇亂，戰功彪炳，在人耳目。厥後援滇防邊，大府益倚重之。母服闋，入覲當膺閫寄，顧乃盤桓居貞，不汲汲於祿仕，與喆弟心舫刺史朝夕討論古昔，敦《詩》說《禮》，恂恂有儒將風。乃知軍門抱負閎深，益練才識濟時艱，不欲與時流爭進取也。頃以其所刻《甌北七種》問序於予。予惟雲崧先生體備三長，著述宏富，所纂《皇朝武功紀盛》，道揚聖武，昭示寰區；《廿二史劄記》考辨精詳，有資史學；《叢考》、《雜記》、《文集》、《詩鈔》、《詩話》諸書，裨益多聞，津逮後進。先生詩名與袁、蔣競勝一時，然不掩其經

濟實學也。軍門昔在軍中，喜人談國初諸將帥遺事，有貽以《紀盛》書者，軍門擊節不已，欲廣其傳。今乃悉取趙氏全書，重付剞劂，且推多聞之益。將益摻名人著作蜀中所尟見者，命工重寫校而刊之，誠盛舉也！昔韋叔裕篤志文史，狄武襄折節讀書，史氏以爲美談。今軍門鏤板流傳，資人博覽，利尤溥矣。夫祭征虜、賈膠東皆以中興名將敦崇儒術，流譽千古，軍門其亦此志也夫？光緒三年仲冬，古臨邛愚弟伍肇齡拜序。（佚名編：《甌北先生年譜》，清光緒三年刻本）

楊柄鋥

　　【甌北全集跋】舊聞學必兼資文武，而後可爲千古之鴻才；識必操縱經權，而後可成一朝之駿業。學不充者才不達，識不達者業不崇，歷覽載籍，不數數遘也。陽湖趙甌北先生，幼負異氣，早馳文譽。乾隆庚戌舉順天，授中書，入直軍機，爲傅文忠、汪文端所倚重。每扈從行在，應奉文字，觸手千言，倚馬可待。後成進士，進呈居一甲第一，而韓城王文端公杰居第三。純皇帝謂國朝陝西無以第一人舉者，遂與文端互易，而先生之材已默契帝心矣。授編修職，任撰文，纂《通鑑輯覽》。尋授鎮安知府，以經術飾其吏治，鎮民悅服。時官軍征緬，詔赴滇營贊軍務，而經略即傅文忠公也。先擬大軍由戛鳩江一路進，提督五福由普洱一路進。先生按圖審視，力呈曰：「圖中戛鳩與普洱相距不過三寸，實則四千里而遙，兩軍聲息不通，危道也。明將軍之不返，由不得猛密消息。」文忠問計安出，先生曰：「欲渡戛鳩，則偏師宜由蠻暮直下老官屯，造舟以通往來，庶兩軍可以接應。」其後戛鳩之兵多遭瘴癘，獨阿文成公江東一軍得完，以舟迎文忠，同敗賊於蠻暮，全師而歸。先生贊畫之力也。事竣，擢廣州監司（案：應爲廣州知府），量移貴西兵備，親老乞養歸。遇臺灣林爽文之亂，閩督李侍堯邀先生偕行。時鎮臣柴大紀守城，食匱，以易子析骸入告。上憐臺民困守，飛諭護民內渡。李公折閱以示先生，先生曰：「廷寄斷不可廢。柴總兵久思內渡，一棄城則鹿耳門不守，全臺休矣！大兵繼至，無門而入，海疆尚可問乎？急宜封還此旨。」癸午接追還前旨之諭，李公膺殊賞，而大將軍福康安始得由鹿耳門進兵破賊。當事欲奏起先生，而年已六十一矣，固辭歸里。觀其滇、閩從戎，知先生遠謀碩畫，制變沈機，實根柢於全史。至古今武案，尤如成竹在胸，操縱在手，爲不可及也。歸途遍遊武夷、甌越諸山水，集名流酬唱。歌詩與蔣心餘、袁簡齋齊名。八十餘重赴鹿鳴，賜三品服，海內望若景星慶雲焉。先生少

窺中秘之富，壯馳戎馬之場，其著《廿二史劄記》、《皇朝武功紀盛》、《陔餘叢考》、《簷曝雜記》、《詩鈔》、《詩話》、《甌北》諸集，皆出於讀書得間、躬親閱歷之言。時而柏梁視草、天祿校書，時而戎幄籌兵、奇謀載筆，於本朝《儒林》、《文苑傳》中，定可高樹一幟矣。澤坡軍門得其全集舊本，重付手民以廣之，屬贅一言於簡末。愚以年老目瞶，雖未能罄其底蘊，而早知先生崇論宏議，於乾嘉間獨出一時，迥非雕蟲奏計、刻鵠言工者所可同日而語也。謹綜其生平事畧以歸之。鄧睒楊柄鋥謹跋。賜進士出身，欽加布政司銜、記名按察使，司甘肅甘涼兵備道鄧睒楊柄鋥春樵氏謹識。（《甌北全集》卷首，清光緒三年滇南唐氏重刻壽考堂本）

李慈銘

【廿二史劄記題記】此書貫串全史，參互考訂，不特闕文誤義多所辨明，而各朝之史，皆綜其要義，銓其異聞，使首尾井然，一覽可悉。即不讀全史者，寢饋於此，凡歷代之制度大略，時政得失，風會盛衰，及作史者之體要各殊，褒貶所在，皆可曉然，誠儉歲之梁稷也。其書以議論為主，又專取各史本書，相為援證，不旁及他書，蓋不以考覈見長，與同時嘉定錢氏《廿二史考異》、王氏《十七史商榷》不同。所記兼及《舊唐書》、《舊五代史》，實為廿四史，而曰廿二史者，合新舊為一耳。咸豐辛酉三月，會稽李慈銘書於京邸。（王樹民校證：《廿二史劄記校證》，中華書局 1984 年版，第 887～888 頁）

【廿二史劄記跋語】雲崧以詩名乾隆間，淺率蕪俗，實不足存。所著自《甌北詩鈔》外，尚有《甌北詩話》、《簷曝雜記》、《皇朝武功紀盛》、《陔餘叢考》諸書。《詩話》議論尚可節取，所摘錄陸務觀、吳梅村、查初白三家近體詩亦選擇精當；《雜記》殊疏略，不足觀；《武功紀盛》敘事頗簡潔有法，顧遠不及近時魏源《聖武記》之詳贍；惟此書及《陔餘叢考》俱周密詳慎，卓然可傳，最為生平傑作。予購是書以咸豐丙辰，家居時閱一過。己未攜之京師，庚申後閱一過。及今凡三過矣。其中尚有漏略，擬為補之，卒卒未暇也。辛酉三月，寓都城宣武門外大街，病中閱訖。越縵堂學人並識。（王樹民校證：《廿二史劄記校證》，中華書局 1984 年版，第 888 頁）

陳垣

【廿二史劄記題記】趙甌北劄記廿二史，每史先考史法，次論史事。其自序云：「此編多就正史紀、傳、表、志中參互勘校，其有牴牾處自見，輒摘

出」，所謂史法也。又云：「古今風會之遷變，政事之屢更，有關於治亂興衰之故者，亦隨所見附著之」，所謂史事也。今將原本史法之屬隸於前，史事之屬隸於後，各有分卷，以便檢閱焉。癸卯六月十一日記。（《陳垣史源學雜文》，轉引自王樹民校證：《廿二史劄記校證》，中華書局 1984 年版，第 888～889 頁）

唐友耕

【趙甌北七種序】余在軍中時，喜聞國朝諸將帥遺事。每談及二百年來戰勝攻取之機宜，定邊夷難之偉績，反覆講求，輒娓娓忘倦。客有以陽湖趙氏《皇朝武功紀盛》見示者，歎其於當日戰伐情事，曲折如見，若身在行中，口講指畫，俾後之行軍者有所取法，其益人神智非淺，爰思重刻，以廣其傳。念東南寇亂後，趙氏諸書雕板均燬，滇蜀之間求之頗艱，因並刻其他所著述，以備趙氏一家之言。經始於光緒二年十月，竣工於三年六月，凡七種，一百七十五卷。滇南關陽澤坡唐友耕謹識。（《甌北全集》卷首，清光緒三年滇南唐氏重刻壽考堂本）

程拱字

【甌北詩鈔題辭】拱字少時喜讀簡齋、雲崧、心餘三先生詩，嘗欲繪三人眞，張之座右，未果也。他日讀《甌北集》，見有古詩一首，題曰《得子才書述拱字曾手繪〈拜袁揖趙哭蔣圖〉》。此不知何人所傳，果若此，亦佳話也。行當作一圖，以實其事，先次韻奉答。　　通人之喙亦浪置，叔子不知銅雀妓。庸人之耳或有徵，楊億也知金馬士。千羊究不敵一狐，賢者夷然有深思。伏波床下非所私，中郎帳中自有秘。拜袁揖趙哭蔣圖，錯傳何必非初意。楯具曾聞延不疑，屠刀豈礙驕無忌。能容揖客有幾人，詎謂應輸一頭地。先生句法開一代，天生二豪結詩契。長濤落紙奔海若，飛霆走筆驚山魅。袁絲序齒本兄行，蔣詡論交亦肩次。譬如海上三神山，望者奚能定軒輊。豈惟長揖不自量，正恐下拜何容易。謬語竟作佳話傳，後生忽漫前賢繼。一錢不值程不識，又手何來籲可異。先生付之一笑粲，更復引我陸堂臂。隔江二老詩筒中，早聞傳此一段事。舊圖他時手待補，長歌此日聲先倚。帳前輒洗進儒冠，遂使高陽有生氣。壁間改容起歎息，始覺細柳非兒戲。能令一揖重泰山，古來信有知己淚。藏園化去隨園老，圖與先生千載寄。定知供養繞花鬘，呼作玉皇香案吏。（《甌北詩鈔》題辭）

卷六 尺 牘

袁枚

【復雲松觀察】寄到手書，公然鄙人一序，冠群言之首，欣幸無極。讀近作二冊，凡所抒寫，皆枚意中語，未知何時逃入先生腹中，走出先生腕下，使我且妒且舞，因之憬然有悟。先生所以推許我詩，如元相之愛庞巖，為其類己故也。然君子和而不同，又承虛懷下詢，抑心所謂危，敢不以告耶？諸作是少陵晚年手筆，無可推敲，略有一二可疑者，都已墨之卷端，以便斟酌。大概僕與先生，天分有餘，往往不肯平庸，爭奇競巧，要惟持之以莊，運之以雅，則大巧若拙，而於詩文之道，盡之矣。尊作自壽詩「家無半畝憂天下，胸有千秋愧此生」一聯，此種胸襟氣象，雖大聖賢何以加焉？不料末句以「年老成精」作結，有如虞庭《簫韶》，鈞天廣樂之地，忽跳出沐猴一舞，怪鵂一鳴，趣則趣矣。類耶？不類耶？他如「宋坑」、「秦坑」、「天公腰背」之類，皆斧鑿痕太重，有傷大雅。明知「人老成精」，典出《淮南子》，原非杜撰，而鄙意斷乎不可者，譬如盧醫用藥，必不因馬勃、牛溲載在本草之故，而圉溷與參著並用也。莊子曰「道在屎溺」，此語何嘗不是至理？然使牽莊周而置之溷圉之間，道則道矣，其能不掩鼻而逃耶？（《小倉山房尺牘》卷六，王英志主編：《袁枚全集》第五冊，江蘇古籍出版社 1993 年版，第 119 頁）

李調元

【答趙耘菘觀察書】嘉慶五年九月三十日，天寒獨坐小園，呼童生火，忽綿州刺史劉公遣人持書至。急啓之，則我故人毗陵耘菘先生同年手書，並

寄《陔餘叢考》四十三卷。如獲至寶,遂忘其寒,持向風簷,向南拜讀,惟恐其盡。而其詞或莊或諧,一種瀟灑之趣,則又似先生已到寒家,如聞其聲而聽其談也。噫!我二人尙俱人間耶?以三十年前素相接愜之人,又以千古而後第一傾服之人,久絕音問而忽得消息,此何異喜從天降也。

憶自辛壬之間得附譜末,同居京師椿樹三條衖衕,門僅斜對,過不數武,日與酬唱往返。每見先生玉堂著作,甫脫稿即傳播人口,竊以此才天授,爲之執鞭亦所忻慕。不意追隨未久,而內任、外任,忽焉東西各方,雖蹤跡或有時聞,而音容不可復接,以至於今。落落晨星,只有我二老,所謂感慨係之矣。自先生出守鎭安,愚亦不數年視學東粵,見有持《甌北集》來謁者,云令嗣君,整衣款之。今閱來書,始知假冒,實可發一大噱。然因此而得君詩集,故《雨村詩話》中所選獨多,亦其力也。詩人皆稱袁、蔣,而愚獨黜蔣崇趙,實公論也。余婿廣漢孝廉張懷湉亦有《四家選集》之刻,謂子才、夢樓兩先生及君與愚也。濫及乃岳,可謂阿其所好。此書蜀中盛行,不知可曾見否?

愚自歸田來,頗放蕩於山水之間,雖有園亭聲歌之樂,亦不過風花雪月,藉以耗散心期、擺脫俗塵耳。蓋不入州府者,於今十六年矣。今年老運乖蹇,忽遭達州餘匪飛逼涪江,倉卒攜眷避寇成都,非敢學思、曾兩聖,實以六十不與服戎,徒死無益故也。年近七十,老而不死,又復走兵,始歎人生在世,有壽不如無壽也。來書猶以將軍之稱見戲,其實新將軍尙見賊而退,何故將軍爲?然非上下將軍,殺賊如斬草,幾何其不懼屠也?所惜者家有萬卷樓,昔在通永道任所抄《四庫全書》附本及歷年所購宋本並古器,俱貯於樓上。自四月初三日教匪過涪江,竊幸可免。不意初六日爲土賊所焚,片物無存。不毀於教匪而毀於土賊,心實難甘。時在成都,即奔赴藩臬諸公,並呈《哭書》詩三十韻,無不代爲痛惜,許以嚴治。隨令入赴州呈報,蒙劉公即賞差傳喚,並承枉駕親驗,然至今猶未質訊,但微問大略而已。竊思土賊不過村中人,非如教匪之來自遠方也。村中土賊不過二三人,皆有名姓煙戶可稽,非如教匪之忽來忽去,無可捕捉也。打劫放火與教匪無異,乃放火不問何人,豈殺人亦不問兇手乎?今據看樓長工向貢所供,親見火起時從中走出何士選、丁娃子二人,及打搶日倡言燒樓之劉倬彰及子常祿、宋士義三人,皆地方歷來竊賊巨魁,只在五人內嚴加刑訊,自然眞犯可得。如不得,即將原告向貢,亦可訊其誣枉之罪。今但云賊不肯招,世間豈有不打自招之賊乎?此事想劉州尊必有神明善辨之法,定非模稜了事,故靜以俟之,不敢越訴。何

也？此事遠近風聲甚大，即欽差祭江瀆周東屏先生亦所親擊。舍弟墨莊弟現出使琉球，亦有書寄問。恐事或上聞，故亦不敢中止。蜀中教匪之多，其來有二：一，嘓匪處分甚嚴，官吏率多諱盜，不敢明正典刑，皆暗行處死，賊遂謂官怕嘓匪，故反。一，按糧派民，迭加無已，以至民無論貧富，皆辛苦終年，不能足食，故從賊反者眾。今日之土賊，即將來之教匪，愚所謂竊爲寒心也。

愚刻有《函海》，諒已入覽。今寄《童山詩集》，伏乞查收。噫！我二人皆老矣，此書去後，不知何時復有書來？（《童山文集》卷一〇，清乾隆刻函海道光五年增修本）

謝啓昆

【答趙雲松觀察丁巳】昨接手書，一切過蒙期許，拙詩復寵以序文。太沖三賦，藉士安而增重矣。感何如之！承教《西魏書》掛漏一則，極費清心。所示宗室內少元育、元贊、元廓，八柱國內少李弼、獨孤信等，十二大將軍內少侯莫、陳順、宇文遵等。按育、贊二人已載《宗室傳》，惟「贊」誤作「替」，元廓即恭帝也。至斷代爲書，列傳自有限斷，嘗怪漢之陶謙、臧洪、荀彧、公孫瓚、董卓、二袁諸人，皆未臣魏，陳壽載之國志，殊失史裁。范蔚宗悉收入《後漢書》，是也。然黃初諸臣，曾仕建安者甚多，使俱入《漢書》，則無此義例矣。爲此書之初，搜羅周、隋兩朝之曾仕西魏者，凡三百餘人。《周書》列傳中，非西魏臣者，十無一二，勢難廢《周書》而改爲《西魏》。故拙列傳以宇文受禪爲斷，其下仕周、隋者即不立專傳，雖尉遲迥、獨孤信輩功業燦然，亦從刪削，《封爵表》載其爵秩大事，《異域》載其勳略，柱國大將軍之制載於《百官考》，似可與列傳互爲補苴，不致闕漏矣。此區區作書之旨，不識以爲然否？大抵吾輩著書得失，必各參半，蓋一人識見既單，且精力有限，顧此失彼之處，誠所不免，不得良友補正之，則疑誤終無從改訂矣。昔子建歎敬禮之達言，吳縝糾歐陽之新著，先賢風尚，竊希慕之，尚祈不惜教言，俾得遵以刊改，尤荷高誼無既。近今著作，如已脫稿，亦希寄示，以供校字之役，或可進一得之愚也。（《樹經堂文集》卷三，清嘉慶刻本）

【再答趙雲松觀察丁巳】拙著屢承指正，足徵知愛良深。惟鄙見有與尊意不盡合者，敢布陳之：

來書云：「陳壽作《三國志》時，後漢未有正史，故列漢臣於《魏志》。

及范蔚宗出，悉收入《後漢書》。」按陳壽晉人也，漢劉珍之《東觀記》，吳謝承之《後漢書》，皆在晉前勒成漢史。且後漢著述，晉代尚有六家，唐宋俱存，非創始范氏也。

來書云：「荀彧參曹操軍，始終爲其謀主，佐成大業，則聽其傳於《魏志》可矣。而范蔚宗入於漢臣內，此於限斷之中，寓變通之法。」按文若始則見漢室崩亂，申其匡振之義，繼則阻魏公九錫，勉以忠貞之節，遂至見忌阿瞞，壽春仰藥。或卒而操始稱公，乃知彧之爲操謀者，皆爲漢謀也。終始漢臣，捐軀明志，《漢書》立傳，義固當然。蓋人心天理之公，非遷就節取之謂也。

來書云：「李弼、侯莫、陳順當周閔帝受禪之年即卒，趙貴、獨孤信並以謀殺宇文護被害，不得盡指爲周臣，不爲立傳。」按弼、順以垂死之歲，貪佐命之勳，使因其早沒，恕彼二臣，則錢謙益、龔鼎孳輩卒於順治之初，將登諸故明之史矣。至貴、信謀殺權凶，義匡周室，此宇文之忠臣，於魏何與乎？

來書云：「唐臣趙光允、王處直二人，歷任朱梁、後唐，而《新唐書》仍爲立傳。」按光允父隱、處直兄處存，《唐書》本有專傳，光允、處直不過憑藉餘光，附見父兄傳末，目並無名，非爲彼立傳也。且以彼二人官知制誥，爵晉郡王，代受唐恩，而屈膝篡賊，恥孰甚焉？薛史所載，於義爲允矣。

來書云：「隋裴矩入唐爲民部尚書，唐修《隋書》，特爲立傳。後宋祁又爲立傳於《唐書》。」按唐初五史並修，陳、隋舊族，佈在朝廷，撰錄諸臣，遂多枉曲。姚察，隋祕書丞也，以其子思廉之故，復入《陳書》；裴矩，唐民部尚書也，以其子宣機之故，仍列隋《傳》。夫舊國新朝，義無兩可。察、矩諸人，生則託名堂阜之囚，死則高抗首陽之節，既保富貴於一身，更盜清忠於污史，使貞觀當日窮其欺罔之私，治以舞文之罪，恐思廉、魏、孔，難邀寬典矣。宋氏載裴矩於《唐書》，所以糾正之也。

來書云：「五代時張全義附梁最密，而薛居正以其再仕後唐，入於唐臣傳；馮道歷仕數朝，居正以其沒於周，入於周臣傳，終覺未妥。故歐陽另立《雜傳》以處之。」按張、馮頑鈍寡廉，行同狗彘，居正安置二人，最合史法。猶之文姬失節，晚嫁董夫，范書《列女》，只標董祀之妻，不聞更稱衛婦也。歐陽《雜傳》之立，則謂其不能定爲何代之臣，亦若北里、平康不能定爲誰妻誰妾矣。深惡痛絕，於斯爲甚！至於史冊義法，書人記事，各有攸宜，有詳略之方，有互見之例，當合紀、表、志、傳而統論之，不可沾沾僅求之列傳也。

　　來書所云趙貴諸臣功績，拙著業已載之《大事》、《異域》兩表，並散見各傳，似亦不爲掛漏，又豈在專傳之有無乎？

　　凡此，皆僕平日尚論之私，輒敢質之左右，恃在同心，略無隱飾，伏惟垂詧。（《樹經堂文集》卷三，清嘉慶刻本）

.